Schloss Nordkirchen

Karl Eugen Mummenhoff

Schloss Nordkirchen

Herausgegeben und überarbeitet von Gerd Dethlefs
Mit einem Beitrag von Walter Schlutius und Franz-Josef Flacke
Fotos von Andreas Lechtape

DEUTSCHER KUNSTVERLAG

Der Druck dieser Publikation wurde ermöglicht durch den Heimatverein Nordkirchen e.V. mithilfe von freundlichen Zuschüssen

Landschaftsverband Westfalen-Lippe LWL

NRW-Stiftung Naturschutz, Heimat- und Kulturpflege

Gemeinde Nordkirchen

Gelsenwasser AG

Fachhochschule für Finanzen NRW

Forum Steuerrecht Schloss Nordkirchen e.V.

Verein der Freunde und Förderer Schloss Nordkirchen e.V.

Volksbank Südkirchen-Capelle-Nordkirchen eG

Sparkasse Westmünsterland

Verkehrsverein Nordkirchen e.V.

Arenberg-Meppen GmbH

Stiftung Herzog von Arenberg

und weitere Sponsoren

Lektorat
Eva Maurer und Birgit Olbrich

Gestaltung, Satz und Produktion
Edgar Endl

Reproduktionen
Birgit Gric

Druck und Bindung
DZA Druckerei zu Altenburg GmbH, Altenburg

Bibliografische Information der Deutschen Nationalbibliothek
Die Deutsche Nationalbibliothek verzeichnet diese Publikation in der Deutschen Nationalbibliografie; detaillierte bibliografische Daten sind im Internet über http://dnb.dnb.de abrufbar

© 2012 Deutscher Kunstverlag GmbH Berlin München
www.deutscherkunstverlag.de
ISBN 978-3-422-02304-8

Inhalt

Vorwort

Schloss Nordkirchen im südlichen Münsterland gilt als das bedeutendste Barockschloss in Westfalen und erfährt eine entsprechend große Aufmerksamkeit. Als Professor Dr. Karl Eugen Mummenhoff (1920–2005) 1975 eine große Monographie über das »Westfälische Versailles« vorlegte, war dieses Buch schnell vergriffen. Eine zweite Auflage erschien 1979 und war auch bald verkauft. Schon lange ist das Buch nur noch antiquarisch zu erwerben.

Die wissenschaftliche Vorgehensweise Karl Eugen Mummenhoffs, der die Kunstgeschichte des Schlosses und seiner Ausstattung mit der Geschichte seiner Besitzer in Verbindung gebracht hatte, ist bis heute beispielgebend. Allerdings wirkt gut 30 Jahre später das Werk mit seinen schwarzweißen Aufnahmen und in seiner Gestaltung mit einem Tafelteil etwas antiquiert. Auch hat die historische und kunsthistorische Forschung viele neue Erkenntnisse gewonnen.

Der Deutsche Kunstverlag, der die Auflagen ab 1975 veranstaltete, regte durch seinen Repräsentanten in Westfalen, Dr. Ulrich Schäfer, eine Neubearbeitung an. Dr. Gerd Dethlefs, der als Referent für Landesgeschichte im LWL-Landesmuseum für Kunst und Kulturgeschichte auch die Bauzeichnungen Nordkirchens betreut, übernahm es, den Text von 1975 zu überarbeiten und um die seitdem publizierten neuen Forschungen zu ergänzen. Gudula Mummenhoff – Witwe und Nachlassverwalterin des Autors – gewährte ihre Genehmigung und Unterstützung. Allen, die bei der Erarbeitung der Ergänzungen und der Beschaffung der Fotos halfen, danken wir herzlich.

Dem Deutschen Kunstverlag gelang es, das renommierte Bildarchiv Foto Marburg zu gewinnen, seine Dokumentation von Schloss Nordkirchen zu aktualisieren und die Fotos für die Publikation kostenfrei zur Verfügung zu stellen. Dr. Christian Bracht (Bildarchiv Foto Marburg) und dem Fotografen Andreas Lechtape gilt ein ebenso herzlicher Dank wie Rainer Schmaus, Rudolf Winterstein, Edgar Endl und Esther Zadow beim Deutschen Kunstverlag. Ebenso ist der Hausherrin des Schlosses, der Fachhochschule für Finanzen NRW, insbesondere den Herren Franz-Josef Flacke und Wilhelm Schulte, ganz herzlich zu danken, dass sie alle Türen öffneten und bei der administrativen Bewältigung des Projekts jede mögliche Unterstützung gewährten.

Trotz der geschilderten günstigen Umstände hätte der Heimatverein der Gemeinde Nordkirchen 1975 e.V. dieses Projekt allein nicht bewältigen können. Großzügige Zuschüsse gewährten uns die Nordrhein-Westfalen-Stiftung Naturschutz, Heimat- und Kulturpflege, die LWL-Kulturstiftung, die Sparkasse Westmünsterland, die Volksbank Südkirchen-Capelle-Nordkirchen eG, der Verein der Freunde und Förderer Schloss Nordkirchen e.V., der Verkehrsverein Nordkirchen, die Gemeinde Nordkirchen, die Fachhochschule für Finanzen NRW, das Forum Steuerrecht Schloss Nordkirchen e.V. und die Gelsenwasser AG. Nicht zuletzt die Rechtsnachfolgerin der früheren Schlosseigentümerin Arenberg-Nordkirchen GmbH, nämlich die Arenberg-Meppen GmbH, und ihre »Stiftung Herzog Engelbert-Charles und Herzogin Mathildis von Arenberg« gewährten einen namhaften Druckkostenzuschuss. Weitere Subskribenten ermöglichten die Erweiterung und die großzügige Bebilderung des Bandes.

Für den Heimatverein der Gemeinde Nordkirchen 1975 e.V. bedankt sich

Hubert Kersting
Vorsitzender

Zu diesem Buch

Dem Interesse des Deutschen Kunstverlages, vertreten durch Dr. Ulrich Schäfer, eine neue Monographie über Schloss Nordkirchen zu erarbeiten, ist der Verfasser gern nachgekommen, auch wenn dies nur außerhalb der dienstlichen Tätigkeit am LWL-Landesmuseum möglich war.

Schloss Nordkirchen ist wie nur wenige andere barocke Bauwerke in Westfalen nicht nur fast unversehrt erhalten, sondern auch in Form und Ausstattung von nationalem Rang. In Teilen erreicht es internationales Niveau und steht unter den niederadeligen Schlossbauten bald nach Blenheim Castle und Schloss Pommersfelden auf einem vorderen Platz. In Norddeutschland hat es nicht seinesgleichen. Kein fürstliches Schloss, sollte es doch fürstlichen Ansprüchen genügen.

Dabei ist es ein wesentlich westfälisches Produkt, von einheimischen Kräften errichtet, geplant von den Brüdern Pictorius in Kooperation mit führenden niederländischen Architekten wie Jacob Roman und Steven Vennekool, vollendet unter Beachtung der Regeln der französischen Architekturtheorie und ausgestattet von Johann Conrad Schlaun und kurbayerischen und kurkölnischen Hofkünstlern, unter denen der Gartenarchitekt Dominique Girard, Schöpfer der Gärten in Schleißheim und Nymphenburg, Brühl und des Belvedere des Prinzen Eugen in Wien, hervorragt. 1834–1840 formte Maximilian Friedrich Weyhe, der führende nordwestdeutsche Gartenarchitekt, den Garten zu einem Landschaftsgarten um, den 1907–1910 Achille Duchêne, der international führende Gestalter neubarocker französischer Gärten, wieder barockisierte. 1833 von der Erbauerfamilie Plettenberg an die ungarischen Grafen Esterhazy übergegangen und 1903 an den Herzog von Arenberg, den reichsten Mann des westfälischen Ruhrgebiets, verkauft, besaß Nordkirchen zu aller Zeit internationalen Rang: ein Ort der Kultur Europas in Westfalen.

Trotz erheblicher Inventarverluste ist das Schloss, seit 1958 in Landesbesitz und schon seit 1950 Ausbildungsort der nordrhein-westfälischen Finanzbeamten, ein Hauptort westfälischer Kunst, Kultur und Geschichte. Viele Möbel und Bilder aus dem Schloss stehen noch in Haushalten in Nordkirchen, einiges ist in Museumsbesitz – was abgebildet, aber nicht im Schloss ist, ist in der Bildunterschrift angegeben. Die Bauzeichnungen verwahrt das LWL-Landesmuseum; das Schlossarchiv, 1923 in den älteren Teilen dem Westfälischen Landesmuseum geschenkt und heute im LWL-Archivamt für Westfalen bewahrt, ist ungewöhnlich reichhaltig und vollständig überliefert – Mummenhoff konnte es 1975 noch nicht benutzen, doch hat er die Bauakten intensiv durchgearbeitet und dafür 1995 in dem Katalog der großen Schlaun-Ausstellung des Landesmuseums Schlauns Wirken in Nord-

Karl Eugen Mummenhoff (1920–2005)

kirchen schon neu bearbeitet: Vieles ist hier eingeflossen. Dank seines Nachlasses und eigener Recherchen konnten an zahlreichen Stellen neue Erkenntnisse gewonnen werden. Die Akten der Arenberg-Zeit sind im Staatsarchiv Osnabrück gut zugänglich. Das LWL-Amt für Denkmalpflege bewahrt eine vorzügliche Fotodokumentation.

Doch der 1975 publizierte Text von Karl Eugen Mummenhoff, Bauhistoriker am damaligen Westfälischen Amt für Denkmalpflege, hat Bestand, auch angesichts vieler neuer Forschungen und Erkenntnisse. Bei einer Neubearbeitung sollte daher nicht seine Leistung vergessen gemacht, sondern vielmehr das Werk behutsam aktualisiert werden. Dazu gab seine Witwe Gudula Mummenhoff (* 1928) ihr freundliches Einverständnis. Dr. Ulf-Dietrich Korn, Mummenhoffs langjähriger Kollege, unterzog sich der Mühe des Lektorats. Wertvolle Hinweise lieferten Hildegard Schlutius und Gerhard Rengshausen, der als Architekt das Schloss lange Jahre betreut hat.

Dass der Heimatverein Nordkirchen und insbesondere sein Vorsitzender Hubert Kersting, gemeinsam mit dem Direktor der Fachhochschule für Finanzen Franz-Josef Flacke und dem Verwaltungsleiter Wilhelm Schulte, die Finanzierung des Bandes sicherstellten, bot traumhafte Arbeitsmöglichkeiten. Ihnen und vor allem auch Herrn Constantin Graf von Plettenberg-Lenhausen, Frankfurt a. M., ohne dessen vielfältiges Engagement der vorliegende Band in Umfang und Qualität so nicht hätte erscheinen können, gilt

herzlicher Dank, ebenso wie allen Eigentümern der hier abgebildeten Bilder und Objekte.

Die Fotografen Andreas Lechtape und Marius Jacoby sowie die Kolleginnen und Kollegen, die bei der Fotobeschaffung halfen: Anke Killing und Ursula Grimm, Hanna Neander und Sabine Ahlbrand-Dornseif (LWL-Landesmuseum), Thorsten Marquardt und Angelika Brockmann-Peschel (LWL-Amt für Denkmalpflege), Katharina Tiemann (LWL-Archivamt für Westfalen) mit ihren Kolleginnen und Kollegen, Laura Feikus (Stadtmuseum Münster) und Christiane Tresp (LVR-Amt für Denkmalpflege Brauweiler) seien hier stellvertretend für viele andere dankbar erwähnt, Dr. Gail B. Kirkpatrick sah das Summary durch. Schließlich gilt dem Deutschen Kunstverlag, namentlich dem Buchgestalter Edgar Endl, großer Dank für die angenehme Zusammenarbeit.

Möge der Band allen Lesern die Augen für Schönheit und Sinn Nordkirchens öffnen und nicht zuletzt die Bereitschaft fördern, dem Ensemble Verlorenes zurückzuführen, um die großartige Anlage ungeschmälert den kommenden Generationen zu erhalten. Nordkirchen als kultureller Leuchtturm in Westfalen gehört uns allen: Das Land Nordrhein-Westfalen und die Fachhochschule für Finanzen sind ideale Träger und Nutzer, die eine gute Zukunft gewährleisten können.

Gerd Dethlefs

Nordkirchen, seine Burg und die Herren von Morrien

Nur gut 25 Kilometer südlich der alten Landeshauptstadt Münster, in einem ungemein reizvollen Teil des weiten Münsterlandes, liegt das Dorf Nordkirchen, das für den Besucher schon von Weitem durch seinen barocken Kirchturm sichtbar ist. Auffallend ist insbesondere der satte dunkelrote Ton der Ziegelsteine, aus denen der Kirchturm und so gut wie alle älteren Häuser hier gebaut sind. Auch die vielen Neubauten, durch die der Ort sich nach dem Zweiten Weltkrieg gründlich gewandelt hat, haben dieses rustikale Material meist beibehalten. Weiß gestrichenes Holzwerk und gelegentlich helle Putzflächen, eingebettet in das Grün der Gärten, bestimmen das Ortsbild und sind für das Münsterland charakteristisch.

Aber das Dorf Nordkirchen unterscheidet sich in vielfacher Hinsicht von anderen Siedlungen gleicher Größe (Abb. 2). Im Mittelpunkt steht die Kirche. Sie besitzt einen auffallend gegliederten, vorzüglich proportionierten roten Backsteinturm mit reicher Blendengliederung. An die Stelle der konventionellen Turmspitze ist eine geschweifte Schieferhaube mit überkuppelter Laterne getreten. Kirchenschiff und Chor sind in hartem Kontrast dazu glatt verputzt und hell gestrichen. Im Häuserring um die Kirche fallen gleich drei Bauten auf: westlich des Kirchturms ein zweistöckiger Kubus mit sehr hohem geschlossenem Walmdach (Abb. 235, 240), nördlich der Kirche ein langgestrecktes, ebenfalls zweigeschossiges Ziegelhaus mit ähnlich großem Dach (Abb. 238). Beide bestechen, wie der Kirchturm, durch ganz zurückhaltende Gliederungen der Wände, zumal helle Werksteinrahmen um Fenster und Türen sich farbig in gelungener Weise abheben. Das dritte Haus östlich der Kirche besteht hingegen aus dunklem Eichenfachwerk, das mit Ziegelgefachen gefüllt ist. Auskragungen und Unregelmäßigkeiten im Fachwerkgerüst geben ihm ein anderes, aber ebenso spezifisches Aussehen von gewisser Altertümlichkeit, während die beiden steinernen Gebäude am Kirchplatz dagegen beinahe ›modern‹ wirken. Wappentafeln im Mittelfeld der Front bei dem einen, über der Haustür bei dem anderen weisen auf die Umstände der Entstehung hin. Denselben Wappen begegnet man auch über dem Kirchturmportal.

Im Südteil des Dorfes steht am Straßenrand eine ganz schlichte, aber doch elegante achteckige Kapelle (Abb. 236). Sie ist hell verputzt mit einfachem Dach, über der Tür die gleichen Wappen wie am Kirchplatz. Rechts zurückliegend entdeckt man hinter einem tiefen vorderen Garten, beinahe geduckt unter einem schweren hohen Walmdach, ein weiteres behäbiges Ziegelhaus (Abb. 241), wieder mit werksteingegliederter und durch Vorlagen und Blenden belebter Vorderfront. Unauffällig zurückgeschoben daneben ein Stall und Remisenhaus aus Fachwerk mit roten Ziegelgefachen. Eine solche Reihe von Gebäuden von städtischem Zuschnitt und dazu noch mit aristokratischer Allüre, was durch die Wappen unter der Adelskrone sogleich klar wird, ist für ein Dorf dieser Gegend ungewöhnlich. Ein- und zweigeschossige Fachwerkhäuser dagegen, wie das an der Kirche, haben sich die Anwohner früher durchweg errichtet. In Seitengassen und abseits der Hauptstraße finden sich auch noch weitere, aber meist schlichtere Geschwisterbauten. Auch sie heben die Dorfkerne in der Bauweise von dem rein bäuerlichen Umland ab. Hier wohnten meist Handwerker, und es wurde Handel zur Versorgung der Umgebung getrieben.

Südlich des Dorfes beginnt eine ganz andere Welt. Von der Landstraße aus in Richtung der Nachbardörfer Capelle und Südkirchen blickt man in schnurgerade Alleen hinein (Abb. 62); eine ganz besonders breite gibt den Blick auf ein großes Schloss in der Ferne frei, das inmitten von großen Gehölzen in vornehmer Distanz von der dörflichen Welt liegt und deutlich spürbar den ganzen Landschaftsraum beherrscht. Das ist das Schloss Nordkirchen, das den gleichen Namen trägt wie das Dorf, welches bis in die Gegenwart mit den Geschicken des Schlosses verwoben blieb.

Besitz des Klosters Werden

Das Land um Schloss und Dorf begegnet schon früh unter einem ganz anderen Namen. Es gab hier ein großes Waldgebiet, das *Ihtari* genannt wurde und zum Dreingau gehörte. Bei der Einrichtung der kirchlichen Verwaltung zu Anfang des 9. Jahrhunderts im neu gegründeten Bistum Münster entstanden um Ihtari herum die drei Pfarrkirchen Lüdinghausen, Ascheberg und Werne. Im Waldgebiet Ihtari selbst lagen drei Kleinsiedlungen, wohl nur Bauernhöfe, die vermutlich als Schenkungen aus Königsgut an den ersten Bischof von Münster, Liudger, gelangten. Dieser wies die drei Höfe Ihtari der Pfarre Werne zu. Einen Hof aber hat Liudger an das von ihm gegründete Kloster Werden weitergeschenkt, und auf diesem Hof entstand durch Rodung und Zuzug von Siedlern das spätere Dorf Nordkirchen (Abb. 1). Der Name erklärt sich aus dem Zusammenhang mit dem Nachbardorf Südkirchen, das sich anstelle des zweiten Hofs in Ihtari gebildet hatte. Der dritte Hof wurde Keimzelle des kleinen Dorfs Capelle.

Um das Jahr 1000 lebten in den drei Waldsiedlungen bereits so viele Menschen, dass die Gründung von neuen Pfarrkirchen notwendig war. In Südkirchen war es der Bischof, der seine Eigenkirche dem heiligen Pankratius weihte. In Nordkirchen gründete der Abt von Werden eine Eigenkirche mit dem heiligen Mauritius als Patron. Die jetzt aufkommenden endgültigen Namen der beiden Dörfer zeigen in ihrer Betonung der Lage zueinander schon die nahezu gleichzeitige Entstehung an. Die dritte, kleinste Siedlung erhielt zunächst noch keinen Kirchenbau, sondern scheint sich an Nordkirchen angeschlossen zu haben. Hier in Ihtari-Capelle gab es auch Besitz der sächsischen Herzogsfamilie der Billunger und ihrer Nachkommen, der Grafen von Cappenberg. Denn um 1022/1032 hatten die Edelfrau Reinmod – Witwe des 1016 erschlagenen Grafen Wichmann III. von Hamaland aus dem westfälischen Zweig der Billunger – und deren Tochter Frederune hier schon eine ausreichend ausgestattete Kapelle gegründet, wie sie es an sechs anderen Orten des Münsterlandes auch gleichzeitig veranlassten. Der münsterische Bischof Siegfried (reg. 1022–1032) wünschte die Kapelle St. Dionysius zur Pfarrkirche zu erheben und hatte das Pfarrgebiet dazu bereits festgelegt, aber es ist nicht zur Einrichtung dieser Pfarre gekommen.[1] Das Gefüge der Nachbarpfarren war wohl schon zu fest. Capelle wurde erst im Jahre 1900 selbstständige Pfarre. Übrigens hat sich hier bis heute in dem Namen des Hauses Ichterloh die Bezeichnung des alten Walddistrikts *Ihtari* erhalten.

Der Besitz des Klosters Werden in Ihtari wurde in der damals üblichen Weise verwaltet. Der dortige Güterkomplex von 33 Höfen ist unter dem Oberhof Nordkirchen zusammengefasst worden. Auf diesem Hof saß wohl seit der Wende vom 11. zum 12. Jahrhundert ein Schulte (*villicus*), der für das Kloster die Geschäfte führte und für die Ablieferung der festgesetzten Abgaben nach Werden sorgte. Für die Vertretung des Klosters in Rechtsangelegenheiten und für den Schutz der Güter hatte sich schon früh die Vogtei gebildet. Um 1200 war der Graf Friedrich von Isenberg Vogt der Abtei Werden und damit auch der Villikation Nordkirchen. 1225 nach dem Mord an Erzbischof Engelbert von Köln fiel der gesamte Besitz des Grafen nach seiner Hinrichtung an die Verwandten. So traten die Grafen von Altena-Mark jetzt als Vögte auf.

Die Herren von Morrien und die erste Burg

Die Grafen hatten anscheinend noch im 13. Jahrhundert gewisse Vogteirechte an eine Familie weiterverliehen, die 1275 auch im Lehnsbesitz des Haupthofes Nordkirchen erschien. Das waren die Herren von Lüdinghausen genannt Morrien. Laut gelehrter barocker Historiographie kamen sie mit Karl dem Großen ins Land. Die Dortmunder Überlieferung behauptete, ein Bernhard von Morrien sei 1120 zusammen mit Gottfried von Cappenberg als kaiserlicher Gesandter auf dem Fürstentag zu Dortmund gewesen und schon ein Dietrich von Morrien habe auf dem Reichstag von 1016 dort eine wichtige Rolle gespielt. Das Wappen dieser Herren war ein silberner Schild mit schwarzem Schrägbalken und vier hängenden Zinnen daran. In der oberen Schildecke saß ein roter sechsstrahliger Stern, und als Helmzier diente ein Mohrenrumpf. Es ist immerhin bemerkenswert, dass ähnliche Wappen auch andere Lehnsadelfamilien geführt haben, die alle im Gebiet zwischen Lüdinghausen und der Lippe ansässig waren.

Mit dem Ritter Johann (I.) von Lüdinghausen genannt Morrien beginnt die gesicherte Reihe der Mitglieder dieser Familie. Er war Burgmann auf der bischöflichen Landesburg Botzlar südlich von Selm, wo er ein steinernes Haus bewohnte. 1290 erschien er auch unter den Burgmännern auf dem Bispinghof in Münster. Bereits im Lehnsbesitz des Hofes Nordkirchen, übernahm er 1284 den bischöflichen Haupthof in Selm in Pfandschaft. Er kann daher nicht unvermögend gewesen sein. Spätestens 1339 ist er verstorben. Es ist wenig wahrscheinlich, dass ein Lehnsmann in dieser

nicht unbedeutenden Stellung als *villicus* und Untervogt eines Werdener Haupthofes dort in einem Bauernhaus gewohnt hat.

In der Tat gibt es nun östlich der heutigen Schlossanlage und nördlich der Straße nach Capelle eine vergessene Burgstelle dicht am Goorbach (Abb. 3). Eine etwa viereckige, flache kleine Erhebung mit Grabenring, jetzt von hohen Bäumen bestanden, liegt durch einen Wegedamm vom Bach getrennt. Im Winter ist der Graben noch gut mit Wasser gefüllt. Eine schriftliche Überlieferung mit Bezug auf diesen Platz gibt es, soweit bekannt, nicht. Er befindet sich schon im Bereich der Bauerschaft Altendorf, deren Gehöfte aber noch ein gutes Stück weiter östlich an der Straße nach Capelle gelegen sind. Etwa einen Kilometer südlich befand sich der nächste Adelssitz, das heute verschwundene, seit dem 13. Jahrhundert bezeugte bischöfliche Lehen Haus Grothus. Auch die Stelle des Haupthofs Nordkirchen ist genau bekannt. Dieser erhob sich gleich nordöstlich der heutigen Schlossinsel. Dicht dabei hat die erste Pfarrkirche gestanden. Ein steinernes Kreuz im nordöstlichen Parkrevier bezeichnet heute ungefähr ihre Lage. Um Hof und Kirche dehnte sich das alte Dorf Nordkirchen aus, ohne dass es möglich wäre, seine genaue Form und Größe heute noch anzugeben. Über die Gründe für das Verschwinden des Dorfes und seine Verlegung an die jetzige Stelle wird noch zu berichten sein. Damit hat einst die Dorfsiedlung aber der beschriebenen Burgstelle wesentlich näher gelegen. Sie blieb

nur aus dem Bereich des feuchten Wiesengrundes, den der Goorbach durchfloss, heraus. Die kleine Burg hingegen machte sich diese Situation zunutze. Aus den angeführten Gründen liegt es nahe, die Burgstelle mit dem ersten Nordkirchener Sitz der Herren von Morrien in Verbindung zu bringen. Die Anlage ist aber so klein, dass dort höchstens ein befestigtes Haus unterzubringen war. Von einer vielleicht einst vorhandenen Vorburg für Nebengebäude ist keine Spur mehr zu sehen. Es ist sehr gut möglich, dass der Wegedamm den mittelalterlichen Verlauf der Straße von Capelle nach Nordkirchen andeutet. Die heute offensichtlich verlegte geradlinige Führung dieser Straße, wie auch jener von Südkirchen herankommenden, und ihre gemeinsame Weiterführung um den Schlosspark herum sind sicher neuzeitlich.

Die Erbmarschälle

In der nächsten Generation ist der Knappe Johann (II.) Morrien 1324 in Nordkirchen bezeugt. Er hat den Namen »Lüdinghausen« abgelegt. 1347 schloss er einen Pachtvertrag mit dem Werdener Abt, durch den er das Nordkirchener Lehen auf Lebenszeit erlangte. Seine Stellung als Lehnsmann des Bischofs von Münster war offenbar klar und fest. Als Mitglied des Burgmannskollegiums in Botzlar hatte er Beziehungen zu den Herren von Rechede, die außer der Haupt-

3 Burgstelle am Goorbach von Südwesten, 1975

Diese auf die echten Marschallspflichten zurückgehende Gewohnheit ist zum letzten Mal 1633 ausgeübt worden. Das Ehrenamt kam unter anderem dadurch zum Ausdruck, dass der Erbmarschall bei Versammlungen des Landtags den Vorsitz der Ritterschaft übernahm und Landtagsbeschlüsse unterzeichnete, um sie rechtskräftig zu machen. Die Herren von Morrien zu Nordkirchen haben diese Würde über zehn Generationen bis zu ihrem Aussterben 1691 besessen, dann wurde sie vom Fürstbischof Friedrich Christian von Plettenberg gegen die Ansprüche der inzwischen calvinistischen Nebenlinie der von Morrien zu Horstmar und Falkenhof seinem Bruder und dessen Nachkommen, den Freiherren und späteren Grafen von Plettenberg, übertragen. Nach dem Tode des letzten Grafen Maximilian Friedrich 1813 verlieh der König von Preußen den Ehrentitel dann den Grafen von Merveldt, und bei dieser Familie besteht der Titel »Erbmarschall« bis zum heutigen Tage.

Der Erwerb der Erbmarschallswürde 1350 bestimmte von jetzt an Handeln und Geschicke der Familie von Morrien und damit auch die Geschichte der Burg. Der Vertreter der nächsten Generation, der Erbmarschall Johann (III.), erhielt 1370 vom Grafen von der Mark pfandweise gegen Zahlung einer erheblichen Geldsumme die Vogtei über die Villikation Nordkirchen, als deren Schulte (oder *villicus*) er gleichzeitig benannt wurde. 1380 wurde er vom Grafen von Tecklenburg mit der Freigrafschaft Wesenfort weiterbelehnt. Dieses Freigericht war außer für Nordkirchen in Südkirchen, Selm, Werne, Bork, Altlünen sowie Ottmarsbocholt und in Teilen von Ascheberg und Amelsbüren, also im weiteren Umkreis der Nachbarschaft, zuständig. Schon 1384 gelang es Johann zusammen mit einigen anderen Standesgenossen, diese Freigrafschaft dem Grafen abzukaufen. Ein Jahr später konnte er seinen direkten Besitz durch den Ankauf des Gutes Haselburg vermehren. 1393 erhielt er vom Abt von Werden auf dem Pfandwege gegen Geld die Belehnung mit dem Hof Nordkirchen samt allen zugehörigen Besitzungen.[2] Aus der Villikation des Klosters war so ein Werdener Lehen geworden. Damit begann der Herr von Morrien, der fortan nur noch gewisse Abgaben an Werden zu entrichten hatte, selbstständig zu schalten und zu walten. Mit seinem Landesherrn, dem Bischof von Münster, durch das Erbmarschallamt eng verbunden und von großem Einfluss auf die Landespolitik, stand er auch in der Gunst des mächtigen, südlich benachbarten Landesherrn, des Grafen von der Mark, obwohl es mit diesem aufgrund von Fehdeangelegenheiten eine vorübergehende Trübung des Einvernehmens gab.

mannschaft über die Landesburg Rechede, etwa fünf Kilometer nordwestlich von Selm, im erblichen Besitz der Marschallswürde des Bistums Münster waren. Diese Familie steckte offensichtlich damals in finanziellen Schwierigkeiten, die sie durch Verkäufe ihrer Gerechtsame auszugleichen versuchte. So erwarb Johann II. von Morrien 1350 von Conrad von Rechede die Marschallswürde, eines der ehrwürdigen Erbämter am bischöflichen Hof, deren Einrichtung sich nach dem Vorbild der kaiserlichen Hofhaltung auch an den Höfen der geistlichen und weltlichen Fürsten herausgebildet hatte. Das erbliche Amt des Hofmarschalls hatte sich ganz von seinen ursprünglichen Aufgaben der Betreuung und Versorgung der Pferde, des damals wichtigsten Verkehrsmittels, sowie der Organisation des Reiterwesens gelöst. Als Relikt dieser Aufgaben bestand in Münster noch lange der Brauch, dass der Erbmarschall beim Tode des Fürstbischofs dessen bestes Reitpferd nebst einem Silberpokal zum Geschenk erhielt. Bei der Belehnung durch den Bischof hatte er diesem eine Anzahl Lehnspferde zu stellen.

Nordkirchen, seine Burg und die Herren von Morrien

Die zweite Burg

Was Johann von Morrien im Augenblick noch fehlte, war ein amtsgemäßer Wohnsitz. Die Burgmannshöfe in Botzlar und Münster kamen nicht in Frage, und von der kleinen Burgstelle östlich des Dorfes aus ließ sich nur schlecht repräsentieren. Daher gelang es ihm nach Verhandlungen mit dem Werdener Abt 1398 auf dem Wege des Grundstückstauschs eine viereckige Parzelle für den Bau einer neuen Burg zu erhalten. Im Vertrag war unter anderem festgelegt, dass die Bewegungsfreiheit der Anwohner nicht beeinträchtigt werden durfte, wenn er die Stelle *met graven begrepe und myt Tymmeringe vesteene*. Dieser neue Wohnsitz lag also unmittelbar beim Dorf. Sein Ausbau als befestigte Anlage steht außer jedem Zweifel, das Recht zum Bau dieser Befestigung wird der Erbmarschall wohl leicht von seinem Landesherrn erhalten haben.

Man hat früher geglaubt, dass diese neue Anlage östlich neben dem jetzigen Schloss gelegen habe. Vermutlich liegt eine Verwechslung mit dem *Hof to Nortkerken* vor, dem alten Werdener Haupthof, der unter der Bezeichnung »Vorwerk« bis ins 18. Jahrhundert bestanden hat und über dessen Aussehen wir gut unterrichtet sind, weil er auf verschiedenen Plänen und Ansichten des Barockschlosses wiedergegeben ist. Gleich neben diesem Haupthof hat dann seit etwa 1000 die Pfarrkirche St. Mauritius mit dem Friedhof gelegen. Alle drei Komplexe haben zusammen seit etwa 1400 den Kern des alten Dorfes Nordkirchen gebildet. Die kleine Burg am Goorbach dürfte seitdem aufgegeben worden sein. Über das Aussehen der in den Jahren nach 1398 errichteten ›neuen‹ Burg der Herren von Morrien wissen wir dagegen nichts, weil sie im 16. Jahrhundert in der Erneuerung und Vergrößerung zum ›alten Schloss‹ aufgegangen ist.³

Das 15. Jahrhundert brachte den Erbmarschällen eine ständige Steigerung ihres Ansehens und ihrer Macht. Gerhard II. von Morrien (urk. 1417–1489) war 1444 Amtmann in Werne, womit er in dem großen gleichnamigen Amt des Fürstbistums den maßgebenden verwaltungstechnischen und politischen Einfluss ausübte. In der münsterischen Stiftsfehde von 1450 bis 1457, in der drei mächtige Parteien um den Thron des Fürstbischofs stritten, hat er zunächst durch Vermittlung Frieden zu halten versucht. Als das misslang, stellte er sich nach anfänglichem Schwanken entschlossen auf die Seite des Walram von Moers, des Exponenten der kölnischen Interessen. In der entscheidenden Schlacht bei Varlar 1454 siegte die moersische Partei, und Gerhard wurde wegen herausragender Tapferkeit auf dem Schlachtfeld zum Ritter geschlagen. Ein solches Ereignis zeigt, wie stark er mit seinen Standesgenossen in jener Spätzeit noch dem ritterlichen Ideal verbunden war. Hauptgegner in Varlar waren nämlich die Bürger der Stadt Münster, die die Partei des Erich von Hoya unterstützten. Noch vor der Stiftsfehde erhielt Gerhard auch die Burg Lüdinghausen vom Bischof in Pfandschaft, ein Verhältnis, das mit einigen Unterbrechungen bis zum Ende des Jahrhunderts bestand. Damit verwaltete und kontrollierte der Erbmarschall zwei münsterische Ämter von insgesamt elf. Wenn die Pfänder noch verhältnismäßig unsichere Machtinstrumente waren, weil sie wieder eingelöst werden konnten, so brachte das Jahr 1444 die entscheidende Sicherung in Nordkirchen. Der Abt und der Konvent in Werden gaben Gerhard von Morrien und seinen Erben den Hof in Nordkirchen mit allem Zubehör »auf ewige Zeiten« in Erbpacht gegen Zahlung einer ziemlich geringen jährlichen Gebühr. Damit war die Familie fest im Besitz dieses Teils der Werdener Güter.

Familienbande und die Nebenlinien der von Morrien

Reicher Besitz und geschickte Heiraten begünstigten den Aufstieg des Geschlechts. Erbmarschall Gerhard II. von Morrien heiratete nach dem Tode seines Vaters Gerhard I. († 1425) 1427 die Erbtochter Margarethe von Borchorst († um 1476/80) aus Horstmar. Das Erbe seines kinderlosen Bruders Bernhard von Morrien zu Horstmar († 1492) erhielt die Familie zurück, während Botzlar mit dem Erbe des Lubbert († 1488) an dessen Tochter fiel. Kurz vor seinem Tode stiftete Gerhard II. 1484 eine Vikarie am Stephanusaltar der Pfarrkirche und zugleich für die Burgkapelle ein Missale, das im Fraterhaus zu Münster geschrieben und illuminiert wurde und das sich heute im Stadtmuseum Münster befindet (Abb. 4). Die reich verzierte Handschrift enthält die für die Messfeiern des Kirchenjahres gebräuchlichen Texte und zeigt auf der Kanontafel im Hintergrund der Kreuzigungsgruppe eine Schlossanlage sowie die Wappen des Ehepaares Morrien-Borchorst.⁴

Auf der gegenüberliegenden Seite sind zu Beginn des Messkanons und der Fürbitten die Namen der Stifter und die ihrer neun Kinder notiert: Drei Töchter heirateten in die Familien Bodelschwingh, Oer und Droste-Vischering, die vierte wurde Nonne im Kloster St. Aegidii in Münster. Drei Söhne wurden Geistliche: Gerhard (urk. 1442–1473) im Stift Cappenberg, zuletzt Kellner, Dietrich (bezeugt ab 1442, † 1482) und Sander (niederdeutsch für Alexander, bezeugt ab

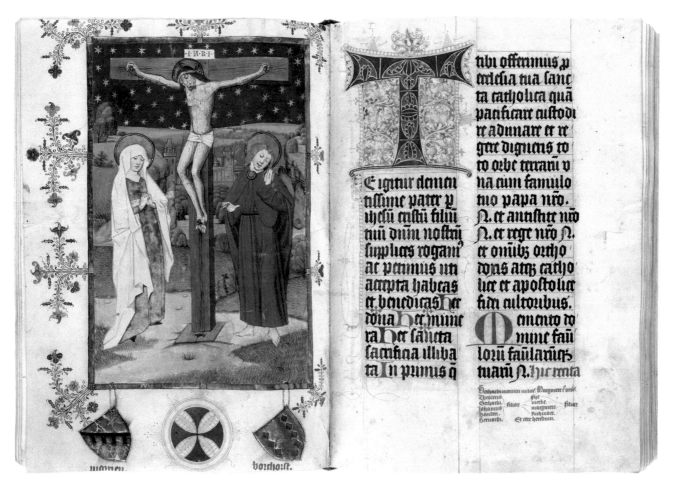

4 Das »Morrien-Missale«, geschrieben und ausgemalt im Fraterhaus zu Münster um 1485/90, im Auftrag des Erbmarschalls Gerhard II. von Morrien

1453, † 1498) traten in das Domkapitel zu Münster ein. Bernhard erbte von seiner Mutter das Gut Horstmar, verstarb aber kinderlos. Gerhard II. von Morrien hatte daneben außereheliche Kinder: Der gleichnamige Gerhard Morrien († kurz vor 1546) erhielt 1488 die Stephanusvikarie an der Pfarrkirche Nordkirchen, ein anderer unehelicher Sohn, Rotger, ist hier 1484 bis 1508 als Pfarrer nachweisbar. Bis in das 17. Jahrhundert hinein gab es zahlreiche unebenbürtige Söhne und Töchter, auch von geistlichen Familienmitgliedern, die teils als Geistliche (so zu Nordkirchen, Olfen, Ascheberg, Selm, Seppenrade u. a.) versorgt wurden und als – wenn auch nicht erbberechtigte – Glieder der Familie akzeptiert waren.

Nach dem Tod seiner Brüder, die kinderlos blieben, verließ Sander von Morrien den geistlichen Stand, heiratete 1487 Frederune von Wulff genannt Lüdinghausen von Gut Füchteln bei Olfen und setzte die Familie mit immerhin

acht Kindern fort: Drei Töchter heirateten in münsterländische Familien ein. Drei Söhne wurden Geistliche: Alexander († 1552) war seit spätestens 1514 Domherr zu Münster und ab 1524 Dompropst; Johann, Domherr ab 1519, amtierte ab 1529 auch als Pfarrer zu Nordkirchen und starb 1562 als Senior des Domkapitels – ihre Wappen finden sich im Kapitelsaal des Domes zu Münster. Zwei Söhne setzten die Familie fort: Erbmarschall Gerhard III. (um 1490–1558), der Nordkirchen neu baute, und sein Bruder Dietrich von Morrien (um 1495–um 1560), der den Borchorster Hof zu Horstmar erbte, 1521 die Erbtochter Anna von Valcke aus Rheine ehelichte und die Nebenlinie der Herren von Morrien zu Horstmar und in Rheine begründete, die in der achten Generation 1784 erlosch. Um 1520/30 baute Dietrich von Morrien den Borchorster Hof in Horstmar neu und 1532 den Falkenhof in Rheine – beide sind bis heute als prominente adlige Burgmannshöfe Zeugen der Familie Morrien.[5]

Von der zweiten Burg zum Schloss

Gerhard III. von Morrien (um 1490–1558) heiratete 1516 Maria von Wendt zu Crassenstein, mit der er sechs Töchter (alle verheiratet) und einen Sohn, den Erbmarschall Gerhard IV. (um 1518–1580), hatte. Unter diesem Ehepaar wurde der Neubau der Burg und ihre Erweiterung zum Schloss durchgeführt. Gleich im Jahr seiner Heirat, dann noch einmal 1522, erbat er sich vom Abt zu Werden die Erlaubnis, Landstücke zwischen seiner Burg und der Dorfkirche zur Erweiterung der Festungswerke zu gebrauchen. Sei es, dass der Raum noch nicht ausreichte, sei es, dass die Waffentechnik es unbedingt notwendig machte: Gerhard hatte 1524 begonnen, die alte Dorfkirche abzubrechen und wies ihr einen neuen Bauplatz wesentlich weiter nordwestlich vom Schloss entfernt zu. Das rief den Protest des Werdener Abtes hervor, der hier kirchlich noch in allen Dingen zuständig war. Dem Erbmarschall schien es daher geboten, sich an den Papst direkt zu wenden, denn es handelte sich um eine *res sacra*. Sein Hauptargument war, die Kirche liege dem Schloss zu nahe, sie könne durch eine feindliche Partei zum Stützpunkt gemacht werden, wodurch er dann gezwungen sei, sie zu zerstören. Er bot Translozierung und Neubau sowie Verlegung des Friedhofs auf seine Kosten an. Die Antwort des Papstes Clemens VII. von 1526 lautete zustimmend, war aber an folgende Bedingungen geknüpft: beim Neubau Wiederverwendung möglichst vielen Materials der alten Kirche, an ihrem bisherigen Standort Errichtung einer Gedächtniskapelle und Kontrolle der ganzen Translozierung durch den Bischof.

Die Zeit verging. Erst 1533 gab Bischof Franz von Waldeck seine offizielle Erlaubnis zur Kirchenverlegung, und 1536 wurde die neue Kirche vollendet. Mit ihr war auch der Pfarrhof durch Geländetausch verlegt worden, und die Dorfbewohner versetzten ihre Häuser in den Schatten der neuen Kirche. 1541 konnte der Bischof nach Rom melden, dass alles den Bedingungen gemäß vollzogen sei. Aber noch bestand der alte Friedhof, der vielleicht im Verlauf der vergangenen 500 Jahre zu einem deutlichen Hügel angewachsen war. Als Gerhard von Morrien nun 1548 daran ging, den Friedhof abzugraben, um freies Schussfeld zu bekommen, brach ein Sturm der Entrüstung los. Das war der Anlass, den lange angestauten Neid und Ärger der adeligen Nachbarn, von Münster zu Meinhövel, von Merveldt, von Ascheberg und anderer, über den gewaltigen Schlossbau zu entfesseln. Zusammen mit dem Abt von Werden als Patron der Kirche warfen sie dem Erbmarschall Leichenschändung und Bereicherung durch das Baumaterial der Kirche vor, die als Ziegelbau schon wieder baufällig sei. Es mischte sich sogar der Herzog Heinrich von Braunschweig mit einem Drohbrief an die Landstände ein, und die Sache kam vor Kaiser Karl V. Dieser wies den Fürstbischof Franz von Waldeck an, dafür Sorge zu tragen, dass alles wieder rückgängig gemacht werde. In dem 1549 eröffneten Prozess zeigte sich aber schnell, dass die Anschuldigungen weit übertrieben waren, vor allem, dass die betroffenen Dorfbewohner im Großen und Ganzen mit der Umlegung zufrieden waren. Der Kaiser erlegte daraufhin den Klägern Stillschweigen auf, doch bis in die 1640er Jahre wurden immer wieder Beschwerden gegen die Schlossherren von Morrien geäußert.[6]

Unter diesen ungewöhnlichen und teilweise stürmischen Umständen ist das Dorf Nordkirchen an seiner jetzigen Stelle gegründet worden. Die Umquartierung zeigt sich noch heute im Verlauf der das Dorf berührenden Landstraßen (Abb. 1), obwohl diese im 19. Jahrhundert begradigt und teilweise in ihrer Trassierung verlegt worden sind. So führt die von Münster kommende Straße, der Cappenberger Damm, deutlich östlich am Dorf vorbei. Erst kurz vor dem Dorf biegt sie fast rechtwinklig zur Siedlung hin ab. Die alte Hauptrichtung zeigt genau auf die Stelle nordöstlich des heutigen Schlosses. Die Straße von Ascheberg zielt gleichfalls auf dieses Gelände, das heutige Dorf wird erst in einem nach Süden ausholenden Bogen erreicht. Die Straße von Capelle, wie auch die von Südkirchen sind beide erheblich begradigt und in ihrer Lage verändert. Vor allem ist ihr Zusammentreffen beim Capeller Tor des heutigen Schlosses nicht alt. Die alte Capeller Straße könnte sich sehr gut weiter nördlich der heutigen an der ältesten Burgstelle vorbei durch das alte Dorf Richtung Lüdinghausen gezogen haben. Die Straße von Selm hat offensichtlich einmal südlich am Schloss vorbei das Dorf erreicht. Etwa von der Höfegruppe Wiemann an schwenkt sie seit dem 16. Jahrhundert nach Nordosten auf das jetzige Dorf zu. Die Straße von Lüdinghausen endlich scheint direkt auf das neue Dorf zuzulaufen, aber bevor es so war, ging ihre Verlängerung, die heutige Schlossstraße, ebenso direkt auf den alten Siedlungsplatz zu. Die 1526 vom Papst geforderte Gedächtniskapelle wurde bereits 1609 abgebrochen. Das dafür aufgestellte Feldkreuz verschwand 1886. Seit dem Anfang des 20. Jahrhunderts erinnert wieder ein steinernes Kreuz an den Platz der ersten Kirche. Das umliegende ehemalige Dorfgelände ist nach 1910 stark verändert, offenbar tiefergelegt und aufgeforstet worden, so dass die noch 1911 hier gemeldeten Grabenspuren nicht mehr zu sehen sind.

Die Stelle, die 1398 für die Neuanlage der Burg ausersehen wurde, war sehr geschickt gewählt. Burg und Dorf liegen auf einer ganz leicht die Umgebung überragenden Höhentafel, die aber nach Osten einfällt und deren höchste Zone etwa an der Selmer Straße bei der alten Windmühle liegt. Von hier aus senkt sich das Gelände nach Norden von etwa 71 auf 53 Meter über NN. Nach Süden fällt es bis auf 62 Meter ab; nach Osten zieht es sich bis auf ungefähr 60 Meter Höhe zum Talzug des Goorbaches hinab. Der Untergrund besteht überall aus nässestauendem, tonigem Waldboden. Deshalb sind die breiten Gräben der Schlossinsel und die übrigen Gewässer im Park immer gut gefüllt. Anstelle eines regelrechten Bachzulaufs ist ein ganz schwacher Quellhorizont ausgenutzt, der zum Teil in den Gräben selbst, teilweise aber auch im Waldpark westlich des Schlosses liegt. Der Überlauf an der Ostseite des großen nördlichen Schlossteichs fließt als bescheidener Bach im künstlichen Bett dem Goorbach zu. Ein zweites Rinnsal in gleicher Fließrichtung zeigt sich parallel zur Capeller Allee. Nordkirchen gehört damit zu den vielen Wasserburgen, die Quellen mit der nassen Konsistenz des Untergrundes als Lieferanten des Gräftenwassers ausnutzen. Die älteste Burgstelle am Goorbach hätte man dagegen durch Stauwälle mit Hilfe des Bachwassers zu einer umfangreichen, mit Gräben und Teichen befestigten Anlage ausbauen können – dem anderen Grundsystem der Wasserversorgung für die Ringgräben. Von den Herrensitzen der Nachbarschaft nutzten die Burgen Meinhövel und Alrodt das Wasser des Teufelsbaches, das Haus Buxfort den Funnebach, die Burgen Lüdinghausen, Wolfsberg, Patzlar und Rechede die Stever und Vischering die Stever nebst einem künstlich angelegten Arm dieses Flusses aus. Die Häuser Ich-

terloh und Grothus nutzten dagegen wie Nordkirchen die Quellen und Quellbäche zur Speisung ihrer Gräben.

Das Schloss selbst, um das es zwischen 1516 und 1549 so viel Schreiberei und Gerede gegeben hatte, ist durch eine vorzügliche Vogelschau-Ansicht des Peter Pictorius überliefert (Abb. 5). Dieses anschaulich gezeichnete und kolorierte Blatt gehört zu einer großen Zahl von Bauzeichnungen aus den Nachlässen der Architekten Pictorius und Schlaun, die heute im LWL-Landesmuseum für Kunst und Kulturgeschichte in Münster aufbewahrt werden.

Das Schloss ist aus Richtung Nordosten gesehen. Am meisten springt der gewaltig breite und auch hohe rechteckige Erdwall ins Auge, der, leicht trapezförmig verschoben, das eigentliche Schloss umgibt. Zu ihm gehört ein ungewöhnlich breiter Außengraben. Auf den vier Ecken des Walls stehen dicke, offenbar dreigeschossige Batterietürme aus Stein, die zu den inneren Wallecken steinerne gedeckte Traversgänge haben. Die Wallkrone zwischen den einzelnen Türmen ist durch eine Erdbrustwehr mit breitem Weg dahinter gedeckt. Auf dem inneren Wallhang, im Süden auf der Krone, stehen einzelne große Bäume. Im Innenhang des östlichen Walls steckt ein polygonales, mit hohem Zeltdach gedecktes Gebäude, das als Magazin oder Rossmühle zu deuten ist. Der nordöstliche Batterieturm ist gleichzeitig als Torturm ausgebaut. Sein Traversgang ist seitlich verschoben, und hinter ihm ist die Wallecke zu einem dreieckigen Torplatz mit einem kleinen Haus daran erweitert. Man sieht auf diesem Platz neben Pfahlreihen und niedrigen Zäunen – wahrscheinlich zum Anbinden von Pferden und Abstellen von Wagen – mehrere größere Geschütze stehen. Über den breiten Außengraben führt die einzige Zugangsbrücke. Sie ist an der Feldseite durch ein hohes Gittertor, eine Homeie, gesichert. Die Brücke selbst, ganz aus Holz, ist durch ein steinernes, querrechteckiges, ganz im Wasser stehendes Torhaus in zwei Teilstücke geteilt. Außen, zwischen Homeie und Torhaus lag die erste, innen vor dem Batterieturm die zweite Zugbrücke. Das Außentorhaus im Graben war zweigeschossig. Neben der Durchfahrt lag sicher die Pförtnerstube mit Schartenfenstern, im Obergeschoss offensichtlich eine heizbare Stube mit drei Kreuzstockfenstern auf der Traufseite.

Die vier großen Batterietürme hatten jeder mindestens 50 Fuß, das sind mehr als 15 Meter Durchmesser. Im unteren Geschoss war wohl Platz für schwere Geschütze, worauf die wenigen, aber größer gezeichneten Öffnungen hindeuten. Im mittleren Geschoss zeigte sich ein Kranz gleichmäßig verteilter Scharten, die mit leichteren Wallbüchsen zu be-

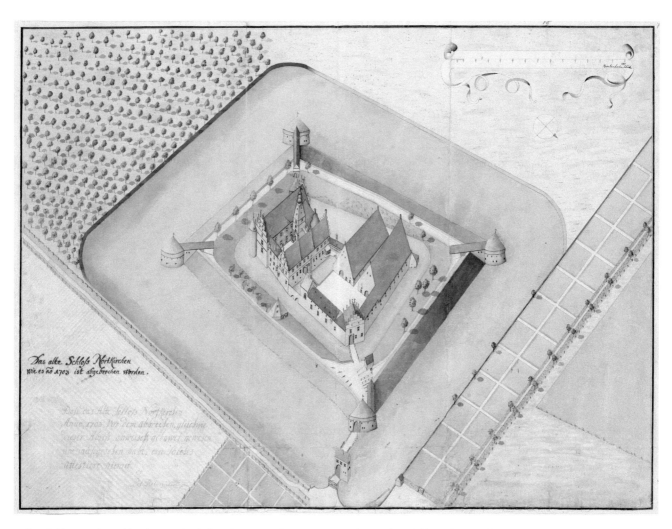

Das alte Schloß Nortkirchen
wie es no 1703 ist abgebrochen worden.

5 Altes Schloss vor dem Abbruch 1703, Vogelschau, P. Pictorius d. J. mit Notiz von der Hand J. C. Schlauns (Bz SB 84)

stücken waren. Das obere Geschoss ist fensterlos gezeichnet, jedoch könnte es als eine Art Wehrgang dicht unter dem Dachüberstand nach allen Seiten geöffnet gewesen sein. Die Dächer selbst waren als hohe Kegel mit einer Wetterfahne auf der Spitze ausgeführt. Das Mauerwerk dieser Türme muss außerordentlich stark gewesen sein, denn der spätere Abbruch 1704 dauerte zwei Jahre, machte viel Mühe und verursachte hohe Kosten.

Es ist ganz offensichtlich, dass es der Ausbau dieses Wallrechtecks mit den Batterietürmen war, der 1516 und 1522 Landstücke erforderte. Hierbei bleibt allerdings offen, ob es schon vorher ein einfacheres Wallrechteck mit schmalerem Außengraben gegeben hat. Die Vogelschau zeigt jedenfalls anschaulich, wie der jetzt geschaffene große Wall den Graben der beiden eigentlichen Schlossinseln eingeengt hat. Die Erdmassen dazu stammten sicher aus dem stark erweiterten

großen Außengraben. Mit dieser Ausdehnung der Befestigung kam das Werk allerdings dem Dorf, das außerhalb des unteren Bildrandes gelegen hat, recht nahe. Das Geschütz auf den Wällen und in den Batterietürmen brauchte freies Feld, um sich wirkungsvoll zu entfalten. Umgekehrt musste dafür gesorgt werden, dass ein Gegner sich nicht in vorhandenen Deckungen in unmittelbarer Nähe des Schlosses festsetzen konnte. Dazu waren, wie der Erbmarschall 1526 an den Papst schrieb, die steinerne Kirche nebst ummauertem Friedhof nur zu gut geeignet. So kam es zu der allen Widerständen zum Trotz rücksichtslos durchgesetzten Verlegung des ganzen Dorfes.

Das eigentliche Schloss im Schutze des großen Walls war, wie landesüblich, auf zwei Inseln angelegt (Abb. 5). Im Süden lag die Hauptburg, nördlich davon die Vorburg. Von dem nordöstlichen Platz auf dem Wall führte eine Holz-

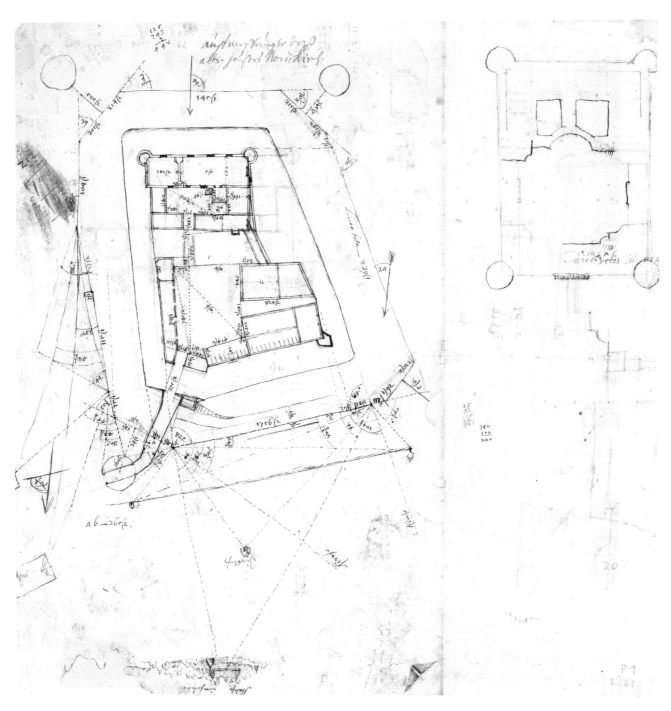

6 Altes Schloss, um 1697/1700, Vermessungsskizze, G. L. Pictorius (Bz P 1)

brücke direkt auf die Nordostecke der Vorburg zu, auf der ein repräsentatives großes Torhaus die Zufahrt über ein Zugbrückenjoch aufnahm. Das Bauwerk hatte über den beiden Geschossen mit Steinbrückenfenstern zur Feld- wie zur Hofseite je einen breit gelagerten Fialengiebel, bei dem äußeren war jedes Giebelstockwerk durch einen Wasser-

schlag betont. Auf Ost- und Nordseite der Vorburg schlossen unmittelbar Gebäudeflügel an. Der östliche war zweistöckig mit Steinbrückenfenstern im Erdgeschoss. Er endete in der höher gebauten Kapelle, auf deren Satteldach ein schlanker, krabbenbesetzter Dachreiter saß. An ihrer Außenseite zeigte sich ein großes gotisches, zweiteiliges Fenster.

Von der zweiten Burg zum Schloss

Nordflügel und nördliches Ökonomiehaus schlossen die Nordflanke der Burg ab. Ihre Dächer gingen nahtlos ineinander über. Auf der Nordwestecke sprang ein niedriges Blockhaus auf polygonalem Grundriss unter einem Pultdach in den Hausgraben vor. Es diente zum Flankenschutz von Nord- und Westseite der Vorburg. Der steil proportionierte östliche Dreiecksgiebel des Ökonomiehauses war außer dem Einfahrtstor nebst Tür und ein paar Luken oben im Giebel völlig schmucklos, besaß aber eine Firstfiale. Durch eine Feuerschutzgasse getrennt lag südlich daneben ein zweites Wirtschaftsgebäude von gleichartiger Gestalt. Davor blieb auf der Vorburg nur ein verhältnismäßig enger Hofraum übrig.

Die Hauptburg stand auf kleinerer Fläche als die Vorburg, die nach Westen ein erhebliches Stück breiter war. Das größte Gebäude auf der Südseite war das repräsentative Herrenhaus, das zwei große gotische Fialengiebel und Rundtürme auf den Südecken besaß. An der Hofseite stand ein großer quadratischer Treppenturm mit Steilhaube und Zwiebelkrone. Parallel dazu auf der Nordseite lag der Torflügel mit zwei gotischen Stufengiebeln. Sein Satteldach war außerdem durch Brandgiebel in drei Abschnitte geteilt. Neben dem Zugbrückentor zur Vorburg hin saß am Westende ein großer durchfensterter Erker. Außerdem überbrückten in den Gebäudefluchten Blendmauern auf Brückenbögen den Trenngraben zwischen beiden Inseln. Die westliche Blendmauer trug einen fensterreichen Laufgang als zusätzliche Verbindung zwischen Haupt- und Vorburg. Zwischen diesen beiden Hauptflügeln standen auf der Ost- und Westseite Verbindungsbauten, so dass auf der Hauptburg ein kleiner enger Binnenhof entstand. War der östliche Nebenflügel schlicht unter einem Satteldach, so schloss der westliche an den Treppenturm an und besaß einen eigentümlichen gekurvten Giebel spätgotischer Form nach Norden hin, welcher aber durch den Torflügel überschnitten gewesen ist. Angedeutete Gurtgesimse, Wasserschläge, Steinkreuz- und Steinbrückenfenster lassen im Verein mit den angezeigten Giebellösungen keinen Zweifel daran, dass das ganze Schloss in ausgesprochen münsterischen Formen errichtet war, wie es eine Reihe heute noch erhaltener anderer Bauwerke anschaulich macht. Gut vergleichbar sind die Torhäuser des Drostenhofs in Wolbeck und des Schlosses Merfeld, ferner die Giebel des von Dietrich Morrien, dem Bruder des Erbmarschalls Gerhard III., um 1520/30 errichteten Borchorster Hofs in Horstmar (Abb. 7), und es gab bis zu den Kriegszerstörungen in Münster eine ganze Gruppe stattlicher Hausfronten mit Stufengiebeln und Fialen. Bei allen

7 Der Borchorster Hof in Horstmar, 1891

wachsen aus den Stufenkanten über Eck gestellte Fialenschäfte aus Ziegeln, die von krabbenbesetzten Werksteinriesen bekrönt werden. Jede Giebelstufe ist von der nächsten durch einen Wasserschlag deutlich abgesetzt.[7]

Der Baumeister von Alt-Nordkirchen

Kurt Fischer hat dem Werkmeister Henric de Suer und dessen Sohn Johann eine Zusammenstellung seines nicht unbedeutenden Œuvres an Um- und Erweiterungsbauten von Kirchen gewidmet und nachgewiesen, dass der Meister aus Coesfeld stammte. Er konnte auch mitteilen, dass Henric de Suer 1528 offenbar größere Arbeiten in Nordkirchen nach einem Vertrag mit dem Dompropst Sander von Morrien, dem Bruder des Erbmarschalls, ausgeführt hat. Der Vertrag enthält einen Hinweis, dass de Suer ähnliche Arbeiten in Herten ausgeführt habe. Alle stilistischen Besonderheiten in Nordkirchen und dazu eine ähnliche Gebäudedisposition besitzt in der Tat auch die Hauptburg in Herten. Im Hinblick auf die zahlreichen Kirchenbauten muss es sich bei de Suer um einen Vertreter jener frühen Unternehmer gehandelt haben, die seit dem Anfang des 16. Jahrhunderts überall auftraten und mit einer gut aufeinander eingespielten Handwerkermannschaft in kurzer Zeit größere Bauten hochzogen. Je nach Bauvolumen wurden von ihnen von Fall zu Fall zusätzliche Arbeitskräfte angenommen. Wie bei vielen Kirchenbauten ist auch bei manchem Profanbau vom Ende des 15. Jahrhunderts an eine gewisse Monotonisierung, ja sogar ›Normung‹ der einzelnen Werksteinglieder als Träger der spätgotischen Form zu beobachten. Diese Erscheinung ist ganz auffallend auch an den Baugliedern des Schlosses Herten zu sehen. Da dieses Schloss ganz, Nordkirchen mindestens zum Teil unter Henric de Suer errichtet worden ist, kann man sich ausgehend von der Vogelschauzeichnung ein ganz gutes Bild vom alten Schloss Nordkirchen machen, auch wenn heute kein einziger Stein davon erhalten ist.

Vater und Sohn de Suer scheinen in andauernder Beziehung zu den Herren von Morrien gestanden zu haben; so lieferte ihnen der Erbmarschall 1530 einmal Ochsen, sicher als Zugtiere für die schweren Steinfuhren. Für 1533 liegt ein neuer Bauvertrag vor, wonach Johann de Suer Steinarbeiten für Nordkirchen auszuführen hatte. Vielleicht bezieht sich diese Tätigkeit auf den Neubau der Pfarrkirche, der 1536 fertig war – im gleichen Jahr hatte Fürstbischof Franz von Waldeck die Kirchenverlegung sanktioniert und genehmigt.[8]

Inwieweit auf den beiden Burginseln ältere Bausubstanz aus dem 15. Jahrhundert vorhanden war, ist aus der Vogelschau leider nicht zu entnehmen. Lediglich an zwei Stellen lässt das Zusammentreten von Baukörpern eine Vermutung auf sukzessives Entstehen der Gebäude zu. Auf der Hauptburg steht der gekurvte Nordgiebel des westlichen Flügels unmittelbar vor der Dachschräge des Torflügels, der nach Ausweis der Brandgiebel in seinem Dachraum recht gut in Abschnitten errichtet worden sein kann. Genau diese Errichtung in einzelnen Bauabschnitten zeigt heute noch der Torflügel in Herten. Zum anderen scheint das südliche Ökonomiehaus auf der Vorburg später errichtet worden zu sein, weil es die Folgerichtigkeit der Randbebauung nicht fortsetzt. Noch späteren Datums müsste dann der Verbindungsgang auf der Mauerblende zwischen Torflügel und Ökonomie gewesen sein.

Eine brauchbare Ergänzung der Vogelschau für die innere Disposition der Schlossgebäude ist die glücklich erhaltene erste Vermessungsskizze des Ingenieurs Gottfried Laurenz Pictorius, die sicher auch als Grundlage für die Vogelschau gedient hat (Abb. 6). Freilich ist sie ohne jeden Maßstab nur rasch hingezeichnet, um die wahren gemessenen Längen und Winkel eintragen zu können. Aber man kann ihr entnehmen, dass der Südflügel in Saal und Saalkammer geteilt und dass der Torflügel in der Tat dreigeteilt war, gemäß den Brandgiebeln. Der Altar der Schlosskapelle stand an der Ostwand. Das nördliche Ökonomiehaus enthielt die Stallungen und die Brauküche mit dem großen Herdfeuer an der Westwand. Der Nordflügel bis zum Torhaus war offenbar Marstall. Aus diesen wenigen Anhaltspunkten lässt sich ersehen, dass der Wohnsitz der Erbmarschälle zwar durchaus großzügig und weitläufig angelegt

war, dass er aber doch, verglichen mit anderen zeitgenössischen Herrensitzen, in der Raumaufteilung konventionell blieb. Erheblich über das übliche Maß hinausgehend war dagegen der Aufwand an Befestigung, wofür es im Land nur wenig vergleichbare Anlagen gab. Die Einrichtung der Batterietürme in den 1520er Jahren folgte dem damals modernsten System, das unter anderem von keinem Geringeren als Albrecht Dürer entwickelt worden war. Wenn man bedenkt, dass bis ins frühe 15. Jahrhundert die Bischöfe immer wieder gegen widerrechtlich angelegte Befestigungen einschreiten mussten, so spiegelt diese Neuanlage des Erbmarschalls, die vom Bischof nicht nur hingenommen, sondern sogar gegen heftigen Widerstand aus Adelskreisen verteidigt wurde, die hohe politische Bedeutung, die die Herren von Morrien zu Nordkirchen damals gewonnen hatten.

Die Haltung zur Reformation

Noch während in Nordkirchen gebaut wurde, begannen in Münster die Religionswirren, die in die Herrschaft der Täufer mündeten. Bei der großen Belagerung der Stadt hat Gerhard III. von Morrien als Erbmarschall in der Umgebung des Fürstbischofs eine bedeutende Rolle gespielt. Nach dem schrecklich blutigen Ende des Täuferreichs 1535 war im Oberstift unendlich viel zu tun, um die Kriegsschulden abzutragen und die weit verbreitete täuferische Bewegung einzudämmen. Auch dabei haben die Herren von Morrien mitgewirkt. Gerhard III. profitierte sogar vom Täuferkrieg: Schon 1531 hatte er von Hinrich von Asbeck ein Stadthaus an der Aegidiistraße 22 in Münster erworben; 1535–1537 kaufte er acht von Täuferfamilien konfiszierte Häuser an der Aegidiistraße 18–21, an der Grünen und an der Breiten Gasse für die Arrondierung seines Stadthofes.[9]

In der übernächsten Generation fiel den von Morrien aufgrund der Heirat des Erbmarschalls Gerhard IV. (um 1518–1580) mit Johanna von Büren die Erbschaft Davensberg zur Hälfte zu, als nach dem Tode des Domherrn Melchior von Büren († 1589) im Jahre 1600 dieses Gut zwischen den Nachkommen von dessen Schwestern, den Herrn von Morrien und von Wulff zu Füchteln geteilt wurde. Aber wie damals viele Adelige, waren auch die Herren von Morrien in Nordkirchen der Reformation zugeneigt. Ein Buchverzeichnis, das nach dem Tode der Johanna von Morrien geb. von Büren (um 1530/34–25.7.1584) angelegt wurde, spiegelt den geistigen Horizont der Familie.[10] Johanna war eine Tochter des Johann von Büren zu Davensberg und der Maria von

Coeverden (ihre Wappen sind an dem von ihnen gestifteten Altar der Burgkapelle in Davensberg angebracht); drei Brüder waren Geistliche geworden und ihr Bruder Jost ohne Kinder gestorben.

Das Verzeichnis führt 81 meist deutschsprachige Bücher auf, von denen 21 im *Neuen Gemach*, einem Arbeits- und Repräsentationsraum, die meisten aber im Wohnraum der Hausfrau aufgestellt waren. Im *Neuen Gemach* standen die Biographien Plutarchs (1555), Luthers Auslegung der Episteln und Evangelien (1525), Sebastian Francks *Weltbuch* (1534) sowie mathematische, medizinische und juristische Nachschlagewerke. Im Wohnraum Johanna von Morriens standen einige historische und geographische Werke sowie Schulbücher, Ratgeberliteratur, Biologie-, Pferde- und Turnierbücher, vor allem aber sechs Werke Martin Luthers, von seiner Bibel bis zu geistlichen Liedern (1574) und *Von guten Werken Unterrichtung* (1562), ferner 13 weitere Traktate lutherischer Autoren. Es dürften vor allem Bücher zur Unterrichtung des Sohnes Gerhard V. von Morrien (um 1568–1607) gewesen sein, der um 1584 im evangelischen Hamm die Schule besuchte, aber wohl auch Lektüre der Frau des Erbmarschalls. Bei der Landesvisitation 1571 bis 1573 wurde in Nordkirchen das Abendmahl mit Brot und Wein evangelisch gefeiert; Gerhard IV. hatte 1571 das Präsentationsrecht für den Pfarrer vom Abt zu Werden gekauft. Vor allem ist der Buchbesitz ein Zeugnis der Neigung zum lutherischen Bekenntnis, während die Geistlichen der Familie, auch wenn sie nicht das Zölibat einhielten, noch im 16. Jahrhundert als katholisch galten.

Auch viele Nachbarfamilien, die Galen zu Bisping und Romberg, die Diepenbrock zu Buldern, die Oer zu Kakesbeck, die Fridag zu Sandfort, die Recke zu Steinfurt, waren Protestanten, meist sogar eifrige Calvinisten; auch die unmittelbaren Nachbarn Wulff zu Füchteln und (halb) Davensberg sowie die Münster zu Meinhövel und Geisbeck. Diese wachten eifersüchtig über ihre lokalen Rechte. Letztere waren es auch, die gegen die Verlegung des Dorfes opponiert hatten und sogar um die Ausdehnung der Gerichtsbarkeit ihres »Beifanges« einen Prozess anstrengten, zu dem der münsterische Maler Hermann tom Ring (1521–1596) 1584 zwei Karten zeichnete.[11]

Sicher nicht nur aus weltanschaulichen Gründen nahmen also die Meinungsverschiedenheiten mit den adeligen Nachbarn wieder zu. Einen traurigen Höhepunkt erreichten sie, als nach Jagdstreitigkeiten mit den Herren von Galen zu Bisping und Romberg am 17. Juli 1607 der Enkel des Bauherrn von Nordkirchen, Gerhard V. von Morrien, seit 1591

8 Dietrich von Galen (um 1569–1645), Umkreis des Hermann tom Ring 1593 (verschollen)

9 Das Duell Galen contra Morrien, 17. Juli 1607: Tatort Domplatz zu Münster (Ausschnitt. Stadtarchiv Bad Homburg)

mit Adolpha von Ketteler zu Hovestadt verheiratet, in Münster auf dem Domhof im Zweikampf nach heftigem Wortwechsel durch Dietrich von Galen zu Bisping und Romberg (um 1569–1645) erstochen wurde. Galen (Abb. 8) entkam zunächst aus der Stadt, wurde aber am folgenden Tag bei Drensteinfurt verhaftet. Er kam erst nach zwölf Jahren Haft 1619 wieder frei.[12] Die beiden Söhne des Erbmarschalls wurden zunächst von Hofmeistern in Nordkirchen erzogen, dann besuchten sie um 1610 die lutherische Schule in Dortmund. Der ältere, Gerhard VI. von Morrien, verstarb auf der Bildungsreise im Oktober 1613 in Angers in Westfrankreich, so dass der jüngere Johann von Morrien (1597–1628) zum Erben bestimmt wurde. Er heiratete in erster Ehe eine Calvinistin, Catharina Gräfin von Flodorff, die 1620 im Kindbett starb, in zweiter Ehe 1623 Anna Sophia Gräfin von Limburg-Styrum (1602–1669), die zuvor Stiftsdame im hochadeligen Damenstift Essen und Pröpstin des Damenstiftes Rellinghausen bei Essen gewesen war.

Die Familiengalerie

Sieben Porträts der Morrien haben sich im Schloss Nordkirchen erhalten, weil Fürstbischof Plettenberg das Anwesen 1694 mit Inventar kaufte – also einschließlich der Bildnisse der Vorbesitzer. Eine Inventarliste von 1816 nennt elf Morrien'sche Familienbilder. Es fehlen nur die Angehörigen der letzten Generation als Geschwister der Erbin und Onkel ihrer Kinder. Die Morrien'schen Bildnisse waren für den neuen Schlossherrn wichtig, weil sie zeigen sollten, dass die Vorbesitzer die münsterischen Erbmarschälle waren und diese Würde also quasi ein Zubehör des Schlosses und nicht ein erbliches Lehen der Familie war. Alle übernommenen Bildnisse erhielten das Morrien'sche Wappen gleichförmig aufgemalt,[13] was indes ihre Identifikation verunklären kann.

Sicher bestimmen lassen sich zwei Porträts: das ganzfigurige des Erbmarschalls Gerhard V. (um 1568–1607) und das auf 1605 datierte Brustbild seiner Frau Adolpha geb. von Ketteler (um 1560–1625) aus Hovestadt (Abb. 10, 11), auf deren beiden Armbändern die Wappen ihrer Eltern, von Ketteler und von Wylich, angebracht sind und ihre Identifizierung sichern (Abb. 12) – das Bild wurde am 12. August 1605 dem Maler Dietrich Molthane († 1631) mit 50 Talern bezahlt. Das Schwert auf dem Tisch weist den Dargestellten als Erbmarschall aus, und der dem Bildnis der Frau gleichförmige spanische Kragen (»Kröse«) belegt die Gleichzeitigkeit beider Bilder.

10 Erbmarschall Gerhard V. von Morrien (um 1568–1607), D. Molthane um 1605

Von den beiden älteren Bildnissen dürfte das Brustbild eines Herrn im Zierpanzer mit kleiner Kröse (Abb. 13) den Erbmarschall Gerhard IV. (um 1518–1580) um 1565/70 zeigen, der 1564 mit Johanna von Büren (um 1530/34–1584) die Erbtochter zu Davensberg geheiratet hatte. Das Bildnis des Herrn mit Hut und Goldkette dagegen, das ebenfalls in die Jahre um 1570 gehört (Abb. 14), zeigt wohl einen Vorfahren einer der Frauen, vielleicht den genannten Domherrn Melchior von Büren zu Davensberg († 1589). Vermutlich ist es aber der Vater der Adolpha von Ketteler, Dietrich von Ketteler zu Hovestadt (um 1518–um 1586/89).

Die drei ganzfigurigen Bildnisse zweier Herren und einer Dame, deren gleiche Malweise und Darstellung vergleichba-

11 Adolpha von Morrien geb. von Ketteler zu Hovestadt (1560–1625),
D. Molthane 1605

12 Die Armbänder der Adolpha von Morrien (Abb. 11) mit den Wappen
ihrer Eltern

rer Armmanschetten eine Entstehung um 1625 nahelegen,
zeigen den Erbmarschall Johann von Morrien (1597–1628)
mit der blauen Schärpe eines Obristen (Abb. 15), seine Frau
Anna Sophia (1602–1669), eine geborene Gräfin von Limburg-Styrum aus Borculo (Abb. 16) sowie einen weiteren
Offizier mit der roten Generalsschärpe (Abb. 17), den man
bisher meist für Johann von Morrien hielt. Tatsächlich wird
es den ältesten Bruder der Gräfin darstellen, Hermann Otto
von Limburg-Styrum und Bronckhorst (1592–1644), der
unter Christian von Braunschweig 1623 in der verlustreichen
Schlacht bei Stadtlohn gekämpft hatte und später unter
Ernst von Mansfeld diente. Alle drei Bildnisse dürften wie
das der Adolpha von Morrien von dem münsterischen Porträtmaler Dietrich Molthane (manchmal auch Molthave genannt, † 1631) stammen, der 1625 einmal 140 und einmal 26
1/2 Taler von Johann von Morrien quittierte.[14] Andere leider
verschollene Bildnisse, u. a. von den Kindern und ein Brustbild des Hermann Otto von Limburg und Bronckhorst, lieferte 1628 der Maler Anton Kentlinck (um 1565–vor 1650),

der in Ahlen ansässig war – dieses Bild wurde 1976 leider ge-
stohlen. Mit der erst 2011 gelungenen Identifizierung der
Künstler wird die Porträtmalerei in Westfalen zwischen der
Epoche des Hermann tom Ring (1521–1596) und der Zeit des
Westfälischen Friedenskongresses erstmals mit Künstler-
namen fassbar.

Johann Morrien hatte erhebliche Vorbehalte seiner
Schwäger zu überwinden, um als ebenbürtig anerkannt zu
werden: Seit 1624 führte er den Freiherrentitel und vermehrte sein Wappen um das der von Büren zu Davensberg
(Abb. 18), stattete Saal und Saalkammer 1625 mit Tapisserien
aus Brüssel aus und erweiterte die Galerie der ganzfigurigen
Bildnisse auf acht Personen einschließlich seiner Schwäger
Limburg-Styrum sowie der Bildnisse seiner Kinder – ganz
so, wie es seine neuen gräflichen Verwandten, aber auch
etwa die hochadeligen Familien Bentheim, Nassau, Hessen-
Kassel und andere taten.[15] Um als gleichrangig akzeptiert zu
werden und um sich als Heerführer zu profilieren, stürzte er
sich schließlich in ein militärisches Abenteuer – wie seine
Schwäger auf der protestantischen Seite.

Ein Sturz vom Pferd: vom Niedergang der Familie

Der Dreißigjährige Krieg sah das Schloss wohlbewaffnet
und bewacht. Man unterhielt bis zu 30 Soldaten auf eigene
Kosten. Geschütze und Gewehre wurden regelmäßig revi-
diert. Die Einwohner von Capelle übernahmen, wenn nötig,
gegen Bezahlung zusätzlich die Bewachung bei Nacht. Kurz-
fristig, in besonders unsicheren Tagen, kam eine Rotte
münsterischer Soldaten zur Verstärkung auf das Schloss,
das, soweit bekannt, auch nie angegriffen worden ist. Beim
Begräbnis der Adolpha von Ketteler im September 1625 zer-

13 Erbmarschall Gerhard IV. von Morrien (um 1518–1580), um 1565/70

14 Dietrich von Ketteler zu Hovestadt (um 1518–um 1586/89) ?,
Vater der Adolpha von Ketteler, um 1580–1585

sprang die Totenglocke – ein böses Omen. Denn Erbmarschall Johann von Morrien brachte den großen Besitz an den Rand des Verderbens. Selbst reformierter Gesinnung und gleichwohl Kämmerer seines katholischen Landesherrn, des Fürstbischofs und Kölner Kurfürsten Ferdinand, betrieb Johann 1627 für den König von Dänemark die Anwerbung zweier Regimenter (Abb. 15). Dies kostete ihn zunächst große Geldsummen, die er aber als Kriegsunternehmer wieder leicht einzuspielen hoffte. Das musste, besonders bei seiner hohen politischen Stellung, inmitten eines katholischen Fürstbistums als Landesverrat empfunden werden, auch wenn sich diese Werbungen außerhalb Westfalens abspielten. Fürstbischof Ferdinand von Bayern (reg. 1612–1650), der zugleich Kurfürst von Köln war und eine Politik strikter Rekatholisierung verfolgte, ließ nach ihm fahnden. Man holte ihn aus Osnabrück heraus und in der folgenden Untersuchung wurde beschlossen, alle seine

Güter auf kaiserliche Anordnung zu konfiszieren. Er selbst kam zwar wieder frei, starb aber schon am 30. März 1628 bei einem Sturz vom Pferd; er ertrank im Schlossgraben. Seine Witwe (Abb. 16) hat in zähen und demütigenden Verhandlungen für ihre vier Kinder erreicht, dass die Konfiskation aufgehoben wurde. Dies gelang nicht zuletzt durch einen Übertritt der Familie zur katholischen Kirche – und so genoss sie bei der münsterischen Regierung immerhin ein solches Ansehen, dass sie 1630 sogar für die Ritterschaft eine Eingabe an den Landesherrn für das Amt des Erbmarschalls siegeln durfte.[16] Sie vermochte aber das investierte Geld nicht vom Dänenkönig zurückzuerhalten, da die Truppen nie gemustert worden waren.

Der ältere Sohn Ferdinand (um 1625–1687) war also wieder katholisch geworden. Er hat dem Dreikönigsschrein im Dom zu Köln 1652 einen goldenen, diamantenbesetzten Stern gestiftet, der vermutlich wegen seiner Schönheit öfters

15 Erbmarschall Johann IV. von Morrien (1597–1628) als Obrist, D. Molthane 1625

16 Anna Sophia von Morrien (1602–1669), geb. Gräfin von Limburg-Styrum, D. Molthane 1625

17 Hermann Otto Graf von Limburg-Styrum (1592–1644, früher als Johann IV. von Morrien gedeutet), D. Molthane 1625

im älteren Schrifttum über den Dom erwähnt wird. Leider ging das Kleinod in den Wirren der Französischen Revolution verloren. Wohl 1648 übernahm er von seiner Mutter die Familiengüter und wurde daraufhin 1651 zur Ritterschaft zugelassen. Als Erbmarschall bemühte er sich 1657/58 unter dem neuen Fürstbischof Christoph Bernhard von Galen in dessen großem Konflikt mit der Stadt Münster zu vermitteln, und zwar zugunsten der Stadt. Er versuchte im Frühjahr 1658 die Opposition zu organisieren und lud eigenmächtig die Ritterschaft zu einem Konvent – daraufhin wurde er vom Fürstbischof vom Landtag und jeder Mitwirkung an Landesangelegenheiten ausgeschlossen. Bei der absolutistischen Innenpolitik Galens, zu dem er anscheinend wegen der Affäre von 1607 zwischen dem Vater des Fürstbischofs und seinem eigenen Großvater kein gutes Verhältnis hatte, saß er am kürzeren Hebel und konnte daher auch das Amt des Erbmarschalls nicht mehr wahrnehmen. Seine Mutter stammte zudem aus der Familie, die gegen den Fürstbischof den Besitz der Herrschaft Borculo in Gelderland behauptete, um die Christoph Bernhard von Galen 1665/66 und 1672–1674 zwei vergebliche Kriege führte. Morrien kompromittierte sich 1677 zusätzlich durch ein gegen seinen Bruder ausgefochtenes Pistolenduell.[17] Den Vorsitz der Ritterschaft übernahm der jeweilige Senior, das älteste anwesende Mitglied.

Immerhin erfolgte 1670 die Erhebung Ferdinands von Morrien und seiner Geschwister in den Reichsfreiherrenstand durch Kaiser Leopold I. (reg. 1658–1705). Das im Archiv Nordkirchen verwahrte Privileg verweist nicht nur auf das Erbmarschallamt mit dem Direktorium der Ritterschaft und weiteren wichtigen Rechten, sondern auch auf eine schon dem Vater in Aussicht gestellte Rangerhöhung.[18] Vom Vater übernahm Ferdinand von Morrien auch das vierfeldige Wappen (Abb. 18, 19). Er starb Mitte November 1687 ohne Kinder. Nordkirchen ging an seinen Bruder Johann Bernhard, der aber schon am 11. Januar 1691, ebenfalls kinderlos und ohne Testament, verstarb. Damit war nach über 400 Jahren diese Linie der von Morrien ausgestorben. Zwei frühe Todesfälle und Vormundschaften, das »falsche« Bekenntnis, der politische Aufstieg des Hauptfeindes der Familie, der faktische Ausschluss von öffentlichen Ämtern, vor allem die Ehelosigkeit der obendrein wohl noch zerstrittenen Söhne: Das waren die Stationen auf dem Weg zum Untergang der Familie.

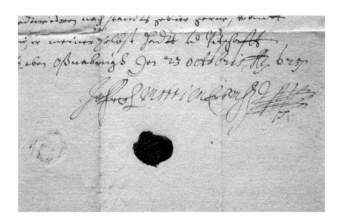

18 Unterschrift des »Jo Freyh. Morrien ErbM« mit vierfeldigem Wappensiegel, 23. Oktober 1626

Die Nordkirchener Güter fielen nun an die Kinder der Juliana Adolpha Sophia von Morrien (1624–um 1676/81), der älteren Schwester Ferdinands und Johann Bernhards. Sie war zunächst ab 1645 Stiftsdame zu Freckenhorst gewesen, dann seit 1648 mit dem Freiherrn Ferdinand von Weichs zu Roesberg († 1676) verheiratet; das Ehepaar hatte um die Auszahlung des ungewöhnlich hohen Brautschatzes von 8.000 Talern prozessieren müssen. Von vier Söhnen und sieben Töchtern lebten noch acht – drei Söhne und fünf Töchter –, die eine Erbengemeinschaft bildeten: Zwei Töchter waren Stiftsdamen zu Neuss und St. Caecilien Köln, eine, seit 1673 Prämonstratenserin in Meer, schon verstorben, und vier verheiratet. Max Heinrich (1651–1723) amtierte seit 1688/89 als Generalvikar und Domdechant zu Hildesheim, Johann Franz († nach 1722) war seit 1682 Deutschordensritter. Der Familienchef Dietrich Adolf von Weichs zu Roesberg (1656–1725), selbst kurkölnischer Oberjägermeister, ergriff schon elf Tage nach dem Tode seines Onkels von den Gütern Besitz und setzte seine Erbansprüche beim Weltlichen Hofgericht in Münster gegen die calvinistischen Morrien zu Falkenhof durch. Doch nun prozessierten ab 1691 seine geistlichen und verheirateten Geschwister, die auf das väterliche Erbe schon verzichtet hatten, sogar beim Reichskammergericht auf gleiche Beteiligung, bis man in einem Vergleich die Ansprüche aller acht Kinder für gleichwertig erklärte. Da wohl niemand in der Lage war, seine Geschwister auszuzahlen, entschloss man sich zum Verkauf. Die älteste Schwester, Maria Sophia, die seit 1681 mit dem kaiserlichen Kammerherrn, dem Grafen Jacob von Hamilton († 1716), verheiratet war, übernahm mit ihrem Mann die Federführung; sie verpflichteten sich 1694 zur Auszahlung der

19 Die mütterlichen Wappen des Hildesheimer Domdechanten Max Heinrich von Weichs zu Roesberg, 1670, Kopie um 1700

Geschwister. Jeder der acht noch lebenden Erbberechtigten erhielt 25.000 Taler, und als der Verkaufspreis noch gesteigert werden konnte, noch einen Nachschlag. Graf Hamilton, Herr zu Schromberg und Hirschberg und außerdem kurpfälzischer Geheimrat, Obristkämmerer, Generalleutnant und neuburgischer Landkommissar, dürfte bei dem Verkauf erheblichen Gewinn gemacht haben.[19]

Besitzwechsel und Neubauplanung

Am 24. Oktober 1694 wechselte der reiche Besitz wiederum seinen Herrn: Der münsterische Fürstbischof Friedrich Christian von Plettenberg (Abb. 24) kaufte den ganzen Besitzkomplex Nordkirchen für 250.000 Reichstaler. Die Herren von Morrien zu Falkenhof, die Ansprüche auf die Güter Haselburg und Bispinkhof in Ascheberg als Osnabrücker Mannlehen machten, fand er mit gut 5.000 Talern ab. Knapp einen Monat nach dem Ankauf Nordkirchens fügte er für 122.500 Reichstaler das Haus Meinhövel mit allem Grund und Boden sowie allen Gerechtigkeiten hinzu – die calvinistischen Herren zu Meinhövel waren 1679 mit Wilhelm Gisbert von Münster erloschen; die Erbtochter Franziska Helena († 1700) hatte um 1693/94 den ebenfalls reformierten klevischen Adeligen Johann Bertram von Diepenbrock zu Empel (1657–1720) geheiratet und konnte mit dem Verkauf des verschuldeten Gutes den Aufstieg der Diepenbrocks in den Grafenstand (1719) einleiten.

Damit nicht genug, brachte das gleiche Jahr die Erwerbung der Halbscheid von Davensberg, das ja bereits 1589/1600 zur Hälfte an Nordkirchen gefallen war. Dafür zahlte der Fürstbischof noch einmal 27.636 Reichstaler an die Vormünder der ebenfalls calvinistischen, noch minderjährigen Herren von Wulff zu Füchteln. Wenn schon der Morrien'sche Besitz um Nordkirchen beträchtlich war, so war die jetzt erreichte Anhäufung von Allodien, Lehen, Gerichtsbarkeiten und Gerechtsamen für münsterische Verhältnisse ungewöhnlich. Wurde hier die Gründung eines eigenen Territoriums angestrebt? Das war mit Sicherheit nicht der Fall, sondern der Ankauf war von Seiten des Fürstbischofs zum einen eine reine Geldanlage, zum anderen sollte er der Erweiterung des Familienbesitzes dienen und zugleich den Einfluss calvinistischer Adelsfamilien schmälern. Gleich 1695 übergab Friedrich Christian nämlich den ganzen Komplex als *Donatio inter vivos* seinem Bruder Johann Adolf von Plettenberg (1655–1695, Abb. 22, 176), der als einziger von sieben Brüdern weltlichen Standes geblieben und auf dem elterlichen Herrensitz im Oberen Haus Lenhausen an der Lenne ansässig war (Abb. 23). Allerdings behielt sich der Fürstbischof die Nutznießung der neuen Familiendomäne auf Lebenszeit vor.[20] Die Schenkung war Teil des am 15. September 1695 vom Fürstbischof und seinen vier noch lebenden geistlichen Brüdern begründeten Familienfideikommisses, also eine unteilbare Familienstiftung, aus den Gütern Lenhausen und Nordkirchen. Johann Adolf unterzeichnete mit, bevor er am 21. September 1695 in Paderborn verstarb und drei Tage später im Dom sein Grab fand.

20 Haus Meinhövel vor dem Abbruch 1722, R. Roidkin um 1730/31, wohl Supraporte aus dem Bonner Stadthof (Privatbesitz)

21 Haus Alrodt als Ruine nach dem Abbruch 1716, R. Roidkin um 1730/31, wohl Supraporte aus dem Bonner Stadthof (Privatbesitz)

22 Johann Adolf von Plettenberg zu Lenhausen (1655–1695),
A. Boonen 1696 (Stadtmuseum Münster)

23 Das Obere Schloss (links) und das Untere Schloss (rechts)
in Lenhausen, R. Roidkin um 1730/31

Der neue Eigentümer

Friedrich Christian von Plettenberg, geboren 1644 als ältester Sohn des Sauerländer Adeligen Bernhard von Plettenberg (1615–1681; vgl. Abb. 171) und der Odilia von Fürstenberg (1617–1683; vgl. Abb. 172), erstrebte nach dem Vorbild seiner sechs Onkel von Anfang an die geistliche Laufbahn. 1659 ging er nach Rom, trat in das Collegium Germanicum ein und erhielt nach fünfjährigem Studium dort Dompräbenden zu Münster (1664 von seinem Onkel Christian von Plettenberg, vgl. Abb. 178) und Paderborn (1670). Wieder zu Hause, erfreute er sich der Förderung seines Onkels Ferdinand von Fürstenberg (1626–1683), der ab 1661 als Fürstbischof von Paderborn und ab 1678 auch von Münster regierte und der die Tüchtigkeit seines Neffen richtig einschätzte. Friedrich Christian wurde 1680 Geheimer Rat, 1683 Kammerpräsident und 1686 Domdechant zu Münster. Damit wurde er zum eigentlichen Leiter des Domkapitels und zweiten Mann des Fürstbistums und schließlich 1687 Generalvikar.[21] 1688 wählte ihn das Domkapitel als Nachfolger Maximilian Heinrichs von Bayern zum Fürstbischof.

Das Bistum begann unter ihm eine nicht unbedeutende außenpolitische Rolle zu spielen. Mit ungewöhnlichem Geschick hielt er den 1688 ausgebrochenen Pfälzer Erbfolgekrieg zwischen Frankreich und dem Kaiser vom Lande fern, was mithilfe der von ihm reorganisierten schlagkräftigen münsterischen Armee, die 1689 auf 6.000 Soldaten, 1695 auf rund 7.500 Soldaten verstärkt wurde, gelang. Die großen Mächte ließen sich die Neutralität oder auch Beteiligung Münsters viel Geld kosten. So flossen enorme Geldsummen an Subsidien, teils aus Paris, teils aus Wien, teilweise aber auch aus den Niederlanden stammend, in das Land: Wenn alle vertragsmäßig vereinbarten Zahlungen wirklich erfolgt sind, waren dies von 1691 bis 1694 etwa 3,25 Millionen Livres (rund 1 Million Taler) aus Frankreich, 280.000 Taler vom Kaiser, ab April 1695 monatlich 20.000 Taler aus England und den Niederlanden, also zusammen 360.000 Taler. Insgesamt lassen sich diese Einnahmen bis zum Kriegsende im Herbst 1697 auf rund 1,5 Millionen Taler schätzen – die Wehrhaftigkeit wurde zu einem wesentlichen Element fürstbischöflicher Selbstdarstellung (Abb. 29, 38, 39). 1701 wurde in Schloss Ahaus angesichts des drohenden Spanischen Erbfolgekrieges erneut ein Subsidienvertrag mit den Niederlanden über 190.000 Taler für die Bereitstellung von 2.000 Soldaten geschlossen, der 1703 auf die Stellung von 4.000 Soldaten erhöht wurde, wofür neben einer Einmalzahlung von 60.000 Talern zusätzlich zur Besoldung jährlich 40.000 Taler in die bischöfliche Schatulle flossen. Zum Vergleich: Die jährliche Steuereinnahme des Fürstbistums mit seinen vielleicht 250.000 Einwohnern betrug in der Regel 12 Monatsschatzungen zu knapp 30.000 Taler, 1706 349.000 Taler, woraus die Truppen hauptsächlich bezahlt wurden (1706: 252.282 Taler). 1691 bis 1697 allerdings war die Steuerbelastung viel höher und lag zum Beispiel 1694 bei 15 1/2 Kirchspielschatzungen, was 474.000 Taler ausmachte. Davon verbrauchte das Militär mit 367.00 Talern mehr als zwei Drittel: Die Zinsen für die Staatsschulden kosteten 49.000 Taler, und der Fürst bekam als jährliche Zahlung 24.000 Taler zu eigenem Verbrauch. Die Personalkosten dagegen für 35 Beamte betrugen 5.565 Taler, der Landingenieur Pictorius etwa bezog 200 Taler Jahresgehalt. Die fürstlichen Einnahmen, die die Hofkammer verwaltete, lagen jährlich zwischen 29.000 und 34.000 Talern. Trotz fürstlicher Einkünfte musste der Bischof zur Aufbringung des Kaufschillings bis Februar 1695 Kredite in Höhe von 130.000 Talern aufnehmen, die allerdings bis zu seinem Tode zurückgezahlt waren.[22]

24 Fürstbischof Friedrich Christian von Plettenberg (1644–1706, reg. ab 1688), wohl G. Kappers um 1725

25 Dreifacher Taler des münsterischen Fürstbischofs Friedrich Christian von Plettenberg 1694, geprägt von Münzmeister J. Odendahl in Münster, Silber 114,52 g

26 Grabmal des Fürstbischofs Friedrich Christian von Plettenberg im Dom zu Münster, J. M. Gröninger 1706/07

ser Leopold I. erwirkt. Was heute als Nepotismus diskreditiert ist, galt damals als angemessen: dass ein Kirchenfürst, ob der Papst in Rom oder ein Fürstbischof der Reichskirche, seine Familie förderte. Christoph Bernhard von Galen (reg. 1650–1678) hatte für seine Familie die Güter Assen (1652) und Dinklage (ab 1662) gekauft und 1663 für seinen Neffen das Erbkämmereramt gestiftet.

Die Bautätigkeit im Fürstbistum nahm unter Friedrich Christian einen kräftigen Aufschwung. Schon als Domherr ließ er sich am Domhof in Münster 1682 eine neue prächtige Kurie errichten, deren Entwurf vielleicht von Ambrosius von Oelde († 1705) stammt. Mit diesem Kapuziner-Architekten verbanden den Fürstbischof offenbar enge Beziehungen. Ihm übertrug er ein Jahr nach seiner Thronbesteigung den Neubau der Landesburg Ahaus, vollendet 1702, dessen Gesamtkosten sich auf etwa 100.000 Taler schätzen lassen (Abb. 28). Ambrosius gelang hier ein ganz großer Wurf. Die durch eine Vorburg aufgewertete, repräsentative und axialsymmetrische, zweigeschossige Dreiflügelanlage, die durch ihre turmartigen, dreigeschossigen Eckpavillons mit Glockenhauben und einen dreigeschossigen Mittelrisalit bestimmt wird, folgt französischen und niederländischen Anregungen, während der Bauschmuck, die Pilaster, Fruchtfestons und plastisch gebildeten Portale eigentlich veralteten manieristischen Bauprinzipien verpflichtet erscheinen –

Friedrich Christian, der als geschäftstüchtig und geizig galt, hat die Gelder zum Nutzen für das Fürstbistum verwendet und von 1692 bis 1696 eine umfangreiche Münzprägung betrieben – in diesen Jahren entstanden auch prächtige Repräsentationsmünzen, drei- und vierfache Taler, die zu den schönsten Prägungen der fürstbischöflichen Münzprägung überhaupt gehören (Abb. 25). Da das Militär im Wesentlichen aus Steuermitteln unterhalten wurde, profitierte aber auch die Privatschatulle des Fürstbischofs erheblich von dem Geldsegen. Ein Zeitgenosse, der Chronist (und Architekt) Lambert Friedrich Corfey (1668–1733) sagte von ihm, *das Stift Münster habe nimmer besser florirt als unter seiner Regirung.*[23] Die ihm persönlich zugedachten Mittel verbrauchte er für Nordkirchen, für die dauerhafte Etablierung seiner Familie unter den führenden Geschlechtern des Münsterlandes. Schon 1689 hatte Friedrich Christian die Erhebung der Familie in den Reichsfreiherrenstand durch Kai-

27 Wappenscheibe des Fürstbischofs Friedrich Christian, um 1700

Besitzwechsel und Neubauplanung

28 Schloss Ahaus von Westen, errichtet 1689–1698 nach Plänen des A. von Oelde, 1988

eine »gelungene Synthese von scheinbar grundverschiedenen Stilphänomenen« (E.-M. Höper).[24]

Schloss Ahaus stand an der Spitze des westfälischen Hochbarock. Wohl mit dem gleichen Architekten begann Friedrich Christian 1695 den groß geplanten Neubau der Landesburg Sassenberg, der aber nicht über die Vorburg hinaus gediehen ist. Parallel erfolgte auch der Ausbau der Landesfestungen, etwa von Vechta. 1697 stiftete der Fürstbischof den Hochaltar in der neuen Observantenkirche zu Münster, und 1698 wurde die gesamte Verglasung des dortigen Domes auf seine Kosten erneuert – und mit seinem Wappen geschmückt, nach dem Vorbild der Wappenverglasung des Paderborner Domes von 1664. Eine Fülle von Zuwendungen und Stiftungen kam den Kirchen und Klöstern des ganzen Bistums zugute; der Hochchor der Domkirche erhielt prächtige Chorschrankenreliefs und ein großes Grabmal von Johann Mauritz Gröninger, das den Bischof

als *Princeps Pacis* – Friedensfürst – feiert (Abb. 26). Eine sehr große Zahl von Arbeitern, Handwerkern und Künstlern ist in jenen Jahren voll beschäftigt gewesen.[25] Ganz vergessen ist heute die energische Durchsetzung eines kompletten Straßenneubau- und Brückenbauprogramms, das alle Städte bequem erreichbar machen sollte und nach Ausweis der Pfennigkammerrechnungen allein 1706 weit über 2.000 Taler kostete. Im Grunde eiferte Friedrich Christian nur seinem verehrten Vorbild, dem Fürstbischof und Onkel Ferdinand von Fürstenberg im Hochstift Paderborn nach, wo die von jenem Fürsten veranlassten Neubauten und Kunstwerke noch heute eine Zierde des ganzen Landes sind.[26] In Nordkirchen erinnern an den Fürstbischof ein allegorisches Reliefbildnis des Bildhauers Wilhelm Heinrich Kocks († 1704) von 1703 (Abb. 29) – die Büste des Bischofs wird gehalten von einem Putto als Verkörperung der geistlichen Herrschaft und von einem Ritter als Verkörperung

33

29 Allegorie auf den Fürstbischof Friedrich Christian von Plettenberg, vergoldetes Relief, W. H. Kocks 1703

Besitzwechsel und Neubauplanung

30 Das Opfer des antiken Helden Marcus Curtius – Allegorie auf die Herrschaft des Fürstbischofs Plettenberg, wohl F. Wedemhove vor 1706

weltlicher, militärischer Macht – und ein großformatiges, dem Paderborner Maler Ferdinand Wedemhove zugeschriebenes Bild des römischen Kriegshelden Marcus Curtius (Abb. 30), der sich für den römischen Staat opfert, indem er sich mit seinem Pferd in ein offenes Erdloch auf dem Forum Romanum stürzt. Im Hintergrund stellt eine Pyramide mit dem Wappen des Fürstbischofs den Bezug zur aufopfernden Herrschaft des Fürstbischofs Friedrich Christian her.

Erste Pläne für ein neues Schloss

Auch für Nordkirchen hatte Friedrich Christian große Ideen. 1695 und 1696 war Ambrosius von Oelde mehrfach dort.[27] Es ist nicht bekannt, was im Einzelnen zwischen dem Fürsten und seinem erfahrenen Architekten besprochen

worden ist. Man kann nur vermuten, dass es um eine Modernisierung des gotischen Schlosses ging. Wir wissen nicht, ob Ambrosius dafür Pläne ausgearbeitet hat, immerhin aber wurde 1696 damit begonnen, Bauholz anzuschaffen, und verschiedene Ziegeleien erhielten Aufträge, Steine auf Vorrat zu brennen. Im Mai 1697 hat eine ausführliche Baubesprechung von fünf Tagen Dauer zwischen dem Fürsten und dem Ingenieur Gottfried Laurenz Pictorius (Abb. 31, 32) in Nordkirchen stattgefunden. Hier kann man sicher sein, dass Letzterer einen Planungsauftrag erhalten hat. Geboren 1663 in Coesfeld als Sohn des Peter Pictorius d. Ä. (um 1626–1685), dem Ingenieur Christoph Bernhards von Galen, war Gottfried Laurenz seit 1686 nach dem Tode seines Vaters Landingenieur des Fürstbistums. Gleichzeitig war er Infanterieoffizier und hat an einigen Feldzügen teilgenommen, *in Ungarn und in den Niederlanden*, wie es in seinem Nachruf heißt. Wahrscheinlich war er 1685/86 als Leutnant

31 | 32 Bildnisse des Gottfried Laurenz Pictorius (1663–1729), unbekannte Künstler (J. M. Pictorius ?) um 1705–1715 (Privatbesitz)

im Infanterieregiment des Generals Anton Günther von Schwartz in Ungarn und wurde nach der Rückkehr im März 1686 Landingenieur. Ob er an der Eroberung von Belgrad 1688 mit anderen münsterischen Offizieren und Artilleristen teilnahm, ist unsicher, aber möglich; bis 1696 wirkte er, zuletzt als Hauptmann und Kompaniechef des Schwartz'schen Regiments, an den Feldzügen gegen Frankreich mit. Als Architekt waren ihm bisher nur Umbauten und Ausarbeitungen von Festungsplänen zugefallen; nun blieb er ab 1702 während des Spanischen Erbfolgekrieges (1702–1714) im Lande, wurde 1709 zum Landregiment (Garnisontruppen) versetzt und zum Major befördert, 1721 zum Obristleutnant. Über seinen künstlerischen Werdegang wissen wir nur, dass er bei seinem Vater um 1677 ausgebildet wurde und 1681 als *Conducteur* (Unteringenieur) beim Ausbau der Zitadelle Vechta eingesetzt war.[28] Friedrich Christian hat dem 34-Jährigen – soweit sich übersehen lässt – mit der Heranziehung in Nordkirchen die erste und wohl zugleich größte Chance seines Lebens gegeben.

Als Grundlage der Planungen hat Pictorius jedenfalls eine interessante Skizze erstellt, in die er alle am alten Schloss ermittelten Maße eingetragen hat (Abb. 6). Zugleich hat er mithilfe eines Kompasses und eines Theodoliten die gesamte Schlossanlage vermessen und ihre Lage zum Nachbargelände fixiert. Zu diesem Zweck benutzte er als Messpunkte den Kirchturm von Nordkirchen, einen Ziegelofen, das Dach des alten Nordkirchener Haupthofs und den Prinzipalschornstein des Herrenhauses Meinhövel.

Seinen ersten Plan, der sicherlich den Auftrag Plettenbergs spiegelt, Teile des alten Schlossbaues zu benutzen und die Form der Schlossinsel unverändert zu lassen, hat er wohl Ende 1697 oder Anfang 1698 vorgelegt (Abb. 33). Von dem alten Schloss, dessen Situation in punktierten Linien eingetragen ist, wollte er den Südflügel ganz bewahren und noch ein Stück nach Westen verlängern. Alles Übrige bis auf die vier großen Batterietürme sollte verschwinden. Durch die Schräglage der Südfront mit den beiden südlichen Batterietürmen, der der Stellung des alten Hauptflügels ent-

Besitzwechsel und Neubauplanung

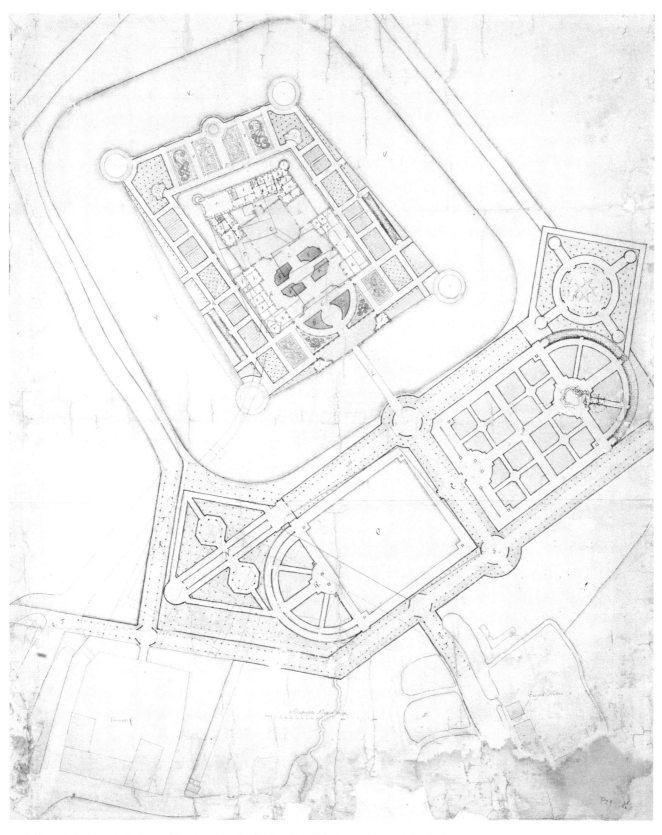

33 Schloss Nordkirchen, Erster Entwurf für einen barocken Umbau, G. L. Pictorius wohl um 1698 (Bz P 29)

sprach, war es nicht möglich, eine vernünftige Beziehung zwischen Inselform und Situation des Schlossgebäudes darauf herzustellen. Pictorius hat durch eine Randzone von kleinen Gartenkompartimenten auf den eingeebneten Wällen ein geometrisch figuriertes Kernfeld für den Schlossbau ausgespart. Dem schräg liegenden Hauptgebäude als Corps de Logis setzte er nach Norden zwei verschieden lange, aber parallel zueinander verlaufende Flügelbauten an, wobei die Stirnseiten auf einer Linie lagen. Zwischen den Flügeln war eine Terrasse mit Freitreppe vorgesehen, welche die dreieckige Asymmetrie des inneren Ehrenhofs verschleiern sollte. Dadurch gewann er vor dem Schloss einen symmetrischen äußeren Ehrenhof. Davor in Richtung Norden sollten zwei einander entsprechende neue Vorgebäude, beide mit kräftigen Seitenrisaliten, den Vorhof flankieren. In der Mitte der Inselnordfront war die neue Brücke vorgesehen, deren Weg- und Blickachse über ein Gartenparterre, den Vorhof und den Haupthof hinweg die Frontmitte des Hauptflügels erreichte. Interessant ist, dass Pictorius um die drei Seiten des Hauptschlosses eine schmale Gräfte beibehielt, obwohl große Teile davon neu gegraben werden mussten. Seinem alten Südostturm entsprach ein neu geschaffener, gleichgroßer Südwestturm. Man konnte vom Hauptschloss aus nicht direkt in die Inselgärten gelangen, sie waren nur aus den Fenstern zu betrachten.

Die Raumdisposition im Hauptgebäude war völlig unsymmetrisch. Die alte Saalkammer im Ostteil sollte anscheinend unverändert beibehalten werden. Die galerieartige Eingangshalle konnte nur aus einer Ecke heraus betreten werden. Die wenig raumwirksame Haupttreppe lag versteckt. Die übrige Grundfläche war nur nach Zweckmäßigkeit in mehrere Appartements eingeteilt. Leider ist die Erläuterung zu dem Plan, auf die sich die vielen Buchstaben beziehen, verloren, so dass zur vorgesehenen Verwendung der Räume nichts gesagt werden kann. Die beiden Vorgebäude, bei deren Gestaltung Pictorius frei war, sind gegenüber dem Hauptschloss wesentlich regelmäßiger, »barocker« aufgeteilt, nämlich symmetrisch längs einer Hauptachse, die von der zentralen nördlichen, hierher verlegten Auffahrt zum neuen Schloss führte. Die Aufteilung in Vorburg und Hauptburg erfolgte nun durch zwei Gitter; dies und auch die axialsymmetrische Anordnung der Nebengebäude waren moderne, aus der französischen Schlossarchitektur (Schloss Richelieu ab 1633, Schloss Versailles ab 1663) übernommene Prinzipien,[29] die auch schon in Ahaus realisiert worden waren, wo ein Graben Schloss und Vorburg trennte.

Eine ganz eigenartige und selbstständige Erfindung des Architekten war der quer gelegte große Garten auf der Nordseite außerhalb der Schlossinsel (Abb. 33). Ein H-förmiges Gerüst von breiten Alleen zu vier Baumreihen bestimmte die Aufteilung. Das Herzstück waren zu Seiten der Mittelallee zwei halbkreisförmig abgeschlossene Gartenflächen; die westliche war durch Kreuzwege in 16 Felder aufgeteilt, vor dem Halbkreis anscheinend ein Brunnenbecken. Bei der östlichen Fläche, »O« im Plan, wurde aus der Not eine Tugend gemacht. Ein hier seit alters vorhandener Teich, der auch auf der Vogelschau (Abb. 5) zu sehen ist, ist in viereckige Form gebracht und als Spiegelweiher in das Gartensystem einbezogen. Der östliche Halbkreis, offenbar mit Figurenpostamenten, bildete den Hintergrund. Besonders eigenartig war das hier angelehnte, über Eck gestellte Gartenkarree, das an die Stelle eines älteren Gemüsegartens trat. Jetzt sollten hier Bäume in der französischen Art der Quinconce, d. h. in versetzten Reihen, gepflanzt werden. Das symmetrische Gegenstück im Westen umschloss in anderer Baumpflanzung einen zentralen Baumsaal.

Aus dem Blatt ersieht man auch die Lage der Ziegelhütte, umgeben von mehreren Gräben und Teichen, offenbar die voll Wasser gelaufenen Lehmgruben, wozu auch der große Teich oder Spiegelweiher gehört haben dürfte. Hart an der Ziegelei vorbei kam der Weg vom Dorf an, hier in eine gerade Allee übergehend. In zweimaliger rechtwinkliger Wendung erreichte man die Hauptallee und Achse auf das Schloss zu. Östlich der Ziegelei ist ein Wasserriss eingetragen, der, wie schon oben geschildert, das Überlaufwasser aus den Schlossgräben zum Goorbach führte. Wiederum östlich davon zeigt sich eine rechteckige Gräfteninsel mit Gebäuden darauf, als »Vorwerck« bezeichnet. Das ist der alte Hof zu Nordkirchen, er bezeichnet wohl die Siedelstelle des Werdener Haupthofs. In seiner Nähe, vielleicht zwischen ihm und dem breiten Schlossgraben hat bis ins 16. Jahrhundert die älteste Pfarrkirche gelegen. Pictorius hat versucht, mithilfe seines Alleensystems und Verlegung der Hofbrücke diesen Wirtschaftshof an die Schlossanlage anzubinden, weil die vorgesehenen Ökonomiegebäude auf der Schlossinsel zu klein waren.

Die Idee, den Außengarten so anzulegen, dass man ihn auf jeden Fall durchqueren musste, um durch die Schönheit der Pflanzungen vorbereitet das Schloss selbst zu erreichen, war für Westfalen neu. Der Schlossbau selbst, trotz seiner Lage in den vielfältig variierten Gartenkompartimenten, musste durch die schräg gestellte Lage enttäuschen. Für dieses ganze Konzept müssen Gottfried Laurenz Pictorius französische Anregungen, sei es durch Stichwerke, sei es durch eigene Anschauung, vertraut gewesen sein. Es gibt nämlich zahlreiche französische Schlossanlagen, bei denen versucht worden ist, einen umfangreichen älteren Baubestand aus Mittelalter und Renaissance mit abwechslungsreichen, weitläufigen barocken Gärten und Teichen in Einklang zu bringen. Es sei auf zwei prominente Beispiele hingewiesen: die Schlösser Fontainebleau und Chantilly. Bei beiden hat kein geringerer als André Le Nôtre die Parkentwürfe geliefert.

Die Vorschläge des Jacob Roman

Es war klar: Dem in Bausachen verwöhnten Fürstbischof – inzwischen näherten sich Schloss und Gärten zu Ahaus der Vollendung – konnte das Experiment mit der Teilerhaltung des alten Schlosses nicht behagen. Im März 1698 zog er einen weiteren Künstler hinzu. Es war Jacob Roman aus 's-Gravenhage (Den Haag). Geboren 1640, war er seit 1681 Stadtarchitekt von Leiden. 1689 wurde er beim Statthalter Wilhelm von Oranien Hofarchitekt. Er stand in engen Beziehungen zu Daniel Marot, mit dem er 1689 in England war. Roman war ein erfahrener Architekt von Schlossbauten. 1680 erweiterte er das Schloss zu Breda, wobei er sich ganz an die Bauformen der älteren Flügel halten musste. Nach kleineren Aufträgen am von Maurits Post errichteten Schloss Soestdijk 1684 fiel ihm ein Jahr später der Bau des Schlosses Het Loo (Abb. 36) zu, 1686 errichtete er den Mittelbau des Schlosses Zeist und baute ab 1689 Kensington Palace um. In dekorativen Dingen von Daniel Marot beeinflusst, gehörte Roman jedoch zu der Gruppe von holländischen Architekten, die den niederländischen Barockklassizismus in die hochbarocke Stilphase fortentwickelten.[30]

Von den für Nordkirchen im Auftrag Plettenbergs gezeichneten Entwürfen Jacob Romans sind im Landesmuseum in Münster einige Blätter erhalten geblieben (Abb. 34, 35). Der Lageplan, bezeichnet *Situatie van t'Huis en tuyn te Noordkerken*, gibt die unkorrigierte Schlossinsel nach der Vermessung des G. L. Pictorius wieder. Mitten auf der einplanierten Insel liegt der langgestreckte Schlossbau mit Mittelpavillon und kurzen Flügelbauten an beiden Enden. Der nur in großen Linien angegebene Garten liegt nach Süden, der Ehrenhof, der zugleich *Bacecourt* ist, nach Norden. Hier sind flankierende Wirtschaftsgebäude locker an das Hauptschloss im rechten Winkel angefügt. Das besondere Merkmal dieser beiden Bauten sind die konkav einschwingenden Hoffronten. Die Stellung der Gebäudedreiheit ist dergestalt,

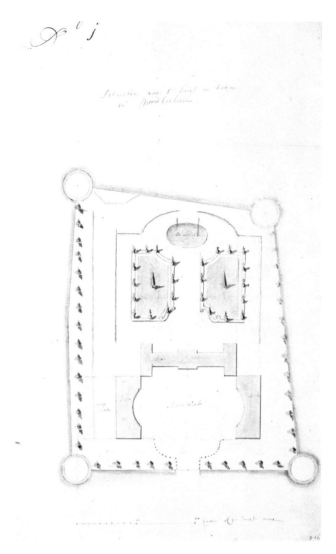

34 Gesamtentwurf, J. Roman wohl 1698 (Bz P 16)

dass die Achse in der Mitte der nördlichen Inselflanke genau zwischen den beiden nördlichen Batterietürmen zu liegen kommt. Laut Andeutung sollte sich hier die Zugangsbrücke befinden.

Das zweite Blatt zeigt die Ansicht der Hofseite und den Erdgeschossgrundriss (Abb. 35). Der Aufriss zeigt ein rein französisches Bauwerk mit Sockel, zwei Hauptgeschossen und Mansarddächern. Der Mittelbau ist um ein Attikageschoss erhöht. Über dem rustizierten Erdgeschoss zu drei Achsen folgt ein mit Säulen oder Pilastern bestücktes Hauptgeschoss mit rundbogiger Balkontür. Auf der lisenengegliederten Attika stehen vier große Figuren, und das Ganze wird durch eine französische Kuppel bekrönt. Das

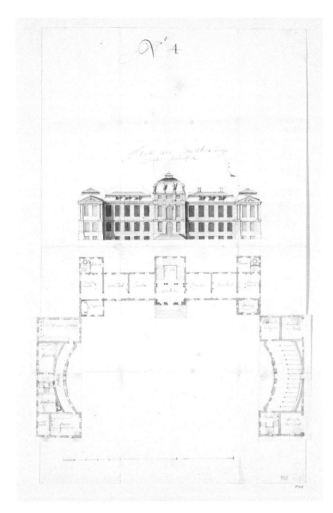

35 Aufriss und Grundriss, J. Roman 1698 (Bz P 25)

Schlafzimmern gehören an der Gartenseite *Garderobe*, Nebentreppe und *Cabinet*. Auf der Hofseite befinden sich im Ostflügel die Kapelle, im Westflügel ein Bad. Die Enfilade der Türen ist in den großen Räumen eingehalten. Die einfache Raumfolge entspricht der französischen Regel des *appartement simple*. Der Aufriss gleicht in vielen Einzelheiten dem Schloss Clagny bei Versailles, das Jules Hardouin-Mansart (1646–1708) nach seiner Ernennung zum Hofarchitekten 1675–1683 als ersten königlichen Auftrag errichtet hat. Dieses Schloss, mit dem Mansart der künstlerische Durchbruch gelang, wurde sehr schnell in Frankreich berühmt. Gerade war François Blondels *Cours d'Architecture* 1683 erschienen, in dem das Schloss, das übrigens auch nach dem Prinzip des *appartement simple* disponiert war, beschrieben ist. Im Œuvre Jules Hardouin-Mansarts ist Clagny ausgesprochen konservativ und zum Teil Formideen François Mansarts (1598–1666) verpflichtet, was zum Beispiel bei den Flügelstirnseiten Jacob Romans spürbar wird. Auch der Mittelbau des holländischen Entwurfs ist ein Formenkompositum. In ihm sind manche Motive der älteren Louvre-Pavillons verarbeitet. Von den Nebenbauten sind keine Aufrisse überliefert. Hinter den konkav einschwingenden Fronten liegt im westlichen Bau der Marstall, im östlichen sind hinter einem gekrümmten Gang Wirtschaftsräume angeordnet.[31]

Der erste Plan des Gottfried Laurenz Pictorius

Der Fürstbischof konnte sich zu dem Projekt des niederländischen Architekten offenbar nicht entschließen. Er hat von G. L. Pictorius auch keine weitere Detaillierung dieser Planstudie verlangt. Dieser jedoch hat offensichtlich Alternativprojekte ausgearbeitet. Zwei sind nur im Grundplan bzw. zwei Aufrissen überliefert (Abb. 39, 44), das zugehörige Erläuterungsblatt fehlt. Grundlage ist wiederum die unsymmetrische alte Schlossinsel mit den vier Batterietürmen. Die vier Inselflanken sind durch hoch gezogene begradigte Futtermauern schon regularisiert. Sehr bemerkenswert ist die Lage des dreiflügeligen Herrenhauses, das über die Nordseite hinaus zum Teil in den Graben vorgeschoben ist und sich nach Süden auf einen fast quadratischen, mauerumgebenen Ehrenhof öffnet. Die Aufrisse zeigen, dass die Seitenflügel als Pavillons mit eigenen Dächern aufgefasst sind – dies zweifellos eine Anleihe bei Jacob Romans Schlossbau in Het Loo (Abb. 36), ebenso wie der vergleichbar zurückhaltende Bauschmuck: ein Band schlichter eingetiefter Wand-

beidseitige Corps de Logis hat je fünf Fensterachsen, ist aber ganz schlicht gehalten. Jede Hälfte hat ein eigenes Mansarddach. Die Stirnseiten der kurzen Seitenflügel sind wiederum reicher dekoriert. Das Erdgeschoss mit den beiden Fensterachsen ist rustiziert und besitzt rahmende Vorlagen. Das Obergeschoss wird durch eine französische Ordnung mit Flachgiebel darüber eingefasst, dahinter ein Mansarddach.

Streng symmetrisch wie der Aufriss ist auch der Grundriss aufgeteilt. Im Mittelpavillon liegt hinter dem Vestibül ein großes Haupttreppenhaus. Beide Räume sind nur durch eine Säulenstellung voneinander getrennt. Das Corps de Logis enthält auf beiden Seiten nur je zwei von Wand zu Wand durchgehende Räume, denen ein dritter in den Seitenflügeln zugeordnet ist. Als Raumfolge ist angegeben: *Chambre, Antichambre, Chambre de lid*. Zu den beiden

Besitzwechsel und Neubauplanung

36 Schloss Het Loo bei Apeldoorn, Hoffront, 1994

felder zwischen den Geschossen ohne eine Pilasterordnung. Auch hierin, wie am Dreiecksgiebel der Hoffront und den rustizierten Ecken, äußert sich niederländische, französisch inspirierte Noblesse. Der Risalit der Hofseite weist bereits auf den später ausgeführten Gartenrisalit (Abb. 37, 70) voraus: mit seinem Skulpturenschmuck in der Kombination des zentral gesetzten Familienwappens mit Putten als Wappenhaltern und den seitlichen Trophäen. Er verweist auf die Militärpolitik des Fürstbischofs, ist als Attribut seiner Souveränität gemeint und findet sich als solches ähnlich auf einem gläsernen Wappenpokal, aus dem man auf das Wohl des Landesherren trank (Abb. 38), auf Allegorien der fürstbischöflichen Herrschaft (Abb. 29, 30) und später auf Torpfeilern in Form von Tropaien (Abb. 88). Werden damit auch Ambitionen der Familie zur Anschauung gebracht?[32]

Die Untergebäude gruppieren sich neben dem Herrenhaus auf der Inselnordseite um zwei Wirtschaftshöfe. Auch die beiden nördlichen Batterietürme sind umfunktioniert und in den Ökonomiebetrieb eingegliedert. So gelingt es Pictorius im Bannkreis des Herrenhauses die Unsymmetrie

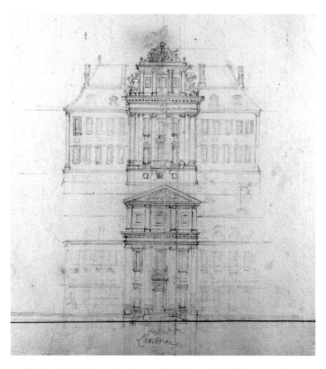

37 Schloss Nordkirchen, Garten- und Hoffront, R. Roidkin um 1730/31

38 Pokal mit Wappen des Fürstbischofs Friedrich Christian von Plettenberg, rückseitig Waffentrophäen, wohl Böhmen um 1700

zu kaschieren. Er erreicht sogar eine völlig symmetrische Nordansicht von außen, wo er – was im Blatt nicht dargestellt ist – sicherlich den Hauptgarten, wie auf seinem ersten Entwurf, vorgesehen hatte. Im Süden aller Gebäude gewinnt er noch reichlich Platz für einen Inselgarten, dem er auf der schräg laufenden Südseite durch ein Gartengebäude Halt und symmetrischen Bezug verleiht. Wenn auch der Wirtschaftsteil in der Verteilung von Bauten und Höfen französische Urbilder nicht verleugnen kann, so ist dieser Entwurf doch recht originell. Um so erstaunlicher, dass der Grundriss des Schlosses selbst so verworren und kompliziert ist. Hinzu kommt eine Reihe altertümlicher und auf dem Land

üblicher Dispositionen, wie zum Beispiel das Hereinnehmen der Küche mit allen Nebengelassen in das Erdgeschoss des Corps de Logis. Aber es gibt noch eine andere Kalamität: Der Plan lässt kaum die Möglichkeit einer repräsentativen Brückenauffahrt zu. Wie aus Verlegenheit ist nur der alte Zugang durch den nordöstlichen Batterieturm angegeben. Auffallend ist bei Pictorius auch seine Neigung, Bau- und Gartenbezirke durch Grenz- und Gittermauern exakt abzugrenzen – was auf eine direkte Schulung an französischen Vorbildern deutet –, während bei Jacob Roman Gebäudegruppe und Garten frei, ein wenig »schwimmend« auf der Insel stehen.

Besitzwechsel und Neubauplanung

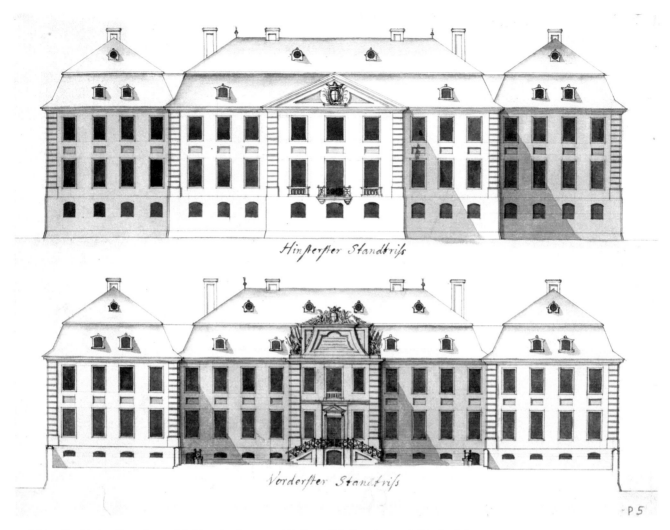

Hinterster Standtrifs

Vorderster Standtrifs

-P 5

39 Schloss Nordkirchen, Erster Entwurf, Aufrisse der Garten- und Hoffront, G. L. Pictorius um 1698/99 (Bz P 5)

Die Begradigung der Hauptinsel

Auch das zweite Projekt des Gottfried Laurenz Pictorius, wie das eben beschriebene undatiert, möchte man in den Zusammenhang mit dem Plan des Jacob Roman setzen, obgleich es wohl später als die beiden erwähnten Zeichnungen entstanden sein dürfte, also Ende 1698 oder erst 1699. Es gehören drei Blätter dazu: ein Lageplan der Schlossinsel und zwei zentralperspektivische Vogelschauen, eine von Norden, die andere von Süden gesehen (Abb. 40–42). Die Hauptansicht ist bezeichnet: *Perspectivisches Project eines Hochadelichen Schlosses zu Nordkerchken.* Die Zeichentechnik arbeitet allein mit Schraffuren für alle Flächenwerte und Schatten – anders als sonst bei Pictorius üblich – und Erläuterungs-

streifen unten, so dass diese Blätter sicherlich für eine Umsetzung in Kupferstich gedacht gewesen sind. Außerdem ist die Nordansicht (unten links im Graben) signiert: *G. L. Pictorius Del.*, was für diesen Architekten ganz ungewöhnlich ist.

Auf dem Lageplan (Abb. 40), auf dem die Situation des alten Schlosses genau vermerkt ist, zeigt sich sofort, was Pictorius als entscheidende Neuerung durchsetzen wollte: Der südwestliche Batterieturm sollte aufgegeben werden. Die Insel war genau rechteckig zu korrigieren, was bei der Erhaltung dreier Türme möglich war. Dazu war der vierte Turm in gleicher Größe und Form weiter hinausgerückt neu zu erbauen. Erst durch diese Maßnahme war im Sinne hochbarocker Anschauung ein regeltreues neues Schloss zu planen.

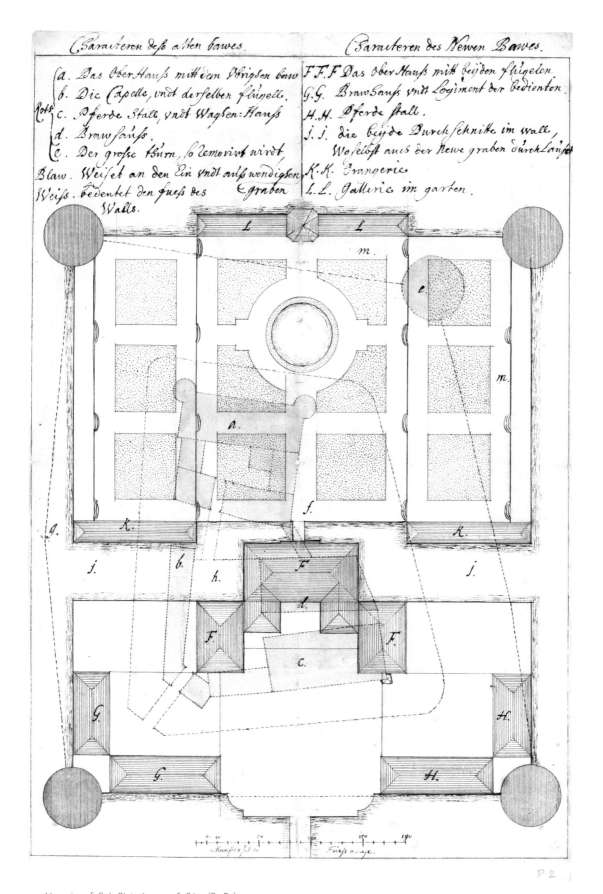

Caracteren deß alten bawes.

a. Das Ober Hauß mitt den übrigsen baw
b. Die Capelle, vndt derselben flügell.
Roth c. Pferde Stall, vndt Wagsen=Hauß
d. Brawhauß
e. Der große thurm, so demovirt wirdt

Blaw. Weiset an den Ein vndt außwendigsten
Weiß. bedeutet den fueß des   graben
Walls.

Caracteren des Newen Bawes.

F.F.F Das Ober Hauß mitt beyden flügelen
G.G. Brawhauß vndt Logiment der bedienten.
H.H. Pferde stall.
I.I. die beyde Durchschnitte im wall,
      wo selbst aus der Newe graben durchlaufft
K.K. Orangerie.
L.L. Gallerie im garten.

40 Vorentwurf, G. L. Pictorius um 1698/99 (Bz P2)

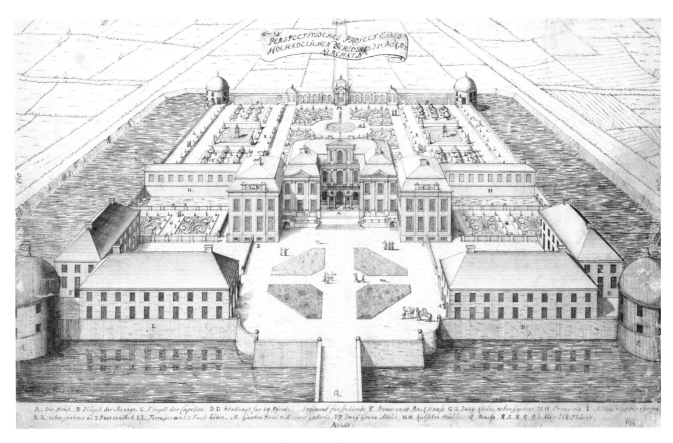

41 Vorentwurf, Vogelschau von Norden, G. L. Pictorius um 1698/99, signiert (Bz P 24)

Dieses sollte etwa an gleicher Stelle liegen wie bei Jacob Roman und sich nach Norden, also zum Dorf hin, öffnen. Eine exakte Mittelachse vom Dorfgelände her, durch den Mittelbau des Schlosses, den Garten und ins Unendliche nach Süden verlaufend, sollte das Rückgrat der gesamten Anlage werden. Die zweigeteilte Ökonomie wurde nördlich des Schlosses zu Seiten des Ehrenhofs errichtet, östlich *Brawhauss undt Logiment der bedienten*, westlich der *Pferde stall*. Die beiden nördlichen Batterietürme konnten gut in diesen Bereich eingefügt werden.

Als zweite große Änderung wollte Pictorius die Schlossinsel zweiteilen. Ein völlig neuer Quergraben, *die beyde Durchschnitte im Wall, Woselbst auch der Newe graben durchlaufet*, trennte hinter dem Hauptgebäude eine größere Südhälfte ab. Dort war ein Gartenparterre vorgesehen, das, mit tief liegendem Mittelstück, höher liegenden Seiten und noch höher gelegenen Promenaden im Osten und Westen sehr geschickt die anfallenden Erdmassen der älteren Ringwälle verwendete. Eine *Gallerie im garten* bildete zwischen den beiden südlichen Ecktürmen (wovon der westliche neu

war) den Abschluss. Nur im Mittelbau der Galerie war eine große Bogenöffnung zum Durchblick auf die Südachse geplant. Gegen das Schloss hin grenzten zwei nach Süden offene Orangerien den Garten ab; sie bildeten, von Süden gesehen, mit dem Schlossbau eine architektonische Dreiheit, wobei diesem durch den nur hier spürbar werdenden Trenngraben und durch die stark zurückliegenden Seitenflügelfronten eine kräftige plastische Wirkung verliehen wurde. Eine noch stärkere räumliche Tiefenwirkung erlangte der Schlossbau vom Ehrenhof her, weil sich hier die beiden Flügelpavillons und die beiden Flügelvorbauten des Hauptgebäudes zweifach gegen die schmale Mittelfassade zurückstuften. Die Hauswände der beiden Ökonomien wie auch die Rückwände der Orangerien sollten dagegen ausgesprochen glatt und schlicht wirken.

In den beiden Vogelschauen (Abb. 41, 42) wirkt dieser Plan bestechend klar und sehr repräsentativ. Wie bereits einmal konstatiert, hat Pictorius auch hier die zur Verfügung stehende Fläche aufs Äußerste rational genutzt und eingeteilt. Die Eintragung des alten Schlosses macht deutlich, dass

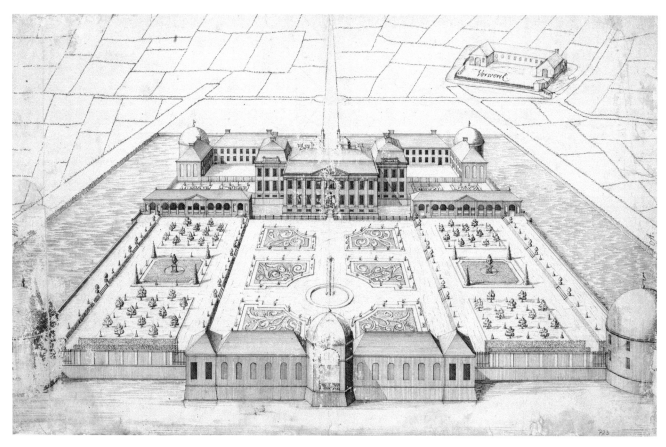

42 Vorentwurf, Vogelschau von Süden, G. L. Pictorius um 1698/99 (Bz P 23)

sogar das alte Herrenhaus hätte zunächst stehen bleiben können, da es im Gartenbereich lag, bis das neue Schloss und Ökonomie fertig dastanden. Die Grundrissdisposition des Hauptgebäudes, die leider nicht bekannt ist, sah für den Ostflügel die »Menage«, für den Westflügel die Unterbringung der Kapelle vor, womit für den Mittelbau Wohnen und Repräsentation übrig blieb.

Besonders interessant sind die vorgesehenen Baugliederungen (Abb. 41). Die vier Batterietürme sollten durch Einbrechen von großen Fenstern und durch runde Kuppeldächer zu großen Rundpavillons werden, markante Eckpunkte des hochgemauerten Inselrechtecks. Die vier Ökonomiehäuser waren als schlichte zweistöckige Bauten unter Walmdächern gedacht. Die Orangeriefronten mit je einer Serliana im Mittelrisalit besaßen Arkaden und von Nischen flankierte Seitentore. Die Gartengalerie öffnete sich gleichermaßen in Arkadenflügeln mit Eckpavillons, eine Anregung aus dem *Cours d'Architecture* des Augustin Charles d'Aviler (1691).[33] Als Akzente der Arkadenmitten findet sich wie-

derum je eine Serliana und in der Mittelachse deutlich hervorgehoben ein überkuppelter Tempietto, achteckig mit großen Bogenöffnungen. Damit wäre hier – in Westfalen ganz ungewöhnlich – ein echtes »Gartenbelvedere« entstanden.

Der Baukörper des Schlosses wirkte zusammengesetzt. Die beiden Flügelpavillons waren wie herangeschobene Einzelbauten behandelt, was durch die eigenwillige Hauptseite des Mittelbaues, die für sich schon wie ein Dreiflügelbau kleineren Maßstabs wirkte, nicht zu übersehen war und in der Mansarddachzone geradezu erläutert wurde. Die vierachsigen Stirnseiten der Flügelpavillons sollten über einem Kellersockel zweiachsige Vorlagen mit Attiken darüber erhalten. Die dreiachsigen Vorbauten des Mittelbaues besaßen ionische Pilaster mit kleinen Flachgiebeln in der Mitte. Vor dem mittleren Risalit sprang ein Balkon vor, dessen drei Trage-Arkaden auf Doppelsäulen ruhten, die Wandsegmente noch durch Okuli durchbrochen. Die eigentliche Front darüber war wie eine zweigeschossige Kirchenfassade gegliedert: Doppelpilaster mit Nischen zwischen den drei Fenstertüren, das oberste Geschoss einachsig bei gleicher Wandgliederung unter einem Fronton sowie rechts und links begleitende Voluten. Dieses erstaunliche Architekturstück der Baumitte ist im unteren Bereich als Loggiageschoss gestaltet und aus typisch oberitalienischen Motiven zusammengestellt, wobei der Anteil des großen Lehrmeisters Andrea Palladio nicht zu übersehen ist, während der obere Teil an Kirchenfassaden der römischen Renaissance wie die der Kirche S. Spirito in Sassia (ab 1538 von Antonio di Sangallo d. J.) oder eher noch S. Caterina dei Funari (1560–1564 von Guidetto Guidetti) orientiert ist.[34] Der unbedingt notwendige architektonische Aufwand an einer so stark zurückgenommenen Baumitte war von Pictorius genau richtig erkannt. Eine vorgesehene Treppenterrasse vor der Schlossmitte legte diesen Aufwand, der etwas Bühnenmäßiges hat, noch näher.

Um so überraschender ist die Gartenfront (Abb. 42), für die unser Architekt den Mittelbau ganz im Sinne des niederländischen Barockklassizismus gliederte: über dem Kellersockel ionische Kolossalpilaster zwischen jeder Fensterachse, deren drei mittlere unter einem Flachgiebel zusammengefasst sind. Diese nicht ausgeführte Front hat große Ähnlichkeit mit der Gartenfront des Beverfoerder Hofs zu Münster, den Gottfried Laurenz Pictorius 1699 begann und 1704 vollendete.

Das so ausführlich besprochene, aber auf dem Papier gebliebene Projekt für Nordkirchen ist sehr aufschlussreich, da es kurz vor 1700 das architektonische Interessenfeld münsterländischer Baukünstler kundtut. Französische Anregungen bei der Baudisposition und der Dachgestalt, starke niederländische Beeinflussung bei der Wandgliederung, italienisches Formengut bei besonderer Prachtentfaltung und, nicht zuletzt, einheimische Bautraditionen, wie zum Beispiel die Zweiteilung der Insel, haben die ungemein fantasievolle Entwurfslösung des Gottfried Laurenz Pictorius mitbestimmt. Gemessen an allem, was seit 1650 in Westfalen geplant und gebaut worden war, bedeutete dieses Projekt einen enormen Entwicklungsschritt.

1698 vermehrte Friedrich Christian den Nordkirchener Besitz um das Haus Grothus, das er für 23.000 Reichstaler erwarb. 1705 folgte noch das verschuldete landtagsfähige Rittergut Alrodt südlich von Lüdinghausen, das er für 21.500 Taler von der calvinistischen Familie von Dorth erwarb. Als Kirchenfürst kümmerte er sich, wie im ganzen Bistum, auch um die kirchlichen Angelegenheiten in seinem Besitzbereich. Schon 1690 hatte er den Neubau der St. Pankratius-

43 Wappenfenster des Fürstbischofs Friedrich Christian in der Kirche zu Südkirchen, 1694

kirche in Südkirchen gestiftet, jetzt, 1698, folgte der Neubau der St. Dionysiuskirche in Capelle. Beide sind schlichte nachgotische verputzte Bruchsteinbauten, über den etwas aufwendigeren Portalgestellen sitzt jeweils das fürstbischöfliche Wappen. In Südkirchen hat sich ein Teil der Innenausstattung mit dem schönen Hochaltar sowie ein Wappenfenster (Abb. 43) erhalten.

Für den Nordkirchener Schlossbau liegen, soweit bekannt, für die Jahre 1699 bis 1701 keine Nachrichten vor. Vermutlich haben den Fürsten andere Aufgaben beschäftigt, aber man darf annehmen, dass die Ausarbeitung der Baupläne durch Pictorius allein fortgeführt worden ist. Wohl 1699 hat er sich mit seinem um zehn Jahre jüngeren Bruder Peter (1673–1735) zusammengetan, wie es beim Bau des Beverfoerder Hofes zum ersten Mal nachzuweisen ist. Peter Pictorius errichtete ab 1699 das Abteigebäude im Zisterzienserkloster Marienfeld, hatte also auch bereits gründliche Bauerfahrung. Zur selben Zeit muss auch der prachtvolle Merveldter Hof in Münster von den beiden Brüdern in Angriff genommen worden sein, der 1701 vollendet war. 1699

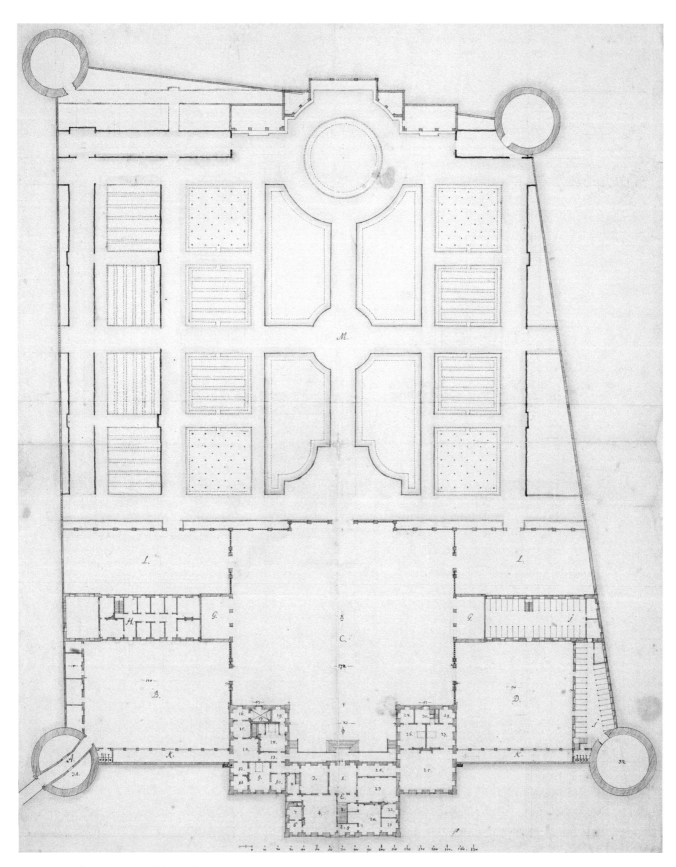

44 Vorentwurf, Grundriss der Schlossinsel, G. L. Pictorius um 1698/99 (Bz P 30)

lieferte der *Capitain Pictorius* Pläne für den Neubau des zwei Wegstunden südlich liegenden Prämonstratenserstifts Cappenberg.

Peter Pictorius hatte Mathematik und Architektur studiert und war in jungen Jahren weit gereist. In Italien hatte er sich hauptsächlich in Florenz, Rom, Neapel und in Sizilien umgesehen. Auch für ihn scheint, wie für seinen Bruder, die Tätigkeit in Nordkirchen, wo er später die gesamte Bauführung übernahm, den befreienden Durchbruch bedeutet zu haben. Die meisten gesicherten oder ihm zugeschriebenen Bauten entstanden im dritten Jahrzehnt des 18. Jahrhunderts. Erst spät, 1720, ließ er sich zum Priester weihen und wurde Domvikar in Münster. Ein Kanonikat an der Martinikirche ebendort, das er 1730 erhielt, gab er drei Jahre später wieder auf. 1735 ist er in Münster gestorben.[35] Meist im Schatten seines Bruders wahrgenommen, war er doch der bessere Zeichner und vielfach auch mit der Ausgestaltung und Detaillierung von Einzelentwürfen wie Schmuckportalen und Wandabwicklungen beauftragt. Diese Arbeitsteilung zwischen leitendem Architekten und zuarbeitenden »Dessinateuren« war ein vor allem in Frankreich übliches Verfahren, das nicht zuletzt die Stellung des Bauherrn aufwertete. Es wird uns in Nordkirchen noch mehrfach begegnen.

Der Generalplan des Gottfried Laurenz Pictorius um 1702

Es scheint, dass die Brüder Pictorius in dem Bau der beiden großen Adelshöfe in Münster, beide leider im Zweiten Weltkrieg zerstört, der Abtei zu Marienfeld und der Propstei Cappenberg nebst einigen kleineren Bauwerken jener Jahre zu ihrer architektonischen Form gefunden haben. Der Fürstbischof hat offensichtlich zur selben Zeit, nachdem Schloss Ahaus annähernd fertiggestellt war, die Opulenz des Bauprogramms auf der Basis der genau rechteckig erweiterten Schlossinsel gesteigert. Im Mai 1702 müssen die Pläne sehr viel weiter gediehen gewesen sein. Gottfried Laurenz Pictorius reiste nach Den Haag zu Steven Vennekool, um mit ihm über Nordkirchen zu konferieren. Die beiden Baumeister haben sich gekannt, denn 1696 war Vennekool auf Wunsch des Fürstbischofs in Sassenberg, um dort mit ihm und Pictorius über den Neubau dieses Schlosses zu beraten. Genau wie Jacob Roman war dieser niederländische Architekt damals in den Generalstaaten führend in der Fortentwicklung des dortigen Barockklassizismus. Welches Ergebnis die Besprechung in Den Haag gehabt hat, ist nicht bekannt. Im gleichen Jahr 1702 hat Pictorius seine komplett überarbeiteten Entwürfe vorgelegt, die Plettenberg offensichtlich akzeptiert und als Generalplan zur Ausführung bestimmt hat. Er ließ seinem Landingenieur für den *Abriß* 100 Taler – immerhin ein halbes Jahresgehalt – anweisen. Sind diese Pläne erhalten? Das Landesmuseum in Münster besitzt eine sehr sorgfältig gezeichnete Serie von 16 Zeichnungen aller Grundrisse, der wichtigsten Schnitte und Aufrisse der ganzen Schlossinsel (Abb. 45, 46, 49, 65, 102, 103), als Falttafeln in Leder zu einem Zeichnungsband gebunden. Dieser Band konnte 1965 aus einer Adelsfamilie erworben werden, die mit den Plettenberg eng verwandt war. Er ist in seiner aufwendigen Aufmachung sicherlich für den Auftraggeber und nicht für die Arbeit im Baubüro bestimmt gewesen. Hier scheint es sich in der Tat um den bisher nicht bekannten *Abriß*, den Generalplan, zu handeln (Abb. 45), auf dessen Grundlage der Baubeschluss fiel und 1703 die Grundsteinlegung erfolgte.

Auf der genau rechteckigen Insel mit hohen Futtermauern stehen noch die vier dicken ehemaligen Batterietürme. Drei Brückenanlagen im Süden, Osten und Westen stellen die Verbindung mit der Umgebung her. Eine größere Gartenanlage fehlt. Das Hauptschloss steht am Nordrand der Insel und öffnet sich nach Süden als Dreiflügelbau auf den geräumigen Ehrenhof, den *Ober Platz*. Die Drehung der Hauptfront des Schlosses nach Süden und der Gartenfront nach Norden ermöglichte es, von den Repräsentationsräumen auf der Nordseite mit der Sonne im Rücken (oder von den Seiten) in den Garten zu schauen und direkte Sonneneinstrahlung in die Prunkräume zu vermeiden – und damit auch die »edle Blässe« der adeligen Bewohner zu konservieren, die sich damit von allen im Freien körperlich arbeitenden, gebräunten Menschen unterschieden und vor ihnen auszeichneten. Als Pendants stehen an diesem Ehrenhof zwei Nebenbauten aus je zwei Flügeln, im Westen *Pferde Stall, undt Logiment für bediente*, im Osten *Braw undt Backhaus, undt Logiment für bediente*. Es sind abgegrenzte Nebenhofräume, *Plätze zur mistungh, Reith Platz, Holtz Platz* sowie zwei kleine Kabinettgärten neben dem Hauptschloss in ausreichender Größe verfügbar (Abb. 46). Südlich daran vorbei führt die west-östliche Brückenachse. Durch ein Quergitter getrennt folgt im Südteil der Insel der ebenso geräumige *Unter Platz* oder Wirtschaftshof. Auf seiner Westseite liegt ein Zweiflügelbau mit dem *Pferde Stall für frembde* und dem *Reith-Hauss*, als östliches Gegenstück steht das *Baw- undt Viehhaus*. Diese Plandisposition spiegelt bereits sehr weitgehend die spätere Ausführung.

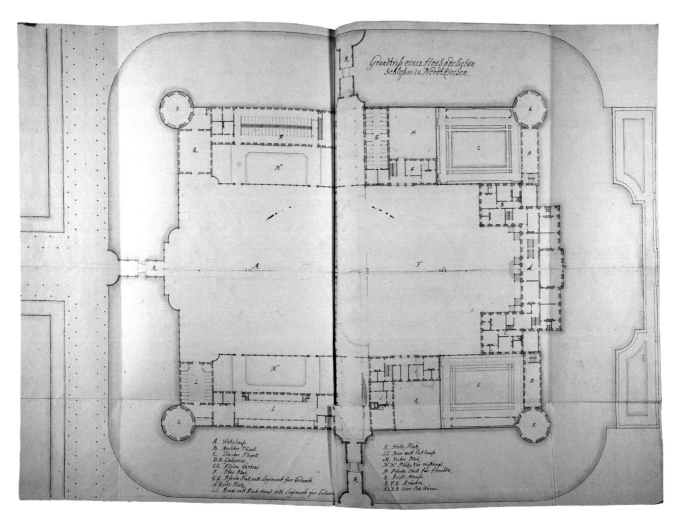

45 Generalplan 1703 für Schloss Nordkirchen, Ausführungsentwurf G. L. Pictorius (KdZ 7778 LM)

Der vorgeschlagene Grundriss des Hauptschlosses (Abb. 103) gleicht sogar fast ausnahmslos der heute noch erhaltenen Raumdisposition. Hier geht der Plan insofern noch über den jetzigen Bestand (Abb. 104) hinaus, weil über Zwischenterrassen erreichbar besondere Galeriebauten die Verbindung mit den nördlichen Ecktürmen herstellen sollten (Abb. 46, 49). Kleine eingeschobene Treppenhäuser vermittelten den Zugang zu den beiden seitlichen Kabinettgärtchen. Der Nordwestturm sollte als Kapelle, der Nordostturm als Archiv eingerichtet werden. Von Norden gesehen hätte sich das Schloss als großzügig breit gelagerte Baugruppe aus den eingeschossigen Rundtürmen und den eingeschossigen Galerien als Seitenstücke für das mächtige zweigeschossige Hauptschloss mit repräsentativem Mittelrisalit dargeboten (Abb. 49). Als Zäsur und wichtige Nahtzone hätten die beiden wie Brücken über dem Hausgraben angelegten Terras-

sen vor dem Fond der hier zurückspringenden Flügelseiten gewirkt. Nur für das Hauptschloss und die Ecktürme waren gebrochene Dächer vorgesehen. Alle übrigen Gebäude sollten schlichte Walme erhalten. Dementsprechend waren die Fronten der Nebenflügel und der Ökonomie ländlich schlicht gehalten.

Vergleicht man die südliche Schauseite des Hauptschlosses auf dem Plan (Abb. 65) und einen Aufriss (Abb. 66) des heutigen Schlosses miteinander, so wirkt auch hier die zunächst geplante Fassade insgesamt rustikaler. Bauänderungen am Mittelrisalit und an den Aufsatzgiebeln der Flügelstirnseiten, die Einführung der Blendfelder zwischen den Stockwerken und die Steigerung der Schornsteine haben in der Ausführung dem Schlossbau wesentliche urbane Züge verliehen. Ähnliches gilt für die Gartenfassade (Abb. 49), deren dreiachsiger Mittelrisalit durch Kolossalpilaster ak-

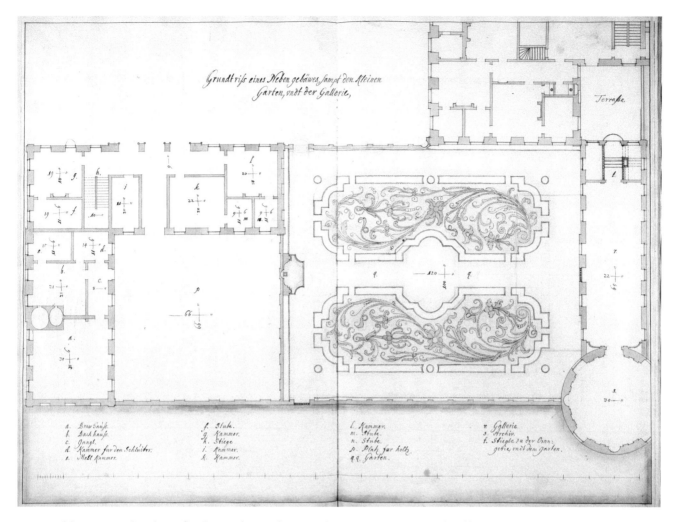

46 Generalplan 1703, Grundriss des Ostflügels mit Galerie, Archivturm, Kabinettgarten sowie Brau- und Backhaus, G. L. Pictorius (KdZ 7786 LM)

zentuiert wird, wo allerdings die auf drei Fenster mit einem Serliana-Motiv im Erdgeschoss verbreiterte Mittelachse in den Dachbereich vorstößt. Die Ausführung (Abb. 70) ist dagegen auf drei gleich breite Fensterachsen reduziert, hat außen Doppelpilaster ionischer Ordnung und durchstößt die Traufenhöhe durch ein kräftiges Gebälk, auf dem die Attika dreiachsig aufsitzt, bekrönt von dem Familienwappen und begleitet von Trophäen und Waffen – eine schöne Anspielung auf die Wehrhaftigkeit des Bauherrn und die Herkunft seiner Geldmittel.

Zu der gebundenen Planserie gehört ganz offensichtlich eine Lageskizze in der Bauzeichnungssammlung des Museums (Abb. 47) von der Hand Pictorius', die das alte und das neue Schloss übereinander darstellt. Die Gliederung der neuen Anlage stimmt genau mit den eben beschriebenen Plänen überein (nur die Südbrücke fehlt). Hier sieht man

jetzt sehr deutlich, dass es möglich war, das neue Hauptschloss zu beginnen, ohne durch die Bauanlage des ja noch stehenden alten Schlosses behindert zu sein. Vermutlich sind von ihr in den Jahren 1700 bis 1702 bereits die Gebäude auf der Vorburg mit Ausnahme des östlichen Kapellenflügels abgebrochen und der alte Vorburggraben aufgefüllt worden, während die alte Hauptburg zunächst noch stehen blieb. Ihr Abbruch erfolgte 1705 bis 1706, während die letzten stehenden Fundamente erst 1710 beseitigt wurden.

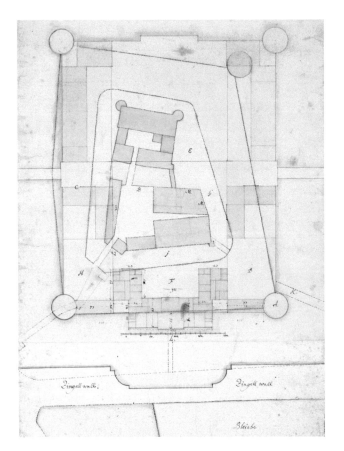

47 Dispositionsentwurf der Insel, G. L. Pictorius (Bz P 3)

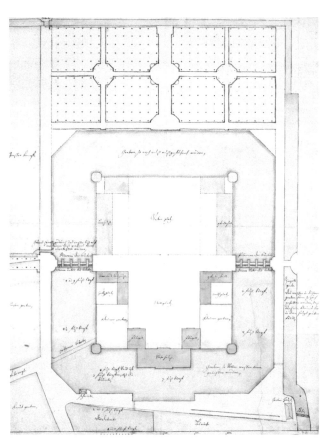

48 Schlossinsel mit Nachbarschaft, P. Pictorius (Bz P 19)

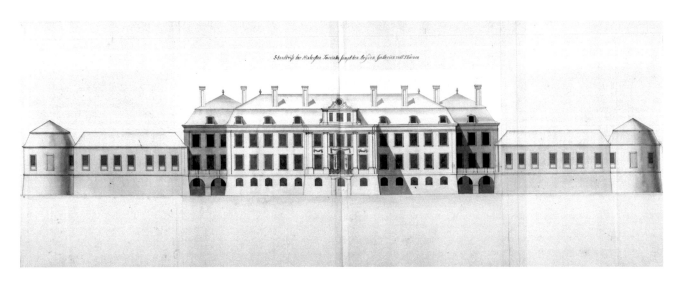

49 Generalplan 1703, Aufriss der Nordseite mit Galerien, Archivturm und Kapelle, G. L. Pictorius (KdZ 7783 LM)

Besitzwechsel und Neubauplanung

Der barocke Neubau 1703 bis 1719

Noch etwas anderes ist offenbar zwischen 1698 und 1703 mit Energie betrieben worden: die Anschaffung eines großen Vorrats an Baumaterial, in erster Linie Backsteine, dann Werksteinteile und Bauhölzer. Nachrichten über die Anlage von Ziegeleien, zum Beispiel in Davensberg, sind überliefert. Anders ist nämlich der jetzt einsetzende rasche Verlauf der Bauarbeiten nicht zu erklären. Im Januar 1703 wurde der Maurermeister Lubbert Hagen aus Gildehaus nach Nordkirchen gerufen. Damit setzen die Vorbereitungen für den Bau des Hauptschlosses nach dem Generalplan des Gottfried Laurenz Pictorius ein.

Baubeginn und Tod des Bauherrn

Am 13. Juni 1703 war der Fürstbischof Friedrich Christian von Plettenberg nach Nordkirchen gekommen, um unter großer Feierlichkeit den mit einer Inschrift versehenen Grundstein unter den rechten Pfeiler des Haupteingangs zu legen. Die Substruktionen waren also schon vollendet. Es war der Tag des hl. Antonius von Padua, und der Fürstbischof stellte daher das ganze Schloss unter dessen besonderen Schutz. Die Armen im Kirchspiel erhielten ein Legat ausgesetzt; die beteiligten Künstler und die führenden Handwerker bekamen Ehrengeschenke, an der Spitze der Baudirektor Gottfried Laurenz Pictorius, sein Werkführer Peter Pictorius und der Maurermeister Lubbert Hagen.

Ein gutes Jahr später, 1704, war der Rohbau des Hauptschlosses – der Mittelbau mit beiden Flügeln – fertig. Im Januar 1705 fand auf der Baustelle eine Baubesprechung mit Pictorius und Hagen statt, in der sicher alle Maßnahmen dieses sehr wichtigen Baujahres festgelegt worden sind. Der Entschluss, die vier großen Batterietürme nun doch abzubrechen, muss schon 1703 gefallen sein, denn mit großer Mühe wurde der Rest von ihnen 1705 beseitigt. Bauherr und Architekt waren sich wohl klar geworden, dass anstelle dieser Türme gut gegliederte Eckpavillons die Eleganz der Ge-

samtanlage nur steigern konnten. Damit aber waren die im Generalplan vorgesehenen Galerien nicht mehr sinnvoll anzugliedern; ihr Bau wurde aufgegeben. Diese sehr wichtige Planänderung zugunsten der Eckpavillons war der entscheidende Schritt für die Form der endgültigen Ausführung der Schlossinsel.

Für dieses Stadium des Schlossbaues gibt es wiederum eine interessante Planskizze, wahrscheinlich von der Hand des Peter Pictorius (Abb. 48). Dargestellt ist die Schlossinsel mit der nächsten Umgebung. Ihre Nordhälfte mit allen Gebäuden ist hier in durchgezogenen Linien wiedergegeben, während ihre Südhälfte nur in gestrichelten Linien angedeutet ist. Das kann nur bedeuten, dass der Bau der nördlichen Inselhälfte als erster Bauabschnitt betrieben worden ist. Bestätigt wird diese Vermutung durch die provisorische Anlage von Staudämmen unter den Brücken nach Osten und Westen (*damm unter die brücke*). 1705 waren also die große Futtermauer um die nördliche Inselhälfte im Bau sowie die beiden nördlichen Eckpavillons, die 1707 fertig waren und ihre Dachdeckung erhielten. Begonnen wurden die Nebenflügel, unter deren östlichem der Fürstbischof in diesem Jahr den Grundstein zur Schlosskapelle legte. Dieser Bau war 1710 fertig und heißt seitdem »Kapellenflügel« (Abb. 71–74). Sein westliches Gegenstück, der »Dienerflügel«, wurde etwas später ausgeführt und war 1712 vollendet (Abb. 60). Im Hauptschloss wurden die Kellergewölbe eingebaut, die Stockwerksdecken eingezogen, die Schornsteine aufgemauert und sehr wahrscheinlich auch der ganze Dachstuhl fertiggestellt. Das Tempo der Arbeiten war beachtlich, denn noch 1705 begann die Verglasung der Fenster und die ersten Kaminrahmen aus Marmor wurden geliefert. Schließlich sind gleichzeitig der Ehrenhof und die beiden kleinen seitlichen Gärten planiert worden.

Nach Beendigung aller groben Arbeiten an Futtermauer und Grabenregulierung sollte nach dem erwähnten Plan der nördliche Hausgraben voll Wasser gelassen werden, wozu auf dem erwähnten Blatt recht interessante Angaben stehen. Gleichzeitig hat eine Kompanie münsterischer Soldaten die

50 Dompropst Ferdinand von Plettenberg (1650–1712)

ist das Weiterleben der mittelalterlichen Kastellform als Grundlage des prachtvollen barocken Schlossbaues nicht zu übersehen. So ist wohl auch das zähe Festhalten an den Festungsrudimenten der Erbmarschallsburg zu erklären, das zunächst ein vernünftiges Planen im barocken Sinne beeinträchtigte. Wie in Ahaus sind denn auch die Eckpavillons mit Schießluken im Untergeschoss symbolisch an die Stelle der echten Festungswerke getreten. Der Bauherr scheute sich offensichtlich, auf dem vollständig eingeebneten Platz oder an anderer Stelle ganz neu und »modern« ein großes Schloss beginnen zu lassen.[36]

Die Neffen des Fürstbischofs

Der Bruder des Fürsten, Johann Adolf, Herr zu Lenhausen, dem er 1695 Nordkirchen als Familiengut geschenkt hatte, war kurze Zeit später verstorben. Friedrich Christian setzte daraufhin dessen ältesten Sohn Werner Anton (1688–1711) zum Erben ein und übernahm zugleich über den damals Siebenjährigen die Vormundschaft. Jetzt, beim Tode seines Vormunds, war er 18 Jahre alt und steckte mitten in seinen Studien. Die Vormundschaft ging deshalb an den Bruder des Fürstbischofs, den münsterischen Dompropst und Domdechanten von Paderborn Ferdinand von Plettenberg (1650–1712, Abb. 50), über. Dieser hatte wie sein älterer Bruder sechs Jahre am Collegium Germanicum in Rom studiert und unmittelbar nach seiner Rückkehr 1673 eine Dompräbende in Paderborn sowie 1678 eine weitere in Münster übernommen. Er wurde schon 1683 Domdechant in Paderborn und 1700 zum Dompropst in Münster gewählt. Seit 1693 Geheimer Rat seines Bruders und ein sehr gewandter Diplomat, als Gesandter in Wien und Versailles – 1697 hatte er zudem bei den Friedensverhandlungen zu Rijswijk die Interessen Münsters vertreten –, bewarb er sich 1706 vergeblich um die Nachfolge seines Bruders als Fürstbischof. Er unterstützte schließlich seinen angeheirateten Neffen Franz Arnold von Wolff-Metternich (1658–1718), der seit 1704 schon als Fürstbischof in Paderborn regierte und nach heftigem Streit 1707 vom Papst zum münsterischen Fürstbischof ernannt wurde.[37]

Mit der Vormundschaft übernahm der Dompropst auch die Aufsicht über das Bauwesen von Nordkirchen. Er hat dort alle Arbeiten nach den von seinem verstorbenen Bruder genehmigten Plänen fortführen lassen, die Bauleitung blieb unverändert bestehen, auch bei den Handwerkern trat kein Wechsel ein. Das war für den Schlossbau sehr günstig,

großen notwendigen Erdbewegungen auf der Südhälfte der Insel samt dem zugehörigen Schlossgraben bewältigt. Hier war ja hauptsächlich die Südwestecke auf die rechteckige Form zu erweitern. Als letzte Bauvorbereitung verschwanden auf diesem Teil der Insel 1706 die Reste der alten Oberburg.

Die mit Hochdruck laufenden Arbeiten am neuen Schlossbau wurden 1706 durch den Tod des Bauherrn, Fürstbischof Friedrich Christian, überschattet. Er starb am 5. Mai. Seine Gesundheit war schon längere Zeit nicht die beste gewesen. Bereits im April 1705 hatte er sein Testament aufgesetzt. Es ist sehr gut möglich, dass trübe Vorahnungen ihn bewogen haben, den Schlossbau seit 1703 so intensiv vorantreiben zu lassen, in der Hoffnung, die Vollendung noch zu erleben. Das Hochstift Münster verlor in ihm wohl den besten Landesherrn, den es seit Langem gehabt hatte. Ein vorzüglicher Staatsmann, weitschauend und großzügig, hat er außerordentlich viel für den Aufschwung des Landes, gerade auch in kultureller Beziehung, getan. Friedrich Christian muss ein ausgeprägtes Gefühl für architektonische Tradition und Bedeutung gehabt haben. Schon in Ahaus

denn so konnte die Vollendung nach der Idee des Pictorius ungestört weitergehen, wenn auch langsamer und zum Teil – man denke an die Kaminrahmen und -aufsätze (Abb. 118) – in sehr einfachen Formen.

Der Neffe des Fürstbischofs, Werner Anton von Plettenberg (Abb. 51), hatte bereits 1703 seine Studien an namhaften Universitäten begonnen. Die einzelnen Stationen waren Mainz, Erfurt und Gießen. 1708 kehrte er zurück, um am Ende des gleichen Jahres zur Kavalierstour nach Utrecht und Amsterdam aufzubrechen. 1709 hielt er sich längere Zeit in Brüssel auf, wo unter Anleitung seines Hofmeisters am 12. Juli die Gobelins mit der Telemachsage für den Mittelsaal von Schloss Nordkirchen bestellt wurden – 1699 war das Buch des französischen Prinzenerziehers Fénélon *Les Aventures de Télémaque* erschienen, ein Reiseroman in der Nachfolge von Homers *Odyssee*. Sein Held begibt sich auf die Suche nach seinem Vater Ulysses, lernt vieles über die ideale Einrichtung eines Staates und wird von seinem Begleiter Mentor beraten – eine zentrale Schrift der frühen politischen Aufklärung. Das Werk wurde rasch zu einem der wichtigsten Handbücher der Adelserziehung. Dass man es hier als Vorlage für die Dekoration des wichtigsten Repräsentationsraumes im Schloss auswählte, zeigt, wie sehr die Bauherren auf der Höhe ihrer Zeit waren. Und dass das Bild des Telemach die Züge des Werner Anton getragen haben soll, ist glaubhaft, war er doch bei der Bestellung persönlich engagiert – und es wirft ein helles Licht auf die Zukunftserwartungen der Familie.

Die sechs Gobelins nach Entwürfen des Jan van Orley, alle oben mit dem gold-blauen Wappen der Plettenberg geschmückt, bestanden aus zwei sehr großen an der Südwand des Saales und vier schmaleren in den Fensterzwischenräumen an der Gartenseite – alle im Kranzwerk der Umrahmung von Auwercx signiert und auf 1710 datiert. Die beiden großen Tapisserien zeigten links (östlich) der Tür ein Hauptereignis der Ilias, den Kampf des Hektor und Achill vor Troja, rechts (westlich) der Eingangstür Telemach – eben mit den Zügen des Werner Anton von Plettenberg – auf der Suche nach seinem Vater Odysseus in Begleitung des Mentor zu Besuch bei der Nymphe Kalypso. Die vier kleineren Wandteppiche stellten Szenen aus der Odyssee dar: wie Venus in Begleitung des Amorknaben den Meeresgott Neptun antreibt, er solle endlich Odysseus, den Todfeind ihrer geliebten, zerstörten Stadt Troja, durch einen gewaltigen Meeressturm vernichten. Ein zweiter Teppich zeigte Odysseus im Land der Phäaken, ein dritter die glückliche Ankunft des Helden auf der heimatlichen Insel Ithaka und der

51 Werner Anton Freiherr von Plettenberg (1688–1711), Supraporte im Speisezimmer

vierte seine glückliche Wiedervereinigung mit der treuen Gattin Penelope. Gegenüber diente als Supraporte der Zugangstür vom Vestibül eine weitere Tapisserie mit einem Bild der Minerva, der Schützerin des Odysseus, mit Lanze, Helm und Schild auf Wolken thronend, auf ihrem Wagen ein Eulenpaar. Aus derselben Manufaktur des Albert Auwercx in Brüssel stammten übrigens auch die Tapisserien im Festsaal des auf 1701 datierten, ebenfalls von Gottfried Laurenz Pictorius geplanten Merveldter Hofes an der Ludgeristraße in Münster, die nach der Hochzeit des Ferdinand Dietrich von Merveldt (1681–1765) mit Josepha von Westerholt zu Lembeck 1708 mit deren Wappen bestellt und geliefert worden waren. Sie zeigen Darstellungen der Ceres und des Ackerbaus, des Apoll mit den Musen, des Bacchus und des Weinbaus, des Neptun mit dem Schiffsbau, der Flora, der Athene, wie sie dem Äneas erscheint, der Diana auf der Jagd und des Vulkanus in seiner Schmiede – der ganze antike Götterhimmel war abgebildet und ließ sich wahlweise auch als Symbolisierung der vier Elemente und der vier Jahreszeiten lesen.

52 Schloss Nordkirchen, Luftbild von Süden, Sommer 2009

Der barocke Neubau 1703 bis 1719

53 Luftbild von Norden, Herbst 2009

54 Ferdinand Freiherr von Plettenberg (1690–1737), J. Voorhout um 1715

Der barocke Neubau 1703 bis 1719

Den Auftrag für die Gobelinfolge, die auf den ältesten Fotos des Herkulessaales von 1891 noch zu sehen ist (Abb. 110), erhielt die Werkstatt Auwercx, eine der letzten großen Wirkereien in der Stadt. Der Vertrag ist von den Meistern Albert und Nicolas Auwercx unterschrieben. Die Weiterreise ging über Valenciennes nach Paris. Hier erhielt Werner Anton unter vielen anderen Anregungen Unterricht im Bauzeichnen. Noch zum Jahresende 1709 kehrte er nach Münster mit zahlreichen Einkäufen zurück.

Die Ausbildung seines jüngeren Bruders Ferdinand von Plettenberg (1690–1737) bewegte sich auf ähnlichen Bahnen. Bei Ferdinand zeigte sich offenbar schon früh seine Begabung in diplomatischen und staatswissenschaftlichen Angelegenheiten. Im Juni 1708 machte er von Mainz eigens einen Abstecher nach Frankfurt, um dort den Prinzen Eugen zu sehen. 1710 war Werner Anton in Rom und reiste im September nach Wien, während Ferdinand über die Niederlande nach Frankreich ging, trotz des damals noch tobenden Reichskrieges. Seine Reisestationen waren Brüssel, Paris, Orléans und Angers.[38]

Da traf in Münster und Nordkirchen die Nachricht ein, dass Werner Anton im Juni 1711 in Wien an einer Lungenkrankheit plötzlich gestorben war. Der Dompropst und Vormund beorderte daraufhin den jüngeren Ferdinand, der gerade in Paris zu Einkäufen weilte, nach Paderborn zurück. Im Testament des Fürstbischofs Friedrich Christian war bereits eine Verfügung enthalten, die beim Tode des Erben die Nachfolge seines Bruders Ferdinand in allen Rechten und Besitzungen um Nordkirchen vorsah, falls dem nicht bestimmte Hindernisse im Wege standen. So wurde Ferdinand von Plettenberg (Abb. 54, 97) 1711 designierter Herr zu Nordkirchen unter der Vormundschaft des Onkels und Dompropstes.

Der Erbe: Ferdinand von Plettenberg

Völlig überraschend aber starb sein Vormund plötzlich am 5. September 1712. Damit war Ferdinand mit 22 Jahren völlig auf sich selbst gestellt. Am 27. Dezember des gleichen Jahres fand seine Hochzeit mit Bernhardine Alexandrine Felicitas Freiin von Westerholt zu Lembeck (1695–1757, Abb. 138) statt. Zu dieser Heirat hatte der verstorbene Vormund sehr geraten. Ein Unbekannter widmete dem jungen Paar ein Festgedicht und illustrierte es mit Zeichnungen, die den Übertritt von der Kathedrale zur (Hochzeits-)Kapelle, aber auch Ehestreit und Kindersegen witzig darstellen

55 Illustration eines Hochzeitsgedichtes für Ferdinand von Plettenberg und Bernhardine von Westerholt, 27. Dezember 1712

(Abb. 55–57).[39] Als der Fürstbischof Franz Arnold von Wolff-Metternich (1658–1718) – seit 1707 der Nachfolger Friedrich Christians und ein Bruder der Mutter Ferdinands, Franziska Theresia geborener von Wolff-Metternich (1667–1722) – seinen Neffen Ferdinand 1713 zum Geheimen Rat ernannte, war damit der Grund zu einer vielversprechenden Laufbahn gelegt.[40]

Ferdinand Wilhelm Adolf Freiherr von Plettenberg, geboren in Lenhausen am 25. Juli 1690, hatte bei seiner Taufe in der Pfarrkirche zu Schönholthausen am 27. Juli 1690 den Namen seiner Onkel, des Domdechanten Ferdinand und des Deutschordensritters Wilhelm von Plettenberg (um 1652–1711), seit 1692 Landkomtur des Deutschen Ordens in Westfalen, erhalten. Seine Namen verwiesen zugleich auf drei geistliche Großonkel, auf den Paderborner und Münsteraner Fürstbischof Ferdinand von Fürstenberg (1626–1683) und dessen Brüder Wilhelm (1623–1699), Dompropst zu Münster seit 1664 und Domdechant zu Salzburg seit 1674,

56 | 57 Illustrationen eines Hochzeitsgedichtes für Ferdinand von Plettenberg und Bernhardine von Westerholt, 27. Dezember 1712

und Johann Adolf (1631–1704), Dompropst zu Paderborn seit 1681. Ferdinand von Fürstenberg, der es zum Reichsfürsten gebracht hatte (Abb. 58), war selbst Patensohn des Wittelsbachers Ferdinand von Bayern (1577–1650), Kurfürsten von Köln und Bischofs von Münster, Paderborn, Hildesheim und Lüttich – dieser hatte den Namen von Kaiser Ferdinand I. und dieser wiederum von König Ferdinand von Kastilien – und Kaiser Ferdinand II. (reg. 1619–1637) war ein erzkatholischer Verfechter der Gegenreformation gewesen.

Der junge Ferdinand war wie seine Paten und Namenspatrone als Zweitgeborener für eine kirchliche Laufbahn vorgesehen und erzogen worden und hatte schon 1706 eine Stelle als Domherr zu Paderborn erhalten. Der Schulbildung in Paderborn folgten 1707 bis 1710 staatsrechtliche, historische und politische Studien in Mainz, Erfurt und Köln, schließlich 1710/11 eine Kavaliersreise nach Paris und Studium in Angers, wo das beste Französisch gesprochen und erlernt werden konnte. Dort betrieb er Theologie, Staatsrecht, Mathematik und die adeligen »Exerzitien« wie Reiten

und Tanzen und nahm auch Unterrichtsstunden im Zeichnen, Billard- und Glücksspiel.

Der Tod seines älteren Bruders Werner Anton im Juni 1711 machte ihn zum Stammhalter. Sofort aus Paris zurückbeordert, bewarb er sich um die Aufnahme in die Ritterschaften zu Arnsberg und im Fürstbistum Münster, wo das Aufnahmeverfahren ein Jahr dauerte. Nach dem Tod des Vormunds trat er am 17. Oktober 1712 aus dem Paderborner Domkapitel aus und heiratete. Am 27. November 1712 zur münsterischen Ritterschaft zugelassen, musste er dort zunächst seine Rechte als Erbmarschall – und damit Vorsitzender – durchsetzen, zumal die Herren von Morrien ihre Rechte seit der Zeit Christoph Bernhards von Galen nicht mehr wahrgenommen hatten und er der erste Plettenberg war. Die Morriens zu Horstmar und zum Falkenhof in Rheine prozessierten noch um die Erbmarschallswürde, die sie nicht als ein Zubehör des Hauses Nordkirchen, sondern als ein Mannlehen der Familie ansahen; noch 1712 trat Ferdinand als Mitkläger neben die von Weichs in den Prozess ein

58 Fürstbischof Ferdinand von Fürstenberg (1626–1683), G. Kappers 1732, aus dem Vorzimmmer des Westlichen Appartements (LWL-Landesmuseum 1462 LM)

und durchforstete das Morrien'sche Archiv nach Beweismitteln. Die Familienbilder der Erbmarschälle Morrien im Schloss Nordkirchen waren ihm Beweise für die Rechtsposition der Plettenberg und erhielten 1714 die Morrien'schen Wappen aufgemalt. 1715 erreichte es Plettenberg, vorbehaltlich des Prozessausgangs als Erbmarschall anerkannt zu werden. 1716 verzichtete er bis zum Urteilsspruch auf die Wahrnehmung des Vorsitzes zugunsten des Seniors der Ritterschaft. Erst nachdem das Urteil im Juli 1717 zugunsten der von Weichs als Erben der Morrien-Nordkirchen ergangen war, konnte Plettenberg ab Ende 1717 die mit der Würde verbundenen Rechte – den Vorsitz, das erste Votum und das Recht, für die Ritterschaft zu siegeln – wirklich wahrnehmen.[41]

Drei Bildnisse Ferdinands aus diesen Jahren haben sich im Schloss erhalten, wo sie als Supraporten in den Prunkräumen (Abb. 146, 181) bzw. als Kaminbild (Abb. 97) angebracht sind[42] – eines ist von dem Amsterdamer Porträtmaler »J[ohann] Voorhout« (1647–1723) signiert (Abb. 54).

Der Weiterbau 1712 bis 1719

1712, als Ferdinand von Plettenberg die Güter übernahm, standen auf der Schlossinsel das Hauptschloss, die beiden Nebenflügel und die nördlichen Eckpavillons (Abb. 78). Die südlichen Eckpavillons und die beiden heute nicht mehr erhaltenen Wachthäuser an der Südseite der Insel (Abb. 52, 61, 80) näherten sich der Vollendung. Die beiden kleinen Bauten, welche die Datierung 1713 getragen haben sollen, waren zuerst annähernd quadratisch mit einander zugewandten Säulenhallen, Zeltdächern und Firstschornsteinen ausgeführt. Erst 1733/34 sind sie erheblich verlängert worden. Ihr Bau setzt den Entschluss zur Anlage der großen Südbrücke in der Achse des Schlosses voraus. Sie war von Pictorius auf seinem Generalplan bereits eingetragen, ebenso wie auch eine östliche und westliche Brücke. Der Fürstbischof wollte es anscheinend bei einer ost-westlichen Schlossauffahrt bewenden lassen, wie es die Planskizze (Abb. 48), die ja über viele praktische Ausführungsfragen Auskunft gab, deutlich macht. Der Weg vom Dorf und auch von Münster her war so kürzer, hatte aber den Nachteil, dass sich jeder Ankommende auf dem Ehrenhof im rechten Winkel dem Schloss zuwenden musste. Das war nicht im Sinne der französischen Architekturtheorie, die eine frontale repräsentative Hauptauffahrt forderte. Bei Anlage der Südbrücke war diese Auffahrtachse zu schaffen, und es war wohl der Dompropst Ferdinand von Plettenberg, der diese Entscheidung unter Inkaufnahme eines Umwegs traf. So ist die Ostbrücke nie gebaut worden, während die Westbrücke als Hauptzugang zu den Gärten und als Nebenauffahrt entstand.

Vom Hauptschloss gibt es nur Risse und Schnitte in der Generalplanfolge (Abb. 45–49, 65, 102, 103). Über die Veränderungen in der Ausführung wurde schon kurz gesprochen. Ein prachtvolles Schaustück ist der Hauptrisalit am Ehrenhof (Abb. 69). Über ionischen Kolossalpilastern liegt ein kräftiger Werksteinarchitrav. Darüber folgt ein Attikageschoss mit vier Lisenen. Als Bekrönung dient ein Flachgiebel, in dessen Frontispiz zwei Löwen das von Akanthusornamentik umgebene Wappen der Familie Plettenberg halten. Die vier Figuren vor den Attika-Pilastern, es sind die vier Jahreszeiten, stammen anscheinend erst aus der Mitte des 19. Jahrhunderts. Das Hauptportal über dem Freitreppenperron ist rundbogig und in einen reich ornamentierten rechteckigen Rahmen gestellt. Dieser Rahmen ist über Gesims und Balustergalerie mit dem Mittelfenster darüber verbunden, womit die Mitte des ganzen Gebäudes besonders betont wird. Das Gitter am Podest vor dem Hauptportal

59 Gesamtansicht von Süden, R. Roidkin um 1730

60 Gesamtansicht nach Süden, R. Roidkin um 1730

Der barocke Neubau 1703 bis 1719

61 Mittelachse der Schlossanlage von Süden, um 1910

62 Mittelachse der Schlossanlage nach Süden, um 1910

63 Hauptschloss, Ehrenhof

64 Gitterentwurf aus dem Traktat von d'Aviler 1699

(Abb. 60) ist von Abbildungen in der 1699 in Amsterdam in deutscher Übersetzung erschienenen *Anleitung zur Civil-Baukunst* (Erstausgabe *Cours d'Architecture*, Paris 1691) des Charles Augustin d'Aviler angeregt (Abb. 64). Die Pictorius hatten das Buch bereits dem Bau des Beverfoerder Hofs in Münster zugrunde gelegt.

Sein Gegenstück, der Gartenrisalit (Abb. 70), ist breiter angelegt, und die ionischen Pilaster sind an den Ecken gedoppelt. Das Attikageschoss über dem Architrav ist hier ganz von bewegten Reliefs umspielt – in der Mitte das Plettenbergische Wappen, begleitet von zwei Ruhmesgenien. Die lebendige Kontur des Aufsatzes setzt sich aus Voluten und Blumenfestons zusammen, die von zwei Putten gehalten werden – auf den Ecken zwei Pinienzapfen, als Seitenstücke der Attika zwei Waffentrophäen. Der recht strengen »klassizistischen« Risalitarchitektur der Hofseite antwortet außen zu den Gärten hin ein offenes Motiv. Es ist zweifellos vom Mittelrisalit an der Cour de Marbre des Schlosses Versailles abgeleitet und ein Hinweis auf die Verwendung von Motiven des Jules Hardouin-Mansart durch Gottfried Laurenz Pictorius.

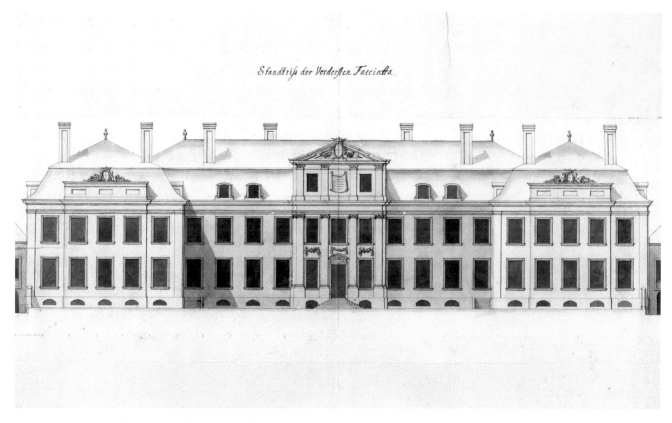

Standtriss der Vorderßen Facciatta.

65 Generalplan 1703, Aufriss der Ehrenhofseite, G. L. und P. Pictorius (KdZ 7780 LM)

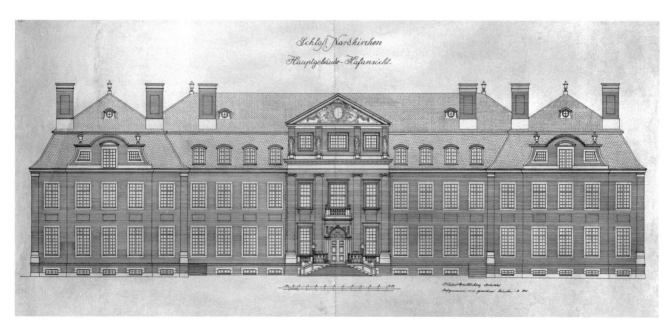

Schloß Norskirchen

Hauptgebäude-Hofansicht.

66 Aufriss der Ehrenhofseite, H. Wartenberg 1921

67 Löwenpfeiler an der Südbrücke. Die Löwen halten die Wappen von Plettenberg links und von Westerholt rechts

68 Gesamtansicht von Süden, vorn die Pfeiler der südlichen Außenbrücke am Rond point

Der barocke Neubau 1703 bis 1719

69 Hauptschloss, Mittelrisalit

70 Hauptschloss, Gartenrisalit

Für die Hoffronten der beiden Nebenflügel sind sehr detaillierte Ausführungzeichnungen des Peter Pictorius erhalten (Abb. 71). Kapellen- und Dienerflügel entsprechen sich spiegelbildlich (Abb. 86, 305). Die Zeichnungen bringen eine Reihe von Alternativvorschlägen für Detailgestaltungen und haben als nicht ausgeführte Entwürfe im Archiv der Architekten überlebt. So konnte die Bogenlaube in den dreiachsigen Mittelrisaliten offen oder bei offenem Mittelbogen mit seitlichen Okulus- oder Halbkreisfenstern gestaltet werden. Als Fensterlösung wurde entweder das holländische Schiebefenster mit Bleisprossen (Kapellenflügel) oder das Holzkreuzfenster mit Bleisprossen (Dienerflügel) vorgeschlagen. Abgesehen von dem prachtvollen, in einer besonderen Zeichnung noch genau dargestellten Kapellenportal (Abb. 73, 74) als unsymmetrischem Element, hat Pictorius schlichte Türrahmen aus rustiziertem Werkstein mit kräftigem, auf Konsolen gesetzten Abschlussgesims angegeben. Die schlichten Türrahmungen am Kapellen- und am Die-

nerflügel sind angeregt von dem Architekturtraktat des d'Aviler von 1691 (Abb. 75, 76).[43]

Eigenartig sind die rustizierten Ziegelpilaster auf den Gebäudeecken und als Begrenzung der Risalite, welche von einem doppelt geschwungenen Aufsatz in Ziegel-Werksteingliederung bekrönt werden. Für den Kapellenflügel war eine mechanische Uhr, für den Dienerflügel eine Sonnenuhr in den Rundfeldern der Risalitaufsätze vorgesehen. Dem Glockentürmchen auf dem Kapellenflügel sollte ein Gegenstück auf dem Dienerflügel entsprechen, das aber nicht errichtet wurde. Sonst sind alle auf den Zeichnungen angegebenen Einzelheiten ausgeführt worden. Die Entwürfe zeigen das Eindringen der französischen Architekturformen noch stärker als beim Hauptschloss, so die rustizierten Pilaster, die Zierkanten am Mansarddach, die zur Ausführung gewählten Holzsprossenfenster und vor allem die Risalitaufsätze, die dem Formenrepertoire des Jules Hardouin-Mansart entlehnt sind. Das *Palais des Etats* in Dijon besaß eine

71 Hoffassade des Kapellenflügels, Ausführungsentwurf, P. Pictorius um 1710 (Bz P 6)

72 Kapellenflügel, Hoffront

Der barocke Neubau 1703 bis 1719

73 Kapellenportal

74 Kapellenportal, P. Pictorius (Bz P 7)

75 | 76 Portal des Kapellenflügels und Portal-
entwurf aus dem Traktat von d'Aviler 1699

derartige Risalitbekrönung mit Uhr, wozu im Erdgeschoss noch eine dreibogige Portalhalle trat. Hardouin-Mansart hatte seine Umbaupläne für das ältere Palais 1686 begonnen. Seine Absichten müssen als Reproduktionen verbreitet gewesen sein, denn die Bauausführung in Dijon zog sich bis ins 18. Jahrhundert hin.

Die Ökonomiegebäude

1712 fehlten also noch die beiden Ökonomiegebäude zwischen den Nebenflügeln und den südlichen Eckpavillons. Der Weg zu ihrer Errichtung ist durch eine Reihe von Zeichnungen dokumentiert, die erkennen lassen, wie intensiv man sich auch um die Gestaltung so untergeordneter Bauten bemüht hat (Abb. 79). Auf seiner Generalplanung hatte Gottfried Laurenz Pictorius als Pendants zwei große Wirtschaftsgebäude angegeben mit Langflügeln an Ost- und Westseite und kurzen, aber verschobenen Südflügeln (Abb. 45). Hinter den südlichen Ecktürmen blieb ein kleiner Hof frei. Der Aufriss war denkbar einfach: ein niedriges Ge-

schoss mit Stichbogenfenstern, Eckvorlagen und Torrahmen unter einem hohen Walmdach. Der große Dachraum wurde auf der Hofseite durch einen schlichten zweigeschossigen Risalitbau zu drei Achsen erschlossen.

Diese schmucklosen Ziegelbauten standen in wirkungsvollem Kontrast zu dem aufwendigeren Hauptschloss mit Mansarddach (Abb. 78). Die weiteren Zeichnungen sind nicht ausgeführte Alternativvorschläge von der Hand des Peter Pictorius und deswegen überraschend, weil sie durchweg zweigeschossig disponieren und eine laufende Reihung von Blenden und Vorlagen an den Außenwänden und Mansarddächer zeigen (Abb. 79). Die Zweigeschossigkeit – zwei niedrige Stockwerke – führte denn auch dazu, dass der Dachansatz ungefähr in der Höhe der Eckpavillon-Kranzgesimse lag. Variationen der Aufrisse beschäftigten sich mit einer Wandgliederung durch Rund- und Stichbogenblenden sowie Blenden mit geradem Sturz. Auch das Mansarddach war Gegenstand verschiedener Proportionsversuche. Im Grundriss wurden einfache Langflügel, Dreiflügel- und Zweiflügelformen durchprobiert. Von Anfang an scheint jedenfalls festgestanden zu haben, dass an der Ostseite das

69

77 Östliche Vorburg mit Kapellenflügel von Nordwesten, 1910

Viehhaus und an der Westseite der Pferdestall nebst Reit-haus und Kutschenremise stehen sollten. Eine zentralper-spektivisch angelegte Vogelschauzeichnung der Schlossinsel von Süden, die nicht vollendet wurde (Abb. 78), macht die Entwürfe in ihrer Wirkung mit dem Schloss zusammen deutlich. Obwohl hier die Ökonomie schon wieder ein-geschossig angelegt ist, wirken die Mansarddächer zu stark »einheitlich« im Rahmen des Ganzen.

Zur Ausführung wurden zwei Zweiflügelbauten gewählt, von der Südmauer abgerückt, eingeschossig und unter hohen Knüppelwalmdächern (Abb. 80, 82). Deren Wände waren durch gereihte Stichbogenblenden gegliedert. Gott-fried Laurenz Pictorius scheint sich in seinem richtigen Ge-fühl für das unauffällige Zurücktreten der Ökonomie ge-genüber dem eigentlichen Schloss gegen seinen Bruder durchgesetzt zu haben. Hinter dessen Entwürfen glaubt man den jungen ehrgeizigen Schlossherrn zu spüren, der

seine Schlossanlage gern soweit möglich gestalterisch auf-werten wollte. Diese Wirtschaftsgebäude waren Muster-stücke reiner Zweckbauten. Ihre schlichte Ziegelgliederung und Proportionierung hat im Land viele Nachfolger gefun-den. Heute stehen an ihrer Stelle anders aufgebaute Neo-barockbauten. Nur die grabenseitige Wand des östlichen Baues ist noch erhalten geblieben. Dieses Gebäude, das Viehhaus, war 1716 fertig, wie eine Allianzwappentafel be-zeugt. Pferdestall und Reithaus auf der Westseite wurden 1717 begonnen und 1720 fertiggestellt.

Brücken und Pfeiler

In einem gewissen Zusammenhang mit der Fertigstellung der Wirtschaftsbauten steht auch die Schmuckausstattung der Schlossinsel durch die Brücken im Süden und Westen

Der barocke Neubau 1703 bis 1719

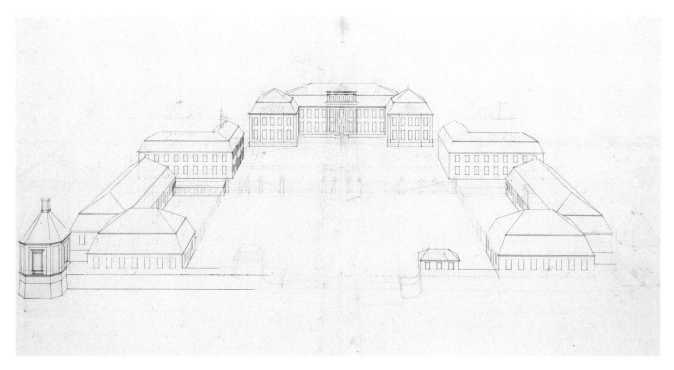

78 Vogelschauperspektive von Süden, wohl P. Pictorius um 1712/15 (Bz P 22)

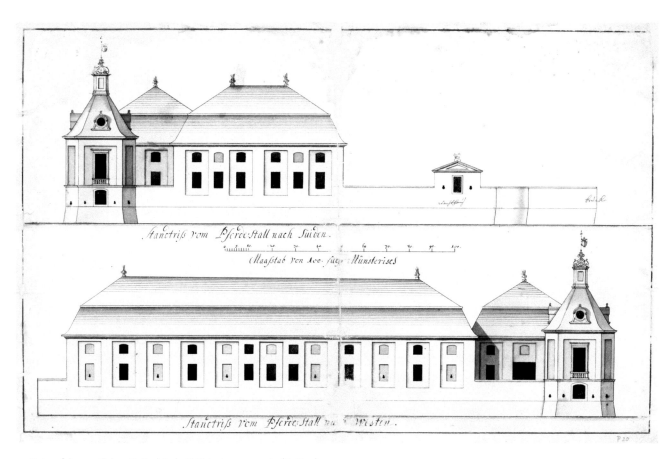

79 Entwurf der westlichen Stallgebäude, P. Pictorius um 1712/15 (Bz P 20)

80 Wachthaus und Südwestpavillon vom Hof aus, um 1910

81 Gesamtansicht der Schlossanlage vom Vorwerk aus

Der barocke Neubau 1703 bis 1719

82 Ostseite der Schlossinsel, um 1910

83 Die Schlossinsel von Nordosten

84 Schlossinsel von Nordosten, um 1910

85 Die Gartenfront von Nordwesten

Der barocke Neubau 1703 bis 1719

86 Löwenpfeiler mit Blick auf das Hauptschloss

mit den zugehörigen wirkungsvollen Brückenpfeilerpaaren. Hinzu kommt die von den Ecken des Diener- und Kapellenflügels weit nach Süden ausschwingende, niedrige Grenzmauer zwischen Ehrenhof und Ökonomiehof, auch mit zwei prächtigen Pfeilern in der Mitte. Die heute erneuerte Südbrücke am *Rond point* hatte ursprünglich ein Zugbrückenjoch (Abb. 68, 194), was die Kettenrollen an den Pfeilern hier noch deutlich zeigen. Auch die Südbrücke an der Vorburg (Abb. 192) war als Zugbrücke geplant. Die Pfeilerkörper selbst sind in toskanischer Ordnung mit kannelierten Zwillingspilastern auf der Feld- und Säule-Pfeiler-Kombination auf der Hofseite ausgerüstet (Abb. 67, 77, 86). Darüber eine Triglyphenzone mit weit ausladendem Kranzgesims. Auf den Pfeilern die Wappenschilde Plettenberg und Westerholt-Lembeck, von zwei freistehenden Löwen gehalten. Die repräsentativ-martialische Aufmachung dieses Tores an der Grenze der Schlossinsel ist noch deutlich zu spüren.

Folgerichtig ist das Pfeilerpaar in der Grenzmauer in ionischer Ordnung aufgebaut und von stärkerer plastischer Wirkung durch Zwillingssäulen mit Kämpferzone und aufgesetzten Segmenten (Abb. 62, 87). Darauf lagern zwei weibliche Gestalten mit den Schilden des beschriebenen Allianzwappens, geschaffen 1718 von Rudolf Stengelberg. Außerdem werden die Pfeiler am Ansatz der Grenzmauer durch zwei stehende Frauenfiguren begleitet. Sind die Pfeilerkörper selbst nach beiden Schauseiten hin gleichartig behandelt, so ist der Skulpturenschmuck dem Ehrenhof zugewandt. Auf den Sockeln der Begleitfiguren stand der Spruch *quaeratur virtus – invenietur honos*, ein Hinweis, dass die Figuren als Personifikationen der Tugend (links) und der Honor (Ehre, rechts) verstanden werden sollten. Während die Tugend ihr Attribut verloren hat, zeigt Honor in einem Tuch Vase, Krone, Ehrenzeichen und Schmuck. Um 1910 sind die Pfeiler durch Kopien in Kunststein ersetzt worden. Die Liegefiguren und die seitlichen Standbilder erneuerte

87 Hofpfeiler mit Blick auf das Hauptschloss

der Bildhauer Hubert Baumeister aus Lüdinghausen 1914/15. Die Originale wurden in arg verwittertem Zustand am Parktor zum Dorf hin aufgestellt. Gewandstil und Haltung der Gestalten wie auch ihr Gesichtstypus zeigen sehr deutlich, dass Johann Wilhelm Gröninger aus Münster sie geschaffen hat (nach den Baurechnungen 1722). Dieser taucht 1718 zum ersten Mal in den Baurechnungen auf und wurde dann bis zu seinem Tode 1724 jährlich für Bildhauerarbeiten bezahlt. Die Löwen auf den äußeren Pfeilern stammen allerdings von dem Bildhauer Rudolf Stengelberg, der sie 1717 schuf. Die beschriebenen Pfeilerpaare gehören in ihrer architektonischen Ausbildung programmatisch zusammen und bilden aus der Achse heraus gesehen das Vor-

spiel zum architektonischen Höhepunkt in Gestalt des Mittelrisalits am Hauptschloss.

Die beiden inneren Pfeiler der Westbrücke sind anders aufgebaut (Abb. 88, 193). Es handelt sich um Nischenpfeiler mit rustizierten Rahmen. Sie befinden sich ebenfalls hinter einem Zugbrückenjoch, das bei der Erneuerung der Brücke vor wenigen Jahren sorgfältig wiederhergestellt worden ist. In der Kämpferzone werden Festons von einer Konsolagraffe gehalten, darüber befindet sich ein ausladendes Kranzgesims (Abb. 88). Als Pfeilerbekrönung dienen Tropaien, die auch nach innen, dem Hof zugewandt sind. Darunter in den Rundnischen stehen Figuren von Mars und Ars (Krieg und Wissenschaft). Diese Pfeiler zeigen stilistisch

Der barocke Neubau 1703 bis 1719

88 Westbrücke mit Gartenachse, Blick vom Schlosshof nach Westen. Vorn die Nischenpfeiler, hinten die Pfeiler der äußeren Brücke

89 Westbrücke von Norden

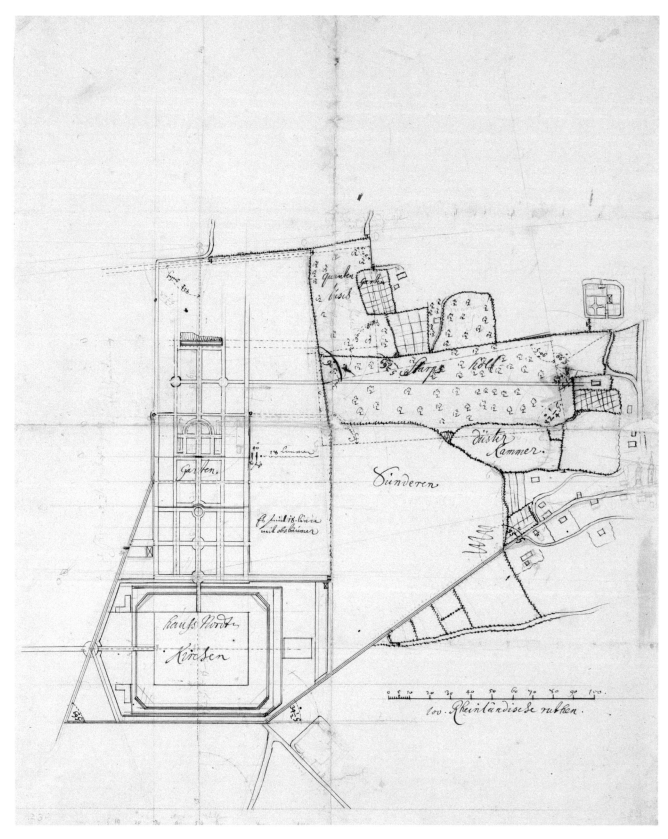

90 Gesamtanlage mit Gärten, G. L. und P. Pictorius um 1703–1706 (BZ P 15)

Der barocke Neubau 1703 bis 1719

zwar sehr enge Verwandtschaft zu den kleinen Türrahmen an Diener- und Kapellenflügel, wurden aber nicht von Johann Wilhelm Gröninger, sondern mit den Skulpturen vielmehr 1717/18 von Rudolf Stengelberg geliefert, dessen Witwe 1719 die Schlusszahlung quittierte.[44]

Detaillierte Entwürfe für Brücken, Brüstungsmauern und Pfeiler scheinen sich aus der Zeit der Pictorius nicht erhalten zu haben, wenn man von der Darstellung auf einem Vorentwurf für den Pferdestall an der Westseite absieht. Hier sind die liegenden Ziegel-Blendfelder zwischen Pfeilern deutlich angegeben. Das ist eine Formenkombination, die später Johann Conrad Schlaun – in seine Stilsprache übersetzt – bei seinen Brücken und Brüstungen fortgeführt hat. Von Schlaun stammen auch die kleinen Zeichnungen der südlichen Löwen- und der westlichen Trophäenpfeiler, als er mit Deckblättern die Anfügung von steinernen Schilderhäuschen vorschlug (Abb. 192, 193). Nach dem Gesagten handelt es sich aber um Bestandszeichnungen, nicht um Neuentwürfe dieses Meisters.

91 Rundturm, an der früheren Südecke des Westgartens, um 1705/10

Der erste Garten

Die Umgebung der Schlossinsel und ihre Gestaltung haben schon frühzeitig im Blickfeld der Bauherren gelegen und waren ebenfalls Gottfried Laurenz Pictorius anvertraut. Die Aufgabe der Gärten auf der Insel selbst hatte ihre Disposition außerhalb zur Folge. Bei der ersten Vorplanung (Abb. 33) war ein sehr eigenwilliger Garten im Norden vorgesehen, es wurde darüber schon berichtet. Hier hatte nach der Vogelschau von 1703 (Abb. 5) bereits von alters her ein langer Nutzgartenstreifen gelegen. Auf der Planskizze für die Teilausführung ist ein Gelände mit doppeltem Wegekreuz, ganz mit Bäumen bepflanzt, im Süden der Schlossinsel angegeben (Abb. 48). Die Vogelschau verzeichnet hier Wald. Jedoch waren alle diese Gartenstücke wohl nur unverbindliche Anregungen. Nach der französischen Architekturlehre hätte ein Parterregarten, ganz auf das Hauptschloss bezogen, auf die Nordseite der Insel gehört. Doch lag hier ein großer, schon erwähnter Teich, die *Dräncke*, im Wege. Weiter nördlich befand sich der Ziegelofen mit weiteren voll Wasser gelaufenen Lehmkuhlen. Allzu weitläufig hätte man auch nicht planen können, weil man mit den Grundstücken des im 16. Jahrhundert hierher verlegten Dorfs in Konflikt gekommen wäre. So blieb nur die Ost- oder die Westseite der Insel zur Verfügung. Die Westseite wurde für den großen Garten ausersehen (Abb. 90).

Bereits 1704 setzten erste Geldausgaben ein. Sie wurden wohl für die notwendigen Planierungsarbeiten benötigt. 1705 war vermutlich die Größe dieses Gartens abgesteckt, dessen Nordwest- und Südwestecke durch runde Pavillontürme betont wurden. Diese beiden Türme sind – allerdings stark restaurierungsbedürftig – mit Betondecken statt Dachhauben erhalten (Abb. 91). Die großen, heute vermauerten Fensteröffnungen und die Wandstuckierungen innen deuten auf eine Nutzung als Teehäuschen. Später, nach 1725, diente das nördliche Türmchen dann als Zugang zum Irrgarten (Abb. 204). 1707 könnten die Gartenarbeiten zunächst abgeschlossen gewesen sein. Leider sind keine Entwürfe erhalten, jedoch dürften die Brüder Pictorius die Gestaltung und die praktische Ausführung betrieben haben. Die beiden runden Pavillontürme, deren einzige Zierform die Türrahmen mit profilierten Stürzen sind, lassen sich ihren Formgewohnheiten leicht zuordnen. Jedenfalls war die Anlage im »holländischen« Stil ausgeführt. Es gibt einen Lageplan, worauf die Schlossinsel nicht weiter detailliert, dafür der Garten westlich von ihr in groben Zügen angegeben ist (Abb. 90). Danach war er auf die Achse der Westbrücke bezogen und bestand aus zwei hintereinander angeordneten Quartieren, von denen das etwas größere westliche anscheinend etwas höher lag. Die beiden runden

92 Oranienburg, Südfront

Pavillontürme sind eingetragen. Die ganze Fläche war durch Kreuz- und Querwege in rechteckige Komparti- mente eingeteilt, die sich in strenger Form entlang der Mit- telachse aneinander reihten. Skizzenhaft ist eine Erweite- rung der Anlage über die Grenztürme nach Westen hin an- gedeutet.

Sehr interessant ist die vermerkte Geländeaufteilung im Nor- den von Schloss und Garten (Abb. 90). Hier lag ein größerer Waldbezirk, der sich aus Stücken wie *Sundern, Sharps holt, Quantenbusch* und *Düster-Kammer* zusammensetzte. Einge- tragene Vermessungslinien mit Winkelangabe zeigen an, dass offensichtlich an eine Einbeziehung dieses Bereichs in das

93 Oranienburg, Hauptportal der Südfront, Entwurf P. Pictorius 1718

94 Oranienburg, Eckstuckierung des Saales, Rainaldi 1719

Gartengelände gedacht war. Nördlich, parallel zum »holländischen« Garten, bestand bereits ein Baumgarten. Die Eintragung sagt hier *Es seint 18 Linie mit obsbäumer.* Bemerkenswert ist, dass dicht südöstlich des nördlichen Eckpavillons dünn mit Bleigriffel der Umriss eines Gebäudes vermerkt ist (Abb. 90), das nur mit der heutigen Oranienburg identisch sein kann. Im Jahre 1718 wurde die Oranienburg, in den Rechnungen meist als Orangerie bezeichnet, durch den Maurermeister Rußweg errichtet, und 1719 wurde bereits an ihrer Innenausstattung gearbeitet (Abb. 94, 127–129). Im Sommer diente sie als eingeschossiges Gartenkasino, das heute noch als Erdgeschoss der Oranienburg vollständig erhalten ist. Als Architekt dieses eingeschossigen Gartengebäudes lässt sich Peter Pictorius identifizieren. Wir lernten seine Vorliebe für lebhafte Wandgliederungen, soweit sie in der Möglichkeit der Ziegelbauweise lagen, bei seinen Entwürfen für die Ökonomie auf der Schlossinsel kennen.[45]

Die Oranienburg als Gartenkasino

Das Erdgeschoss des rechteckigen Gebäudes mit zwei seitlich angesetzten Pavillons (Abb. 92, 212), die zudem leicht vor die Baufront vorgezogen sind, besitzt eine deutliche rhythmische Gliederung durch Ziegelblendfelder in den sechs Fensterachsen des Mittelbaues und den Einzelachsen der Pavillons. In der Baumitte sitzt dagegen der schöne Türrahmen auf einer Vorlage. Äußerst bemerkenswert sind die eingezogenen und abgerundeten Ecken der Pavillons. Ist die so gegliederte Wand rein aus Ziegeln, so bestehen Fenster- und Türgestelle aus Werkstein. Jedes Fenster hat einen profilierten Rahmen vor einem glatten, aber ausgekröpften Fond. Über dem Sturz befindet sich ein trapezförmiges glattes Quaderfeld unter Giebel- oder Segmentkronen in abwechselnder Folge. Der ähnlich profilierte Türrahmen besitzt einen kräftigen Segmentgiebel, unter dem im aufge-

95 Hauptgebäude, obere Halle nach Westen, 1891

brochenen Architrav das Allianzwappen Plettenberg-Wes-
terholt in Akanthusornament angebracht ist (Abb. 93), geliefert schon 1718 von Rudolf Stengelberg. Zwischen Türsturz und Architrav ist eine Konsolzone, worin die langgezo-
genen seitlichen Ohrkonsolen besonders auffallen. Diese
gegenüber der Gliederung der Wirtschaftsgebäude weitaus
aufwendigere Wandbehandlung kehrt ähnlich am Abteigebäude zu Marienfeld wieder, vor allem die gerundeten
Ecken. Theodor Rensing, der es zum ersten Mal unternommen hat, Bauten und Entwürfe des Peter Pictorius nachzuweisen, hat die äußerst interessante und wichtige Planserie
zu einem Nordkirchener Hof in Münster beschrieben. Auch
die dort verwendeten Bauformen zeigen enge Verwandtschaft zum Erdgeschoss der Oranienburg. Der Ausbau dieses Kasinos mit einem großen Saal und zwei Kabinetten im
Inneren zur heutigen zweigeschossigen Oranienburg ist das

Werk des Johann Conrad Schlaun und soll weiter unten gewürdigt werden.[46]

Ungewöhnlich ist der gewählte Standort des Garten-
kasinos, das in den Bauakten stets »Orangerie« heißt. Man
dürfte erwarten, dass die Brüder Pictorius dieses Gartengebäude als Westabschluss des »holländischen« Gartens vorgeschlagen hätten. Der Grund, es nach Süden auszurichten,
parallel zur Schaurichtung des Hauptschlosses zu stellen,
liegt in seiner Nutzung: Frostempfindliche exotische Ge-
wächse, die Licht benötigten, zum Beispiel Lorbeer- und
Orangenbäume, sollten hier überwintern. Die Zweitverwen-
dung als sommerliches Garten- und Festhaus erforderte dagegen für den streng symmetrischen Bau ein eigenes, auf
ihn bezogenes Gartenparterre. Bevor aber die Geschichte
des Gartens weiterverfolgt wird, ist es an der Zeit, Disposition und Dekoration der Schlossinnenräume zu betrachten.

Die Innenräume bis 1719

Dem schnellen Bau des Schlosses folgte eine ebenso zügige Fertigstellung der meisten Innenräume. Die Lieferung der marmornen Kaminrahmen wurde bereits erwähnt. Es sind schwere Einfassungen aus zwei Pfosten und Sturz mit einem lebhaft unterschnittenen Profil, alles von äußerst schlichter Form (Abb. 96, 97, 118). Dazu kommt ein ebenso schlichtes Lambris mit ausgesparten Feldern, in denen als sehr wirkungsvoller Schmuck holländische Kacheln verschiedener Muster in Blau oder Manganbraun sitzen. Wie das Lambris sind auch die schweren Türen mit ihren Rahmen aus Eichenholz gefertigt (Abb. 112, 115, 126).

Als Deckenschmuck sind verstuckte Balken gewählt, die durch Modeln und Profile eine schlichte, geradezu ländliche Raumstimmung in Korrespondenz mit den derben Bohlenfußböden erzeugen. Diese Stuckbalken waren schon seit dem 17. Jahrhundert im ganzen Land bekannt und beliebt. Im Obergeschoss des Mittelbaus (Abb. 95, 264) und besonders im westlichen Flügel sind zahlreiche Räume in diesem Dekor erhalten. Auch der Ostflügel hat wohl dieses Ausstattungssystem gehabt, so wie es Hubert Wartenberg in seiner Aufmessung rekonstruierend eingetragen hat (Abb. 104). Ob allerdings die Repräsentationsräume im Erdgeschoss des Mittelbaus anfangs derartig ausgestattet waren, wissen wir nicht. Der Mittelsaal besaß jedenfalls von Anfang an eine höher liegende Deckenkonstruktion, so wie es im Generalplan des Pictorius schon angegeben war. Alle Keller des Schlosses, in denen die Küche und Vorratsräume untergebracht waren (Abb. 102), sind gewölbt. Es sind meisterhaft gemauerte stichbogige Kreuzgratgewölbe verschiedener Form, von Wand zu Wand gehend oder auf schweren Pfeilern ruhend. Dort, wo der Verputz fehlt, kann man den schönen Ziegelverband bewundern.

Bis 1710 nennen die Baurechnungen sehr viele Handwerker, unter ihnen Meister Lehmkuhl als Schreiner, Gerhard und Johann Quante für die Zimmerarbeiten, den Pliestermeister Christian Blumberg und den Maler Wegener aus Olfen. Den verzierten Stuck an den Balkendecken stellte offenbar der Italiener Antonio Rizzo her – er arbeitete auch an den Ausstattungen stadtmünsterischer Adelshöfe und ist auch in Cappenberg bis 1723 bezeugt, war in Bensberg ansässig und auch am dortigen kurpfälzischen Schlossbau tätig; vielleicht wurde er von Christian Blumberg unterstützt. Die Beschläge an Türen und Fenstern, vor allem die herrlichen Schlosskästen an den Außentüren, lieferte der Schlossermeister Jacob Villain aus Wolbeck (Abb. 130). Dietrich Wiedebusch aus Münster machte wahrscheinlich die kunstvollen Gitter an den Treppenpodesten (Abb. 60, 64). Der weitaus größte Teil der Handwerker stammte aus dem Umland, die Stuckarbeiten führten hingegen spezialisierte italienische Meister aus.[47]

So dürften die meisten Innenräume des Schlosses in dieser schlicht-sachlichen Form, die seit der Mitte des 17. Jahrhunderts im Münsterland schon Tradition hatte, ausgestattet gewesen sein, als Ferdinand von Plettenberg 1712 nach dem Tod seines Vormunds die Herrschaft antrat. Es konnte schon angedeutet werden, dass er sich sehr um den Schlossbau gekümmert hat. Seine Vorstellung von angemessener Repräsentation in seinem Besitz war sicher eine andere als die der älteren Generation seiner beiden Onkel.

Die Schlosskapelle

1713 war die Ausstattung der Schlosskapelle im Gang. Der in diesem Jahr unter Vertrag genommene *Stucadorenmeister* Stephano Melchion oder Melchior schuf *nach einem ihm gegebenen Riß* für 950 Taler in dem schon 1705 dafür ausersehenen Teil im Kapellenflügel einen zauberhaften Kirchenraum (Abb. 99), der für diese Stilstufe in Westfalen einzigartig geblieben ist. Zur Verfügung stand am Nordende des Flügels ein Raumkubus von quadratischer Grundfläche, über zwei Geschosse reichend und von einer hohen Muldendecke abgeschlossen. Nur der kleine Altarraum ist als Apsis nach Osten vorgebaut.

96 Westflügel, südlicher Salon, mit Kinderbildnis der Bernhardina von Plettenberg (1719–1769), um 1720/21

97 Westflügel, östlicher Salon, mit Porträt Ferdinands von Plettenberg (1690–1737), um 1712

Über einer Konsolzone setzt die hohe Voute der Decke an (Abb. 98). Ovalmedaillons aus bunt bemaltem Stuck in den Ecken enthalten Bilder der vier Evangelisten, darüber runden sich prachtvoll aufschwingende Stuckkartuschen. Über Geländern befinden sich vier von Engelgestalten flankierte Scheinöffnungen. Im Mittelgemälde öffnet sich die Decke, und die Himmelfahrt Mariens, der die Kapelle geweiht ist, wird sichtbar. Über dem Geländer erleben Apostel und Heilige das Ereignis und diskutieren darüber. In den Scheinöffnungen zeigen von Putten begleitete Engel Marien-Attribute, Symbole der Lauretanischen Litanei. Die Deckenstruktur mit dem sich über Balustraden als unendlicher Illusionsraum öffnenden Himmel geht letztlich auf Vorbilder des römischen Hochbarock zurück, etwa Pietro da Cortona (1596–1669). Der im Vertrag mit Melchion genannte Entwurf (*Riß*) ist indes als eine nur wenig überarbeitete

Kopie aus dem 1711 in Augsburg erschienenen Stichwerk des Paulus Decker (1677–1713) bestimmt worden, der wiederum einen Stich des Franzosen Jean Lepautre (1618–1682) weiterentwickelte.[48] Das spricht eigentlich gegen einen sehr selbstständig arbeitenden Zeichner – dürfen wir Peter Pictorius d. J. als Urheber des Entwurfs annehmen? Hatte der ehrgeizige junge Bauherr entschieden, nicht mehr dem Traktat von d'Aviler in der Ausgabe von 1699 zu folgen, sondern das ganz neue Werk von Decker als Vorlage zu nehmen?

Alle vier Wände sind triumphbogenartig gegliedert (Abb. 99) und weisen durch ionisierende Pilaster aufgeteilte und von einer breiten Kranzgesimszone abgeschlossene, glänzend gegliederte Stuckwände auf, die auf einem hölzernen Lambris ansetzen. Über dem Altarnischenbogen prangt das münsterische Bistumswappen mit dem Plettenbergischen Herzschild. In den beiden Tondi sind die Kirchenväter

98 Schlosskapelle, Stuckdecke

99 Schlosskapelle, Altarwand

Die Innenräume bis 1719

100 Schlosskapelle, Büste der Schmerzensmutter, J. W. Gröninger　　　101 Schlosskapelle, Büste des dornengekrönten Christus, J. W. Gröninger

St. Augustinus und St. Gregorius dargestellt. In der Konche befindet sich der neubarocke, vergoldete Altaraufsatz von 1846. Ursprünglich empfing die Kapelle Tageslicht durch die Fenster in der Wand links, die seit 1914 durch den östlichen Zwischenpavillon zugebaut sind. Jetzt kommt der Raum durch eine ausgewogene künstliche Beleuchtung ausgezeichnet zur Geltung.

Die Deckenbilder stammen von Johann Martin Pictorius, der im März 1713 als drittes Mitglied der Familie Pictorius in Nordkirchen zu arbeiten begann. Geboren 1672, war er nach anscheinend abenteuerlicher Jugend und Lehrzeit als renommierter Künstler in die Heimat zurückgekehrt und starb im Dezember 1720 in Schloss Neuhaus bei Paderborn. In Nordkirchen sind zwölf Bilder von seiner Hand erhalten, darunter die Deckenplafonds des östlichen Appartements und des südöstlichen Kabinetts im Ostflügel (Abb. 98, 113, 117, 119, 123, 125); sie zeigen ihn als nicht unbedeutenden Ausstattungsmaler. In der Schlosskapelle lieferte

er 1714 die Gemäldefelder der Decke sowie 1718 die vier Tondi an den Wänden mit den Kirchenvätern.[49] Die beiden Marmorbüsten der trauernden Maria und des dornengekrönten Christus (Abb. 100, 101) schuf Johann Wilhelm Gröninger (um 1675/77–1724) aus Münster um 1710.

Die Nordkirchener Kapelle ist bis heute die prächtigste der hochbarocken Kapellenräume aus den Jahren zwischen 1700 und 1720 in Westfalen: verglichen mit Haus Lütkenbeck bei Münster (1701–1704), Haus Wocklum bei Balve (1710, von Carlo Paerna) sowie Schloss Adolfsburg bei Oberhundem (1714, Carlo Paerna). Von den Proportionen war die Kapelle von Schloss Ahaus (vgl. Abb. 28), die als zweigeschossiger Raumkubus im nördlichen (linken) Turmpavillon untergebracht war, wohl sehr ähnlich. Hier besorgten um 1704–1708 der Stuckateur Giovanni Battista Duca und der Hofmaler Ernst Engelbert Witte die Ausschmückung, doch ist der Raum schon um 1840 der Umwandlung des Schlosses in eine Tabakfabrik zum Opfer gefallen.

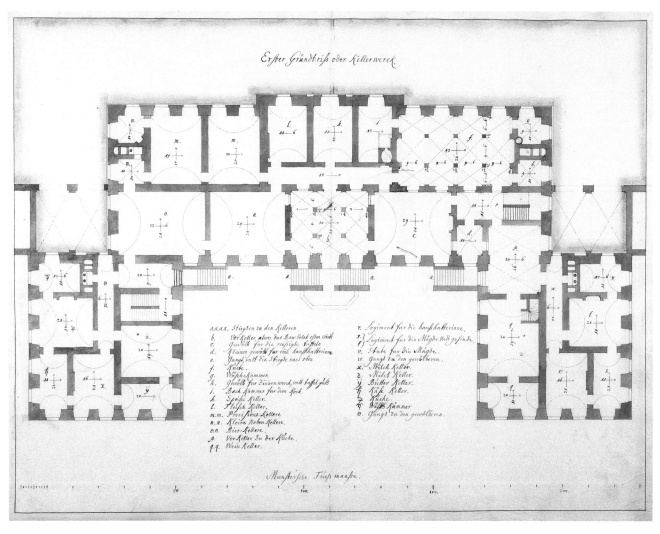

102 Generalplan 1703, Hauptgebäude, Kellergeschoss, Grundriss, G. L. und P. Pictorius (KdZ 7779 LM)

Das Kellergeschoss

Im Keller waren nicht nur Vorratsräume – vor allem unter dem Westflügel –, sondern auch die Küche mit Kammern für Wäsche, Zinn und *Taffelguth* sowie die Speiseräume für die Arbeiter der Landwirtschaft (*Bauvolk*) und für die Dienerschaft (*Reisige*). Unter dem Ostflügel lagen Wohn- und Schlafräume für die Haushälterin, Mägde und Gesinde. Der Weinkeller befand sich unter dem Salon des Hausherrn mit einer eigenen Treppe. Nicht eingezeichnet sind die zur Gräfte führenden gemauerten Abflusskanäle für die Toilettenschächte, die mit Regenwasser vom Dach durchspült wurden. Nach einem Rohrbruch im Ostflügel wurden sie 1998 entdeckt: man war hier moderner als in Versailles.

Die Legende des Plans:

a.a.a.a. Stieghen zu den Kelleren. – b. Vor Keller allwo das bawVolck essen wirdt. – c. Gewölb fur die reissighe taffeln. – d. kleines gewölb fur eine Hauss: halterinne. – e. Gangh, undt die Stieghe nach oben. – f. Kuche. – g. Wäsch=Kammer. – h. Gewölb fur Zinnenwerck, undt taffelguth. – i. Back kammer fur den Kock. – k. Speisse keller. – l. Fleisch keller. – m.m. Provisions: kellere. – n. n. kleine neben kellere. – o.o. Bier: Kellere. – p. Vor Keller zu der Kuche. – q.q. Wein Keller. – r. Logiment fur die Hauss halterinne. – s.t. Logiment fur die Mägde und Gesinde. – v. Stube fur die Mägde. – w. Gangh zu den Gewölberen. – x.z. Milch Keller. – y. Butter Keller. – ♄. Käse Keller. – ♃. Kuche. – ♀. Wäsch kammer. – ⊙. Gangh zu den gewölberen.

Die Innenräume bis 1719

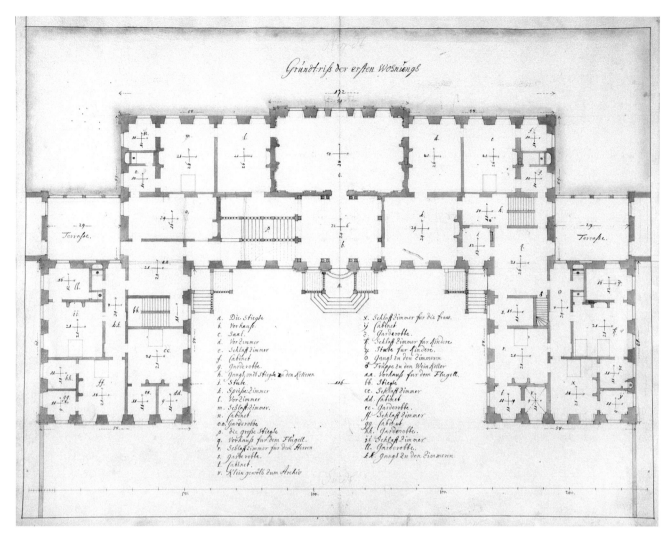

103 Generalplan 1703, Erdgeschoss, Grundriss, G. L. und P. Pictorius (KdZ 7780 LM)

Das Erdgeschoss

Das Erdgeschoss des Hauptgebäudes enthielt die wichtigsten Repräsentationsräume im Mittelbau (Corps de logis): auf der Hofseite das Vestibül, westlich die Haupttreppe, östlich das Speisezimmer; zum Garten hin den Mittelsaal (Jupiter- oder Herkulessaal), das westliche Appartement mit Vor- und Schlafzimmer für hochrangige Gäste, das östliche Appartement konnte ebenfalls Gästen dienen, barg faktisch jedoch Gesellschaftsräume. Während der ganze Westflügel (wie das Obergeschoss) für Gäste bestimmt war, wohnte im Ostflügel die Familie des Schlossherrn. Beachtlich ist die strenge Symmetrie des Grundrisses.

Die Legende des Plans:

a. Die Stieghe. – b. Vor Hauss. – c. Saal. – d. Vor Zimmer. – e. Schlaff Zimmer. – f. Cabinet. – g. Garderobbe. – i. Stube. – h. Gangh undt Stieghe zu den Kelleren. – k. Speise: Zimmer. – l. Vor Zimmer. – m. Schlaff: Zimmer. – n. Cabinet. – o.o. Garderobbe. – p. die grosse Stieghe. – q. Vorhauss vor dem Flugell. – r. Schlaffzimmer fur dem Herren. – s. garderobbe. – t. cabinet. – v. klein Gewölb zum Archiv. – x. Schlaffzimmer fur die fraw. – y. Cabinet. – z. Garderobbe. – ♄. Schlaffzimmer fur Kindere. – ♃. Stube fur Kindere. – ☉. Gangh zu den Zimmeren. – ♂. Träppe zu den Wein Keller. – aa. Vorhauss fur dem Flugell. – bb. Stieghe. – cc. Schlaffzimmer. – dd. Cabinet. – ee. Garderobbe. – ff. Schlaffzimmer. – gg. Cabinet. – hh. Garderobbe. – ii. Schlaffzimmer. – kk. Garderobbe. – ll. Gangh zu den Zimmeren

89

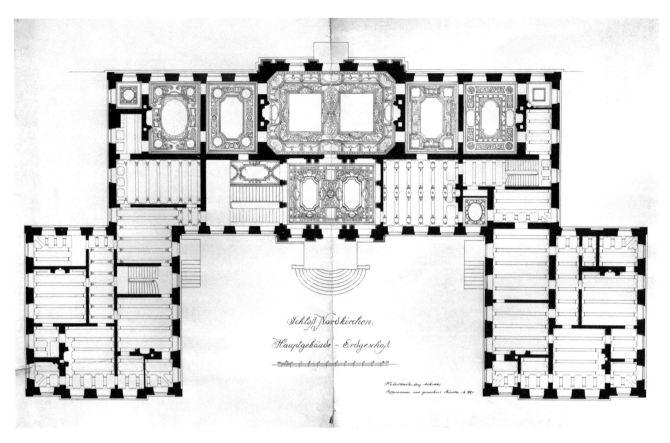

104 Erdgeschoss, Grundriss, Rekonstruktion des Zustandes um 1718, H. Wartenberg 1921

Vestibül und Treppenhaus

Die Räume im Erdgeschoss des Mittelbaus waren schon nach Fertigstellung des Rohbaus ab 1706 ausgestattet worden (Abb. 103, 104). Dazu gehören das Vestibül (auf dem Generalplan *Vorhauss* genannt) mit dem seitlich nach Westen gelegenen Haupttreppenhaus (*die große Stieghe*) und der Mittelsaal (*Saal*), von dem aus zwei Raumfolgen mit *Vor Zimmer, Schlaff Zimmer* und *Cabinet* nebst *Garderobbe* entlang der Nordseite liegen. Es kommt noch der Raum an der Ostseite des Vestibüls (*Speise Zimmer*) hinzu, der hier aber wegen seiner andersartigen Dekoration erst später zu behandeln ist. Diese Raumfolge entspricht in ihrer Lage zueinander und in ihrer Größenabstufung in vollkommener Weise dem französischen Ideal. Vestibül, Haupttreppe und Mittelsaal sind durch die wandfeste architektonische Struktur, Treppenverlauf, Säulenstellung und höher geführte Muldendecke weitgehend als Raumschöpfungen des Gott-

fried Laurenz Pictorius festgelegt. Das dekorative Gewand interpretiert diesen Bestand nur. Neutraler sind die schlichten Kastenräume der beiden Appartements im Westen und Osten. Viele formale Einzelheiten zeigen die Handschrift verschiedener italienischer Stuckateure, die die ungemein abwechslungsreichen und virtuosen Kompositionen der Plafonds im Vestibül, im Saal und auch in den Appartements geschaffen haben (Abb. 104–116, 119–125). Als Vorarbeiter quittierte Giovanni Battista Duca 1705 bis 1707 für die Stuckaturarbeiten. Seine Arbeit begann mit *den beiden Antonii* als Helfern am 20. Juni 1705, ab 8. Juli 1705 mit einem Stuckateur namens Parlesca, ab 14. Juli 1705 mit den drei ebenso hoch wie Duca bezahlten Rubini, Melchion und Rainaldi; alle waren bis in das Frühjahr 1706 tätig. Auch die Beteiligung des in den Rechnungen zeitlich zuerst genannten Antonio Rizzo ist möglich. Man kann ihm aber nicht allein Entwurf und Ausführung der Plafonds zuweisen, wie es Georg Erler und Engelbert von Kerckerinck zur Borg

105 Vestibül um 1910, mit Stuckaturen, G. Molla und G. A. Oldelli 1713/14

getan haben. Einige Deckenstuckentwürfe (Abb. 122), die zwar nicht mit der Ausführung übereinstimmen, aber genau im Stil und vielen Motiven passen, befinden sich im Nachlass des Gottfried Laurenz Pictorius, stammen aber weder von ihm noch von seinem Bruder Peter. Hierbei dürfte es sich um nicht ausgeführte und daher auf der Baustelle nicht verbrauchte Alternativentwürfe eines nicht näher bekannten *Dessinateurs* oder auch der Stuckateure selbst handeln. 1713 lieferten die Stuckateure Gaspare Molla und Giovanni Antonio Oldelli die *Architraves* im Vestibül und die Kamine im Saal. Wie in der Kapelle sind in allen Räumen Gemäldefelder in die Stuckplafonds eingelassen. Im Vestibül und in den beiden Räumen des östlichen Appartements sind sie von der Hand des Johann Martin Pictorius. Im Mittelsaal und in beiden Räumen des westlichen Appartements stam-

men sie von dem Hofmaler Engelbert Ernst Witte, der zwischen 1707 und Februar 1713 in den Rechnungen genannt ist[50] – ab März 1713 arbeitete dann Pictorius.

Dem Vestibül verleihen die unter das vorspringende Rahmengesims gestellten schwarz marmorierten korinthischen Säulen eine äußerst noble Allüre (Abb. 105–107), deren Feierlichkeit durch den gemusterten grau-weißen Plattenboden im Verein mit den weißen Stuckflächen der Wände und Decke gesteigert wird. Die Deckenbilder und die eichenen Türgestelle setzen gut disponierte Akzente. Es ist nicht zu verkennen, dass hinter dem Gliederungssystem das berühmte Vestibül der 1699 bis 1710 errichteten Schlosskapelle zu Versailles von Jules Hardouin-Mansart (1646–1708) und Robert de Cotte (1656–1735) steht. Die beiden Deckengemälde enthalten Allegorien auf das Glück und

91

106 Vestibül, Blick
nach Norden, über der
Saaltür das Allianz-
wappen des Bauherrn

107 Vestibül und
große Treppe, Blick
nach Westen auf den
Treppenlauf

Die Innenräume bis 1719

108 Vestibül, Deckengemälde auf den Ruhm der Familie Plettenberg, J. M. Pictorius

109 Große Treppe

den Ruhm des Hauses Plettenberg (Abb. 108). Leider hat eine jüngere Restaurierung die Wappenfarben gelb-blau verunklärt. In zwei kleinen Bildfeldern parodieren Putten den Inhalt der Hauptbilder.

Beiderseits der Tür zum Festsaal (Herkulessaal, früher Jupitersaal) stehen auf neuen, den Büstensockeln angepassten Podesten die Alabasterbüsten des Ferdinand von Plettenberg und seiner Frau Bernhardine, die Johann Wilhelm Gröninger um 1722/24 schuf (Abb. 272, 273).

Vom Vestibül aus blickt man durch eine Arkadenwand in das Haupttreppenhaus hinein (Abb. 107, 109). Die einläufige Treppe beginnt unter dem Mittelbogen, um in halber Höhe auf einem Absatz zu wenden und entlang der Fensterwand das Obergeschoss zu erreichen. Auch dort trennt eine Bogenstellung Treppe und obere Halle (Abb. 95). Ist das Trep-

pengehäuse auch ohne besonderen architektonischen Aufwand, so schafft seine Größe zusammen mit dem Vestibül doch einen beachtlichen Raumeindruck. Von besonderer Wirkung ist das fein geschnitzte Balustergeländer und das lebensgroße Bildnis des Fürstbischofs Plettenberg (Abb. 24) auf der Stirnwand des Treppenabsatzes, neben der Alabasterfigur des jungen Franz Joseph von Plettenberg (1714–1779) von Johann Wilhelm Gröninger – ein Gegenstück zu den genannten Büsten seiner Eltern (Abb. 274).

110 Mittelsaal (früher Jupitersaal), Blick nach Westen, 1891

111 Mittelsaal (früher Jupitersaal), Südostecke, 1906

Mittelsaal

Im Mittelsaal steht die weiße Muldendecke, die wie federnd auf einem Konsolengesims aufsitzt, mit ihren farbigen Gemäldefeldern in großartiger Spannung zu den beiden 1713 geschaffenen, prachtvoll vollplastisch dekorierten Stuck-Kaminaufsätzen von Oldelli und Molla und den abgeschrägten Nischenecken. Alle Wandflächen über dem Lambris um die naturfarbenen eichenen Türgestelle herum waren einst mit der 1709 in Brüssel eigens für den Saal bestellten, auf 1710 datierten und 1711 gelieferten Gobelinfolge bedeckt. Leider vermitteln nur zwei historische Fotografien (Abb. 110, 111) den vollständigen Eindruck der würdevollen Pracht dieses Hauptraumes. Die Gobelins sind seit 1914 nicht mehr im Saal. Der Raum, der früher Jupitersaal hieß, besitzt in den

Die Innenräume bis 1719

112 Mittelsaal, Blick nach Westen

Deckenvouten vier querovale Bilder mit Taten des Herkules.[51] Auf den beiden großen, von Engelbert Ernst Witte 1708 geschaffenen Gemälden ist die Fahrt des Helden zum Olymp und seine Aufnahme unter die Götter dargestellt (Abb. 116). Der Saal heißt also besser »Herkulessaal«. Der Bildinhalt der Tapisserien der Brüsseler Werkstatt Auwercx von 1710/11 kreiste um die Geschichte des Telemach – und damit um die Frage, wie ein politisches Gemeinwesen idealiter aussehen soll; Telemachs Bild trug die Züge des damaligen Schlosserben Werner Anton, der ja zur Bestellung in Brüssel gewesen war. Über den vier Ecknischen, in denen Marmorbüsten der Jahreszeiten gestanden haben (um 1910 im Vestibül, Abb. 105, 260), sind kleine Gemälde in ungewöhnlicher Technik eingelassen (Abb. 115). Es ist eine mit Gold gehöhte Sepiamalerei auf Kupfer von Johann Martin Pictorius. Dargestellt sind vier Szenen aus den Metamorphosen des Ovid: Jupiter und Io, Venus und der schöne

Jäger Adonis, Minerva, welche die Prokne in eine Spinne verwandelt, und Kadmos mit dem Rind, dem er nach einem Orakelspruch folgen sollte, um den Platz der Stadtgründung Thebens zu finden.

Als Supraporten über den vier Seitentüren dienen Repliken von idealen Landschaften des 17. Jahrhunderts. Über der Haupttür links zum Vestibül befand sich 1891 noch eine Tapisserie, ebenfalls von Auwercx 1711, mit der Göttin Minerva. In den beiden Kaminaufsätzen die Bildnisse der Fürstbischöfe Friedrich Christian (Abb. 113) und seines Nachfolgers Franz Arnold (Abb. 112) von Johann Martin Pictorius 1713.

Die Sitzmöbel an den Wänden wurden 1727 bei dem Kunsthändler Calley in Paris gekauft. Die Sitzgarnitur um den Tisch in der Mitte von sogenannter Potsdamer Form stammte wohl aus der Mitte des 19. Jahrhunderts. Wandteppiche, Büsten und Möbel sind heute nicht mehr vorhanden.

113 Mittelsaal, Ostwand, Kaminaufsatz mit dem Bildnis des Fürstbischofs Friedrich Christian von Plettenberg, J. M. Pictorius 1713;
oben in der Voute Herkules und die Lernäische Schlange

Die Innenräume bis 1719

114 Mittelsaal, Stuck über der Südwest-Ecknische mit Monogramm »FC« des Fürstbischofs Friedrich Christian

115 Mittelsaal, Ecknische. Oben »Jupiter und Io«, nach den Metamorphosen des Ovid, J. M. Pictorius 1713

Heute hängen hier die Ganzfigurbildnisse des bayerischen Kurfürsten Max Emanuel (1663–1726, reg. ab 1679) und seiner zweiten Frau, der polnischen Königstochter Therese Kunigunde Sobieska (1676–1730). Es sind gute und genaue Kopien nach den Originalen, die der kurbayerische Hofmaler Joseph Vivien (1657–1733) 1719 für die Residenz (seit 1748 in Schloss Schleißheim) lieferte und die Ferdinand von Plettenberg 1725 für je 20 Max d'or (à 6 Gulden) von Franz Joseph Winter, dem »erfolgreichsten Nachahmer der Vivienschen Porträtkunst«, in München für seinen Bonner Stadthof malen ließ. Sie befinden sich noch in den Originalrahmen (Abb. 141, 142). Aus dem Jahr 1725 datieren ebenso die vier ovalen Bildnisse Ferdinands von Plettenberg, seiner Frau und ihrer beiden Kinder (Abb. 137–140) von der Hand des Altonaer Bildnismalers Anton Paulsen (tätig um 1718–1748).[52] Der alte Dielenboden ist 1976 mit einem modernen Parkett belegt worden.

Schlosskapelle und Saal zeigen am stärksten von allen Räumen dieser Entstehungszeit den Einfluss des großen, in den Niederlanden lebenden französischen Dekorationskünstlers Daniel Marot, dessen Stil sicher durch Gottfried Laurenz Pictorius vermittelt worden ist.

Die Appartements

Die Stuckdecken der den Saal flankierenden und in Enfilade liegenden Räume sind einfacher, geometrischer und weniger plastisch behandelt. Der Plafond des Ostkabinetts ist nicht mehr erhalten, während das Gegenstück im Westkabinett die Sorgfalt bezeugt, mit der auch die kleinen Räume ausgestattet wurden (Abb. 124): Das Deckenbild zeigt Jupiter im Kampf gegen Hass und Streit, wohl das letzte Werk von Engelbert Witte im Schloss 1713.[53] Die in die Raum-

116 Mittelsaal, Deckengemälde »Himmelfahrt des Herkules«, E. E. Witte 1708

Die Innenräume bis 1719

117 Östlicher Salon, Kaminrahmen von 1718, Kaminaufsatz um 1723–1725, Kaminbild »Geburt des Bacchus«, J. M. Pictorius

118 Östliches Vorzimmer, Kaminaufsatz mit Bildnis des Pfalzgrafen Joseph Carl Emanuel von Sulzbach (1694–1729), Erbprinzen der Kurpfalz, J. Ph. van der Schlichten 1725

decken eingelassenen Gemälde haben Kampf und Bezwingung der Titanen durch die Götter zum Thema (Abb. 119, 121). Das westliche Appartement ist von Anfang an als Quartier für den Fürsten oder gar höher gestellte Persönlichkeiten vorgesehen gewesen, daher die heutige Bezeichnung »Kaiserzimmer«. Ob Kaiser Karl VI. hier wirklich zu Besuch weilte, ist zwar fraglich – dafür aber im Januar 1732 Herzog Franz Stephan von Lothringen, seit 1745 Kaiser Franz I.[54]

Das dem Saal angrenzende Vorzimmer zur Westseite hin (1708: *Audienzzimmer*) hat bis auf die Decke und den Kamin keine originalen Ausstattungsstücke mehr. Es besaß früher als Supraporten Bildnisse der Fürstbischöfe Christoph Bernhard von Galen und Ferdinand von Fürstenberg (Letzteres seit 1968 im LWL-Landesmuseum, Inv. Nr. 1462 LM, Abb. 58), beides Werke des münsterischen Malers Gerhard Kappers († 1750), der sie 1732 für je 15 Taler lieferte.[55] Heute hängen über den westlichen Türen ovale Bildnisgemälde von Kaiser Joseph I. (1678–1711, reg. ab 1705) und seiner Frau Amalie Wilhelmine geb. von Braunschweig-Lüneburg (1673–1742). Über dem Kamin hängt ein Reiterbildnis des Ferdinand von Plettenberg, dessen acht lateinische Chronogramme auf das Jahr 1719 ihn und den neuen Fürstbischof Clemens August rühmen, und daneben ein Ganzfigurbild des Herzogs Engelbert Maria von Arenberg (1872–1949), der

119 Westliches Vorzimmer, Stuckdecke mit Deckengemälde »Titanenkampf«, in den Ecken die Götter Venus und Minerva, Mars und Merkur, E. E. Witte 1708

Die Innenräume bis 1719

120 Östlicher Salon (»Olympzimmer«), Stuckdecke mit Gemälden olympischer Götter, J. M. Pictorius 1713/14

121 Westlicher Salon (Kurfürstenzimmer), Stuckdecke mit Gemälde »Titanen«, E. E. Witte um 1708/09

das Schloss 1903 kaufte, in der Galauniform eines bayerischen Georgsritters (Abb. 343) – seine Titel füllen das Feld in 17 Zeilen. Gegenüber hängt das Ganzfigurbildnis des livländischen Ordenslandmeisters Wolter von Plettenberg (um 1450–1535, reg. ab 1494) in dem Galerierahmen des Grafen Ferdinand.

Der westliche Salon (Schlafzimmer) ist mit den Bildnissen von fünf Kölner Kurfürsten aus dem Haus Wittelsbach dekoriert und hieße besser – wie schon 1732 – Kurfürstenzimmer (Abb. 144): über dem östlichen Kamin das Kniebildnis des Clemens August (reg. 1723–1761), gemalt um 1723 vom Hofmaler Jan Frans van Douven (1656–1727), zwischen den Kurfürsten Ferdinand (reg. 1612–1650) und Max Heinrich (reg. 1650–1688) in den Supraporten, auf der Gegenseite Ernst (reg. 1583–1612) und Joseph Clemens (reg. 1688–1723) von Bayern. Diese Kniestücke von Maximilian, Ernst und Ferdinand lieferte der Bonner Maler Johannes Matthias Georg Schildt (1701–1775) 1729 für je 25

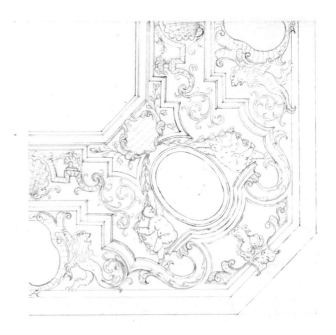

122 Entwurf einer Stuckdecke, um 1705–1706 (Bz P 105)

Die Innenräume bis 1719

123 Östliches Vorzimmer (sogenannte »Bauernhochzeit«), Deckengemälde »Ceres und Bacchus«, J. M. Pictorius

Taler.[56] Bis auf Joseph Clemens waren alle auch Fürst-bischöfe von Münster. Das Bildnis des Feldherrn und Rit-ters vom Goldenen Vlies vor der Ansicht der Eroberung von Belgrad 1717 (Abb. 144, 161) meint wohl nicht den kaiser-lichen Feldherrn und Staatsmann Prinz Eugen von Savoyen (1663–1736), sondern den noch jungen Kurprinzen Karl Albrecht von Bayern (1697–1745), der schon 1715 den Orden des Goldenen Vlies empfing und an der Belagerung teil-nahm. Das Gemälde dürfte dem kurbayerischen Schlach-ten- und Landschaftsmaler Franz Joachim Beich (1665–1748) und dem Bildnismaler Franz Joseph Winter zuzu-schreiben sein, deren Gemälde im Viktoriensaal des Schlosses Schleißheim von 1723/25 hier neu disponiert ist.[57] 1911 galt es als Bild seines Vaters Max Emanuel, der sich ja schon 1688 als Eroberer von Belgrad einen Namen gemacht hatte, wobei die Sturmbresche von münsterischen Artille-risten unter dem Obristen Lambert Friedrich Corfey (1645–1700) geschossen worden war.

Sehr bemerkenswert ist das große, dem Maler Ferdinand Wedemhove (†1708) zugeschriebene Gemälde auf der Süd-wand (Abb. 30): Der dargestellte Opfertod des römischen Feldherrn Marcus Curtius – durch das Wappen auf der Py-ramide hinten auf den Fürstbischof Friedrich Christian be-zogen – soll dessen politische Leistungen rühmen.

Die Räume des östlichen Appartements dagegen, zuerst wohl als Repräsentationsquartier für den Schlossherrn ge-dacht, sind nach dem Themenkreis der Bilder als Gesell-schaftszimmer dekoriert worden und stehen im Zusammen-hang mit dem anschließenden Speisezimmer. Der erste Raum (*Vorzimmer* nach dem ersten Grundriss, Abb. 103) ist durch eine historische, vor 1910 aufgenommene Fotografie dokumentiert (Abb. 126). An der Wand rechts hängt eine der Tapisserien mit Bauernszenen nach David Teniers, etwa 1700 hergestellt. Eine gleiche Folge von vier Teppichen, die 1701–1706 in Brüssel für den Pfalzgrafen Carl Philipp (1661–1742, seit 1716 Kurfürst) mit seinem Wappen gewebt wurde, hat

124 Westliches Kabinett, Stuckdecke mit Gemälde »Zeus und eine Erynnie«, E. E. Witte 1713

Die Innenräume bis 1719

125 Ostflügel, Südostkabinett, Stuckdecke, G. A. Oldelli, mit der »Caritas«, J. M. Pictorius 1715

126 Östlicher Salon, sogenanntes »Olympzimmer«, um 1910/12

sich in Schloss Mannheim erhalten. Im 18. Jahrhundert hieß der vordere Raum danach »Bauernhochzeit«. Das Deckenbild hier stellt den Triumph der Ceres und des Bacchus dar (Abb. 123), begleitet von Eckmedaillons mit Putten, deren Attribute die vier Jahreszeiten veranschaulichen. Das folgende zweite Zimmer (*Salon*) wurde nach dem Thema des ebenfalls von Johann Martin Pictorius geschaffenen Deckenbildes »Olymp« genannt: Hier sind die vier Hauptgötter, Jupiter, Juno, Venus und Neptun, als Allegorien der Elemente versammelt (Abb. 120), die ebenfalls in den begleitenden rechteckigen Puttenbildern thematisiert sind.

Das Bauernhochzeitszimmer hat noch die originalen Supraporten, Allegorien der fünf Sinne, und die schlichte ursprüngliche Kamineinfassung (Abb. 118). Das Kaminbild ist durch das von dem kurpfälzischen Hofmaler Johann Philipp van der Schlichten (1681–1745) 1725 gemalte Bildnis des Joseph Karl Emanuel Pfalzgraf von Sulzbach (1694–1729) mit dem Orden vom Goldenen Vlies ersetzt worden. Dieser war Erbprinz der Kurpfalz und Vater der späteren Kurfürstin Elisabeth Auguste von der Pfalz (1721–1794, reg. ab 1742).[58] Raumbestimmend sind heute die in Goldrahmen gefassten Ganzfigurbildnisse der Erbin Marie Gräfin von Plettenberg-Mietingen (1809–1861) und ihres Mannes Nikolaus Franz Graf von Esterhazy-Galantha (1804–1885) (Abb. 330, 331).

Der etwas größere östlich anschließende Salon, das »Olympzimmer«, besitzt als Kaminstück die »Geburt des Bacchus« von Johann Martin Pictorius. Die seitlichen Kinderbildnisse der Tochter Bernhardina (vgl. Abb. 275, 276) sind leider verschollen. In den Supraporten befinden sich heute ein englisches Adelspaar auf der Ostseite – ein Ehepaar Carew, gemalt um 1720/30 von Michael Dahl sen.

Die Innenräume bis 1719

127 Oranienburg, Seitenkabinett, Stuckdecke, Rainaldi um 1718/19

(1656–1743), eine jüngere Neuerwerbung aus dem Kunsthandel – und auf der Westseite das sehr qualitätvolle Brustbild des jungen Freiherrn Ferdinand von Plettenberg um 1712/15 (Abb. 54), signiert von Johann Voorhout (1647–1723), sowie ein nur handwerkliches Bildnis von Papst Clemens XI. (1649–1721, reg. ab 1700).

Für den privaten Wohnbereich der Familie ist schon auf dem Generalplan der östliche Flügel gewählt worden (Abb. 45, 103). Er enthält in außerordentlich geschickter Kombination drei Appartements für den Schlossherrn, die Herrin und die Kinder. Die Einteilung wiederholt sich im Obergeschoss und bot weitere Räume für private Zwecke. Hier wie im ganzen Westflügel und im Obergeschoss des Mittelbaues befanden sich Gästezimmer.

Die Ausstattung der Staatsräume muss etwa 1718 fertig gewesen sein – dieses Datum findet sich auf den eisernen Kaminplatten des Hauptsaals. Zu dieser Ausstattungsperiode gehört auch die Dekoration des Saals (Abb. 128) und der beiden Kabinette im Gartenkasino. Dort erhielten alle drei

Räume hohe Muldendecken. Den sehr qualitätvollen Stuckdekor, dessen Formenreichtum sich in den beiden Kabinetten konzentriert (Abb. 94, 127, 129), schuf 1719 der Italiener Rainaldi, der aus Bielefeld nach Nordkirchen kam. Rainaldi war schon 1705/06 im Schloss beschäftigt gewesen. Die Nischen fertigte Giovanni Morandi. Viele Schmuckmotive in der Oranienburg haben daher sehr enge Verwandte im Schloss, aber es zeigen sich auch Unterschiede, die ohne Weiteres die verschiedenen Künstlerpersönlichkeiten erkennen lassen.

Handwerker und Baustelle

Das Nordkirchener Bauarchiv ist ungewöhnlich gut und vollständig überliefert und informiert genau über die Organisation und Abwicklung der einzelnen Gewerke. Der leitende Architekt, Gottfried Laurenz Pictorius, war nur gelegentlich anwesend; er wurde ja als fürstbischöflicher Land-

128 Oranienburg, Saal, Deckenstuck von Rainaldi um 1718/19

ingenieur besoldet und erhielt nur ausnahmsweise Sonderzahlungen, so 1703 eine Gratifikation von 100 Talern für die Pläne und 1708 noch einmal 200 Taler. Sein Bruder Peter Pictorius dagegen weilte ständig auf der Baustelle, erhielt ein Jahresgehalt von 100 Talern und rechnete zusätzlich Dienstreisen, zum Beispiel in die Baumberge zur Bestellung von Steinlieferungen, ab. Der Bauleiter zeichnete die Rechnungen der Handwerker ab, gelegentlich wurde er vom Hofkaplan Quincken, dann dem Vikar zu Nordkirchen und dem Gutsrentmeister vertreten. Ab 1712 kümmerte sich Ferdinand von Plettenberg häufig selbst um das Bauwesen und schrieb Zahlungsanweisungen, was gelegentlich auch seine Frau übernahm. Die Gartenarbeiten kontrollierte auch der *Gardenier* Meister Dietrich Berninck und dann seine Nachfolger Hermann Goesen und Jean Hubert Lenné.

Hausteine kamen vor allem aus den Baumbergen, außerdem aus Gildehaus bei Bentheim, Leeden bei Tecklenburg und Ibbenbüren. Die Ziegel brannte man in der Umgebung, von wo auch das Bauholz kam. Die durch fürstbischöfliche

Landfolge aufgebotenen hunderte Helfer aus den Umlandgemeinden, aus Ascheberg, Bockum, Bork, Herbern, Olfen, Ottmarsbocholt, Selm, Seppenrade und Südkirchen, bis 1706 auch noch Soldaten der Garde und der Landmiliz, erhielten kein Geld, sondern viele Tonnen Bier. Sie waren z. B. zu Erdarbeiten im Garten und an den Gräben und beim Aushub und Regulierung der Teiche eingesetzt.

Auch die Handwerker kamen in der Regel aus der Umgebung und wurden zum Teil über Jahrzehnte immer wieder beschäftigt – der Schlossbau bot vielen Arbeit und Brot. Der Maurermeister Lubbert Hagen aus Gildehaus errichtete 1703 bis 1710 das Hauptschloss und die Nebengebäude, die Pfarrkirche baute Meister Gerd Affhüppe. Ab 1716 war meist der Maurer Johann Rußweg († 1733) tätig, jeweils mit Gesellen. Der Fassbinder Johann Bücker und die Schmiede Johann und Victor Limberg kamen aus Nordkirchen selbst, der Zimmermeister Gerd Quante (1703–1717) wohl auch, ebenso der Schreiner Ludwig Palster und der Zimmermann Johann Palster; der Anstreicher Bernd Heinrich Wagener aus Werne, der Glaser Berndt Mennighusen aus Lüdinghausen. Unklar ist der Heimatort der Dachdecker Heinrich Serries und Nicolaus Weiding sowie der *Pliestermeister* Christian und Johann Heinrich Blumenberg, welche die Wände und Decken verputzten. Aus Münster kam der Kupferschmied Hermann Pott, der Maler Johann Mauritz Vercruicen, außerdem Bildhauer: Johann Mauritz Gröninger und seine Werkstatt (bis 1709), Rudolf Stengelberg (1711 und 1716–1718), Frans Gernegroot (1709/13) und Johann Bernhard Fix (ab 1720). Der schon genannte Schlosser Jacob oder Jacques Villain arbeitete in Wolbeck, der Kleinschnitker und Schreiner Stephan Wittkamp aus Drensteinfurt lieferte Drechsler- und Schnitzarbeiten. Alle trugen dazu bei, den Schlossbau auf hohem handwerklichen Niveau zu realisieren – das Schloss darf zurecht als ein gemeinsames Produkt der Region gelten, im Lande geplant, finanziert und realisiert, unter Beachtung international geltender, aus den Niederlanden und Frankreich, aber auch Italien herrührender Standards.

Die ungefähr zwischen 1712 und 1718/19 geschaffenen Raumausstattungen in Nordkirchen stehen in enger Beziehung zu den herrlichen Räumen in den münsterischen Adelshöfen, an der Spitze die des Beverfoerder und des Merveldter Hofs – beide auch von Pictorius geplant.[59] Aber in Münster ist alles restlos im Zweiten Weltkrieg zerstört worden. Geblieben sind etliche sehr schöne Säle und Zimmer im Haus Borg und in Venne sowie ein Saal in Schloss Cappenberg, wo auch die Brüder Rizzi/Ricci aus Bensberg arbeiteten.[60] Selbst wenn man diese hinzurechnet, ist es doch nur im Schloss Nordkirchen heute noch möglich, einen Eindruck von der Raumkunst und der großen Architektur des münsterischen Hochbarock zu gewinnen.

129 Oranienburg, Seitenkabinett, Stucknische G. Morandi 1719, Decke Rainaldi um 1718/19

130 Vestibül, Innenseite der Haupttür, Schloss, J. Villain 1706

Die ersten zwei Jahrzehnte des 18. Jahrhunderts sind für die Architekten-Brüder Pictorius die große Zeit ihres künstlerischen Schaffens gewesen.[61] Gottfried Laurenz Pictorius hat mit zahlreichen weiteren von ihm geplanten Bauten wie der Landsberg'schen Kurie und der Ketteler'schen Doppelkurie (gemeinsam mit Lambert Friedrich Corfey), dem Landsberger (seit 1739 Schmisinger) und dem Steinfurter Hof in Münster, der Friedrichsburg sowie den Kirchen in Steinfurt, Rinkerode und Coesfeld, schließlich den Abteien in Langenhorst und Marienfeld (mit seinem Bruder Peter), den Prämonstratenserstiften Cappenberg, Clarholz und Varlar sowie dem Jesuitenkolleg in Büren die westfälische Architektur zwischen 1700 und 1725 geprägt. In der Künstlergeschichte Westfalens liegt diese Spanne zwischen der großen Persönlichkeit des Ambrosius von Oelde († 1705) und dem neuen hell strahlenden Stern am Bauhimmel: Johann Conrad Schlaun.

131 Ferdinand Freiherr von Plettenberg als Ritter des kurkölnischen Michaelsordens, J. Vivien wohl 1722 (LWL-Landesmuseum 2085 LM)

Der neue Bauherr: Ferdinand von Plettenberg

Der neue Bauherr:
Ferdinand von Plettenberg

Während der Bau und die Ausstattung des Schlosses Nordkirchen unter der Bauleitung des Peter Pictorius – alles nach den Plänen des Gottfried Laurenz Pictorius und den Anregungen des vielseitig interessierten jungen Bauherrn (Abb. 131, 146) – wunschgemäß voranschritt, arbeitete Ferdinand von Plettenberg als Erbmarschall des Bistums Münster und Geheimer Rat zielbewusst an seinem politischen Aufstieg. Eine Karriere als Domherr und Prälat, für die er ausgebildet worden war, blieb ihm als Familienerbe versagt. Wie er, geschickt zuwartend, seine Würde als Erbmarschall 1717 durchsetzte, wurde bereits erzählt. Seine erstaunlichen diplomatischen Fähigkeiten hätten ihn möglicherweise ebenfalls zur Fürstbischofswürde getragen – aber die Widerstände, denen sein gleichnamiger Onkel Ferdinand bei der Bischofswahl in Münster 1706 begegnet war, zeigten, dass die Familie zu bedeutend und zu wohlhabend war, um sich gegen den Neid der Standesgenossen durchzusetzen. Hier liegen durchaus Parallelen zur Vorgängerfamilie, den Morrien. Und für eine erfolgreiche Familienpolitik in den nordwestdeutschen Fürstbistümern fehlten auch die geistlichen Brüder: Die Raesfeld waren nach 1550 zu sechst, die Fürstenberg nach 1650 zu fünft und ebenfalls die Landsberg nach 1680, die Wolff-Metternich stellten sechs Domherren in zwei Generationen, in der Generation des Fürstbischofs Friedrich Christian waren sechs Brüder geistlich, davon einer Deutschordensritter. Selbst bei Einbeziehung der Plettenberg-Linien zu Marhülsen und Grevel waren die Widerstände in den Domkapiteln kaum überwindbar. Die Größe des Besitzes, auch wenn die Gründung einer eigenen Herrschaft aussichtslos war, bot gleichwohl die Chance zu weiterem politischen Aufstieg. Eine Karriere im Militärdienst, wie sie im Dreißigjährigen Krieg Alexander von Velen zu Raesfeld (1599–1675) gelang, der es zum kaiserlichen Feldmarschall und Reichsgrafen brachte, war schwer kalkulierbar.

Der Durchbruch zur Macht

Plettenberg verfolgte daher ein anderes Konzept. Statt sich einem Standesgenossen unterzuordnen, wollte er Minister eines mächtigen Fürsten werden. Es ging um die Nachfolge seines Onkels und Fürstbischofs Franz Arnold von Wolff-Metternich (Abb. 112), der – hoch verschuldet, dazu noch krank – seit 1716 bereit war, einen Koadjutor mit dem Recht der Nachfolge anzunehmen. Hier haben die Bemühungen Plettenbergs begonnen, gegen alle anderen Manipulationen einen großen Herrn auf den münsterischen und Paderborner Thron wählen zu lassen. So kam, zunächst absolut diskret, die Verbindung zum Hause Wittelsbach zustande. Vorläufig war an eine Koadjutorwahl gedacht, bei der nach

132 Wappenzeichnung aus der Verleihungsurkunde über die Erhebung zum Ritter des St. Michaelsordens, 1721

133 Clemens August von Bayern (1700–1761) als junger Fürstbischof um 1719, J. Vivien um 1723/25, Supraporte in der Oranienburg

134 Philipp Moritz von Bayern (1698–1719) als gewählter Fürstbischof 1719, J. Vivien um 1723/25, Supraporte in der Oranienburg

Plettenbergs Berechnung die erhebliche Geldsumme von 500.000 Talern investiert werden musste, zu zahlen an die Wähler und an den hochverschuldeten Fürstbischof, der allein 120.000 Taler kassieren wollte. Als Franz Arnold überraschend am Weihnachtstag 1718 in Schloss Ahaus starb, war von Plettenberg alles vorbereitet, und er konnte den Prinzen Philipp Moritz von Bayern (geboren 1698) als Nachfolger zur Wahl präsentieren (Abb. 134). Für die Douceurs, die an die Domherren und andere einflussreiche Personen zu zahlen waren und die er auf insgesamt 380.000 Taler berechnete, nahm Ferdinand sogar Kredite in Höhe von 147.000 Talern auf und ging damit ein hohes persönliches Risiko ein.[62]

Philipp Moritz war jedoch am 12. März 1719, wenige Tage vor den Wahlen (14./21. März), ganz plötzlich in Rom gestorben. Der Vater des jungen Prätendenten, Kurfürst Max Emanuel von Bayern (Abb. 141), wusste Rat. Er schlug sofort seinen vierten Sohn Clemens August (geboren 1700 und schon seit 1716 Fürstbischof von Regensburg, worauf er dann verzichten musste) für die Bischofswahl vor (Abb. 133). Plettenbergs Wahltaktik und seine klingenden Argumente hatten Erfolg: Am 26. März 1719 wurde Clemens August von Bayern in Münster und einen Tag später in Paderborn zum Fürstbischof gewählt. Mit seinem Bruder hatte er in Rom studiert, kehrte von dort aber bald zurück und

kam im Dezember dieses Jahres von Bonn nach Nordkirchen. Ferdinand von Plettenberg nahm diese Gelegenheit wahr, seinen jungen Fürstbischof auf das Prachtvollste zu bewirten. Das Schloss und seine Räume haben sich damals wohl zum ersten Mal in vollem Glanz dargestellt, zumal ein großes kostspieliges Feuerwerk, die erste private Veranstaltung dieser Art in Westfalen, sicherlich alle barocken Möglichkeiten, die in der großen Anlage steckten, erwiesen hatte.

Zum Dank für sein geschicktes Verhandeln und quasi als »Rendite« für sein finanzielles Engagement – Kurbayern stand dicht vor dem Staatsbankrott und konnte die Auslagen nicht sofort erstatten – erhielt Plettenberg die Ernennung zum kurkölnischen und kurbayerischen Geheimen Rat und wurde 1719 münsterischer Geheimer, Kriegs- und Landrat sowie Obristkämmerer des jungen Fürsten mit 2.000 Talern Jahresgehalt. Erst allmählich indes baute sich persönliches Vertrauen auf. Die Eskapaden des lebenslustigen jungen Fürsten nahm der Vater Max Emanuel in München mit Sorgen wahr und empfahl dringend und mit Erfolg, Clemens August solle sich der Führung Plettenbergs anvertrauen.[63] Der zehn Jahre ältere Plettenberg wurde nun selbst zum Mentor – die Telemach-Gobelins des Herkules-Saales in Nordkirchen füllten sich mit neuer Bedeutung.

Die neue Vertrauensstellung hatte Folgen: Der Onkel des jungen Bischofs, Joseph Clemens von Bayern, erhob 1721 bei

135 Maria Anna Carolina von Bayern geb. von Pfalz-Neuburg (1693–1751), J. Vivien um 1723/25, Supraporte in der Oranienburg

136 Ferdinand Maria von Bayern (1699–1738), J. Vivien um 1723/25, Supraporte in der Oranienburg

der Erneuerung des von ihm 1694 für Fürsten, Grafen und Freiherren gestifteten kurkölnischen St. Michaelsordens Ferdinand von Plettenberg zum Ritter und Großkreuzherrn. Das Patent schrieb ihm vor, fortan sein Wappen mit der Ordenskollane zu schmücken (Abb. 132).[64] Die Porträts als Ordensritter, die er bei Joseph Vivien und Johann Wilhelm Gröninger in Auftrag gab (Abb. 131, 272), bezeugen seinen Ehrgeiz und den sozialen Aufstieg, der dem politischen folgte.

Gründung einer Sekundogenitur

Parallel war der Fortbestand der Familie zu sichern. Zwei Jahre nach der Heirat wurde den Plettenbergs 1714 der Sohn und Erbe Franz Joseph (Abb. 139, 274, 317) geboren. Ihm folgte 1719 die Tochter Maria Bernhardina Theresia (Abb. 140). Weitere Töchter, so eine 1719 in Nordkirchen beerdigte Tochter Ursula Josepha und die 1726 gegen alle Statuten sofort nach der Geburt von ihrer Tante Äbtissin (Abb. 179) mit einer Präbende am Damenstift Freckenhorst begnädigte Rosalie, starben wenige Wochen nach der Geburt. Während einer schweren Krankheit hatte Ferdinand 1715 gelobt, im Dorf Nordkirchen die Pfarrkirche neu zu errichten. Er ließ den Bau (Abb. 233–235) sofort nach seiner

Genesung beginnen – davon wird später noch die Rede sein. Weitere Kinder folgten nicht, und das Risiko, die Zukunft der Familie auf einem Sprössling ruhen zu lassen, war einfach zu groß. Sein jüngerer Bruder Bernhard Wilhelm, geboren 1695, hatte 1708 durch Verzicht seines todkranken Onkels Bernhard eine Präbende am Domkapitel zu Münster erhalten und war im Herbst 1712 seinem Bruder Ferdinand als Domherr zu Paderborn nachgefolgt. Gleichwohl: Schon die Familienfideikommiss-Stiftung des Fürstbischofs und seiner Brüder hatte 1695 die Bildung zweier Linien zu Lenhausen und Nordkirchen vorgesehen.

Nun, nach der Wahl des Clemens August, verzichtete Bernhard Wilhelm im August 1720 auf seine beiden Domherrenpfründen und heiratete im Januar 1721 seine Schwägerin Sophia Freiin von Westerholt (1696–1766). Die mit sechs Kindern gesegnete Ehe machte das Paar, dessen Bildnisse die Ostwand des Speisezimmers zieren (Abb. 160), zu den Stammeltern des Familienzweiges Plettenberg-Lenhausen. 1724 mit seinem Bruder in den Reichsgrafenstand erhoben, erweiterte Bernhard Wilhelm das Lenhauser Fideikommiss um mehrere Güter, vor allem 1726 um das große Gut Hovestadt an der Lippe, eine alte Grenzburg des kurkölnischen Herzogtums Westfalen, das er von der calvinistischen Familie von Heiden für 180.000 Taler ankaufte. Auch hier scheint die Erwerbung konfessionell motiviert. 1729 zum

137 Ferdinand Graf von Plettenberg (1690–1737), A. Paulsen 1725

138 Bernhardine Gräfin von Plettenberg geb. von Westerholt zu Lembeck (1695–1757), A. Paulsen 1725

münsterischen Geheimen Land- und Kriegsrat ernannt, als Nachfolger seines Bruders Ferdinand, erwarb er zugleich das Lehnsgut Rüschhaus bei Münster, verstarb aber schon am 12. April 1730.[65] Seine Witwe Sophia verkaufte Rüschhaus übrigens 1743 – an Johann Conrad Schlaun.

Der Staatsmann

Am 9. Mai 1722 erreichte Ferdinand von Plettenberg für Clemens August die Wahl zum Koadjutor und künftigen Nachfolger des Kurfürsten Joseph Clemens in Köln. Zum Dank erhielt der höchst erfolgreiche Diplomat 1722 einen neuen, gerade von Guillaume Hauberat um einen Flügel erweiterten Stadthof in Bonn geschenkt, den Clemens August für 24.000 Taler eigens ankaufte. Mehrfach war der Fürstbischof und Kurfürst Clemens August, dessen unentbehrlicher Mentor Plettenberg inzwischen war, in seinem Schloss Nordkirchen anwesend, so 1721, 1723 und 1726.[66] Auch manchen anderen hohen Gast konnte er dort begrüßen, etwa im

Januar 1732 den seit 1729 regierenden Herzog Franz von Lothringen (1708–1765), der 1736 Maria Theresia von Österreich heiratete und 1745 zum Kaiser aufstieg.

Als ausschlaggebender politischer Berater des Clemens August, als erfolgreicher Diplomat und Politiker verkehrte Ferdinand von Plettenberg nun mit viel höherrangigen Fürsten. Ehrgeiz und Fähigkeiten trugen ihn endgültig über die Grenzen des heimischen Hochstifts Münster hinaus. 1722 erwarb er für insgesamt 211.500 Taler die Herrschaft Wittem, dann die Herrschaft Eys sowie die Güter Neubourg und Gulpen, später (1729) noch Slenaken und Mergeraden. Alle diese Besitzungen lagen in der heutigen niederländischen Provinz Limburg und bildeten fortan einen wichtigen Bestandteil des Nordkirchener Besitzkomplexes. Am bedeutsamsten war darunter Wittem, das als reichsunmittelbare Herrschaft dem Inhaber den Sitz im westfälischen Reichsgrafenkollegium verschaffte. Und so folgte wenig später 1724 die Erhebung Ferdinands von Plettenberg – und zugleich auch seiner Frau – in den Reichsgrafenstand durch den Kaiser (Abb. 143). 1732 wurde er sogar in das Amt eines

Der neue Bauherr: Ferdinand von Plettenberg

139 Franz Joseph von Plettenberg (1714–1779), A. Paulsen 1725   140 Maria Bernhardina von Plettenberg (1719–1796), A. Paulsen 1725

Direktors des Grafenkollegiums gewählt – was sehr ungewöhnlich war, denn bisher hatte der Vorsitz stets beim Grafenhaus Manderscheid gelegen.[67] Für den niederen landsässigen Adel im Münsterland war die Erlangung der Grafenwürde bis dahin etwas ganz besonderes gewesen: Dem genannten Alexander von Velen zu Raesfeld (1641) war erst viel später Christoph Henrich von Galen (1662–1731) gefolgt, der als Domherr im diplomatischen Dienst in Wien gewesen war, aus dem geistlichen Stand austrat und als kaiserlicher Reichshofrat 1702 das Grafendiplom erwarb – er blieb aber kinderlos. Schaut man in die weitere rheinische Nachbarschaft, hatten niederadlige Familien den Grafenstand in der Regel mit dem Erwerb reichsunmittelbarer Herrschaften erworben: von Metternich-Winneburg (1679), dann die von Platen-Hallermund (1689), von Berlepsch-Mylendonk (1695), den Schönborn (1701) waren die rheinischen Nesselrode-Reichenstein (1702), -Ehreshoven (1705) und -Landskron (1710) gefolgt, die Loe zu Wissen (1707), Leerodt (1709), von der Leyen (1711), Schaesberg (1712), Diepenbrock-Impel (1719) sowie die Waldbott-Bassenheim

(1720) – aus dieser Familie stammte die Mutter der Bernhardine von Westerholt. Ferdinand von Plettenberg hatte also Vorbilder, und ihm folgten die verschwägerten Merveldt zu Lembeck 1726 und die Wolff-Metternich zu Gracht bei Köln 1731. Bis zur nächsten Verleihung eines Grafentitels an eine münsterländische Familie dauerte es bis 1790, als der Freiherr von Westerholt-Gysenberg diese Standeserhöhung erfuhr.

Clemens August von Bayern war inzwischen nach dem Tode seines Onkels und Vorgängers am 12. November 1723 Erzbischof und Kurfürst von Köln geworden, so dass er jetzt schon eine beträchtliche Machtfülle in seiner Hand vereinigte: Kurköln, Münster und Paderborn. 1724 verschaffte Plettenberg dem Kurfürsten die Mitra von Hildesheim, wiederum eine beträchtliche Erweiterung von Einfluss und Macht seines Herrn und auch seiner selbst.

Für Clemens August und seinen Minister verschob sich der Lebensmittelpunkt in die kurkölnische Residenz nach Bonn. Die Planungen für den prächtigen Ausbau des Nordkirchener Hofes in Münster wurden zugunsten einer Mo-

141 Kurfürst Max Emanuel von Bayern (1662–1726, reg. ab 1679), F. J. Winter 1725 nach J. Vivien, Original in Schloss Schleißheim

142 Kurfürstin Therese Kunigunde von Bayern geb. Prinzessin Sobieska von Polen (1676–1730), F. J. Winter 1725 nach J. Vivien, Original in Schloss Schleißheim

dernisierung des Plettenberger Hofes in Bonn zurück-gestellt. Plettenberg beteiligte sich an der Realisierung der Wittelsbacher Hausunion 1724, mit der die beiden Kurlinien in München und Mannheim – nach Aussterben der calvinis-tischen Kurlinie Simmern 1685 hatte das katholische Haus Pfalz-Neuburg die Kurwürde übernommen – sich gegensei-tig die Erbfolge zusicherten. In dieser Union festigten die geistlichen Kurfürsten der Familie, Clemens August von Köln und der Trierer (ab 1729 Mainzer) Kurfürst Franz Lud-wig von Pfalz-Neuburg (1664–1732) die politische Zusam-menarbeit mit der bayerischen Hauptlinie Max Emanuels und mit der kurpfälzischen Linie unter Kurfürst Carl Philipp (1661–1742, vgl. Abb. 263). Das Haus Wittelsbach erhöhte damit nicht nur sein politisches Gewicht im Reich, sondern vereinigte bereits vier Kurstimmen für die nächste Kaiser-wahl: Man schaute bereits auf die Nachfolge der Habsburger,

hatte Kaiser Karl VI. doch nur zwei Töchter. Zudem hatte Kurprinz Karl Albrecht 1722 die Tochter Kaiser Josephs I. ge-heiratet. Für die nordwestdeutschen Bistümer bedeutete dies, dass sich ihre Sicherheitslage erheblich verbesserte, waren doch zwei der protestantischen Nachbarn, denen man latente Säkularisierungsabsichten unterstellte, inzwischen zu europäischen Großmächten aufgestiegen: Das Welfenhaus Hannover hatte 1714 den englischen Königsthron geerbt, und der Kurfürst von Brandenburg hatte nicht nur 1701 den Königstitel von Preußen angenommen, sondern war ab 1713 unter dem »Soldatenkönig« Friedrich Wilhelm I. durch den zielbewussten Aufbau und die Vermehrung seines Heeres zu einer furchteinflößenden Macht geworden. Ihnen konnte das Wittelsbacher Imperium eher Paroli bieten und zugleich ein ernstzunehmender Partner sein: Mehrfach weilte Plet-tenberg zu Missionen in Hannover.

Plettenberg hatte – so die Obristkämmererinstruktion von 1722 – seinem Herrn morgens die Kleidung zu reichen und auch im Speisezimmer seinen Herrn zu bedienen. Im September 1725 begleitete er Clemens August zur Hochzeit des jungen Ludwig XV. nach Paris, und als Clemens August am 21. Juli 1726 in Wesel den Soldatenkönig besuchte, saß Clemens August zur Rechten des Königs und Plettenberg zu seiner Linken neben dem Kronprinzen – dem damals vierzehnjährigen Friedrich II. (1712–1786). Wenige Tage später freundeten sich Clemens August und Plettenberg bei einem zweiwöchigen Kuraufenthalt in Schwalbach mit dem Erbprinzen Joseph Carl Emanuel von Pfalz-Sulzbach (1694–1729) an, dessen Bildnis heute als Kaminstück das »Bauernhochzeitszimmer« ziert (Abb. 118).[68]

Plettenberg steht politisch für eine Fortsetzung der Schaukelpolitik seines Onkels Friedrich Christian zwischen den »Blöcken«, zwischen dem Kaiser und Frankreich. Dabei war Plettenberg so vorsichtig, sich nicht auf eine Seite festzulegen. Angesichts der bekannten Wankelmütigkeit des psychisch labilen, emotionalen und leicht beeinflussbaren Kurfürsten, angesichts der Erfahrung von Favoritenstürzen

war es politisch klug, eine »Auffangstellung« aufzubauen. Für den Fall, dass seine staatsmännischen Künste in Bonn irgendwann nicht mehr gefragt sein würden, hatte er für sich noch eine andere Perspektive: eine Karriere am Kaiserhof. Schon 1725 verhandelte Plettenberg mit dem Wiener Kaiserhof erfolgreich über ein Bündnis und erbat für sich unter anderem den Orden vom Goldenen Vlies. 1726 kam, nachdem Frankreich seine vertraglichen Geldzahlungen eingestellt hatte, tatsächlich ein Bündnis mit Kaiser Karl VI. zustande. Es folgte 1728 die Erneuerung der Wittelsbacher Hausunion und ein Bündnis mit Frankreich, wobei er jeweils erhebliche Subsidienzahlungen an den Kurfürsten und sich selbst herausschlug. 1731 band sich Kurköln dann vertraglich wieder eng an die kaiserliche Politik und versprach die Unterstützung der »Pragmatischen Sanktion«, der weiblichen Erbfolge im Hause Habsburg, u.a. gegen die Ansprüche von Kurbayern, was 1732 endlich zustande kam. Dafür wurde Plettenberg 1732 zum Ritter des Goldenen Vlies erhoben (Abb. 145) – und Clemens August zum Hochmeister des Deutschen Ordens gewählt, als Nachfolger des stets prokaiserlichen Hochmeisters, des Mainzer Kurfürsten

143 Grafendiplom für Ferdinand von Plettenberg und seine Frau 1724

144 Kamin im Kurfürstenzimmer (früher Kaiserschlafzimmer), Kaminrahmen vor 1718, Aufsatz um 1723/25 mit Bildnis des Fürstbischofs Clemens August von Bayern, J. F. van Douven 1723. Im Spiegel das Bildnis des Kurprinzen Karl Albrecht von Bayern

Franz Ludwig von Pfalz-Neuburg (1661–1732), einem Onkel des Kaisers. Das Hochmeisteramt war ebenso ehrenvoll wie finanziell einträglich.

Ein Hauptmotiv der Schaukelpolitik Plettenbergs war dabei der eigene Aufstieg: 1730 war das Amt des Reichsvizekanzlers Friedrich Karl von Schönborn – dieser war zum Fürstbischof von Bamberg und Würzburg aufgestiegen – neu zu besetzen, ein Amt, auf das sich Plettenberg Hoffnungen machte. Der glanzvolle Aufstieg der Schönborn von einem kleinen Westerwälder Geschlecht zu Reichsgrafen (1701) und einflussreichem fränkischen Hochadel war ihm

die Blaupause für den erhofften Weg des Hauses Plettenberg. Die Gleichrangigkeit zu den Schönborn wurde 1736 sogar erreicht durch die Hochzeit der Tochter Bernhardina (1719–1769) mit dem Grafen Franz Kilian von Schönborn-Buchheim-Wiesentheid (1708–1772), dem Schlossherrn auf Pommersfelden.[69]

Doch wo Licht ist, fällt auch Schatten. Plettenbergs Aufstieg war weitgehend über Kredite finanziert. Zwar verfügte er über jährliche Bruttoeinnahmen von bis zu 21.000 Talern, Einnahmen aus seinen Ämtern in Höhe von 6.000 Talern und erhielt zahlreiche einmalige Zuwendungen für einzelne

Der neue Bauherr: Ferdinand von Plettenberg

145 Ostflügel, nordöstliches Kabinett, Wandmalerei, Allegorie auf die Verleihung des Ordens vom Goldenen Vlies, J. A. Kappers 1732

146 Ferdinand Freiherr von Plettenberg, um 1719/20, Supraporte im Ostflügel, Westsalon

147 Mögliches Jugendbildnis von J. C. Schlaun, Miniatur um 1720/25 (unbekannter Privatbesitz)

politische Erfolge – so für die Osnabrücker Bischofswahl 1728 20.000 Taler, und 1731 vom Kaiser sogar die Herrschaft Kosel in Schlesien im Wert von 163.000 Talern und 5.400 Talern Jahreseinnahmen –, doch häufte er bis 1733 Schulden in Höhe von insgesamt 250.000 Talern an. Dafür war nicht zuletzt ein sehr aufwendiger Lebensstil verantwortlich, auch hohe Ausgaben für seine Bauten und seine Kunstsammlungen. Aber gerade dies, Kunst und Architektur, schuf eine

Ebene, auf der er sich mit dem Kurfürsten auf etwa gleichem Niveau austauschen konnte, wie sein erhaltener Briefwechsel bezeugt. Und hier findet sich auch eine der Triebfedern für den weiteren Ausbau Nordkirchens. Die politischen Ambitionen bestimmten den repräsentativen Anspruch, höchstes europäisches Niveau zu erreichen. In Nordkirchen steht dafür der Übergang der Bauleitung an Johann Conrad Schlaun (Abb. 147).

Ausstattung und Vollendung 1719 bis 1734

Schon vor 1719 muss Ferdinand von Plettenberg von dem jungen Artillerieleutnant und Architekten Johann Conrad Schlaun (1695–1773) – damals noch unter dem Namen »Schluen« Ingenieur und Leutnant in Paderborn – gehört haben.[70] Vermutlich geschah das über seinen Onkel, den Fürstbischof Franz Arnold, der diesen vielversprechenden Offizier protegierte und von ihm als seine Stiftung den Kapuzinern zu Brakel im Kreis Höxter seit 1715 eine neue Klosterkirche erbauen ließ. Durch die Entwurfskonkurrenz für das neue Jesuitenkolleg in Büren war dieser auch mit Gottfried Laurenz Pictorius in Berührung gekommen, und der münsterische Artillerieoberst Lambert Friedrich Corfey (1668–1733) hatte ihn als für Büren bestellter Gutachter gleichfalls kennengelernt. Schlaun hatte schließlich in Büren die Pläne des Pictorius als Bauleiter umsetzen müssen und sicher viel gelernt. Er ist sogleich dem neu gewählten Fürstbischof von Paderborn, Clemens August, 1720 in das Blickfeld getreten. Er überreichte ihm zwei Veduten von Neuhaus und Paderborn und, viel wichtiger, er führte im April 1720 bei der feierlichen Inthronisation die Aufführung eines großartigen Feuerwerks im Schloss Neuhaus durch. Ob neben anderen Plettenberg oder auch Corfey Schlaun den Feuerwerksentwurf zugeschanzt haben, wissen wir nicht. Jedenfalls war er jetzt bekannt und die Versetzung nach Münster unter Ernennung zum Landmesser und Beförderung zum Kapitänleutnant des Fürstbistums Münster waren die Folge. Auch die große, noch im gleichen Jahr angetretene und vom Fürsten bezahlte Studienreise macht sehr deutlich, dass Clemens August und die Gönner Schlauns, unter ihnen jetzt gewiss an erster Stelle Ferdinand von Plettenberg, die große Begabung des Paderborner Landeskindes erkannt haben.

Erste Planungen durch Johann Conrad Schlaun

1723 kehrte Schlaun aus Frankreich kommend nach Münster zurück, und sogleich hat ihn Plettenberg beschäftigt. In Nordkirchen setzte er im September – vielleicht als Probe-

arbeit – einen Liefervertrag auf.[71] Doch nachdem Fürstbischof Clemens August am 12. November 1723 von seinem Onkel Joseph Clemens den Kölner Kurhut übernommen hatte, orientierte sich Plettenberg in das Rheinland. Mit seinem Herrn – und auch dem Architekten Schlaun, der 1725 eine Kölner Honoratiorentochter heiratete und zugleich seinen bäuerlich-niederdeutsch klingenden Namen »Schluen« in das hochdeutsche »Schlaun« änderte – übersiedelte Plettenberg nach Bonn, wo er sein neues Stadtpalais von den kurkölnischen Hofkünstlern unter d'Hauberat und – nach dessen Wechsel in kurpfälzische Dienste 1725 – unter Leitung Schlauns modernisieren ließ.[72]

Auch für sein Schloss Nordkirchen hatte Ferdinand große Pläne, die alles bisher Geschaffene übertrafen. Es war daher ungeheuer folgenreich, dass er just in diesem Moment seinen kongenialen Architekten gefunden hatte. Aber, waren Gottfried Laurenz und Peter Pictorius nicht vorzügliche Baukünstler gewesen? Der Erstere war 1723 sechzig, der jüngere Bruder fünfzig Jahre alt, Schlaun stand im 28. Lebensjahr. Gottfried Laurenz widmete seit 1695 fast sein halbes Leben dem Schlossbau und erfüllte daneben noch sehr zahlreiche Aufgaben als Landingenieur im Bistum. Außerdem hatte er als Offizier bei der münsterischen Infanterie nicht weniger als 14 Feldzüge mitgemacht. Peter Pictorius, obgleich vielgereist, hatte als Bauleiter und Dessinateur verdienstvoll gewirkt, aber seine Detail-Entwürfe möglichst neuen Publikationen, erst von Augustin Charles d'Aviler (1699), dann von Paul Decker (1711) entnommen.

Ist es daher verwunderlich, dass der wesentlich jüngere Bauherr sich einem jungen Architekten zuwandte, einem Architekten, der voll frischer Eindrücke und Erfahrungen soeben aus Italien und Frankreich gekommen war? Ein abrupter Bruch erfolgte nicht; die Brüder arbeiteten nun in Münster für den Minister, so beim Umbau der Landsberg'schen Kurie an der Pferdegasse ab 1726. Schon bisher waren Spezialisten für die Entwürfe etwa der Stuckdekorationen hinzugezogen worden, nun eben auch Schlaun neben anderen Bonner Hofkünstlern. Die ästhetischen Entscheidungen

148 Hauptgebäude, Speisezimmer, Buffetwand, Holztäfelung, J. B. Fix nach J. C. Schlaun um 1725/32, unter Verwendung von Teilen nach P. Pictorius

traf damit der Bauherr nach ihm vorgelegten Entwürfen mehrerer Künstler, nicht (mehr) nur der Architekt.

Die Dekoration des Speisezimmers

Es gibt ein hochinteressantes Zeugnis, das den Generationswechsel direkt belegt. Es sind dies im Landesmuseum Münster verwahrte Entwürfe für die Dekoration, die vielleicht zweite neue Ausschmückung des Speisezimmers im Mittelbau des Schlosses (Abb. 149, 150, 156, 157). Zwei Blätter sind von der Hand des Peter Pictorius, der hier die Rolle des Dessinateur, des Zeichners der detaillierten Dekorationsentwürfe wahrnahm, sie spiegeln wie in dessen anderen Entwürfen auch die Meinung des älteren Bruders wider (Abb. 149, 156). Drei Blätter stammen von der Hand Schlauns (Abb. 150, 153, 157, 159). Der Bauherr wünschte offenbar für diesen Raum eine Wanddekoration im neuen Geschmack der Ré-

gence, den Schlaun 1723 in Paris studiert hatte und den Plettenberg im September 1725 in Paris selbst bewundern konnte.

An der Westwand sah Pictorius in der Mitte ein Buffet (*Schenke in daß speyse Zimmer*) mit hohem Wandfeld darüber vor, das mit *Spiegelglass* oder *holländische Steinger* gefüllt werden sollte (Abb. 149), also entweder einem Spiegel oder einem Bild aus holländischen Kacheln (ein sog. »Tegeltableau«). Zu beiden Seiten folgten die Türrahmen mit Supraporten darüber, in denen Darstellungen aus der antiken Mythologie sitzen sollten – es sind genaue Kopien eines Kupferstiches aus Paul Deckers »Fürstlichem Baumeister« von 1711 einschließlich der Szenen aus der Apollo-Mythologie.[73] An den Feldern dazwischen sollten über dem Lambris zwei Wasserbehälter hängen. Die vertikalen Wandstreifen sollten durch Füllungen mit Netzwerk und je einer großen Rosette aufgeteilt werden. Insgesamt wäre so eine stark vertikal aufgebaute Gliederung entstanden, die durch das Verspringen in der Höhe von Haupt- und Nebengliedern kein horizonta-

Ausstattung und Vollendung 1719 bis 1734

149 Speisezimmer, Entwurf der
Buffetwand, P. Pictorius
(Bz P 102)

150 Speisezimmer, Entwurf
der Buffetwand, J. C. Schlaun
um 1723/24 (Bz SB 107)

151 Speisezimmer, Buffetwand, 1891, im Zentrum Kniebildnis des Grafen Ferdinand von Plettenberg, wohl J. F. van Douven, aktualisiert 1732

les Äquivalent gehabt hätte. Die Ornamente sollten sich aus Muscheln und Bandwerkstücken, also älteren Formen, zusammensetzen. Nur die Blütenschnüre in den Lisenen und das Netzwerk in den Füllungen waren dem fortschrittlichen Formenschatz französischer Provenienz entnommen.

Der Entwurf der Fensterwand zeigt in zwei Alternativen Lambris und profilgerahmte Fensternischen (Abb. 156). Die Trumeaux dazwischen sollten entweder durch eine Füllung, nun mit wesentlich vollständigerem Régence-Ornament, oder durch Tapisserien verkleidet werden. Bemerkenswert

152 Speisezimmer, Nordwand, über der Tür das Bild des früh verstorbenen Werner Anton von Plettenberg

153 Speisezimmer, Entwurf der Nordwand, J. C. Schlaun (Bz SB 106)

154 Kurfürst Joseph Clemens von Köln, Werkstatt J. Vivien (F. J. Winter ?) um 1723/24

Ausstattung und Vollendung 1719 bis 1734

155 Clemens August von Bayern als Fürstbischof von Münster und Koadjutor von Kurköln, Werkstatt J. Vivien (F. J. Winter ?) um 1723/24

156 Speisezimmer, Entwurf der Fensterwand, P. Pictorius (Bz P 101)

157 Speisezimmer, Entwurf der Fensterwand, J. C. Schlaun (Bz SB 105)

Ausstattung und Vollendung 1719 bis 1734

158 Speisezimmer, Fensterwand, mit den (vertauschten) Bildnissen des Ferdinand Dietrich von Merveldt zu Lembeck (1681–1765) und seiner Frau Maria Josepha geb. von Westerholt (1693–1762)

ist die genaue Darstellung der Fenster selbst, die danach als Holzkreuze mit Gläsern in Bleisprossen ausgeführt waren. Pictorius hat die Ornamentmotive für seinen Ausstattungsvorschlag den Vorlagen des Jean Lepautre (1618–1682), Jean Bérain (1640–1711) und auch Daniel Marot (ca. 1663–1752) entnommen. Er hatte aber anscheinend ausgeführte Innenräume in dem seit 1715 entwickelten modernen Régence-Stil nicht aus eigener Anschauung gekannt. Dennoch hat man mit der Ausführung der Wanddekoration nach seinen Plänen begonnen.

Schon aus dem Jahre 1723 gibt es im Nordkirchener Archiv einen Vertrag zur Lieferung der beiden Muschelbrunnen aus Namurer Marmor im Speisezimmer, den Schlaun in genauer und klarer Weise aufgesetzt hat.[74] Damit ist sicher, dass er im Nordkirchener Bauwesen konsultiert wurde. Er dürfte es auch gewesen sein, der den Bauherrn auf gewisse altertüm

liche Mängel der Speisezimmerdekoration hingewiesen hat. Seine Entwürfe waren, was den neuen Dekorationsstil betraf, überzeugend. Außerdem hat er in der Ausführung, bei der er den Bildhauer Johann Bernhard Fix zur Seite hatte, alle schon fertigen Teile integriert (Abb. 150). Für die (westliche) Buffetwand übernahm er die Lambris, die beiden Türgestelle und die schmalen Rahmenlisenen des Mittelfeldes. Dieses gestaltete er ganz anders (Abb. 148). Hinter dem frei vor der Wand stehenden Buffettisch erhob sich ein elegant gerahmter Wandschrank und darüber ein Gemälderahmen, bekrönt von dem Wappen Plettenbergs. Dabei gewann er noch Platz für zwei ionisierende Pilaster, die geschickt eine Vorlage für das Mittelfeld ermöglichten. Die Rosette schob er auf eine Höhe mit den Sockeln der Supraporten und der Stoßkante zwischen Rahmen und Schrank, so dass eine durchgehende Horizontale die Wand gliederte.

159 Speisezimmer, Entwurf der Kaminwand (Abb. 150 mit Deckblatt), J. C. Schlaun um 1725/32 (Bz SB 107a)

An der gegenüberliegenden östlichen Kaminwand wiederholt sich dieser Aufbau exakt, nur sollte hier statt des Buffets ein Kachelofen die Mitte bilden, den Schlaun als Deckblatt gezeichnet hat (Abb. 159). Ein weiß-blau bemalter Kachelofen wurde im Januar 1725 von L. H. Großheim in Hannover geliefert, der allerdings 1732 durch einen gusseisernen, von Schlauns Schwager Engelbert Thelen in Marsberg gelieferten Eisenofen ersetzt wurde, dessen Model Johann Bernhard Fix schnitzte, denn 1732 erfolgte noch einmal eine Umarbeitung des ganzen Zimmers. Der Buffetschrank wurde vergrößert und der alte auf dem Boden eingelagert.[75] Durch Strecken der Zwischenfelder als Hauptträger der Régence-Ornamentik kamen auch deren mittlere Rosetten auf die

Höhe der Türstürze zu liegen, womit ein optisch ausgeglichener Zierverband erreicht war. Für die Trumeaux zwischen den Fenstern sah Schlaun Wandtische mit Spiegeln darüber (Abb. 157) und außerdem – in gleicher Größe wie die Supraporten – Gemäldefelder vor (Abb. 158). Bemerkenswert sind die »moderneren« französischen Holzsprossenfenster. Dieser Entwurf ist, erkennbar an der Spiegelrahmung, auch eine verworfene und daher archivierte Variante, aber dem ausgeführten Entwurf sehr nahe, ebenso wie die erhaltene Entwurfszeichnung der Nordwand (Abb. 152, 153). Die Wände waren ausweislich von Farbresten in den Schnitzereien (freundlicher Hinweis von Herrn Gerhard Rengshausen) ursprünglich weiß gefasst,

Ausstattung und Vollendung 1719 bis 1734

160 Speisezimmer, Kaminwand, mit den Bildnissen des Bernhard Wilhelm Graf von Plettenberg-Lenhausen (1695–1730) und seiner Frau Sophia geb. von Westerholt zu Lembeck (1696–1766) als Supraporten

die Schnitzereien vergoldet. So wird der Raum in den Rechnungen auch das *weiße Zimmer* genannt. Die Schnitzereien schuf, wie gesagt, Johann Bernhard Fix, der auch Vergoldungen besorgte, die aber schon 1732 von dem Bonner Hofvergolder Joseph Heydeloff erneuert wurden. Diese weißgoldene Farbfassung, die in den Räumen des Ostflügels erhalten ist und die man in vielen zeitgenössischen französischen Schlössern, aber auch in Schleißheim und der Münchner Residenz, in Brühl und Ansbach und weiteren in jenen Jahren ausgestatteten Prunkräumen antrifft, ist 1850/51 abgebeizt worden. Damals holte man den alten, 1723 von Fix geschnitzten Buffetschrank vom Boden und baute ihn in der östlich angrenzenden kleinen »Silberkammer« wieder ein (Abb. 271), was erst nach 1970 rückgängig gemacht wurde.

Das Speisezimmer ist heute in seinen naturfarbenen Eichenholzboiserien wohl eines der schönsten Interieurs dieses französisch geprägten Régence-Stils in Westfalen. Zugleich ist es hierfür das früheste Beispiel im ganzen Land. Im Schloss liegt es zentral zwischen den Gesellschaftsräumen des östlichen Appartements und den Wohnräumen der gräflichen Familie im Ostflügel, wohin man nur ein kleines »Tranchierzimmer« (*Cabinet de menage*) zum Anrichten der Speisen durchschreiten musste. Es ist über den Türen und Spiegeln mit Familienbildern verziert, und zwar mit den Bildnissen des gräflichen Ehepaares, seiner Brüder und der Schwäger des Bauherrn, die alle Schwestern der Bauherrin von Westerholt geheiratet hatten. Über dem Kamin und dem Buffet hingen nach der Beschreibung von 1911 sehr qualitätvolle Bildnisse des Grafen Ferdinand mit dem Orden vom Goldenen Vlies – zu sehen auf einer alten Innenaufnahme (Abb. 151), vielleicht von Joseph Vivien[76] – und seiner Frau. Als Gemälde-Supraporten waren Bildnisse der beiden Brüder Werner Anton (Nordseite, Abb. 51, 152) und Bernhard Wilhelm (Ostseite, Abb. 160) angebracht, Letzterer mit seiner Frau Sophia von Westerholt (1696–1766),

161 Westliches Appartement, »Kurfürstenzimmer«, Kamin, um 1723/25

den Spiegeln der Fensterwand (Abb. 158) hängen die Bildnisse der ältesten Schwester und Erbin zu Lembeck, Maria Josepha von Westerholt (1693–1762), und ihres Mannes Ferdinand Dietrich von Merveldt zu Westerwinkel (1681–1765), seit 1726 Reichsgraf. Bis auf den früh verstorbenen Werner Anton waren alle gräflichen Standes. Die Ehepaare von Plettenberg-Lenhausen und von Merveldt (vgl. Abb. 277, 278) sind 1723 beziehungsweise 1726 auch von Jan Frans van Douven porträtiert worden.

Die Familienbilder sind kombiniert mit den beiden großformatigen Sitzbildnissen der Kurfürsten Joseph Clemens und des jungen Clemens August nach Vivien (Abb. 154, 155). Der Text in der aufgeschlagenen Bibel des Clemens August – *quodcunque ligaveris super terram, erit ligatum et in coelis* (Was immer auch Du auf Erden bindest, wird auch im Himmel gebunden sein) – bezieht sich auf Plettenbergs Bemühungen um seine Wahl zum Erzbischof und Kurfürsten von Köln. Auch Mitra und Kurhut (nicht Fürstenhut, wie schon behauptet wurde, vgl. Abb. 161)[77] verweisen darauf. Die Bildnisse werden 1723/24 in der Werkstatt des Joseph Vivien in München entstanden sein.

Das Speisezimmer hat noch zwei Umdekorationen im Schloss zur Folge gehabt (Abb. 144, 161). Im Westappartement wurde der schlichte Marmorkamin im Schlafzimmer durch einen eichenen Aufbau bereichert, der zwischen zwei korinthischen Pilastern mit Sprenggiebel und krönender Attika einen Rundspiegel mit Gemäldefeld darüber besitzt. Das Plettenbergische Allianzwappen ist mit der Kette des St. Michaelsordens geschmückt. Das Bildnis des Fürstbischofs Clemens August im Aufsatz ist ein eigenhändiges Gemälde des Düsseldorfer Hofmalers Jan Frans van Douven vor seinem Aufstieg zum Kurfürsten 1723, zeigt es doch im Hintergrund den perlenbesetzten Fürstenhut. Die Form des Aufsatzes mit der eigenartig feingliedrigen Ornamentik gleicht der des 1723 von Fix geschnitzten Buffetschrankes (Abb. 271). Als Gegenstück hat der Kaminaufsatz im östlichen Zimmer des Ostappartements zu gelten (Abb. 117). Er ist aus reinen, aber streng geführten Ornamentmotiven aufgebaut und mit Netzwerk und Blütenketten dekoriert. Das hochovale Gemäldefeld enthält eine Darstellung der Geburt des Bacchus von Johann Martin Pictorius. Flankiert wird das querrechteckige und eingekurvte Spiegelfeld von zwei geflügelten Putten-Hermen. Die Ausführung besorgte wohl Johann Bernhard Fix um 1723/25. Liegt dem Aufbau eine Skizze Schlauns zugrunde?

Die Frage wirft die nach der Arbeitsteilung zwischen Architekt und Dekorationszeichner (Dessinateur) auf: Schlaun

sowie der jüngsten der fünf Schwestern, Rosa Veronica von Westerholt (1697–1764), die 1722 den Grafen Johann Wilhelm von Schaesberg (1696–1768) geheiratet hatte (Westseite, Abb. 148). Schaesbergs Bildnis ist vom Düsseldorfer Hofmaler Jan Frans van Douven (1656–1727) signiert; dieser hat bis zu seinem Tode als Kunstberater Plettenbergs gewirkt und auch in seinem Auftrag Bildnisse gemalt. Über

162 Alternativentwurf zu einem Kaminaufsatz, Bleistiftzeichnung, wohl Moreau um 1725/27 (Bz N 22)

163 Kaminplatte im »Kurfüstenzimmer«, 1732 zehnfach gegossen von L. E. Thelen in Marsberg, nach Modell von J. B. Fix

zeichnete den Rahmen, und der spezialisierte Ornament-zeichner trug seinen Entwurf ein. So war es beim Pletten-berger Hof in Bonn und auch noch später ab 1738 in Cle-menswerth, wo der kurfürstliche Hofdessinateur Stephan Laurent Delarocque († 1742), den Kurfürst Joseph Clemens um 1717 aus Paris berufen hatte, alle Wanddekorations- und Stuckentwürfe zeichnete. Elemente seiner am französischen Régence-Stil geschulten Formensprache zeigen auch die bei-den Kaminaufsätze des Speisezimmers mit ihrem Netzwerk, den Fächern und Muscheln, den grazilen Festons (Abb. 150). Dabei handelt es sich aber eindeutig um eigenhändige Zeichnungen Schlauns, die an ihrer sehr vorsichtigen, stri-chelnden Linienführung erkennbar sind.

Hier verdient eine Bleistiftzeichnung Beachtung, die im Nachlass Schlauns überliefert ist (Abb. 162). Zwar war die hier dem Zeichner gestellte Aufgabe eine andere – ein grö-ßeres Kaminbild oder ein Spiegel war hier zu rahmen –, aber in der Auffassung des profilierten Rahmens und in der Fel-derfüllungen ist es sehr ähnlich. Diese Zeichnung lässt sich nun aufgrund der auf der Rückseite befindlichen Notizen dem Zeichner Moreau zuweisen,[78] der zwischen 1725 und 1727 in Bonn für den Grafen Plettenberg tätig war und auch in Nordkirchen zwischen März und Mai 1725 nachweisbar ist. So kann sich die Zeichnung zwar auch auf eine Dekora-tion des Plettenberger Hofes in Bonn beziehen, aber die Nähe zu den beiden Kaminaufsätzen und auch zu den noch

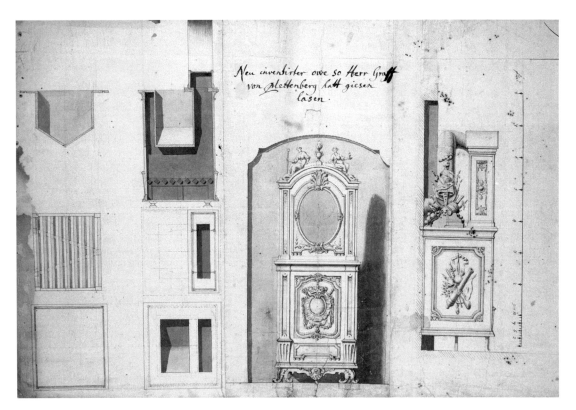

164 Entwurf für einen Ofen, J. C. Schlaun und St. L. Delarocque um 1730 (Stadtmuseum Münster)

165 Speisezimmer, Stuckdecke, C. P. Morsegno mit D. Castelli wohl nach J. A. Biarelle 1730

Ausstattung und Vollendung 1719 bis 1734

166 Speisezimmer, Detail der Stuckdecke, C. P. Morsegno mit D. Castelli 1730

167 Speisezimmer, Ecke der Stuckdecke, C. P. Morsegno mit D. Castelli 1730

168 Ostflügel, Dekorationsentwurf für den östlichen Salon, J. C. Schlaun um 1730 (Bz SB 109)

zu besprechenden Wandgestaltungen des Ostflügels identifizieren diesen Herrn Moreau als Dessinateur von Dekorationen – bisher hielt man ihn für einen Mitarbeiter des Dominique Girard, also für einen Gartenarchitekten.

Ähnliches gilt für den Entwurf eines Ofens, bei dem Schlaun wohl die Rahmenzeichnung und die technische Konstruktion lieferte, in den dann ein Dessinateur, hier wahrscheinlich Stephan Laurent Delarocque, die Ornamentierung einzeichnete (Abb. 164). Eine Nische, wie sie hier vorgegeben ist, gab es in Nordkirchen indes nicht, und so bezieht sich der Entwurf wohl eher auf den Plettenberger Hof in Bonn.

Plettenberg hatte es vermocht, »seinem« Architekten auch den 1725 in Angriff genommenen Aus- und Umbau des kurfürstlichen Jagdschlosses in Brühl bei Bonn zuzuweisen. Clemens August ist Schlaun sehr gewogen gewesen. Mit seiner Tätigkeit in Brühl begann für ihn eine Kette von Aufträgen, Rangerhöhungen und persönlichen Ehrungen durch den Fürsten. Plettenberg und Schlaun hatten seit 1723 und 1724 ständige Verbindung zu allen künstlerischen Unterneh

mungen in Bonn und Köln. Immerhin war es für Schlaun ein großer Erfolg, dass seine Entwürfe für Brühl angenommen wurden anstelle der Pläne des französischen Architekten Guilleaume d'Hauberat († 1749), der ein Schüler des großen Robert de Cotte war. So haben Schlauns eigene Pariser Erfahrungen und die berufliche Bindung zu dem französisch orientierten Bauwesen in Bonn auch für Nordkirchen eine Planungswende gebracht. Hinzu kam sicher auch noch der durch den Kurfürsten veranlasste Kontakt Schlauns mit der Hofbaukunst in München, die gleichfalls französisch orientiert war, ebenso wie die am kurpfälzischen Hof in Mannheim, wohin d'Hauberat 1725 als Hofarchitekt wechselte.[79]

Die Neuausstattung des Ostflügels ab 1730

Das Speisezimmer in Nordkirchen war der erste im »modernen« Geschmack ausgestattete Raum in Westfalen. Einige Jahre später ließ Plettenberg seinen Plafond (Abb. 165) und alle Erdgeschossräume im Ostflügel im Geschmack der voll entwickelten französischen Régence-Dekoration neu ausstatten (Abb. 168–183). Inzwischen hatte Schlaun 1728 den Rohbau des Schlosses in Brühl fertig übergeben, musste aber die weiteren Arbeiten anderen Künstlern überlassen. Clemens August verlieh ihm im gleichen Jahr den Rang eines Oberstleutnants der Artillerie und war 1729 Taufpate seines ältesten Sohns zusammen mit der Gräfin Plettenberg. Am 15. Januar 1729 starb Gottfried Laurenz Pictorius. Schlaun übernahm seine Stellung als Landingenieur des Fürstbistums Münster und kehrte endgültig nach Westfalen zurück. In Nordkirchen gingen alle Arbeiten jetzt nach seinen Entwürfen weiter.

1730 verpflichtete Plettenberg die Stuckateurmeister Carlo Pietro Morsegno und die Brüder Castelli für die Dekorationen der neu auszustattenden Räume (Abb. 169–189), sicher nur mit Zustimmung des Kurfürsten. Die drei hatten soeben das großartige Gelbe Appartement im Nordflügel zu Brühl in Zusammenarbeit mit François Cuvilliés aus München und dem Bonner Hofdessinateur Stephan Laurent Delarocque († 1742) ausgestattet. Nun überzogen sie die Plafonds im Speisezimmer (Abb. 165–167) wie auch alle Salons und Kabinette im Ostflügel zu Nordkirchen mit grazilen Ornamenten aus locker gekoppelten, in S-Schwüngen geführten Rahmenstäben, umspielt von zarten Blütenranken und Gehängen (Abb. 169–182). Mascarons, Embleme, Blumen und feinste Netzwerkpartien bilden quellende Zentren. Dabei ist die Anordnung stets so, dass die Hauptzone dieses Spiels entlang der Deckenkehle liegt und in den Raumecken sowie in der Mittellinie der Wände elegant in die glatte Fläche vorbrandet. Im Mittelpunkt der Plafonds antwortet diesem Ornamentwerk jeweils eine große lockere Rosette. Dies ist das von der Dekorationsregel geforderte Prinzip. Keine Einzelform gleicht der anderen. Die Entwürfe sind aus Bonn geliefert worden. Zufällig haben sich drei Entwurfszeichnungen erhalten, die den Plafond des kleinen Südwestkabinetts (Abb. 182, 183), des Westsalons (Schlafzimmer des Grafen, Abb. 179–181) sowie des Südsalons (Schlafzimmer der Gräfin) darstellen (Abb. 174–176). Nach der Zeichenweise dürften sie alle drei von einem Mitarbeiter des genannten Hofdessinateurs Delarocque, Johann Adolf Biarelle (um 1705/06–1750), und nicht, wie man früher meinte, von Michel Leveilly selbst stammen.[80] Die Ausführung hat sich genau nach diesen Entwürfen gerichtet.

Der Wallone Biarelle, der 1725 bis 1728 unter Delarocque am Plettenberger Hof arbeitete, war 1730 bis 1733 in Schloss

169 Ostflügel, östlicher Salon, Ecke der Stuckdecke: Putto als Verkörperung der Bildhauerkunst

170 Ostflügel, östlicher Salon, Nordwand mit Bildnissen des Fürstbischofs Friedrich Christian von H. F. Delgleze 1726 und seines Großvaters Christian von Plettenberg

171 Ostflügel, östlicher Salon, Bernhard von Plettenberg (1615–1681)

172 Ostflügel, östlicher Salon, Odilia von Plettenberg geb. von Fürstenberg (1617–1683)

Brühl und im Gartenschlösschen Falkenlust selbstständig tätig und wechselte 1736 als Dekorationsmaler und Bauzeichner nach Ansbach, das bis 1745 zu dem bedeutendsten Schlossbau in Franken nach Würzburg und Pommersfelden ausgestattet wurde. 1743 kehrte er als Nachfolger des Delarocque nach Bonn zurück und schuf Dekorationsentwürfe für Innenräume in Schloss Poppelsdorf und für das von Balthasar Neumann gestaltete Treppenhaus in Brühl. Dass Biarelle in Nordkirchen 1730 seine ersten nachweisbar eigenständigen Dekorationen verwirklichen konnte, beweist wieder einmal den sicheren Geschmack des Grafen Ferdinand.

Für die Wanddekoration war Schlaun selbst zuständig. Von seiner Hand sind zwei Entwürfe erhalten, die Kamine mit Aufsätzen, Türachsen, Wandspiegel und Wandfelder wiedergeben (Abb. 168, 177). Man erkennt auf ihnen die Kaminwand des südlichen Salons und den Trumeauspiegel ebendort sowie den Kamin mit Aufsatz nebst Türachse im östlichen Salon (Schlafzimmer der Kinder, Abb. 176, 177). Schlaun besorgte auch die farbigen Marmorkamine, die Spiegel und die Kachelöfen. Die hölzernen Paneele fertigte

der Schreiner Johann Zimmermann aus Bonn, auch Johann Bernhard Fix besorgte wieder Schnitzarbeiten. Für die Vergoldungen kam der kurkölnische Hofvergolder und Bildhauer Joseph Heydeloff aus Bonn.

Das ikonographische Programm dieser Räume ist nicht immer leicht zu entschlüsseln. Das 1905 im Foyer (*Vorhaus*) des Ostflügels eingerichtete Arbeitszimmer des Herzogs von Arenberg (Abb. 103, Buchstabe »q«) ist zur Schaffung eines größeren Hörsaals 1976 mit dem westlichen Salon vereinigt worden. Letzterer war ursprünglich als Schlafzimmer des Grafen gedacht und wurde dann zum Salon der Gräfin (mit Blick auf den Schlosshof zur Kontrolle des Hauses) bestimmt (Abb. 103, »r«). Hier sind die Supraporten (früher Allegorien der vier Elemente) allesamt ersetzt worden. Die Dame in der Südwestecke (Abb. 179) könnte mit dem roten Mantel über dem weißen Kleid eine der fünf Schwestern Westerholt sein, vielleicht die zweitälteste Clara Franziska (1694–1763), seit 1719 Äbtissin des Damenstifts Langenhorst und ab 1721 auch von Freckenhorst. An beiden Orten ließ sie bis 1722 bzw. 1738 bis 1747 das Äbtissinnenhaus neu errichten.[81] Der blauberockte Herr über dem Kamin (1911 im

173 Ostflügel, östlicher Salon, Stuckdecke, C. P. Morsegno und D. Castelli 1730/31

174 Ostflügel, südlicher Salon, Stuckdecke, C. P. Morsegno und D. Castelli 1730/31

Südsalon) ist der Enkel Ferdinands, Erbmarschall Clemens August Graf von Plettenberg (1742–1771, vgl. Abb. 323),[82] links neben ihm (Abb. 181) eine Dame aus der kurbayerischen Schönheitengalerie, und links über Eck ein weiteres qualitätvolles Bildnis des Grafen Ferdinand aus den Jahren um 1719 (Abb. 146). In der Stuckdecke (Abb. 181) sind mit den Frauenköpfen der vier Seiten vielleicht die vier Erdteile gemeint als Hinweis auf die politische Betätigung des Hausherrn. Das südwestlich anschließende Kabinett zeigt im Zentrum den Eros-Knaben (Abb. 182, 183), in den Ecken Kartuschen mit gekreuzten Trompeten für Ruhm und Ehrgeiz. Daneben kündet die Kammerkapelle (Abb. 184–188) von der Frömmigkeit des Grafen. 1732 schuf man einen Wanddurchbruch, um einen Blick auf den Altar zu schaffen.[83] Der Altar selbst ist leider nicht erhalten. Als Altarbild dient heute ein aus dem Kunsthandel zurückerworbenes Tafelbild (Abb. 187), eine Votivdarstellung des Wolter von Plettenberg (livländischer Ordenslandmeister 1494–1535), die auf einem zweiten, größeren Stück in Schloss Hovestadt 1516 datiert ist.[84] Die Bezugnahme auf berühmte Verwandte

175 Entwurf für die Stuckdecke im südlichen Salon, wohl J. A. Biarelle um 1730 (Standort unbekannt)

Ausstattung und Vollendung 1719 bis 1734

176 Ostflügel, südlicher Salon, Ostwand mit Bildnis des Wolter von Plettenberg († 1535) zwischen denen des Johann Adolf von Plettenberg (1655–1695) und dessen Frau Franziska geb. von Wolff-Metternich (1667–1722)

177 Ostflügel, Dekorationsentwurf für den südlichen Salon, J. C. Schlaun (BZ SB 108)

178 Ostflügel, südlicher Salon. Nordwest-Ecke mit Supraporten: Odilia von Fürstenberg (1617–1683) und ihr Schwager, der münsterische Domscholaster Christian von Plettenberg (1612–1687)

179 Ostflügel, westlicher Salon, Südwand: über dem Kamin Bildnis des Clemens August Graf von Plettenberg (1742–1771), rechts wohl Clara Franziska von Westerholt (1694–1763), Äbtissin von Langenhorst und Freckenhorst

längstvergangener Zeiten ist für das barocke Selbstverständnis der adeligen Familien charakteristisch.

Das anschließende Appartement – der südliche Salon, ursprünglich das Schlafzimmer der Gräfin, später des Grafen (Abb. 103, »x«) – hat als Kaminbildnis den Ordensmeister Wolter von Plettenberg (Abb. 176) zwischen den Eltern des Grafen, Johann Adolf von Plettenberg (1655–1695) und Franziska Theresia geb. von Wolff-Metternich (1667–1722). Dieses Bild lieferte wohl Gerhard Kappers 1725.[85] Gegenüber die Großeltern Bernhard von Plettenberg (1615–1681) und seine Frau Odilia von Fürstenberg (1617–1683), rechts (Abb. 171, 172, 178) der Bruder Bernhards, der münsterische Domscholaster Christian von Plettenberg (1611–1687). An den Seiten der Stuckdecke sind Frauenköpfe mit Diadem als Hinweise auf weibliche Tugendhaftigkeit angebracht. Das südöstliche Seitenkabinett mit einer älteren, vor 1718 gefertigten Stuck-

decke ziert als Deckenbild die Caritas als Verkörperung der mütterlichen Liebe (Abb. 125), wofür Johann Martin Pictorius am 24. Januar 1716 15 Taler erhielt. Über einen Durchgangsraum geht es dann in das ursprüngliche Kinderschlafzimmer (östlicher Salon, Abb. 103), dem späteren Salon des Grafen. Das Kaminbild stellt den Fürstbischof Friedrich Christian dar. Es ist vom Maler H. F. Delgleze signiert und vermutlich um 1726 entstanden. Die Supraporte rechts (Abb. 170) füllt das Bildnis eines Herrn in der Tracht um 1630/40, mit dem wahrscheinlich Christian von Plettenberg zu Lenhausen (1576–um 1643/46) gemeint ist, der Großvater des Bischofs. Die beiden anderen sind münsterische Domherren, tragen sie doch das 1721 von Clemens August gestiftete Brustkreuz. Ausweislich der Agraffe handelt es sich wohl um Dompröpste. In Frage kommen aus zeitlichen Gründen zwei mehr oder minder entfernte Verwandte, der seit 1712

Ausstattung und Vollendung 1719 bis 1734

180 Ostflügel, Entwurf für die Stuckdecke im westlichen Salon, J. A. Biarelle um 1730 (Stadtmuseum Münster)

181 Ostflügel, Stuckdecke im westlichen Salon, Südostecke, um 1730/31, links Bildnis des Ferdinand von Plettenberg (Abb. 146) um 1719

182 Ostflügel, Stuckdecke im Südwestkabinett, um 1730/32

183 Entwurf für die Stuckdecke im Südwestkabinett, J. A. Biarelle um 1730
(Standort unbekannt)

amtierende Hermann Wilhelm Freiherr von Wolff-Metternich (1665–1722), ein Halbbruder des Fürstbischofs Franz Arnold, und dessen vierter Nachfolger Friedrich Christian Freiherr von Plettenberg zu Marhülsen (1682–1752), der seit 1732 amtierte und vorher schon die Prälaturen eines Vizedominus (1727–1730) und eines Domscholasters (1730–1732) bekleidet hatte.[86] Der didaktische Wert der würdigen Herren erschließt sich kaum, aber immerhin werden damit die politischen Verbindungen des Hausherrn anschaulich. Der Deckenschmuck dagegen (Abb. 173) ist dem Raumzweck sehr angemessen: Auf den Seiten sind die zusammengebundenen Instrumente der Künste zu sehen, von Musik, Malerei, Skulptur und Baukunst.

Ausstattung und Vollendung 1719 bis 1734

184 Ostflügel, Entwurf für zwei Wände der Kammerkapelle, J. C. Schlaun um 1730/31 (Bz SB 104)

Eine ganz besonders kostbare Ausstattung erhielt die kleine gewölbte Kammerkapelle neben dem Südsalon. Die eigenhändige Vorzeichnung Schlauns für zwei Wände zeigt, dass er weitgehend für den Wandschmuck verantwortlich war (Abb. 184). Dieser besteht aus buntem Stuckmarmor, wobei korinthische Vollsäulen die ehemalige Altarnische rahmen. An der Altarwand befindet sich ein Stuckrahmen aus Blu-

men und Putten für das Altarbild (Abb. 187, 188). Der aufgelegte Stuck der Wandfelder und die weiße Gewölbestuckierung sind von Morsegno und Castelli, wie deren Bezahlung 1731/32 zeigt. Hervorragend die Qualität der von Putten gehaltenen Wappen mit dem Orden des Goldenen Vlies bzw. dem kaiserlichen Sternkreuzorden, dem angesehensten Damenorden des Reiches (Abb. 185, 186). Der Raum wurde 1905

185 Ostflügel, Kammerkapelle, Schildbogen mit Wappen der Gräfin Bernhardine geb. von Westerholt zu Lembeck, um 1731/32

186 Ostflügel, Kammerkapelle, Schildbogen mit Wappen des Grafen Ferdinand von Plettenberg, 1732

187 Ostflügel, Kammerkapelle, Wanddekoration mit Altarnische, C. P. Morsegno und D. Castelli um 1731/32

Ausstattung und Vollendung 1719 bis 1734

188 Ostflügel, Kammerkapelle, Zugangstür, C. P. Morsegno und D. Castelli um 1731/32

189 Westflügel, Südostkabinett, Ofennische, C. P. Morsegno 1730

für die Herzogin von Arenberg in ein Badezimmer verwandelt und diente als solches bis etwa 1970. Bei der Wiederherstellung schloss man um 1973 eine Türöffnung ins Nebenzimmer und restaurierte den Stuckmarmor. Die restaurierten Flächen haben sich in Hellrosa verfärbt und sind heute gut erkennbar.

Im Juli 1732 entstand im nordöstlichen Eckkabinett neben dem Salon des Grafen (Abb. 103) eine originale Wandmalerei mit einer Allegorie auf die Verleihung des Goldenen Vlieses an den Bauherrn (Abb. 145). Die Malerei löst die Raumecke in illusionistische Architektur auf. Hinter einem scheinbar über Eck gestellten Volutenbogen öffnet sich ein Illusionsraum, in dem Putten die Adelsinsignien und die Ordenskette des Goldenen Vlieses zeigen. Unten betrachtet Amor die durch seinen Pfeil zusammengehefteten Wappenschilde Ferdinands von Plettenberg und Bernhardi-

nes von Westerholt. Die Malerei ist ein Frühwerk des münsterischen Malers Johann Anton Kappers (1707–1762) von 1732.[87] Es ist ein Glücksfall, dass alle Räume des Ostflügels so gut erhalten sind. Im Westflügel ist nur ein Raum um 1730/31 wohl von Carlo Pietro Morsegno († 1772) stuckiert worden: das südöstliche Kabinett besitzt eine stuckierte Ofennische (Abb. 189). Die Ornamentik des Rundbogens auf den in Akanthusblätter auslaufenden Konsolen und der mittlere Aufsatz mit der Gesichtsmaske und dessen bekrönendem Blumenkorb gleichen den Formen des Speisezimmerstucks (Abb. 166), ebenso die fragilen seitlichen, im oberen Teil herzförmigen, gegeneinander gestellten und mit Rauten belegten Ranken. Morsegno war auf diese Art Stuckaturen spezialisiert.

Die Nordkirchener Raumausstattungen sind im ganzen Land sehr exklusiv geblieben, wenn man von wenigen Aus-

190 Ostflügel, Westlicher Salon, Wandfeld neben der Tür, J. Zimmermann und J. Heydeloff, um 1731/32

nahmen absieht. Deren wichtigste ist die Decke im großen Saal des Schlosses Lembeck, wo der Schwager des Grafen Ferdinand residierte und es möglich war, Morsegno und Castelli dahin »auszuleihen«. Die schönen Régence-Dekorationen bestimmten die Raumwirkung der kurfürstlichen Schlösser: außer der Augustusburg in Brühl den Jagdschlössern Falkenlust ab 1731 und Clemenswerth ab 1737.

Nordkirchen vermag so drei Arten von qualitätvollen Raumausstattungen darzubieten. Im Westflügel und im Obergeschoss befinden sich Stuckbalkendecken über glatten schmucklosen Wänden mit Holzlambris (Abb. 95–97), vereinzelt mit holländischen Fliesen gefüllt. Dazu treten kräftig profilierte schlichte Marmorkaminrahmen. Die Türen haben profilierte und verkröpfte Rahmen und Füllungen. Insgesamt gesehen ist dies ein ausgesprochen ländlich-barocker Stil – er ist der frühen, sparsamen Ausstattung während der Vormundschaft des Dompropstes Plettenberg (1706–1712) zuzuordnen. Die Schlosskapelle (Abb. 98, 99) und die Staatsräume im Mittelbau (Abb. 105–124) zeigen dagegen eine gravitätisch-prunkvolle Dekoration, wie sie der erste Bauherr, Fürstbischof Friedrich Christian, angestrebt hatte und wie sie der Schlosserbe Freiherr Ferdinand von Plettenberg bis 1719 fortführte. Der üppige Decken- und Wandstuck, kombiniert mit eingelassenen Gemälden, spiegelt den Stil Louis XIV. vor italienischem Hintergrund. Türen, Lambris und Kaminrahmen bleiben bei der schon beschriebenen Form. Die Raumeinheit wird durch Tapisserien, wie im Mittelsaal, oder durch kostbare Wandbespannungen, wie im Westappartement, verstärkt. Die dritte, ganz von der französischen Régence geprägte Dekorationsweise zeugt von dem hochgespannten Ehrgeiz des 1724 zum Reichsgrafen aufgestiegenen Ferdinand und setzt die hauchfeinen Stuckplafonds gegen durch lackiertes Rahmenwerk mit Wandbespannungen oder Boiserien gegliederte Wände (Abb. 148–190). Den Aufbauten über elegant geschweiften Kaminrahmen wird dabei besondere Bedeutung zugemessen. In der Kammerkapelle wurde polierter Stuckmarmor an den Wänden verwendet (Abb. 187, 188), und einmal, wohl zufällig erhalten, sind sie durch illusionistische Malereien bedeckt (Abb. 145). Kurz nach 1733 waren alle Arbeiten im Schloss beendet. Innenräume des späteren 18. oder des frühen 19. Jahrhunderts gibt es nicht, sieht man von der Umgestaltung des Speisezimmers in abgebeizte, in natürlicher Eiche belassene holzsichtige Vertäfelungen 1850/51 ab. Erst das 20. Jahrhundert hat wieder stärker auf die innere und äußere Baustruktur eingewirkt.[88]

Das neue Vorwerk und die Gärten

Zurück ins Jahr 1725: Damals war die gesamte Schlossinsel fertiggestellt. Die beiden inneren langen Brücken nach Süden und Westen waren errichtet, der Westgarten mit einer auch als Gartenkasino nutzbaren Orangerie angelegt. Aber die nächste Umgebung der Anlage war auf drei Seiten noch ungeformt. Über Zustand und erste Gestaltungsabsichten unterrichten die Zeichnungen P 19 (Abb. 48) und P 15 (Abb. 90). Auf der Nordseite des Schlosses lag jenseits des breiten Hausgrabens ein unregelmäßig geformter Geländestreifen, der fast zur ganzen östlichen Hälfte von dem schon genannten Teich, der *Dräncke*, eingeengt wurde (Abb. 47, 48). Er war übrigens durch einen kleinen Düker mit dem Hausgraben verbunden. Neben dem Teich lag die *Bleiche*. Außerdem standen hier eine Schmiede und ein Gartenhaus.

Auf der Westseite bildete ein Wegedamm die Außengrenze des Hausgrabens (Abb. 48). Er war auf der Westseite von einem Grabenlauf, dem *Zingellgrabe*, begrenzt, der, wie bereits erwähnt, als Sammler der von Westen zufließenden Quellwässer diente. Auch er war durch einen Düker mit dem Hausgraben verbunden. Gegen Norden schloss ihn ein *Bähr* – eine Staumauer – ab, um offenbar auch den von Norden kommenden Zufluss regulieren zu können. Westlich dieses Zingelgrabens lag das erste große holländische Gartenparterre.

Auf der Ostseite verlief, dem westlichen entsprechend, ein östlicher Wegedamm, der aber auf seiner Ostseite ohne Graben direkt an den *grossen Kampf* und den *Küchengarten* grenzte. Vor der damals noch geplanten Ostbrücke sollte eine Achsenallee nach Osten geführt werden. Neben der Allee war ein Durchlass unter dem Damm vorgesehen *Grunds Canall, wodurch das Wasser biss auff dem bodem dess grabens kann abgelassen werden*, wodurch also der Hausgraben entleert werden und sein Wasser Richtung Goorbach abfließen konnte.

Auf dem Plan P 15 ist außer der Skizze des großen Westgartens auch die Geländeregulierung um die Schlossinsel angegeben (Abb. 90). Im Süden ist anstelle des Baumgartens

ein Vorplatz in Gestalt eines stumpfwinkligen Dreiecks mit zwei zweiflügeligen Gebäuden gezeichnet. Vor der Dreiecksspitze ist die Möglichkeit eines Wegesterns angedeutet. Im Norden sollte anscheinend der vorhandene Teich erweitert und nur eine Insel in der Hauptachse ausgespart werden. Das alte Vorwerk, der Gräftenhof Nordkirchen, bestand noch draußen vor der Nordostecke des Schlossgrabens. Wahrscheinlich ist von alledem nur der Westgarten, wie schon beschrieben, zur Ausführung gekommen. Die beiden Gebäude auf dem Vorplatz sind schon damals entstanden und bestehen im Kern noch heute (Abb. 197, 198).[89]

Wir dürfen vermuten, dass um 1725 die Gestaltung dieses Außenbereichs der Schlossanlage Johann Conrad Schlaun anvertraut wurde (Abb. 191). Denn es ist das Jahr, in dem die großen Umgestaltungsarbeiten auch für den Garten einsetzen (Abb. 52). Schlaun hat die Pictorius-Idee aufgegriffen und zunächst den äußeren Graben um den dreieckigen Vorplatz, oder wie er jetzt besser genannt wird, das neue Vorwerk, führen lassen. Nachdem 1725 der Maurermeister Rußweg die Tiergartenalleebrücke errichtet hatte, folgte 1733 der Neubau der äußeren Südbrücke mit Zugbrückenjoch und Brückenpfeilern, deren Entwurf von der Hand Schlauns erhalten ist (Abb. 194).[90] Diese Brücke besteht heute noch (Abb. 68, 199). Vorhanden sind auch die anschließenden schwungvoll geführten Kurvenmauern der Vorwerkinsel. Über das ganze Vorhaben hier unterrichtet ein fein gezeichneter Lageplan von der Hand Schlauns, der zwischen 1725 und 1730 entstanden sein muss (Abb. 191). Er wollte die ganze Südfront des Vorwerks durch Futtermauern begrenzen, die auf der Südwest- und Südostecke wie kleine Schanzen leicht vorspringen sollten. Hier sollten genau auf den Ecken steinerne Wachthäuser vorkragen, die mit ihrem dreieckigen Grundriss und ausgerundeten Ecken ein höchst elegant gegliedertes Aussehen bekommen sollten.[91] In diesen Zusammenhang gehören sicher die schon erwähnten zusätzlichen steinernen Wachthäuser an den Brückenpfeilern von West- und Südbrücke (Abb. 192, 193) und die bastionsartig auskragenden Futtermauern an den Graben-

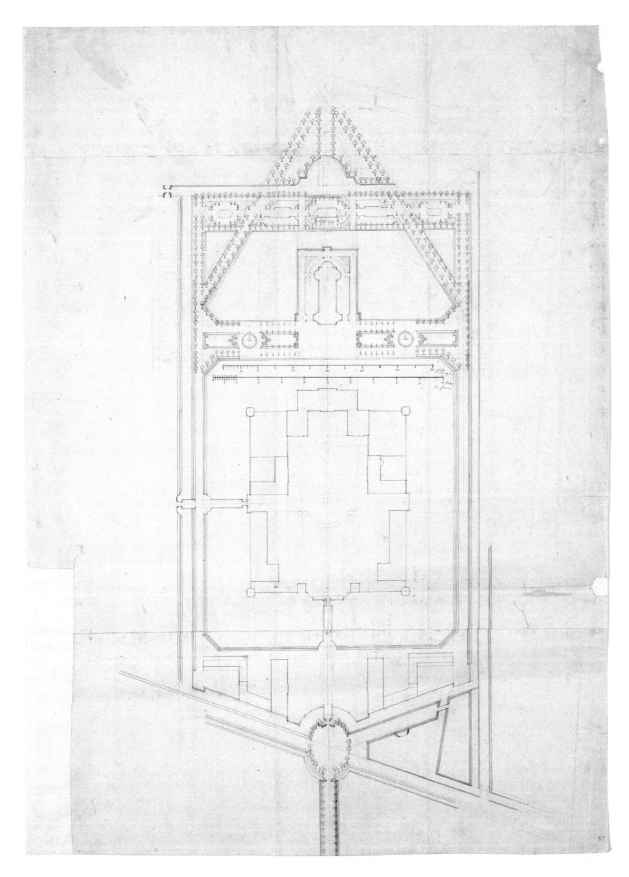

191 Generalplan für die Schlossinsel, das südliche Vorwerk und den Nordgarten, J. C. Schlaun um 1725/30 (Bz SB 87)

Das neue Vorwerk und die Gärten

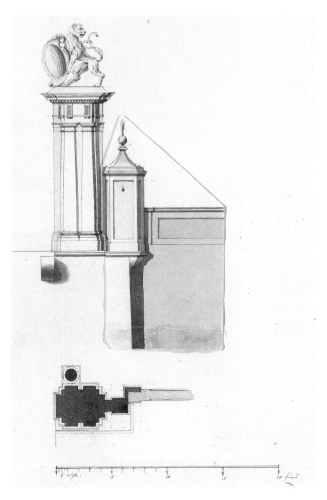

192 Schlossinsel, Pfeiler der Südbrücke mit Wachthäuschen, J. C. Schlaun um 1731 (Bz SB 114)

193 Schlossinsel, Pfeiler der Westbrücke mit Wachthäuschen, J. C. Schlaun um 1731 (Bz SB 115)

ecken (Abb. 191), auf denen der von den Morrien ererbte Geschützpark als Salutbatterie postiert werden sollte. Selbstverständlich sollten Vorwerk und Brücken nicht wirklich verteidigungsfähig gemacht werden. Vielmehr war es im ganzen Land auf den Adelssitzen üblich, durch solche Attribute auf die alten Vorrechte in Sachen Wehrhoheit symbolisch hinzuweisen.

Außerdem sollten auf dem neuen Vorwerk zwei weitläufige Gruppen von Wirtschaftsgebäuden entstehen, die Schlaun 1731 im Zuge dieser Aufwertung der Zugangssituation plante, die aber unausgeführt blieben (Abb. 195, 196): auf der Westseite der große Kuhstall, Schweinestall, Geflügelboden und Hundezwinger samt allen notwendigen Werkstätten und Futterküchen. Im Obergeschoss des großen Hauses war der Kornboden vorgesehen. Auf der Ostseite sollten sich die große Scheune und die Pferdeställe befinden

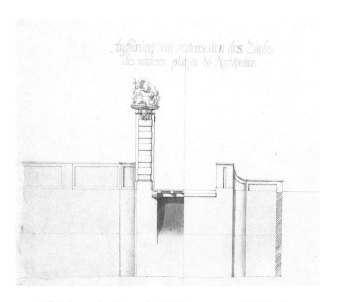

194 Südbrücke vor dem Vorwerk, J. C. Schlaun um 1733 (Bz SB 113)

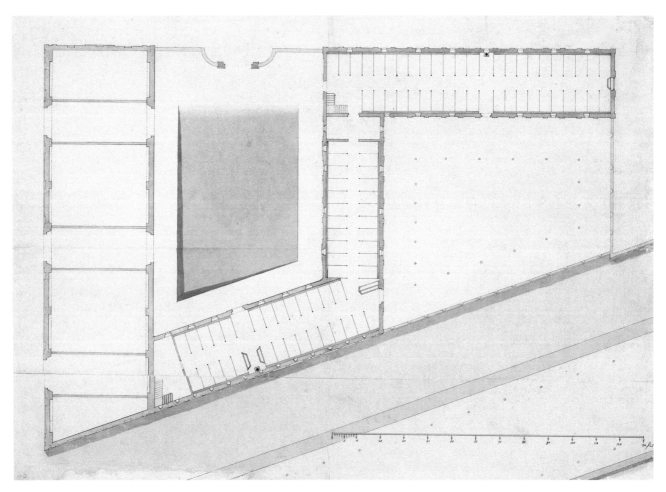

195 Vorwerk, Osthälfte, Entwurf für die große Scheune und die Pferdeställe mit Mistgrube und Wirtschaftshof, J. C. Schlaun um 1731 (Bz SB 116)

– Plettenberg hatte eine Pferdezucht begonnen. Für beide Bauwerke existieren ausführliche Pläne Schlauns. Er hat symmetrisch zur Südachse die beiden zweistöckigen Hauptflügel einander gegenübergestellt. Neben deren schräg auf der südlichen Futtermauer stehenden Südgiebel setzten schmalere Flügel an, die in schräg geführter Verbindung zu den hinteren beiden eingeschossigen Winkelflügeln aus der Pictoriuszeit vermitteln. Nur diese haben wirklich schon nach 1730 bestanden, wie aus den zahlreichen Zeichnungen des Renier Roidkin einwandfrei hervorgeht (Abb. 59, 198). Die Errichtung der Ökonomiehäuser mit der hochgezogenen Grabenfront und ihren Eckbastionen wurde zwar 1732 begonnen, aber nach schleppendem Baufortgang 1734 aufgegeben. Schon fertige Teile wurden wieder abgebrochen. Auch die auf den Brückenpfeilern geplanten Tiergruppen – hier Rinder – sind nicht ausgeführt worden. Nur die beiden

alten Pictoriusflügel blieben nach Erneuerung und Neudeckung mit Nuttlarer Schiefer stehen und sind erst nach einem durchgreifenden Umbau in der Arenbergzeit in den 1970er Jahren noch einmal fast vollständig erneuert worden.

Das umfangreiche Bauprogramm war ganz offensichtlich als Ersatz für das alte Vorwerk draußen vor dem Schloss gedacht, das nach 1730 noch auf den Skizzen Renier Roidkins erscheint (Abb. 198, vgl. Abb. 42, 90). Das Datum seines Abbruchs kennen wir nicht. In den 1820er Jahren war es jedenfalls nicht mehr vorhanden.[92]

Draußen vor dem neuen Vorwerk fand Schlaun eine bestechende Lösung für die Gestalt des Wegesterns (Abb. 191). Er ließ alle vorhandenen und begradigten Wege in einen ovalen Platz münden, der von einem Baumkranz umstanden war. Dieser Platz ist, wenn auch anders bepflanzt, heute noch in der Grundlage vorhanden. Damals, 1725, ist auch die

Das neue Vorwerk und die Gärten

196 Vorwerk, Aufrisse der Haupt- und Südseite der Gebäude, Schnitt durch die Scheune, J. C. Schlaun um 1731 (Bz SB 120)

197 Östliches Gebäude des Vorwerks, 1910

198 Schlossanlage von Süden mit Gartenbauten und Dorf (links) und dem alten Vorwerk (rechts mit dem Türmchen), R. Roidkin um 1730/31

199 Südbrücke von Westen mit dem östlichen Vorwerk im Hintergrund, um 1910

Das neue Vorwerk und die Gärten

200 Schlossinsel von Süden, um 1910

schnurgerade Allee nach Südkirchen angelegt worden. Die jetzigen prachtvollen Eichen können nach den Anweisungen Schlauns gepflanzt worden sein. Der Zwickel östlich des Platzes ist geschickt als Pferdeschwemme genutzt worden, die ebenfalls als Teich heute noch besteht, samt der kleinen Insel dahinter.

Mit der Vorwerksplanung stand die Regulierung der westlichen und östlichen *Zingelwälle* in Verbindung, an deren Feldseite schmale Zingelgräben angelegt wurden. Auf der Gartenseite war ein Stück Graben von Norden her bis zur Gartenbrücke hin schon vorhanden. Die bestehende hölzerne Gartenbrücke wurde mit der exakten Trassierung von Zingelwall und -graben nach Schlauns Plan 1732 durch eine neue steinerne Außenbrücke mit Zugbrückenjoch zwischen Torpfeilern ersetzt. Auf der Ostseite der Schlossanlage sind Wall und Graben ganz neu angelegt worden. Der Lageplan (Abb. 191) zeigt, wie Schlaun mit diesem neuen Außensystem das gesamte Schloss straff durch den alles einfassenden Graben von den umgebenden Flächen abgesetzt hat. Nur über die axialen Südbrücken mit der »Drehscheibe« *Rond point* und über die westliche Gartenbrücke in Richtung des Hauptgartens war das Schloss mit der Außenwelt direkt verbunden.[93]

Wäre alles nach Schlauns Plan ausgeführt worden, so hätte dem von Südkirchen oder Capelle Ankommenden zunächst die Gruppe der beiden Ökonomiegebäude auf dem neuen Vorwerk den Blick auf das Schloss eingeengt (Abb. 304). Dann aber, genau beim Betreten der äußeren Südbrücke, wäre der Blick auf die ganze Größe und Tiefe der Schlossinsel frei geworden. Man sieht, mit welcher Behutsamkeit Schlaun Erweiterungswünsche seines Bauherrn in das Gesamtwerk einzugliedern wusste. Es war für ihn selbstverständlich, dass er bei aller Unterordnung den schon bestehenden architektonischen Werten neue und bereichernde hinzufügte. Auch heute noch ist der Blick auf das ganze Schloss von der Zone vor der äußeren Südbrücke aus überwältigend (Abb. 61, 68, 81), aber man kann ihn umhergehend variieren. Das spätbarocke Konzept Schlauns hätte ihn auf bestimmte Prospektpunkte festgelegt.

Der Nordgarten

Ganz anders und ebenso großartig waren die Ideen Schlauns für die Gestaltung des nördlichen Geländes hinter dem Schloss (Abb. 191).[94] Eigentlich hätte nach den maßgeblichen französischen Bauprinzipien hier ein großer Garten mit Broderie-Parterres und Fontäne liegen müssen, denn ein Ausblick aus dem Schloss musste geordnete Pracht bieten. Bei einem Wasserschloss musste also eine andere befriedigende Lösung gefunden werden. Ausgangspunkt war hier der alte Teich, der auf seiner Ostseite schräg durch die zum Dorf laufende Straße verschnitten wurde. Durch Spiegelprojektion auf die Mittelachse des Schlosses wiederholte er die Figur auf der Westseite. Eingespannt in einen rechteckigen, grabenumgebenen Geländerahmen von der Breite der Schlossanlage schuf Schlaun einen Bereich für gärtnerische Gestaltung von höchst origineller Besonderheit. Aus dem rechteckigen Stück auf der Schlossachse machte er einen heckenumgebenen Kabinettgarten, der in der Mitte ein gestrecktes Wasserbecken von bewegtem Umriss erhielt, aber ohne direkten Zugang vom Hauptschloss blieb – dieser ist erst 1835 durch eine Brücke geschaffen worden. Außen sollte der Kabinettgarten auf drei Seiten im Wasser liegen, indem das Gegenstück des alten Teichs auf der Westseite zu schaffen war. Zwei von West nach Ost gestreckte Parterrebeetstreifen sollten die große Wasserfläche einfassen, wozu noch die dreieckige und rechteckige Alleenführung als Baumwandrahmen hinzukamen. Die kleinen, mit Blumen und gestutzten Taxus- oder Buchsbaumfiguren besetzten Parterrestreifen hätten in einem sehr wirkungsvollen Kontrast zu den spiegelnden großen Wasserflächen gestanden. Alles dies war nach 1730 noch nicht fertig, wie es zwei der Skizzen des Renier Roidkin deutlich zeigen. Vollendet war aber nach Roidkin der Kabinettgarten im Herzen dieser Anlage (Abb. 201) – ausweislich der Rechnungen ist dieser Inselgarten aber erst 1732 bis 1735 unter Leitung des Gärtners Henrich Goessen mit Hilfe einer großen Kolonne von Tagelöhnern in dieser Form ausgeführt worden. Entweder kannte Roidkin die Planungen oder er ist um 1733/34 noch einmal in Nordkirchen gewesen. Aus einer Laube in seiner nordseitigen Mitte heraus gesehen, spiegelte sich der Gartenrisalit in dem geometrisch gerahmten Spiegelweiher (*miroir*). Vom Balkon des Hauptsaals aus gesehen, spiegelte der *miroir* die Hecken, die Laube, die Pyramidenbäumchen und die Skulpturen, die hier stehen sollten.

Waren derartige Kabinettgärten in den damaligen Schlossparks weit verbreitet, so war die von Schlaun ihm zugewie-

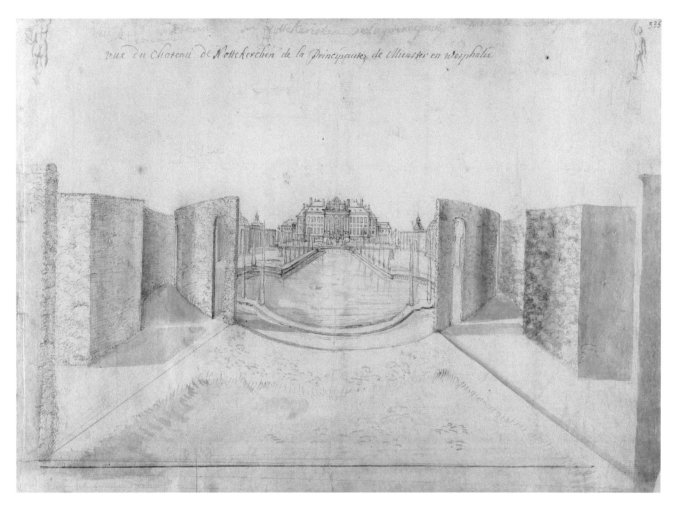

201 Nordgarten mit Blick auf die Gartenfassade des Schlosses, R. Roidkin um 1730/31

sene Position und die Rolle seiner Wasserfläche wohl einmalig. Holländische und französische Erfindungen gingen hier unter seiner Hand eine gelungene Synthese ein. Der ganze Nordgarten war auf Intimität und Nahsicht berechnet. Seine weitgehende Fertigstellung nach 1732/33 ist gesichert, weil die Grundstruktur auf dem Urkatasterplan von etwa 1826 angegeben ist (Abb. 336). Erst auf dem auf barocken Zeichnungen beruhenden Gesamtplan der Nordkirchener Gärten von Zeissig 1833 ist die Ausführung zwar anders (Abb. 206), doch in der Grundform noch erkennbar; der Kabinettgarten war noch vorhanden. Heute ist dieses ganze Gebiet gründlich verändert. Zuerst entstand anstelle der barocken Regelmäßigkeit 1834 ein Landschaftsgarten, der seinerseits ab 1907 von einer neubarocken Gartenanlage abgelöst wurde (Abb. 350–354), die heute noch in den Grundzügen erhalten und jüngst wiederhergestellt ist (Abb. 52, 53).

Der große Garten

Die beiden geschilderten Baumaßnahmen gehören in den umfassenden Planungsrahmen, der 1725 gesetzt wurde. Anlass war wohl die Erhebung des Bauherrn in den Reichsgrafenstand 1724, der Lohn für die geglückte politische Aktion Plettenbergs, seinen kurfürstlichen und fürstbischöflichen Herrn im Lager des Kaisers zu halten. Voraussetzung hierfür war der Ankauf der reichsunmittelbaren Herrschaft Wittem 1722. Das Hauptunternehmen war jetzt die Umgestaltung und Erweiterung des großen Westgartens. Das nahm alle Kräfte so in Anspruch, dass deswegen wohl, wie geschildert, das neue Vorwerk und auch der nördliche Gartenbereich zurückgestellt oder nur langsam fortgeführt wurden.

Plettenberg orientierte sich in diesen Jahren an der Münchener Hofkunst. Für die Neuplanung des Westgartens engagierte er den kurbayerischen Wasserbau-Ingenieur und Garten-Inspektor Dominique Girard (um 1680–1738),[95] den Kurfürst Max Emanuel bei seiner Rückkehr aus dem französischen Exil 1715 mitgebracht hatte. Girard, wohl Schüler des André Le Nôtre, hatte 1709 bis 1715 in Versailles gearbeitet und gestaltete nun die Gärten der Schlösser Nymphenburg und Schleißheim. Von 1717 an hielt er sich sogar mehrfach in Wien auf, um für den kaiserlichen Regierungschef Prinz Eugen von Savoyen (1663–1736) die Gärten des Schlosses Belvedere anzulegen. Im Januar 1725 holten Plettenberg und Schlaun Girard sowie den Dessinateur Moreau – bisher fälschlich für einen Assistenten Girards gehalten – in München ab, reisten über Stuttgart nach Mannheim in die kurpfälzische Hauptstadt, wo sich das Schloss im Bau befand und wo sie eine Woche blieben und dann am 1. Februar Bonn erreichten. Bonn war das Hauptziel der Reise: Girard plante den Garten des Plettenberger Hofes und vor allem Gartenanlagen für den Kurfürsten, in erster Linie in Schloss Brühl, das nach Plänen Schlauns nach den Kriegszerstörungen von 1703 neu errichtet wurde. Am 25. Februar reiste die Gesellschaft weiter, war vom 1. bis 4. März in Nordkirchen, vom 5. bis 8. März in Münster (wo Pläne für den Neubau des Nordkirchener Hofes entstanden, vgl. Abb. 243, 244). Ohne Schlaun reiste Plettenberg dann mit Girard weiter, um die Gärten von Schloss Herrenhausen bei Hannover und Wilhelmshöhe bei Kassel zu besichtigen, und dann zurück über Mannheim (17. bis 21. März) und Karlsruhe wieder nach München, wo sie am 25. März eintrafen. Die Reise macht die Mobilität von Bauherrn und Künstlern anschaulich – und berührte aber auch die Garten- und Schlossanlagen, an denen sich Plettenberg und sein Dienstherr Clemens August zu messen hatten. Sie zeigt zudem, wie selbstverständlich Plettenberg dem Kurfürsten bei seinen Bauprojekten zuarbeitete und zugleich davon für sein eigenes Schloss – und seine Stadthöfe in Bonn und Münster – profitierte.

Für den westlichen Park gibt es drei Entwürfe, die aber nur Teilbereiche wiedergeben. Erst der posthum aufgestellte, schon erwähnte Gesamtplan von Zeissig 1833 zeigt alles zusammen auf einem Blatt (Abb. 206). Sind die Teilpläne von der Hand Schlauns? Zwei von ihnen zeigen die Oranienburg in dem Umriss, den ihr der ebenfalls 1725 begonnene Umbau durch Schlaun gegeben hat. Der erste und auch wohl ältere hat Beischriften in Schlauns Handschrift, aber den Maßstab von *100 toises* hat jemand anders hinzugefügt – Dominique Girard, nicht Monsieur Moreau (Abb. 202, 203 – Norden ist rechts). Der zweite Hauptplan (Abb. 204) ist ohne Erläuterungen und Maßstab, aber zu

ihm passt der dritte, der die westliche Erweiterung mit dem Bereich vor der Orangerie zeigt (Abb. 207). Er trägt einen Maßstab in *toises* von der Hand Schlauns.

Girard und Schlaun haben gemeinsam mit dem Grafen Plettenberg dem Westgarten eine neue Struktur gegeben. Girard ordnete üblicherweise der Gartenfassade des Schlossbaus in der Hauptachse ein zweiteiliges Broderieparterre zu, dem dann ein Wasserbassin mit Fontäne und schließlich eingetiefte Rasenflächen (Boulingrins / Bowling-greens) mit demselben Umriss der Broderieparterres folgte – so ist es in Schloss Belvedere, in Nymphenburg, Fürstenried und Brühl, während in Schleißheim die Rasenflächen außen platziert sind. Nordkirchen ist von seiner Grundstruktur eine originelle Weiterentwicklung. Denn nicht vom Hauptschloss, sondern nur vom Schlosshof aus war der Garten einsehbar und zu betreten. Daher beginnt der Westgarten mit den langgestreckten Boulingrins, in die je zwei Wasserbecken mit Fontänen eingebunden sind – identisch mit den Broderieparterres in Brühl –, dahinter das große Wasserbecken, gespeist aus einer Kaskade des Fontänenbeckens, welches in der Hauptachse der Oranienburg liegen sollte. Das als Orangerie von Peter Pictorius 1715 bis 1719 erbaute und eingerichtete Gartenkasino wurde damit zu einem Gartenpalast aufgewertet, wie es Trianon im Park von Versailles und Schloss Lustheim (ab 1684) in Schleißheim waren, wie es in Nymphenburg die Pagodenburg (1716–1719) war und die Amalienburg (ab 1734) und in Brühl Falkenlust (ab 1732) werden sollten. Die Oranienburg zentrierte auch die Broderieparterres und sollte zwei Wohnappartements erhalten, wozu Girard vermutlich selbst einen Plan lieferte (Abb. 208), und um einen intimen Kabinettgarten erweitert werden. Die Form der Broderieparterres, auch die Umrisse der einzelnen Kompartimente sind eine originelle Fortentwicklung von Girards Planungen für Schloss Schleißheim und deutlich von dem berühmten Gartentraktat des Dezallier d'Argenville (1709) und dessen Entwürfen inspiriert. Girard bewies, dass er »zu den ersten und schöpferischsten Kräften unter den Gartenarchitekten seiner Zeit« zählte (W. Hansmann).[96]

Schlaun hat die Ideen Girards kongenial weiterentwickelt und modifiziert. Verschiedene Detailentwürfe zeigen einwandfrei seine Zeichenweise. So der Plan einer breiten Treppe *Grund von der trappen in garten neben dem grossen Bassin zu Nortkirgen* oder der Entwurf eines Heckentores oder die Skizze eines Laubengangs aus Treillagen, schließlich die unausgeführt gebliebenen Pläne einer größeren und einer kleinen Gloriette, in deren Aufriss das Plettenbergische Allianzwappen erscheint.[97] Die wirklich ausgeführten

202 | 203 Westgarten, Gesamtentwurf und das offene Deckblatt mit dem alten Grundriss der Oranienburg, J. C. Schlaun und D. Girard 1725 (Bz SB 85 und 85a)

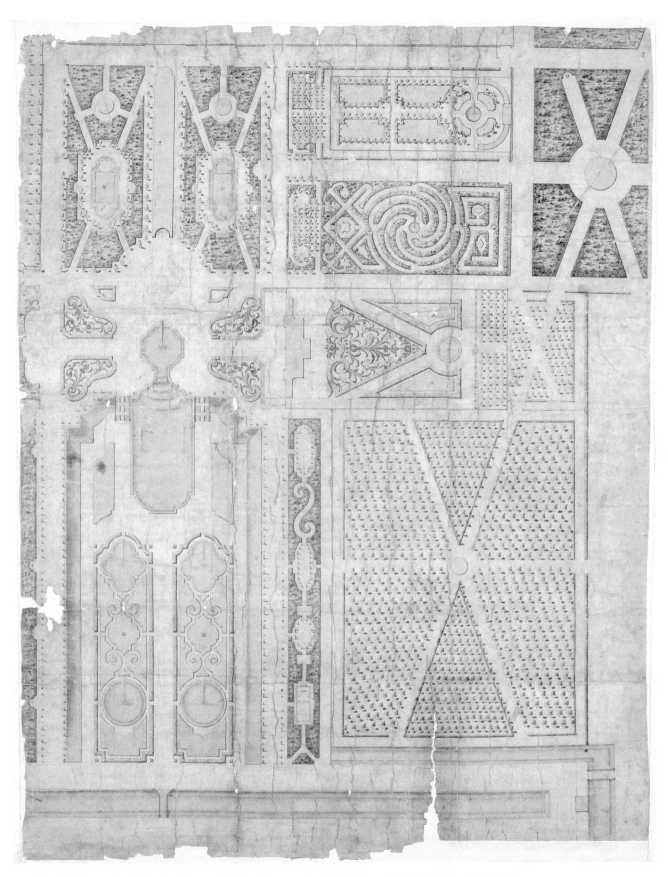

204 Westliche Gärten mit Labyrinth und Fasanerie-Garten, Gesamtentwurf, J. C. Schlaun (mit D. Girard ?) 1725 (Bz SB 86)

Das neue Vorwerk und die Gärten

205 Blick vom westlichen Boulingrin nach Osten zur Oranienburg, R. Roidkin um 1730/31

Arbeiten standen in jedem Fall ausschließlich unter seiner Oberleitung.

Etwa 1725 wurden die beiden großen Kastanienalleen als Seitenbegrenzung des Hauptparterres zwischen der Schlossinsel und der höher liegenden Terrasse vor der Oranienburg gepflanzt. Ein Teil der Bäume steht noch heute. 1727 entstand die äußere Westbrücke (Abb. 88, 306). Die Ausführung oblag wieder dem Maurermeister Johann Rußweg. Schlauns Zeichnung dazu ist im Landesmuseum Münster erhalten. Die Brückenpfeiler gleichen denen der zwei Jahre vorher gebauten äußeren Südbrücke (Abb. 68). Die gesamte westliche Brückenanlage ist nach starkem Verfall um 1970 erneuert worden.

Ein gewaltiges Unternehmen war die ebenfalls 1727 begonnene große Erweiterung des Gartens nach Westen. Seine Fläche wurde verdoppelt. Um das notwendige Plateau zu gewinnen, musste dieser Teil aufgeschüttet werden. Eine starke Futtermauer nach Süden und Westen war dafür nötig. Sie erreicht über fünf Meter Höhe und ist heute noch gut erhalten (Abb. 206). Die Organisation dieser gewaltigen Erdbewegung lag in der Hand von Schlaun, dem derartige Arbeiten vom Festungsbau her vertraut waren. Nunmehr zeichnete sich das ganze Werk ab. Das Rückgrat war die westliche Brückenachse. Auf ihr erreichte man vom Schloss aus zunächst ein weites, zweigeteiltes Rasenparterre mit vier Fontänen, das durch ornamentierte Kieswege gegliedert war. Die beiden flankierenden Kastanienalleen stiegen gegen das absolut horizontale Parterre dem steigenden Gelände folgend nach Westen an und mündeten auf der knapp zwei Meter höher gelegenen Gartenplattform vor der Oranienburg (vgl. Abb. 213). Als Überleitung der beiden Flächen zueinander lag in der Mitte eine kompliziert geformte Wassertreppe mit einer Fontäne oben und dem größeren Auffangbecken nebst zwei Fontänen unten. Zu beiden Seiten dieses Bassins führten zwei Gartentreppen, deren Entwurf schon erwähnt wurde, auf das höhere Plateau.

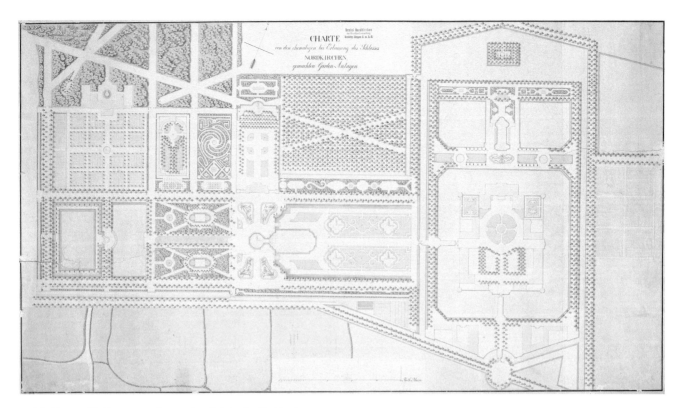

206 Schloss und Schlossgärten, Gesamtplan, Zeissig 1833 (Bz N 44)

Das Parterre vor der Oranienburg hatte seine Achse in nord-südlicher Richtung, war also im rechten Winkel gegen die Hauptachse gedreht. Kreuzungspunkt beider Achsen war der Fontänenstrahl im Wasserbecken (Abb. 202). Broderiebeete gliederten die weite Fläche. Dieser Bereich lag noch in den Grenzen des älteren holländischen Gartens, dessen runde Eckpavillons (Abb. 91) erhalten sind. Von hier in Richtung Westen begann die große Erweiterung, deren abfallende Süd-hälfte aufgeschüttet werden musste. Auf der Hauptachse lag jetzt ein *Tapis Vert* zwischen zwei Wegen, flankiert von zwei Bosketts, in denen, über Diagonalwege zugänglich, Baumsäle mit kleinen Kabinettgärtchen oder Boulingrins lagen.

Hinter diesem Bereich folgten zwei höher gelegene Tei-che, von denen der westliche, eingedeichte den höchsten Wasserspiegel besaß. Die Einfassung dieser als Reservoirs dienenden Teiche bestand aus Baumreihen – Renier Roidkin hat von hier aus den Blick zurück zur Oranienburg und zum Schloss gezeichnet (Abb. 205). Beide Teiche aber lagen dank der hohen Futtermauer erheblich über dem hier südlich anschließenden natürlichen Wiesengelände. Ein Überlauf, in der Hauptachse als Wassertreppe ausgeführt, verband beide Teiche untereinander. Vermutlich hat Schlaun beab-sichtigt, von hier aus die Wasserkünste zu speisen. Wie das

technisch geschehen sollte, ist noch ungeklärt. Diese Reser-voirs wurden wirklich ausgeführt, denn ihre Umrisse zeich-nen sich immer noch deutlich in dem gegenwärtig hier ziemlich verwilderten Gartenbereich ab.

Nördlich neben diesem ost-westlich orientierten reprä-sentativen Hauptgartenzug war eine Folge von separaten kleineren Gartenquartieren angeordnet, die durch Südach-sen auf den großen Garten bezogen waren (Abb. 207). Paral-lel zur nördlichen Kastanienallee lag ein Boskettstreifen, in dem vier Flächen für Spiele, wie Boule, Federball und der-gleichen ausgespart waren. Nördlich davon hatte Schlaun auf dem ersten Entwurf noch ein üppig ausgestattetes großes Boskett mit Wasserkünsten vorgesehen, was aber zugunsten eines Baumquartiers mit einem Wegestern ver-einfacht worden war (Abb. 204). Hinter der Oranienburg befand sich ein besonders üppiger Parterregarten mit einer dreieckigen Broderiefläche. Auf der Grenze zur nördlich anschließenden Baumpflanzung lag eine hohe, glatt ge-schnittene Heckenwand, für die wohl das erwähnte Hecken-tor entworfen war. An ihrer Stelle entstand 1733 ein Fontä-nenteich, dessen Reste noch sichtbar sind.

Westlich der Oranienburg folgte ein Labyrinth (Abb. 202, 204–206), ein Irrgarten also, der in ein rechteckiges Garten-

Das neue Vorwerk und die Gärten

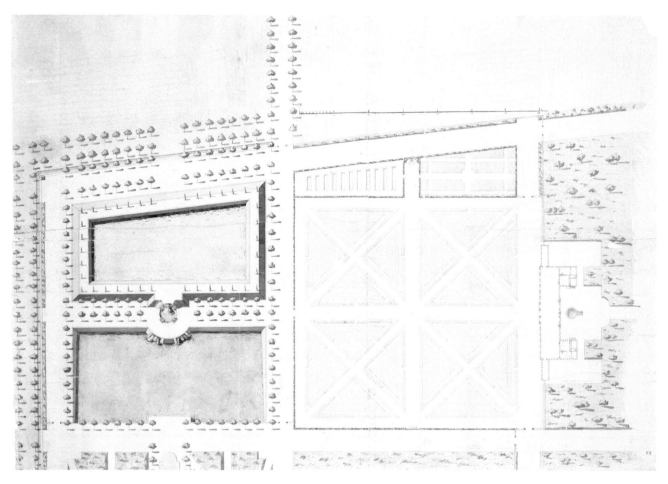

207 Gemüsegarten vor der Orangerie mit zwei Teichen und einer Wasserkunst, J. C. Schlaun um 1726/30 (Bz SB 88)

stück eingepasst war (heute hier eine Wiese) – eine Kopie aus dem Gartentraktat von Dezallier d'Argenville. Es war nur durch den nördlichen Eckpavillon des ersten holländischen Gartens zu betreten. Von gleicher Größe folgte daneben die Fasanerie, deren hohe Einfriedigungsmauer ganz erhalten ist. Schließlich im großen westlichsten Quartier lag der quadratische Gemüsegarten, auf der Nordseite von der breit gelagerten Front der Orangerie begrenzt (Abb. 207).

Es mag vermessen erscheinen, nur aus den drei Entwürfen diese Beschreibung herauslesen zu wollen, aber der fleißige Renier Roidkin hat etwa 1730 bis 1731 in vielen minutiösen Zeichnungen in seinen Skizzenbüchern alles festgehalten, was es damals zu sehen gab. Um nichts zu vergessen und sich zurechtzufinden, hat er den zweiten Entwurf abgezeichnet und seiner Sammlung einverleibt. Durch diese kleinen Skizzen wissen wir nun genau, dass alles wirklich fertig war, was auf den Plänen steht. Es ist auch gut zu erkennen, wie neu und jung damals alle Anpflanzungen noch waren.[98]

Im Waldbezirk zwischen dem Schlosspark und dem Dorf hatten es Roidkin die zahlreichen sich kreuzenden und ausstrahlenden Schneisen angetan, die damals in der Fertigstellung begriffen waren (Abb. 205, 231). Ganz besonders auf zwei Rond points boten sich überraschende Durchblicke auf das Schloss, die Oranienburg, die Orangerie, die Fasanerie, die Windmühle an der Selmer Straße und das Dorf (Abb. 223). Die Schneisen waren durch glatt geschorene Hainbuchenhecken auf Lattengestellen ganz exakt begrenzt. 1733 ist über alles abgerechnet worden, wobei ein Bereich *Schlauns Busch* (Schlaun'sches Wäldchen) genannt wurde. Ein Glück, dass dieser weitläufige und großartige Teil der Parkanlagen in den kleinen Zeichnungen festgehalten worden ist, denn, obwohl immer noch Wald, ist dieser Bezirk heute sehr verändert. Nur Fasanenallee und Lindenallee folgen noch den alten Achsen, und Reste von anderen stecken im Sternbusch.

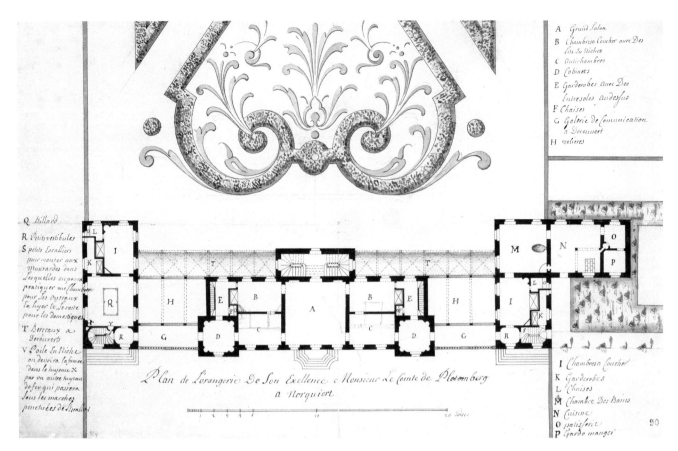

Plan de l'orangerie De Son Exellence e Monsieur Le Comte de Pletemburg a Norquiert

Key (right margin):

A Grand Salon
B Chambres Coucher auec Des lits In Stiches
C Antichambres
D Cabinets
E Garderobes auec Des Entresoles audessus
F Chaises
G Galerie de Comunication a Decouvert
H volieres

Q Billard
R Petits vestibules
S petits Escalliers pour monter aux Mansardes dans Lesquelles on pourra pratiquer une Chambre pour les Oyseaux En hyver & le reste pour les domestiques
T Berceaux a Decouvert
V Poile En Niche on devoira la fumee dans le tuyau X par un autre tuyau de fer qui passera Sous les marches percées de L'escallier

I Chambres a Coucher
K Garderobes
L Chaises
M Chambre Des Bains
N Cuisine
O patisserie
P Garde manger

90

208 Entwurf für den Umbau der Oranienburg, wohl D. Girard 1725 (Bz SB 90)

Der Umbau der Oranienburg

Wie die große Parkumgestaltung begann 1725 auch der Umbau der Oranienburg. Es war der Wunsch des Bauherrn, statt eines einfachen Kasinos ein kleines Sommerschloss zu besitzen. Für diesen Umbau sind zwei Projekte erhalten. Das eine stammt von Schlaun, das andere nach dem Schriftduktus und gewissen zeichnerischen Eigenschaften von dem genannten kurbayerischen Gartenarchitekten Dominique Girard.[99] Es ist bezeichnet: *Plan de l'orangerie De Son Exellence Monsieur Le Comte de Pletemberg à Norquiert* (Abb. 208). Er wollte auf der Basis von Schlauns Plänen und dem bestehenden Kasino des Pictorius einen wesentlich üppigeren Ausbau und entwarf – nicht sehr glücklich – deshalb noch zwei Seitengebäude, von denen eins auch auf dem ersten großen Gartenplan eingetragen ist. Schlaun schlug dagegen in seinem Plan vor, das Dach des Kasinos abzunehmen, ein volles Obergeschoss zu bauen und das Dach wieder aufzusetzen (Abb. 209). Nebenraum ließ sich durch zwei Ausbauten hinter den vorspringenden Kabinetten gewinnen. Zu beiden Seiten sollten sogenannte Berceaux, Heckenlauben mit Holzgitterwerk, locker angefügt werden. Diese sollten mit dem Bauwerk durch Steinbalustraden verbunden werden, die noch auf den ältesten Fotos zu sehen sind (Abb. 377) und erst 1912/13 überbaut wurden.[100] Im Grundriss wollte Schlaun das Erdgeschoss unangetastet lassen und nur in der Mitte der Rückfront einen Vorbau für das repräsentative Treppenhaus anfügen. Im Obergeschoss sollte ein Vorraum zu einem mittleren Salon und zwei seitlichen kompletten Appartements vermitteln. Der überlieferte Aufriss der Südfront ist deswegen hochinteressant, weil Schlaun ganz offensichtlich bemüht war, sich an das ältere Kasino-Erdgeschoss des Peter Pictorius anzupassen, ohne jedoch seine eigenen künstlerischen Ideen aufzugeben. So entstand im Obergeschoss eine der unteren ganz ähnliche Wandgliederung aus stehenden Blenden mit abgerundeten Gebäudeecken. In den acht Blendenfeldern (einschließlich der vorspringenden Pavillons) sah er Fenstergestelle vor, die bei höchst subtilem Umriss abwechselnd in zwei Typen von Johann Bernhard Fix ausgeführt waren.[101] In dieser Form ist die Oranienburg gebaut worden. Der Außenbau mit dem Mansarddach war im Dezember 1725 fertig.

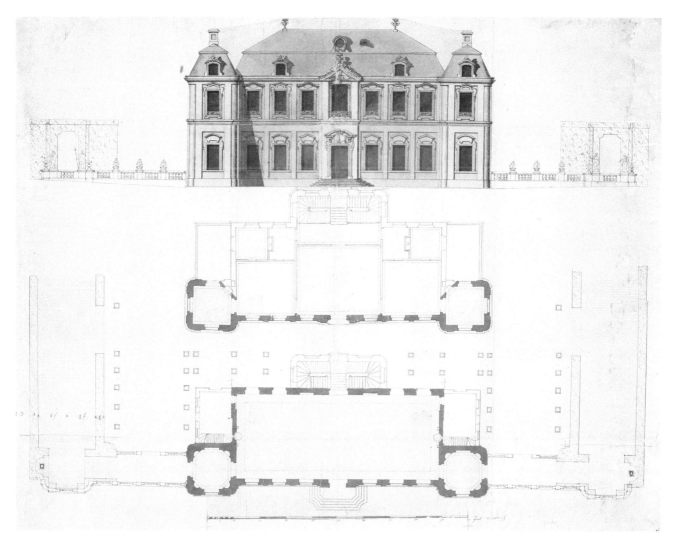

209 Oranienburg, Aufriss der Südfront und Grundrisse, J.C. Schlaun 1725 (Bz SB 91)

Die einheitlich profilierten Fenstergewände liegen einmal auf einem Rahmen mit oben lebhaft ausschwingenden Schneckenvoluten (Ohren) auf, und das andere Mal mit kantig abstrahierten Ausschwüngen. Folgerichtig ist dem Volutenrahmen eine weiche Segmentverdachung zugeordnet. In deren Feld sitzt ein Frauenkopf mit Blumengirlanden vor einem Netzwerkfond. Der andere Typ hat eine Dreiecksverdachung und im Feld ein mehr ornamentales Ensemble aus einer Muschel und Fruchtgehängen. Auf die älteren und glatten Fensterverdachungen im Erdgeschoss bezogen, wechseln Segment- und Giebelverdachung im umgekehrten Rhythmus (Abb. 210, 211). Alle Obergeschossfenster besitzen eine niedrige Gitterbalustrade.

In der Mittelachse wiederholt sich die Ziegelvorlage vom Erdgeschoss, das Mittelfenster ist größer und von korinthischen Säulen gerahmt (Abb. 215). Als Abschluss folgt ein

210 | 211 Oranienburg, Detailentwürfe für die Fenster im Obergeschoss, J. C. Schlaun 1725 (Bz SB 94–95)

165

212 Oranienburg von Süden

Veue du milieu du Jardin de Nortkirchen.

213 Oranienburg mit großem Parterre, R. Roidkin um 1731/32

Das neue Vorwerk und die Gärten

214 Oranienburg, Detail der Südfassade mit Fensterglidierung

215 Oranienburg, Entwurf für das Mittelfenster im Obergeschoss,
J. C. Schlaun 1725 (Bz SB 92)

216 Oranienburg, Mittelteil der Südfront

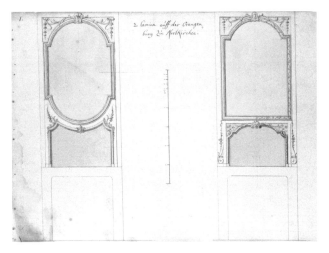

217 Entwurf für die Kaminaufsätze in den Obergeschoss-Kabinetten der
Eckpavillons, J. C. Schlaun 1730 (Stadtmuseum Münster)

Dreiecksgiebel mit geöffneter Basis. Eine zurückliegende
Segmentnische ist durch drei kräftige und ganz freiplastisch
hängende steinerne Festons verschleiert. Dieses Gebilde ent-
springt einer größeren Maske. Auf den Giebelschrägen lagern zwei Frauengestalten, die die seitlichen Festons halten
(Abb. 216). Sie stellen laut Rechnung des münsterischen
Bildhauers Hendrich Ansum vom Dezember 1725 »Kunst
und Arbeit« dar.[102] Sie, wie auch die Festons, sind heute sehr
verwittert. Nach dem Entwurf Schlauns waren ihnen Attribute der Architektur und des Gartenbaus beigegeben.

Auf der Rückseite hat Schlaun den Anbau des Treppen-
hauses (Abb. 219) ganz konsequent in den Bauformen des
Peter Pictorius gehalten; auf schmalem Grundriss weist die
zweiläufige Treppe bereits auf Schlauns Treppenhaus im Mittelpavillon von Schloss Clemenswerth voraus (Abb. 222).

218 Oranienburg, Entwurf für das Treppenhausportal mit Balkonfenster, J. C. Schlaun 1725 (Bz SB 93)

219 Oranienburg, Mittelteil der Rückfront, J. C. Schlaun 1725

220 Oranienburg, Rückseite von Nordwesten, 1975

221 Oranienburg, Türsturz des Treppenhausportals, J. B. Fix 1732

222 Oranienburg, Treppenhaus

223 Gartenansicht von Nordwesten: von links das Schloss, die Oranienburg, hinter den Hecken rechts Fasanerie und Orangerie, R. Roidkin
um 1731/32

224 Fasanerie von Süden, R. Roidkin um 1731/32

Nur die kombinierte Tür- und Balkonachse in der Mitte trägt deutlich sichtbar Ornamentik der Régencezeit (Abb. 218). Ausgeführt wurde dieses Bauteil 1732 von Johann Bernhard Fix (Abb. 219). Im gleichen Jahr wurde auch die leider nicht erhaltene Ausstattung des Obergeschosses fertig, die mit den Stuckaturen von Morsegno sehr prächtig gewesen sein muss. Lediglich die Zeichnungen Schlauns (Abb. 217), nach denen Johann Bernhard Fix im September 1730 die Kaminaufsätze in den Kabinetten der Eckpavillons schuf,[103] geben eine Anschauung von der Eleganz dieser Räume.

Im Gegensatz zur mehr wandartig wirkenden südlichen Hauptfront ist die Rückseite dreifach gestaffelt und bildet einen stark plastischen Baukörper (Abb. 219, 220). Auch diese Front war ursprünglich Schauseite. Hinter ihr lag, wie ein Blick auf die Gartenpläne zeigt, ein kleines, aber sehr fein gestaltetes Parterrebeet als Mitte eines ganz auf die Oranienburg ausgerichteten kleinen Gartens. Renier Roidkin hat das

reizvolle Bauwerk immer wieder im Blickfeld seiner Skizzen gehabt; das Schlösschen war äußerst geschickt von Schlaun in der Gesamtgartengestaltung zur Geltung gebracht worden.

Die Fasanerie

Durch den Irrgartenbezirk von der Oranienburg getrennt (Abb. 204) lag weiter westlich die durch Johann Conrad Schlaun entworfene, 1727–1729 gebaute und bis 1734 eingerichtete Fasanerie,[104] die ein 1717/18 nach Plänen des Peter Pictorius errichtetes Gebäude bisher unbekannten Standortes ersetzte. Der Maurermeister Johann Rußweg errichtete sie für 644 Reichstaler. Das Allianzwappen über der Tür lieferte 1730 der Bildhauer Johann Bernhard Fix. In diesem Jahr wurden auch die anderen Handwerkerarbeiten abgeschlossen.

Äußerlich unscheinbar in ein mächtiges Mauerrechteck von ungefähr 77 mal 39 Meter Größe an dessen Nordseite eingepasst, handelte es sich um ein außerordentlich sorgfältig durchdachtes Zweckbauwerk, bei dem jedoch künstlerische Feinheiten sehr wohl zu ihrem Recht kamen. Seit das eigentliche Fasaneriegebäude am Nordende 1935 abgebrochen wurde, steht nur mehr die hohe Ziegel-Umfassungsmauer mit hochschwingenden Eckstücken und dem einzigen Zugang auf der Südseite. Dieser, als Gittertor ausgebildet, lag zwischen zwei feststehenden Gitterfeldern. Das gesamte schlichte schmiedeeiserne Gitterwerk ist erhalten. Besonders originell ist die Form der beiden auf der Außenseite halbrunden Torpfeiler, die nach vorn geneigte Kranzprofile haben. Die ursprünglich darauf stehenden Steinvasen sind verloren. Diese Schräglage der Profile wird von den nach außen geneigten Decksteinen der ganzen Mauer aufgenommen, wodurch diese von außen stärker plastisch wirkt. Vom inneren Freiraum her gesehen hat die Mauer eine Folge von stichbogigen Blenden. Man sieht an diesem reinen Zweckgebilde wieder einmal, mit welcher Meisterschaft Schlaun auch derartige Objekte künstlerisch belebt hat.

Das eigentliche, eingeschossige Fasaneriegebäude bestand aus einem Mittelpavillon mit Mansarddach, zwei viertelkreisförmig vorschwingenden Galerien mit Satteldächern und zwei Stirnpavillons, die mit geschweiften Dächern versehen waren (Abb. 226). Es bestand aus Ziegelmauerwerk mit Werksteingliedern und schiefergedeckten Dächern. Die ursprüngliche Gestalt der ganzen Anlage überliefern eine Planskizze Schlauns (Abb. 225) und eine entzückende Ansicht der inneren Hofanlage von Renier Roidkin (Abb. 224). Im Mittelpavillon, der einen kleinen Segmentgiebel-Risalit besaß, war die Wohnung des Fasanenmeisters. In den beiden Galerien, deren Bögen später durch Fenster zugesetzt waren, befanden sich Volieren, die je sieben Bogenöffnungen auf beiden Seiten waren mit Drahtnetzen verschlossen. In den beiden Stirnpavillons war je ein Raum, dessen Zweckbestimmung unklar bleibt. In dem halbkreisförmigen Vorhof lag ein Rondell aus vier umgitterten Gehegen. Mitten auf dem zentralen kleinen Rundplatz stand eine Vase oder Sonnenuhr. Im Süden schlossen sich im ummauerten Bezirk zwei Blocks zu je vier weiteren Gehegen an. Außen an ihren Zäunen entlang waren Baumreihen als Schattenspender gepflanzt. Raum für Gerätschaften, Vorräte und dergleichen befand sich in den Hofzwickeln hinter den gebogenen Galerien. Die hohe Einfriedigungsmauer war sicher als Windschutz und auch als Sicherung gegen Raubtiere gedacht.

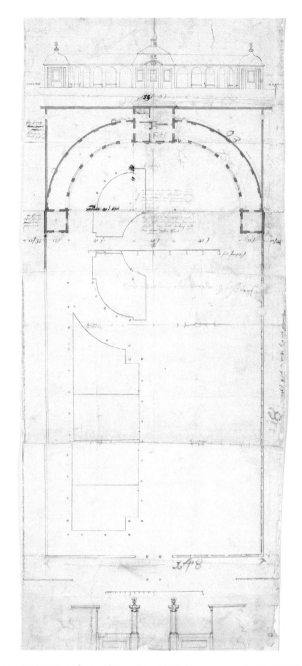

225 Fasanerie, Aufriss und Grundriss, J. C. Schlaun um 1725/27 (Bz SB 83)

226 Die Fasanerie im Westgarten von Süden, um 1910

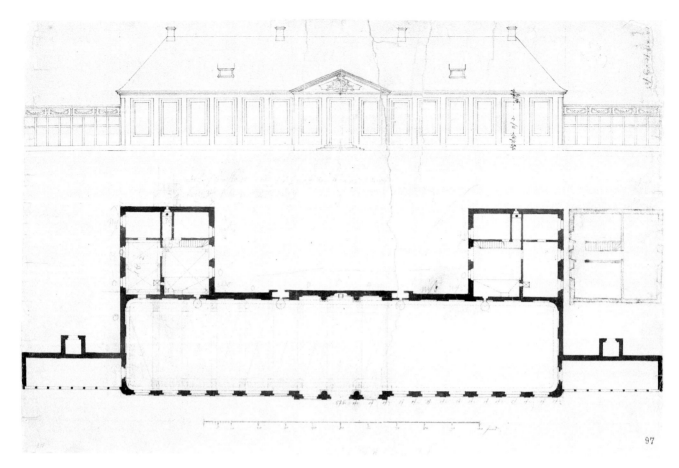

227 Orangerie, Ausführungsplan, Aufriss und Grundriss, J. C. Schlaun um 1725/27 (Bz SB 97)

Schlaun kümmerte sich 1731 und 1732 auch um die Schutz-, Brut- und Futtereinrichtungen der Vögel. Aus den Bauakten kennt man daher die hier lebenden Vogelarten: Es wurden 25 Brutmaschinen für Fasane beschafft, ein Wachtelkasten, 60 Brutkästen für Tauben, Sitzstangen für die Ägyptischen und Englischen Hühner, ein Tisch für Kanarienvögel, 183 Vogelnester und zum Sonnenschutz sieben Vorhänge aus bemaltem Leinen. Ende 1732 wurden sogar zwei Marderfallen geliefert, um die kostbaren Tiere zu schützen.

Die Orangerie

Im entferntesten, nordwestlichen Bezirk des Schlossparks entstand 1729 genau nach den Plänen von Johann Conrad Schlaun ebenfalls durch Johann Rußweg für 1.856 Taler die Orangerie (Abb. 227–229); 1730 wurde die Muldendecke durch Franz Staudacher verputzt. Die Ausstattungsarbeiten zogen sich noch bis 1732 hin, zuletzt der Ausbau der beiden

Wohnflügel für die Gärtner.[105] Noch stärker als bei der Fasanerie ist bei diesem großen Bauwerk das Funktionale des reinen Zweckbaus betont. Die breite eingeschossige Südseite in Ziegel-Werkstein-Bauweise besitzt zwölf Fensterachsen, wozu noch ein dreiachsiger Mittelrisalit kommt. Jedes Fenster liegt in einer hochrechteckigen Blende. Der Risalit springt nur ganz leicht vor und ist gleichartig gegliedert. In seinem Flachgiebel sitzt das Allianzwappen Plettenberg/Westerholt-Lembeck unter der Grafenkrone und mit der Kette des Goldenen Vlieses vor einer Kartusche. Die abgerundeten Gebäudeecken leiten zu zwei rückwärtigen kurzen Seitenflügeln über. Das glatte hohe Walmdach besaß ursprünglich zwei Gauben und vier Schornsteine. So zeigt es sich auf dem schönen Entwurf Schlauns, aus dem auch die Gestalt der beiden ehemals seitlich an die Südfront noch angefügten Gewächshäuser hervorgeht (Abb. 227). Einen guten Eindruck des soeben fertiggestellten Gebäudes vermittelt wiederum die aus westlicher Richtung aufgenommene Zeichnung Renier Roidkins.

Das neue Vorwerk und die Gärten

228 Orangerie im Westgarten von Süden

Im Grundriss bestand das Hauptgebäude aus einem einzigen großen Raum mit ausgerundeten Ecken und Betonung der Mitte durch Halbsäulenstellungen in der Breite des Risalits. Von den vier vorgesehenen Öfen für die Winterheizung konnten die zwei äußeren von den Hinterflügeln aus bedient werden, die beiden inneren besaßen in der Nordwand kleine Heizkammern. Die beiden angesetzten Gewächshäuser hatten jedes eine eigene Heizanlage.

Eine zweite, sehr detaillierte Zeichnung Schlauns zeigt ein Stück der inneren Risalitwand. Zwischen den Fensternischen standen toskanische Halbsäulen. Die Raumdecke setzte über einem Karniesprofil an und besaß eine leichte Voute. Die sehr genau dargestellten Fenster hatten Holzzargenrahmen und waren mit Bleisprossenverglasung versehen. Zur Regulierung der einfallenden Sonnenwärme war jedes mit doppelt faltbaren inneren Holzläden ausgerüstet. In den beiden Flügeln befanden sich symmetrisch gleich aufgeteilte Gärtnerwohnungen mit einem niedrigen Obergeschoss (Abb. 227). Für die westliche hatte Schlaun eine gewölbte Unterkellerung vorgesehen, die sich anscheinend auch unter dem Westteil des Hauptgebäudes fortsetzen sollte. Offenbar ist hier geschickt ein natürlicher Geländeabfall ausgenutzt worden.

Zusammengehörig mit der Orangerie ist das davor liegende Gelände, das in Nordkirchen in Gestalt eines großen Quadrats als Gemüsegarten genutzt wurde. Nach dem dritten Gartenplan (Abb. 207) war das Viereck durch ein Wegekreuz in vier kleinere Quadrate geteilt, die wiederum durch Diagonalwege in vier Dreiecke aufgegliedert waren. So ließ sich durch geschicktes Bepflanzen der einzelnen Felder mit den verschiedenen Nutzpflanzen ein farbiges Muster schaffen. Ein westlich gelegener Geländezwickel war für Frühbeete und Blumenzucht vorgesehen. Heute ist diese Gartenregion großenteils mit Bäumen bestanden; kurz vor dem Einsturz wurde das Gebäude Ende der 1970er Jahre gründlich restauriert.

229 Orangerie im Westgarten, um 1910

230 Westgarten, Skulpturenreihe an der Herkulesallee

231 Rond point, wohl im Boskett hinter der Fasanerie und Orangerie,
R. Roidkin um 1731/32

Die Gartenskulpturen

Die Gärten von Nordkirchen waren sehr reich an Skulpturen (Abb. 231). Ein großer Teil von ihnen ist im Laufe der Zeit verwittert und zerbrochen, andere noch vorhandene sind durch Wind und Wetter stark mitgenommen. Mit Ausnahme der großen Figuren in den beiden Kastanienalleen des Westgartens steht auch keine Skulptur mehr an ihrem alten Platz. Wenn dennoch heute jedem Besucher die vielen hell leuchtenden Steinvasen, Tiere und allegorische Gestalten auffallen (Abb. 355–367), so sind das zumeist die Gartendekorationen, die zwischen 1910 und 1919 nach der Wiederherstellung der Barockgärten – vornehmlich des Inselgartens, der heute meist »Venusinsel« genannt wird – neu geschaffen worden sind (Abb. 350, 351).

Die ersten Nachrichten über die Lieferung von Gartenskulpturen nach Nordkirchen gehen in das Jahr 1721 zurück. Damals hat der münsterische Bildhauer Johann Wilhelm Gröninger mit seiner Werkstatt eine Folge von Göttergestalten der Antike geliefert (*fünf Figuren, jede 6 1/2 Schuh hoch: Venus, Mercurius, Mars, Jupiter, Apollo à 36 Rtl. – Acht große Figuren je 7 1/2 Fuss hoch: Antique pretresse* [Priesterin], *Venus, Antinous, Germanicus, Bacchus, Virgo vestalis, una Musa, Poreia à 40 Rtl. – 12 Urnen à 13 Rtl.– ein Bachuskind 8 Rtl.*) die zusammen mit der Pflanzung der beiden Kastanienalleen dort zwischen den Bäumen 1725 nach Anordnung Schlauns aufgestellt worden sind. Schlaun entwarf auch die eleganten Ziegel-Werkstein-Sockel dafür, die durch den Maurermeister Stephan Rettenbacher 1732 bis 1734 errichtet wurden. Noch 1724 und 1728 sind Zahlungen an die

Witwe Gröninger für Skulpturen vermerkt, woraus zu schließen ist, dass das Atelier nach Gröningers Tod unter seiner Frau fortbestanden hat. 1724 fertigte der Bildhauer Panhoff vier Figuren, die bei der Oranienburg aufgestellt wurden und sicher zum Programm der Pictorius für diesen Gartenteil gehört haben. Von 1732 bis 1734 hat der Bildhauer Johann Christoph Manskirch eine größere Serie von Skulpturen geliefert, darunter Statuen des Mars, Saturn, Faunus, der Flora und Venus, sowie *Kindl*, also von Putten. Er erhielt sein Geld über Anweisungen von Schlaun. Es mag möglich sein, unter dem erhaltenen Bestand einiges zu identifizieren und den beteiligten Künstlern zuzuweisen. Leider wird es wohl nicht mehr gelingen, zusammengehörige Skulpturenzyklen zu ermitteln.[106]

Trotz dieser Substanzverluste sind Garten und Gartengebäude unverhältnismäßig gut über die Zeiten gekommen. Durch spätere Umgestaltung verloren gegangen ist lediglich der Bereich nördlich des Schlosses, der durch eine Neobarockanlage ersetzt wurde. Hier in Nordkirchen ist mit dem westlichen Park der einzige große Barockgarten französischen Stils in ganz Westfalen wenigstens in den Grundlinien erhalten geblieben. Er ist außerdem ein sehr wichtiges Zeugnis für den Gartenarchitekten Schlaun, dessen andere Gartenschöpfungen nur noch durch seine glücklich erhaltenen Zeichnungen bekannt sind.

Ferdinand von Plettenberg und seine weiteren Bauaufträge

Bauten im Dorf Nordkirchen

Nicht nur das Schloss beanspruchte den münsterischen Erbmarschall – er hinterließ auch im Dorf Nordkirchen und auf anderen Besitzungen Bauten. In einer schweren Krankheit hatte Ferdinand 1715 gelobt, im Dorf Nordkirchen die Pfarrkirche neu zu errichten. Er ließ den Bau (Abb. 235) sofort nach seiner Genesung beginnen. Peter Pictorius hat das alte Bauwerk der Herren von Morrien vermessen.[107] Es war eine spätgotische Saalkirche zu drei Gewölbejochen mit polygonalem Chorschluss und einem vorgestellten Westturmjoch. Zwei offensichtlich niedrigere Anbauten beherbergten eine Meinhöveler und eine Nordkirchener Kapelle, worunter sich sicher die Erbbegräbnisse befanden. Der Neubau an

derselben Stelle ist eine dreischiffige gewölbte Pfeilerhalle mit Chor von sehr nüchternem Zuschnitt (Abb. 233, 234). Schiff und Chor sind verputzt, weil das Mauerwerk aus Bruchstein, vermutlich dem Material der abgebrochenen Kirche, besteht. Der eingestellte Turm dagegen ist ein Schaustück, ganz in schönem Ziegelverband mit Werksteingliedern errichtet (Abb. 235). Auf der Westseite haben die drei Geschosse eine sehr wirksame Gliederung aus Zwillingslisenen mit Schlitzblenden und eingetieftem Mittelfeld, wo eingelassene Werksteinrahmen die Form der großen Schallöffnungen im achteckigen vierten Glockengeschoss wiederholen. Im Erdgeschoss ein schönes Portal mit profilierten Pfosten. Die verkröpfte Architravzone wird von Konsolen getragen. Als Abschluss ein Segmentgiebel, in dessen

232 Das Dorf Nordkirchen, vorn der Schlossherr zu Pferde, wohl R. Roidkin um 1730/31, wohl Supraporte aus dem Bonner Stadthof (Privatbesitz)

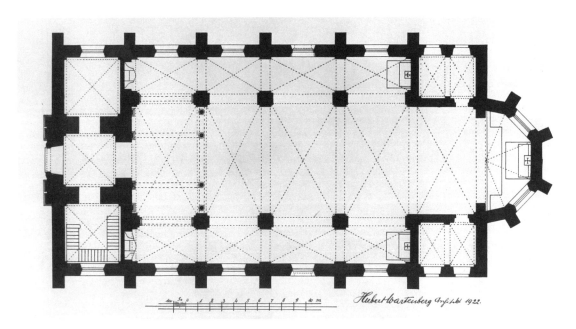

233 Nordkirchen, Pfarrkirche, Grundriss, H. Wartenberg 1922

234 Nordkirchen, Pfarrkirche, Innenansicht nach Osten

Ferdinand von Plettenberg und seine weiteren Bauaufträge

235 Nordkirchen, Pfarrkirche von Südwesten, um 1975

Feld das Allianzwappen des Stifters als Füllung steht. Das Wappen wird von Putten gehalten und ist mit dem kurkölnischen Michaelsorden dekoriert. Geliefert hat es Johann Wilhelm Gröninger 1722 für 13 Taler. Der Kirchenbau selbst war schon 1719 fertig, den Turm baute Meister Rußweg 1720, das Turmdach deckte Johann Schlüter aus Recklinghausen. Ungewöhnlich ist die Westseite der Kirche mit der gegliederten dunklen, in schwarz-roten Ziegeln errichteten Turmfront zwischen der verputzten, ganz glatten Kirchenwand. Der Turm mit seinem achteckigen Glockengeschoss und laternenbekrönter, geschmeidiger Kuppelhaube ist deutlich auf Fernsicht angelegt (Abb. 232). Nach den Einzelheiten des Westportals, die Verwandtschaft mit dem Portal der Oranienburg zeigen, und nach dem Blendensystem zu urteilen, ist der Entwurf des Turmes Peter Pictorius zuzuweisen. Es besteht kein Zweifel, dass auch die Innenausstattung – die drei Altäre und die sicherlich farbigen Wappenfenster, wie sie sein Onkel 1694 seiner Kirchenstiftung Südkirchen zugeeignet hatte (Abb. 43) – den Ambitionen des freiherrlichen Guts- und Patronatsherren entsprechend prächtig ausgefallen ist.[108] Die barocke Ausstattung und auch die Fenster

236 Nordkirchen, Dorf, Kapelle St. Johannes Nepomuk

237 Tod des hl. Johannes Nepomuk, G. Kappers 1732

238 Nordkirchen, Dorf, Armenhaus am Kirchplatz, um 1910

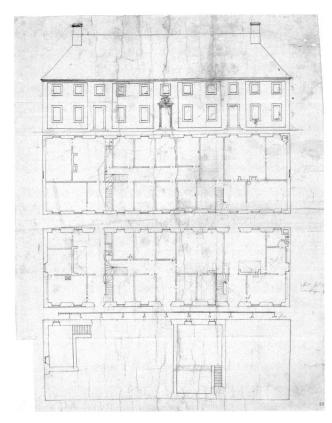

239 Nordkirchen, Dorf, Armenhaus am Kirchplatz, Aufriss und Grundrisse, J.C. Schlaun um 1730 (Bz SB 96)

wurden von den Gutsherren Esterhazy und Arenberg später durch zeitgemäßere Dinge ersetzt.

Peter Pictorius war es auch, der die dem hl. Johannes Nepomuk geweihte Kapelle an der Schlossstraße entwarf (Abb. 236). Dies war eine weitere Stiftung Plettenbergs, der das kleine achteckige Bauwerk mit Zeltdach und einem schlichten Portalrahmen 1722 durch den Maurermeister Rußweg errichten ließ. Den Altar lieferte der Schreinermeister Heinrich Wilhelm Spin erst 1732 für 15 Taler, für das Altarbild *die Historye von des Heiligen Joannes Nepomuc, wie ehr von der Bruck in der Moldaw geworffen wirdt* (Abb. 237) quittierte der Maler Gerhard Kappers 1731 25 Reichstaler.[109] Wie die Kirche, so ist auch dieser Bau verputzt, besitzt aber eine dem Kirchturm ähnliche Gliederung. So war der Anfang gemacht, die Dorfsiedlung, die gewiss weitgehend vom Schloss abhängig war, durch barocke Bauten ungewöhnlicher Qualität zu bereichern.

1730–1733 erhielt das am Kirchplatz gelegene, 1556 von den Herren von Morrien gestiftete Armenhaus einen sicherlich notwendigen Neubau, der heute noch steht (Abb. 238). Es ist ein langgestrecktes zweigeschossiges Gebäude unter hohem Walmdach. Der schlichte Bau aus Ziegeln mit wirkungsvoller Farbgliederung durch die Werksteinrahmen der Fenster und der Tür besitzt eine ganz zurückhaltende Fassadenaufteilung durch Blenden und Vorlagen. Die mittlere Türachse und jeweils die mittlere der zweimal fünf Fensterachsen sitzen auf Vorlagen, die übrigen je zwei Fensterachsen liegen in den Blendfeldern. Ein Formziegel-Kranzgesims fasst unter dem Dachansatz den ganzen Bau wieder einheit-

lich zusammen. Es ist die typische Formensprache Schlauns, und von seiner Hand hat sich der Vorentwurf, der genauso ausgeführt ist, erhalten (Abb. 239). Einzig die Erdgeschossfenster in den seitlichen Vorlagen waren ursprünglich Eingänge. Nach dem alten Grundriss führte die linke Tür in eine separate Wohnung für einen Vikar. Die Mitteltür gab Zugang zu den 16 Pfründnerstuben mit einem großen Gemeinschaftsraum. Die rechte Tür führte in den Wirtschaftsteil mit der Küche, den Nebenräumen und einer Wohnung für die Beschließerin. Die Allianzwappentafel des Stifters über der Mitteltür, die mit der Kette des Ordens vom Goldenen Vlies geziert ist, lieferte Johann Christoph Manskirch 1732. Würde heute ein derartiges Raumprogramm gefordert, es könnte nicht vollkommener untergebracht werden.

Gleichzeitig errichtete Schlaun 1733/34 westlich der Kirche ein neues Haus für den Küster (Abb. 240), das gleichfalls zweigeschossig als gut proportionierter Kubus unter behäbig hohem Walmdach der Turmfront der Kirche gerade gegenüber liegt. Der fünfachsigen Kirchplatzfront hat er eine ganz flach durch Schlitzblenden und Vorlage betonte Mittelpartie gegeben. Über dem mittleren Fenster, vielleicht einst

Ferdinand von Plettenberg und seine weiteren Bauaufträge

240 Nordkirchen, Dorf, ehemaliges Küsterhaus von Südosten

241 Nordkirchen, Dorf, ehemalige Rentei an der Schlossstraße

242 Nordkirchen, Luftbild des Dorfkerns, um 1960

der Eingang des Hauses, wurde wiederum eines der Allianzwappen mit dem Goldenen Vlies von 1732 angebracht. Von der Küsterei hat sich kein Entwurf erhalten, aber in den Schlossakten wird Schlaun ausdrücklich als Baumeister genannt. Die ursprüngliche Raumdisposition unterschied die eigentliche Wohnung an der Südseite und den Wirtschaftsteil im Norden. Dieser besaß auf der Rückseite ein eigenes Tor mit Miniaturdeele und Kuhstall für die zur Vikarie gehörige Landwirtschaft. Im niedrigen Obergeschoss befanden sich Schlaf- und Gesindestuben. Nach langer Verwahrlosung und drohendem Abbruch ist heute ein Café in dem schönen dunkelroten wiederhergestellten Ziegelhaus eingerichtet.

Bestimmen gegenwärtig diese beiden durch den Grafen Plettenberg veranlassten Gebäude ganz entscheidend das Bild der Ortsmitte, so gereicht ein drittes Bauwerk des 18. Jahrhunderts der Schlossstraße zu hohem Ansehen. Es ist die sogenannte Rentei, ein breit gelagertes eingeschossiges Ziegelhaus unter einem mächtigen Walmdach (Abb. 241), das, abgerückt von der Straße, zusammen mit der Johannes-

Nepomuk-Kapelle eine wunderschöne Gruppe bildet. Zur Rentei gehört auch ein unauffällig zurückgesetzter Wirtschaftsbau aus gutem Fachwerkgefüge des 18. Jahrhunderts. Das Baujahr des Hauses selbst ist nicht genau überliefert, aber die Proportionen und die Blendengliederung der Fassade weisen auf die 1730er Jahre hin. Fünf Achsen sind in der Mitte zusammengefasst, dann folgt beiderseits eine abgerückte Fensterachse in eigenem Blendenfeld, eigentümlich durch Werksteinblöcke in den Blendenrahmen betont. An den Hausecken bildet je eine gesonderte Fensterachse, abgesetzt durch ein blindes fenstergroßes Blendfeld, den Abschluss der komplizierten Fassadenteilung. Die hier angewendete Blendengliederung zeigt, obwohl verwandt, nicht die Hand Johann Conrad Schlauns. Ein Umbau der 1780er Jahre hat außen und innen seine frühklassizistischen Spuren hinterlassen. Auch dieses Bauwerk hat lange Jahre leer gestanden, und sein Fortbestand war höchst gefährdet. Aber jetzt wird es wieder bewohnt und gepflegt.

Auch auf die Struktur des Dorfes wirkte Graf Plettenberg ein (Abb. 242). Die Bebauung des Dorfes war entlang der

Ferdinand von Plettenberg und seine weiteren Bauaufträge

Straße vom Dorf zum Schloss recht regellos und stellenweise offenbar auch zu eng. Schlaun schuf auf Anordnung des Grafen Abhilfe. Da es sich durchweg um Fachwerkbauten handelte, ließ Schlaun die Dächer abdecken, alle Füllungen herausschlagen sowie Schornsteine und Herdblöcke abbrechen. Ein neues Fundament für die Grundschwelle war vorbereitet, und mit Hilfe von Rollen und Flaschenzügen wurde das Fachwerkgerüst auf das neue Fundament gezogen. Zimmerleute und eine Truppe von Handlangern haben auf diese Weise 1732 sechs Häuser versetzt, nachdem die Methode schon 1728 am Brauhaus der Rentmeisterei ausprobiert worden war. Alle diese Baumaßnahmen wie auch das Herrichten der verschobenen Häuser sind vom Grafen bezahlt worden.[110]

Der Nordkirchener Hof in Münster

Der Hof der Herren von Morrien an der Aegidiistraße zu Münster – dem später das Kolpinghaus nachfolgte und wo heute ein größeres Hotel steht – ist bereits erwähnt worden. Erworben 1531 und erweitert durch den Ankauf von konfiszierten Täuferhäusern und weiteren Nachbarhäusern 1536

bis 1539, bildete der Hof eine feste Anlaufstelle der Familie des Erbmarschalls in der Landeshauptstadt. Mit dem Gutskomplex Nordkirchen ging auch der Stadthof der Morrien 1694 in den Besitz des Fürstbischofs über. Der schlichte Bau mochte den Ansprüchen des Freiherrn Ferdinand ab 1712 nicht mehr genügen. Nachdem sein Onkel Beverförde und sein Schwager Merveldt um 1700 große dreiflügelige Stadthöfe von Pictorius hatten bauen lassen, denen nach 1712 die Stadthöfe des Generals Landsberg (heute Schmisinger Hof) und von der Recke-Steinfurt sowie Domherrenkurien gefolgt waren, haben die Brüder Pictorius Entwürfe für prächtige Neubauten im römischen Palazzo-Stil und im französischen Pavillon-Stil gezeichnet;[111] die Pläne sind im Planarchiv der Brüder überliefert. Da sich eine Fassade und ein Grundriss des Palazzo, gezeichnet von Peter Pictorius, auch in einem Konvolut aus Arenberger Vorbesitz (heute im Stadtmuseum Münster) befinden, dürfte Ferdinand von Plettenberg sogar Auftraggeber gewesen sein – jedenfalls kannte er diese Entwürfe. Eine zeitgenössische Chronik berichtet 1721/22, es seien schon Vorbereitungen für den Bau getroffen worden. Doch nach der Wahl des Clemens August zum künftigen Kölner Kurfürsten 1722 verschoben sich die Interessen Plettenbergs.

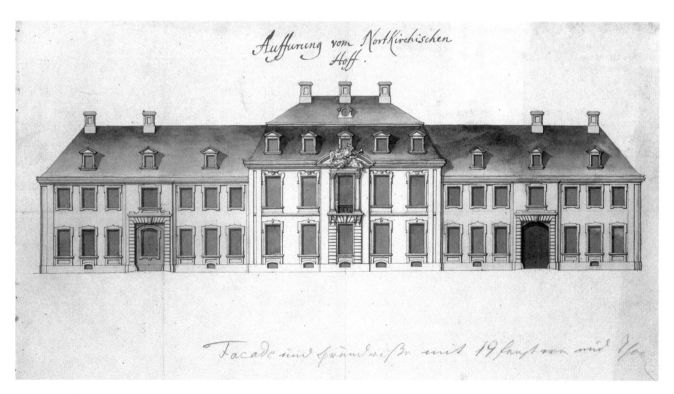

243 Nordkirchener Hof in Münster, Aufriss, J. C. Schlaun 1725 (Stadtmuseum Münster)

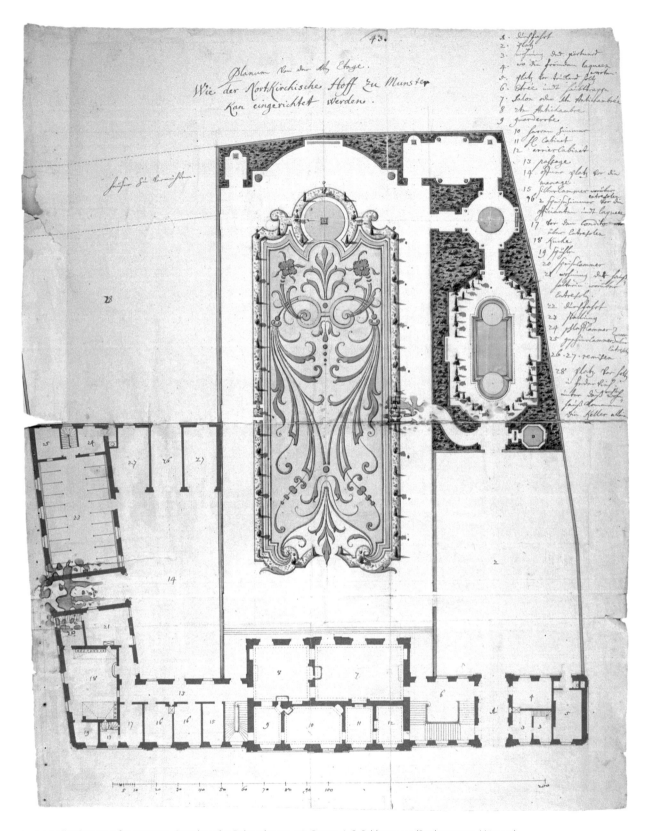

244 Nordkirchener Hof in Münster, Grundriss des Erdgeschosses mit Garten, J. C. Schlaun 1725 (Stadtmuseum Münster)

Ferdinand von Plettenberg und seine weiteren Bauaufträge

245 Kapuzinerkirche in Münster, Westfassade, 1993

246 Pfarrkirche in Eys, 1993

Der schon angesprochene gemeinsame Aufenthalt von Dominique Girard und Johann Conrad Schlaun Anfang März 1725 in Münster war Anlass für eine Planserie von der Hand Girards – leider nur drei Grundrisse ohne Ansicht – und eine von der Hand Schlauns. Dessen französisch inspirierter Aufriss (Abb. 243) ist nur Projekt geblieben; seine Zeichnung war ebenso wie der Grundriss mit dem farbenprächtigen Broderieparterre des Gartens (Abb. 244), das ihn als gelehrigen Schüler Girards erweist, zweifellos auch ein eigenständiges Kunstwerk für die Augen seines Gönners.[112]

Kirchenstiftungen

Ein mit dieser Planung zusammenhängendes Bauwerk war aber der Neubau der Klosterkirche der Kapuziner, der heutigen Aegidiipfarrkirche, ab 1724. Plettenberg stiftete zu diesem Kirchbau eine erhebliche Geldsumme – die Kirche lag einen Steinwurf von dem Nordkirchener Hof entfernt, und sie konnte seine Hauskirche sein. Über dem Kirchenportal

der Kapuzinerkirche befindet sich Plettenbergs Wappen mit der Kette des St. Michaelsordens von J. B. Fix (Abb. 245). 1728 konnte der Kurfürst Clemens August den Kirchbau feierlich einweihen, bei dessen Fassade Schlaun seine noch ganz frischen römischen Anregungen verarbeitete.[113] 1730 gab Plettenberg zum Klosterneubau noch einen erheblichen Zuschuss.

Der Bettelorden der Kapuziner, eines besonders strengen Zweiges der Franziskaner, war der Modeorden des westfälischen Adels in der Barockzeit, nicht zuletzt wegen seiner strikten Armut. Anders als fundierte Klöster, die von einem Stiftungsvermögen lebten und dies möglichst mehrten, waren Kapuziner keine Konkurrenten um Bauernhöfe und andere Ressourcen.[114]

Zusammen mit dem Kurfürsten hat Plettenberg auch Stiftungen für das Kapuzinerkloster Brunnen im Brenscheder Wald südlich von Arnsberg gemacht, das 1722 bei einer als heilkräftig geltenden Quelle gegründet worden war. Er schenkte auch Fenster (1718) und Gemälde (1734) an das Kapuzinerkloster in Werne sowie an die Pfarrkirche dort

247 Kapuzinerkloster Wittem, Aufriss der Schauseite, J. C. Schlaun um 1731 (Bz SB 78)

1722/1724 zwei Altäre, die der münsterische Schreiner Johann Endemann nach Entwurf von Peter Pictorius für je 100 Taler anfertigte, und ein von Rudolf Stengelberg vor 1718 geliefertes Vesperbild.[115] Für seine im Limburgischen erworbenen Herrschaften ließ der Graf durch Schlaun mehrere große Bauten errichten. In der Reichsgrafschaft Wittem, in der er seinen festlichen Einzug 1724 mit einem Schützenfest begann und selbst Schützenkönig wurde (Abb. 248), begann er den Neubau eines Kapuzinerklosters mit Kirche und legte am 16. Juni 1729 feierlich den Grundstein. Im Klostergebäude (Abb. 247) richtete Schlaun für Plettenberg ein Absteigequartier ein (1729–1733). Der Graf schenkte das Kloster 1733 dem Kapuzinerorden – hier wurde nach seinem Tode 1737 sein Herz beigesetzt. Das Kloster wurde erst 1892 für einen Klosterbau der Redemptoristen abgebrochen, die Kirche ist erhalten. In der benachbarten Herrschaft Eys entstand eine neue Pfarrkirche (Abb. 246), bei deren Entwurf Schlaun Motive der österreichischen und italienischen Baukunst verwandte (1732–1734).[116] Seine überlieferte Bautätigkeit für das ebenfalls dort gelegene Schloss Neubourg 1732 ist noch unklar.

Für den Schwager der Gräfin Plettenberg dagegen, den Grafen Merveldt, hat er 1726 die St. Michaelskapelle in der Nähe des Schlosses Lembeck und etwa ab 1729 im Schloss Lembeck, dem Elternhaus der Gräfin, verschiedene Umbauten durchgeführt. Am schönsten ist der von Schlaun entworfene und mit einer Stuckdecke von Castelli und Morsegno versehene Hauptsaal geworden. Aber auch ein Glockendachreiter und die Gartenzugbrücke dort haben dem älteren mächtigen Schlossbau den nicht zu übersehenden Stempel Schlaun'scher Eleganz aufgedrückt. Wahrscheinlich hat er auch Ideen für den nicht mehr erhaltenen großen Schlosspark mit einem umfangreichen Schneisensystem im umgebenden Wald angegeben.[117]

Der Plettenberger Hof in Bonn

In Bonn hatte Plettenberg den 1722 vom Fürstbischof Clemens August für 24.000 Taler angekauften Hof des Generals Grafen St. Maurice († 1719) als Stadtpalais geschenkt erhalten. Dieser Hof wurde um einen neuen Flügel nach Plänen des kurkölnischen *Intendant des bâtiments* Guillaume d'Hauberat († 1749) erweitert, den d'Hauberat bis zu seinem Fortgang nach Mannheim 1725 weiter ausbaute und ausstattete. Schlaun wurde sein Nachfolger, hat aber nur die Bauleitung besorgt und wohl keine eigenen Entwürfe realisiert. Der Hof, den Plettenbergs Witwe 1746 für 20.000 Taler dem

Ferdinand von Plettenberg und seine weiteren Bauaufträge

Kurfürsten Clemens August verkaufte, wurde nun »Clemenshof« genannt und als Gästehaus genutzt – aus dieser Zeit gibt es eine Ansicht der dem Rhein zugekehrten Gartenfront, gestochen von Nikolaus Mettely nach einer Zeichnung des Johann Martin Metz (Abb. 249). Der Kupferstich aus der Serie der kurfürstlichen Residenzen zeigt allegorisch, wie die fürstliche Sonne einerseits Blumen, Ähren und Trauben bestrahlt und wachsen lässt und wie andererseits der Storch die Seinen nährt. Vorn erinnern ein Globus und Instrumente von Kunst und Wissenschaft, Ackerbau und Landwirtschaft an Grundlagen von Herrschaft, und ein Emblem mit der Unterschrift *non sine Te* (nicht ohne Dich) zeigt, wie eine Tulpenblüte aus dem Himmel von einem Putto begossen wird: Auch ein Minister bedarf der fürstlichen Huld – vielleicht eine Anspielung auf den Sturz des früheren Besitzers Plettenberg 1733. Das Palais muss von ungewöhnlicher Pracht gewesen sein; das nach den späteren Besitzern »Boeselagerhof« genannte Haus wurde 1922 von der Stadt Bonn erworben, 1935 bei einem Brand beschädigt und im Zweiten Weltkrieg durch Bomben zerstört.[118]

Ein zeitgenössischer Hofklatsch-Journalist, Karl Ludwig von Pöllnitz (1692–1775), formulierte eine sehr schöne Würdigung des noch allmächtigen Ministers um 1732, und beschrieb dessen großen Einfluss und seine Verdienste um den Aufstieg des Clemens August. Der fast enthusiastisch positiven Beurteilung nach zu schließen muss Pöllnitz von Plettenberg sehr freundlich empfangen worden sein: *Gleichwohl bedient sich der Graf dieses seines großen Ansehens mit aller Bescheidenheit, und ist gegen jederman höflich und gefällig, auch seine übrige Betragung eben so edelmüthig und einnehmend/ als seine Leibes-Gestalt angenehm ist, ja er läst niemahlen dergleichen herrschsüchtiges Wesen von sich blicken, als mehrentheils diejenige spüren lassen, welche bey ihren grossen Ehren auch sonsten noch beständig von dem Glück unterstützet werden. Gleichwie er in einem solchen Alter,* [* Es war derselbe noch nicht völlig 28. Jahr alt] darinnen man sonsten kaum auf wichtige Dinge um sich deren zu unterziehen, gedencken darff, der oberste Minister eines grossen Fürsten geworden, also hat solches die Arbeit ihme recht zu einem Spielwerck gemacht, gleichwohlen spüret man nicht den geringsten Hochmuth oder einbildisches Wesen, welches zwar auch zu nichts dienet, als die Gemüther von sich abwendig zu machen, an ihm. Er spricht mit jederman gerne, höret auch diejenige, so mit ihm reden, mit vieler Aufmercksamkeit an, und gibt in allen Stücken richtige Antwort, ohne die mindeste Ausschweiffungen oder Auffenthalt zu suchen. Er ist großmüthig, freygebig, wohlthätig, sorgfältig, fleißig, und bey der Arbeit über die*

248 Schützenschild des Grafen Plettenberg 1724 aus Wittem

Massen beständig. Des Morgens um 5 Uhr stehet er auf, und wendet die Morgen=Zeit auf die Geschäffte, zu Mittag hält er eine kostbare Tafel, woran er doch bey allem Uberfluß und delicater Zubereitung sich der Mäßigkeit, welche an grossen Staats-Ministern über die Massen zu loben / sonderbar befleißiget. Nach der Tafel begibt er sich in sein Cabinet, oder ertheilet denen unter ihm stehenden Bedienten Gehör, seiner Gemahlin aber überläßt er die Sorge, alles was zur Ehre des Hauses gehöret, welches alle Personen von Stand und guten Eigenschaften offen stehet, zu beobachten. Gleichwie er von Geburt einer der reichsten Herren in Teutschland ist, also führet er auch den grösten Staat mit/ und wendet sehr ansehnliche Summen Geldes darauf. Sein Haus ist kostbar meubliret, und voll der schönsten Gemählden von den allerbesten Meistern; doch kommet die prächtige Einrichtung desselben keinesweges seinem Schlosse zu Nordkirchen noch bey, wo alles über die Massen kostbar und vor einen würcklich regierenden Herrn prächtig genug erbauet ist, gleichwohl lässet er noch von Tag zu Tage alles schöner machen, und wird dermahlen an einem Garten gearbeitet, welcher wenig seines gleichen in Teutschland haben wird.[119]

Pöllnitz beschreibt anschaulich den Zusammenhang von Politik und Kultur, von Landsitz und Stadthof als Bühne für das öffentliche Wirken des Ministers, der die Arroganz der Macht vermied – und der eben auch den guten Ruf durch einen Skandaljournalisten pflegen ließ, welcher die amourösen Eskapaden Augusts des Starken ebenso wie Hofaffären –

249 Clemenshof (früher Plettenberger Hof) in Bonn von Osten, Kupferstich, N. Mettely nach J. M. Metz um 1757/60, Kupferstich

250 Salon im Boeselagerhof (früher Plettenberger Hof), um 1935

beispielsweise jene um die welfische Prinzessin von Ahlden – genüsslich vor dem Publikum ausbreitete. Plettenberg bot dem Schriftsteller ein positives Gegenbild.

Welches Niveau die Ausstattung des Plettenberger Hofes hatte, zeigen einige wenige Fotos der Innenräume (Abb. 250) sowie Deckenstuckentwürfe von der Hand des Stephan Laurent Delarocque.[120] Ein Plan des Gartens von der Hand Dominique Girards ist leider verschollen. Einige der Schnitzarbeiten, Lambris und Türeinfassungen, gelangten an das Grassi-Museum in Leipzig, wo sie teilweise den Zweiten Weltkrieg sogar überdauert haben.[121] In Nordkirchen befinden sich noch einige Ausstattungsstücke von stupender Qualität.

Kunstsammlungen und mobile Ausstattung

Die erste große Anschaffung für die Ausstattung des Schlosses – der Auftrag von 1709 für die Werkstatt Auwercx in Brüssel durch den zwei Jahre später verstorbenen Werner Anton von Plettenberg – wurde bereits geschildert. Diese Tapisserien mit der Geschichte des Telemach wurden 1711 geliefert (Abb. 110). Sieht man davon und von der Verpflichtung italienischer Stuckateure ab, wurde die Ausstattung des Schlosses von einheimischen Künstlern gefertigt. Eine internationalere Ausrichtung auf hohem europäischen Niveau erstrebte erst Ferdinand von Plettenberg nach seiner Erhebung in den Reichsgrafenstand. Dazu gehört das Engagement Schlauns, von dessen Europareise man profitieren konnte. Die Zuziehung des Dominique Girard zur Gartenplanung und des Herrn Moreau als Dessinateur war 1725 die erste direkte Auswirkung in Nordkirchen. Plettenberg konzentrierte indes seine repräsentativen Verpflichtungen in seinem neuen Stadthof in Bonn.

Graf Ferdinand begann 1725 systematisch damit, eine Gemäldegalerie anzulegen, die zu den frühesten bisher bekannten in Westfalen gehörte. Am Beginn stand der Ankauf der Kunstsammlung von 60 Gemälden des Münchner kurfürstlichen Sekretärs Driva, für 25.000 Taler. Den Katalog schrieb der stolze Käufer eigenhändig. Die weiteren Ankäufe geschahen hauptsächlich über Münchner und niederländische Kunsthändler. Die Betreuung der Sammlung oblag zunächst Jan Frans van Douven, nach dessen Tod im Herbst 1727 Johann Conrad Schlaun, der den von Plettenberg redigierten Katalog auf schließlich 265 Bilder fortsetzte. Die Darstellungen umfassten neben religiösen Themen hauptsächlich Stoffe der antiken Mythologie. Die besten Stücke dürften jedoch nach 1737 in Rom und in Amsterdam verkauft worden sein. Ein Amsterdamer Katalog von 1738 listet 140 Gemälde und vier Bronzen auf. Die genannten Künstler waren die besten Europas: Das erste Bild des Katalogs war das Jüngste Gericht von Raffael, Gemälde von Guido Reni, Tintoretto, Tizian, Poussin, Luca Giordano, Van Dyck, Rubens folgten. Wenn es sich tatsäch-

lich um Originalbilder handelte, war ihr Wert in der Tat beträchtlich – aber die meisten Bilder blieben unverkauft. Die Preisvorstellungen waren wohl zu hoch; insgesamt erwartete man mindestens 23.236 Gulden. Anscheinend orientierte man sich an den Ankaufspreisen. Erst als man die Preisforderungen reduzierte, wurde Einiges abgesetzt; bis 1741 hatte man noch nicht einmal 5.000 Gulden erlöst. Ein Angebot weiterer 16 Bilder 1743 in Amsterdam erbrachte nur 4.409 Gulden, manche wurden zu 10% der Schätzung verkauft. Unter den wenigen heute identifizierbaren Gemälden befindet sich ein kapitaler Rembrandt, den Plettenberg für 60 Louis d'ors (300 Reichstaler) um 1730/33 als lebensgroßes Reiterbildnis des französischen Marschalls Tu-

251 Reiterbildnis Henri Rihel, Rembrandt um 1662 (National Gallery London, NG 6300)

252 Oranienburg, Hofdame der kurbayerischen Schönheitengalerie, wohl J. Vivien um 1725

253 Oranienburg, Hofdame der kurbayerischen Schönheitengalerie, wohl J. Vivien um 1725

254 Innenansicht der Jesuitenkirche von Antwerpen, von unbekanntem Künstler um 1700

Kunstsammlungen und mobile Ausstattung

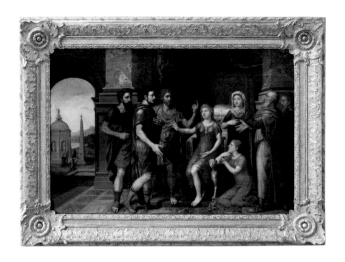

255 Der Großmut des Scipio (?), Öl auf Holz, von unbekanntem Künstler um 1620–1660, in Galerierahmen

renne (1611–1675) gekauft hatte. Es ist seit 1959 als Bildnis des Amsterdamer Gardehauptmanns Frederik Rihel in der Sammlung der National Gallery in London (294 × 242 cm, Inv. Nr. NG6300) und noch im Originalrahmen erhalten (Abb. 251). Für 80 Gulden war es 1737 angeboten worden, was etwa 6 Louis d'ors entsprach.

Von diesen Gemälden, deren Zahl noch höher gewesen sein dürfte, verzeichnet ein kleiner gedruckter, um 1810 bei Aschendorff in Münster erschienener Katalog noch 142 Nummern, von denen die meisten den flämisch-holländischen Schulen zugeordnet worden sind. Immerhin ist die Sammlung noch während des ganzen 19. Jahrhunderts in Nordkirchen gewesen und konnte durch Kenner besichtigt werden. Nicht wenige Bilder sind schon nach 1778 durch die Witwe des Erbmarschalls Clemens August Graf von Plettenberg (1742–1771), Maria Anna geb. von Galen (1752–1829), in die Familie ihres zweiten Mannes Clemens August von Ketteler (1751–1815) nach Harkotten verbracht worden. Ihr Sohn Max Friedrich von Ketteler (1779–1831) wurde 1813 Vormund der Erbtochter Marie von Plettenberg (1809–1861). Nach dem Konkurs des Ketteler'schen Gutes Schwarzenraben gelangten viele Bilder 1995/1999 in den Kunsthandel. Außerdem ist beim Verkauf des Schlosses 1903 eine größere Partie von der Familie von Esterhazy zurückbehalten und nach Ungarn gebracht worden. Fast der ganze übrige Bestand hat Nordkirchen unter den Herzögen von Arenberg verlassen. Heute sind nur noch ganz geringe Reste dieser großen Plettenbergischen Gemäldesammlung im Schloss vorhanden, so eine Innenansicht der Jesuitenkirche

zu Antwerpen von einem unbekannten Künstler um 1700 (Abb. 254), rückseitig bezeichnet »L. W. v. F.«.[122]

Die Bilder aus dem Plettenberger Hof sind an den typischen Galerierahmen leicht zu erkennen. Eine prunkvolle Form stellt das genannte Rembrandt-Bild dar (Abb. 251). Typischer ist ein vergoldeter, teils geschnitzter, teils aus Gips gegossener Régence-Rahmen mit Rosetten auf den Ecken und einem blattartigen Innenfries (Abb. 24, 255, 263). Aufwendig ist auch die gleichförmige Rahmung der Bildnisse einer Hofdamengalerie (Abb. 252, 253, vgl. Abb. 262, 264), mit ähnlicher Rahmenleiste, aber auf den Ecken und auch an den Seiten fast herzförmige Kartuschen statt der Rosetten. Einfachere Formen des Rahmendekors finden sich an Wandspiegeln und kleineren Bildern. Alle diese Goldrahmen passen in Nordkirchen nicht – sie sind erst 1734 aus dem von Clemens August beschlagnahmten Stadthof in Bonn über Köln nach Nordkirchen gekommen, andere nach Wien und von dort zum Teil nach Rom. Diese Rahmen sind ausweislich der erhaltenen Rechnungen von den kurkölnischen Hofhandwerkern in Bonn hergestellt und vergoldet worden.

256 Geißelung Christi (Schlosskapelle), von unbekanntem Künstler

257 Der Alchemist, G. Thomas um 1700–1720, in Galerierahmen (Privatbesitz)

258 Der Gutsherr, G. Thomas um 1700–1720, in Galerierahmen (Privatbesitz)

Kunstsammlungen und mobile Ausstattung

259 Büßende Maria Magdalena, P. van Avont und J. Brueghel d. J. um 1640/50, in Galerierahmen (LWL-Landesmuseum 2369 LM)

Zwei 1999 in London versteigerte Gemälde (Öl auf Leinwand, je 69 × 86 cm) des Gerard Thomas (1663–1720) zeigen karikaturenhaft einen Gutsherrn als Kunstsammler und Gelehrten bei der Übernahme von Abgaben seiner Gärtnerin und seines Jägers sowie einen Alchemisten in seinem Studierzimmer (Abb. 257, 258) – beides konnte Plettenberg auch auf sich beziehen, war er doch auch an Alchemie, modern gesprochen: an naturwissenschaftlichen Innovationen, sehr interessiert.[123] Er scheint jedenfalls ein gewisses Maß an Selbstironie besessen zu haben.

Einige Rahmen hat man wohl später in Münster für Nordkirchen nacharbeiten lassen, wie etwa für ein Bild der vor einer Erdhöhle büßenden Maria Magdalena mit Putten, die auf Wolken das Kreuz Jesu tragen (Abb. 259), zugeschrieben dem Antwerpener Rubensschüler Pieter van Avont (1604–1652) aufgrund einer zeitgenössischen be-

zeichneten Kupferstich-Reproduktion. Das Bild behandelt ein Lieblingsthema Plettenbergs, der eine ganze Reihe von Gemälden dieses Sujets besaß (einige sind auch noch in Nordkirchen vorhanden). Die auf das Kreuz Christi vertrauende Büßerin ist ein katholisches Gegenbild zur lutherischen Sünde-Theologie; und die vor Brauntönen gehaltene Sünderin ist dem vor strahlendem Himmelsblau triumphierenden Kreuz gegenübergestellt. Das Bild wurde 1836 im Westfälischen Kunstverein zur Eröffnung seines Kunstmuseums am Prinzipalmarkt in Münster gezeigt – als Leihgabe des Freiherrn von Ketteler. Es konnte 2010 aus Privatbesitz vom Freundeskreis des Westfälischen Landesmuseums Münster erworben werden.

Schon 1968 an das Landesmuseum verkauft wurde die fast lebensgroße Marmorskulptur des Ganymed (Abb. 261), ebenfalls ein prominenter Zeuge für den Kunstgeschmack

260 Vestibül mit drei Skulpturen der Jahreszeiten, Blick nach Westen, um 1910

und den Ehrgeiz des Grafen, höchste ästhetische Maßstäbe anzulegen. Dieses Hauptwerk des flämischen Bildhauers Jérôme Duquesnoy (1602–1654), geschaffen wohl 1650 nach dessen Rückkehr von einem Aufenthalt in Rom, Florenz und Spanien von 1626 bis 1643 und deutlich von der römischen Skulptur des Hochbarock, etwa Algardi geprägt, ist eine der ersten barocken Großskulpturen profaner Thematik nördlich der Alpen. Duquesnoy starb wegen praktizierter Sodomie – der alte Begriff für Homosexualität – 1654 in Gent auf dem Scheiterhaufen. Die Skulptur ging in den Besitz eines befreundeten Bildhauerkollegen, Lucas Faydherbe (1617–1697), über, der sie für den Zeichenunterricht seiner Schüler nutzte und dafür in einer Nische seines Ateliers das Bildwerk auf einem (noch vorhandenen) drehbaren Sockel

aufstellte. Beim Versetzen (oder Drehen?) wurde sein Sohn Jan-Lucas Faydherbe 1704 tödlich verletzt. Irgendwann in den nächsten 25 Jahren gelangte die Skulptur dann nach Nordkirchen. Ob sie 1734 mit anderen Kunstschätzen aus Bonn hierher überführt wurde, ist noch nicht bewiesen.[124] Zu ermitteln ist auch noch die Herkunft der Büsten der vier Jahreszeiten, die 1766 und noch 1832 in einem Seitenkabinett des Saales der Oranienburg standen, ursprünglich also wohl aus dem Plettenberger Hof gekommen waren. 1891 waren sie in den Ecknischen des Herkulessaales aufgestellt (Abb. 110) und zierten um 1910 das Vestibül (Abb. 105, 260).

Plettenberg erwarb auch mittelalterliche Kunstwerke, wie französische Elfenbeinschnitzereien des 14. Jahrhunderts, die sich jetzt im Stadtmuseum Münster befinden.[125]

Kunstsammlungen und mobile Ausstattung

261 Adler mit Ganymed, Marmor, J. Duquesnoy um 1650 (LWL-Landesmuseum D-631 LM)

262 Westliches Appartement, Kurfürstenzimmer (früher Kaiserzimmer) mit Bett, vor 1910

263 Westliches Appartement, Vorzimmer zum Kurfürstenzimmer (früher Kaiserzimmer), vor 1910

Staatsporträts

Aus den erhaltenen Packlisten des Umzuges aus Bonn nach Nordkirchen 1734 und aus älteren Schlossinventaren von 1766, 1816 und 1832 geht hervor, dass die aus dem Bonner Stadthof nach Nordkirchen gebrachten Kunstwerke zunächst in der Oranienburg aufgehängt beziehungsweise aufgestellt wurden und erst später in das Schloss überführt wurden. Mit Hilfe der älteren Innenraumfotos (Abb. 262–264) lassen sich viele Staatsporträts identifizieren. An erster Stelle stehen sieben lebensgroße Bildnisse: von Kaiser Karl VI. und seiner Frau – heute in der Oranienburg (Abb. 265, 266); von Max Emanuel und seiner Frau, gemalt von Winter nach Vivien 1725 – heute im Herkulessaal (Abb. 141, 142); von Fürstbischof Friedrich Christian – heute im Treppenhaus (Abb. 24); von Wolter von Plettenberg – heute im Kurfürsten- (früher Kaiser-) Zimmer; sowie vom Pfälzer Kurfürsten Carl Philipp (1662–1742, reg. ab 1716) – früher im Audienzzimmer des westlichen (Kurfürsten-, später Kaiser-) Appartements (Abb. 263), leider verschollen,

ebenso wie ein daneben hängendes Kniebild des Kurfürsten Karl Albrecht von Bayern (1697–1745) von Joseph Vivien, sogar im Galerierahmen »erster Klasse«. Die Packliste hat folgenden Wortlaut:

Specification der Verschlag so von Cöllen auf Nortkirchen kommen.
No. 138 Malerei 220 [un enfans apres Duven le jeune], 247 [l'Eglise des Jesuites d'Envers en perspective] (Abb. 254), 42 [St. Girolamo del Mola]
No. 154 Ein Verschlag worin auffgerolt in Mählerey Kayser und Kayserin.
No. 105 Portraiten der Churfurst von Bayern und Gemahlin, Printz Sulsbach undt Princessin.
No. 103 drey portraiter Lebensgröß, als Churpfaltz, Friederich Christian undt der Teutsche Meister Werner von Plettenberg
No. 128 Ein Verschlag worin die vier große portraiter auß dem bayerischen Zimmer zu Bonn.
Bl. 26v Ein Verschlag worin No. 89 sechs Stuck portraiter de Dame, ein klein Suport,

No. 90 sieben Stuck Portrait de Dame, ein klein Suport.

No. 91 worin 8 portrait de Dame.

No. 92 Ein Verschlag worin drey Portrait de dame, und der junge Graff und Gräffin, …

No. 100 Ein Verschlag worin die 4 Portraiter deren Suporten auß dem bayerischen Zimmer bestehende in außgeschweifftem Rahmen mit sambt den borden, wie sie zu Bonn gestanden seind, und das oval Blumenstück, so in Ihrer Hochgräfflichen Excellence Fraw Gräfinne in ihrem kleinen Cabinet oben dem Camin gestanden.

No. 159 drey portraiter alß Ihro Hochgräffl. Excellence und Fraw Gräfinne, und ein Dame in einer schwartzen Rahm …[126]

Das Kaiserpaar dürfte vielleicht als Staatsgeschenk aus Wien gekommen sein und die Anerkennung der Pragmatischen Sanktion durch Kurköln 1731, ein diplomatisches Meisterstück des Grafen Plettenberg, in Erinnerung halten. Hier werden noch nicht identifizierte Repliken von Wiener Originalen vorliegen. Die vier Supraporten-Porträts aus dem Bayerischen Zimmer mit geschweiften Rahmen dürften die im Saal der Oranienburg hängenden Halbfigurbildnisse (Abb. 133–136) dreier Söhne und der Schwiegertochter des Kurfürsten Max Emanuel nach Originalen sein, die Joseph Vivien 1719 ablieferte – heute in Schloss Schleißheim. Die ungewöhnliche Qualität dieser Bilder besteht in einer flächendeckenden malerischen Sorgfalt, die das Elternpaar (Abb. 142, 143), archivalisch gesicherte Kopien von Franz Joseph Winter nach den Schleißheimer Originalen Viviens, vermissen lassen. Bei dem guten und engen Verhältnis Viviens zu Plettenberg dürfen wir in diesen Bildern eigenhändige Wiederholungen des großen französischen Porträtisten vermuten. Malerisch gleichrangig sind die Damenbildnisse, ursprünglich 24 ausweislich der Packliste. Diese sind genannt im Inventar von 1832 als *zwanzig Stücke gleicher größe, 3 Fuß hoch und 2 1/2 Fuß breit, sämtlich Hof-Damen am Bayrischen Hofe darstellend.* Sie hingen schon seit 1766 in der Oranienburg.[127] Da in München eine solche Schönheiten-Galerie aus den 1720er Jahren ganz unbekannt ist – wohl hat

264 Oberes Foyer nach Osten, um 1910

265 Kaiser Karl VI., von unbekanntem Künstler um 1725/30   266 Kaiserin Elisabeth Christine, von unbekanntem Künstler um 1725/30

Kurfürst Max Emanuel aus Paris zwei Galerien von je sechzehn von Pierre Gobert 1712 gemalten Schönheiten des französischen Hofes mitgebracht[128] – dürfen wir bei dem Ehrgeiz Ferdinand von Plettenbergs und seinen engen Kontakten zum bayerischen Hof Mitte der 1720er Jahre einen Auftrag des Obristkämmerers annehmen, und auch hier Joseph Vivien für den Maler halten? Dass diese Bilder in ansehnlicher Zahl erhalten sind – zwölf hängen noch in der Oranienburg (Abb. 252, 253, 267, 268) und wenige als Supraporten im Schloss –, ist ein kleines Wunder, das sich vielleicht ein wenig der Anonymität der schönen Damen verdankt. Lange Jahre waren sie im Schloss untergebracht (Abb. 264), bis sie nach der Restaurierung der Oranienburg kurz vor 1980 dorthin zurückkehrten. Eine Galerie von neun Brustbildern der kurbayerischen Familie 1719/22 – wahrscheinlich von Winter nach Vivien gemalt – wurde 1758 an den Freiherrn von Galen verkauft, nach dem Zweiten Weltkrieg durch einen angeblichen »Restaurator« vollkommen ruiniert und die Reste von acht Bildern am 5. Mai 2004 in Amsterdam versteigert. Ein Einzelbild der Kurfürstin Maria Amalia (1701–1756), Tochter Kaiser Josephs I., gelangte 2003 ins Westfälische Landesmuseum.

267 Oranienburg, Kurbayerische Hofdame aus der Schönheitengalerie, wohl J. Vivien um 1725

268 Oranienburg, Kurbayerische Hofdame aus der Schönheitengalerie, wohl J. Vivien um 1725

Familienbildnisse

Die Bildnisse der Familie des Erbauers und ihrer Verwandten sind besser über die Zeiten gekommen. Sie bilden immer noch einen beachtlichen Schmuck des Schlosses. Die ältesten Bestände stammen aus dem alten Schloss (Abb. 10, 11, 13–17). Eine ganze Reihe von Mitgliedern der Familie von Morrien ist durch Ganz- und Halbfigurenbildnisse von zum Teil guter Qualität überliefert, deren Identifizierung erst kürzlich gelang. Es hieß, einige Bilder seien von dem Maler Geldorp geschaffen worden. Inzwischen haben sie sich als Werke seines vermutlichen Schülers Dietrich Molthane († 1631) erwiesen.[129]

Mehrere qualitätvolle Porträts des Fürstbischofs Friedrich Christian im Hauptsaal (Abb. 113) von Johann Martin Pictorius 1713, im Vestibül über der Tür zum Speisezimmer (Abb. 105), im Ostflügel (Abb. 170) von H. F. Delgleze 1726 und das schon genannte Ganzfigurenbild aus dem Bonner Hof, jetzt im Haupttreppenhaus (Abb. 24), sind nach Verlusten durch den Luftkrieg in Münster besonders wertvoll. Bildnisse der Brüder des Fürstbischofs und anderer Ver-

wandter schließen sich an. Besonders interessant für das historische Selbstverständnis in den damaligen Adelsfamilien sind mehrere Bildnisse des livländischen Ordensmeisters Wolter von Plettenberg (1450–1535), darunter vor allem das Votivbild aus dem frühen 16. Jahrhundert, heute in der Kammerkapelle des Ostflügels (Abb. 187).[130]

Ferdinand von Plettenberg hat sich mit seiner Familie offensichtlich gern porträtieren lassen. Drei bisher unbestimmte Brustbildnisse im Schloss ließen sich als frühe Porträts des Erbmarschalls von etwa 1712 (Abb. 97), von etwa 1715, signiert »J. Voorhout« (Abb. 54) sowie von etwa 1719/20 (Abb. 146) identifizieren, nicht zuletzt im Vergleich mit dem um 1722 in Köln gemalten Bild von der Hand des französischen Porträtspezialisten Joseph Vivien (1657–1734) im Besitz des LWL-Landesmuseums (Abb. 131). Vivien arbeitete viel in München und auch in Bonn; ein Pastellporträt Plettenbergs ist leider verschollen. Alle diese Bilder zeigen den Freiherrn im Harnisch als Abzeichen des Adelsstandes, den er aber wohl nie trug. Hervorzuheben sind ferner die Bildnisse des Ehepaares und der beiden Kinder in Gestalt einer Folge von vier Hochovalbildern eines 1975 noch unbekann-

269 Ferdinand Graf von Plettenberg mit Kollane des Ordens vom Goldenen Vlies, vielleicht J. Vivien um 1732/33 (Privatbesitz)

Kunstsammlungen und mobile Ausstattung

270 Familie des Grafen Ferdinand von Plettenberg, R. Tournières 1727 (früher Sammlung Esterhazy)

(Abb. 269); das Bild ist mehrfach kopiert worden, auch zweimal von Gerhard Kappers. Eine spätere Kopie ist im Kloster Wittem überliefert.[132]

Das Bildnis des Grafen Ferdinand im Ornat der Ritter des Goldenen Vlies malte um 1735 der kaiserliche Hofmaler Martin van Meytens (1695–1770). Es wurde sogar gleichseitig als Schabkunstblatt reproduziert (Abb. 314) und ist leider nicht mehr vorhanden (Abb. 262). Es gibt seit etwa 1930 eine Replik im Schloss Brühl (Abb. 312) – vielleicht handelt es sich sogar um das Original aus Nordkirchen. Unter den Kinderbildnissen ragen Franz Joseph, gemalt 1722 von H. F. Delgleze, und seine Schwester Bernhardina, beide mit ihren Lieblingspapageien, hervor. Das der jungen Bernhardina hing 1911 im Olympzimmer links neben dem Kamin – ein etwas später, wohl um 1725/27 von einem französischen

271 Kleines Servierzimmer, Bildnis der Gräfin Bernhardine von Plettenberg, A. Paulsen 1725, über dem alten Buffetschrank aus dem Speisezimmer, J. B. Fix 1723, vor 1970

ten Malers (Abb. 137–140), der sich inzwischen als der Porträtmaler Anton Paulsen (Stockholm 1690–1750 Leipzig?) bestimmen ließ. Paulsen, 1718 bis 1730 in Altona ansässig, malte diese Bilder 1725 in Bonn.[131] In Nordkirchen wurden die Bilder 1851 im Diener- oder Anrichtezimmer neben dem Speisezimmer wandfest eingebaut (Abb. 271). Eigenartig ist ein im westlichen Vorzimmer als Kaminstück hängendes Reiterbild des Schlossherrn mit einer langen, aus Chronogrammen auf das Jahr 1719 zusammengesetzten lateinischen Inschrift, offenbar ein Lobgedicht auf die Wahl des Fürstbischofs Clemens August 1719.

Das kostbarste Stück war ein Familienporträt, zu dem 1727 der Maler Robert Tournières (1667–1752), einer der besten Bildnismaler Frankreichs, den Auftrag erhielt. Es hat Nordkirchen 1903 verlassen und war bis vor Kurzem im Museum der schönen Künste in Budapest (Abb. 270, 308) aus dem Vorbesitz der Grafen Esterhazy. Es wurde vom Maler Schildt in Bonn, auch in Ausschnitten, wiederholt. Der Maler des wohl »V [?] pin.« signierten Kniebildes mit dem Orden des Goldenen Vlies könnte Joseph Vivien sein

272 Ferdinand von Plettenberg, J. W. Gröninger um 1721/24, Alabaster   273 Bernhardine von Plettenberg, J. W. Gröninger um 1721/24, Alabaster

Kunstsammlungen und mobile Ausstattung

274 Franz Joseph von Plettenberg, Alabaster, J. W. Gröninger 1723,
Alabaster

275 | 276 Bernhardina von Plettenberg (1719–1769), H. F. Delgleze 1722,
und von einem unbekannten Maler um 1725/27 (aus Abb. 126)

Porträtisten gemaltes Kinderbildnis, auf dem das Mädchen
in seiner Rechten galant eine Blume hält, war rechts des Ka-
minaufsatzes gehängt (Abb. 126, 276). Diese drei Gemälde
haben das Schloss wohl um 1958/60 leider verlassen. Nur ein
älteres Bildnis des Knaben, vielleicht um 1718/19 entstanden,
ist noch im Treppenhaus vorhanden.

Vom damals größten Bildhauer Westfalens, Johann Wilhelm Gröninger (1675–1724), hat sich das Ehepaar in
Alabasterbüsten darstellen (Abb. 272, 273) und von ihrem
Sohn Franz Joseph ein ganzfiguriges Standbild herstellen
lassen (Abb. 274). Diese drei Werke stehen mit an der Spitze
der beweglichen Ausstattung des Schlosses. In dem polierten
Stein kommt bei den Büsten des Ehepaares die großartige
barock-repräsentative Contenance jener Zeit zur Wirkung.
Die in Stein umgesetzte kostbare Kleidung mit Stickereien
und Spitzenwerk sowie Perücke und Frisur kontrastieren
zur lebhaft bewegten Gesichtsoberfläche mit selbstbewuss-
tem mokanten Ausdruck bei ihm und mit aller damenhaf-
ten Preziosität bei ihr. Da der Schlossherr bereits die Kette
des St. Michaelsordens trägt, den er 1721 erhielt, und Gröninger 1724 verstarb, müssen Büsten und Ganzfigur in diesem Zeitraum entstanden sein. Stilistisch sind die Büsten
von französischen Werken beeinflusst. Im ähnlich behandel-
ten Standbild des Sohnes ist das Stumpf-Tierhafte der begleitenden Bulldogge dem adelig überfeinerten Körper und
Antlitz des Knaben gegenübergestellt (Abb. 274). Für die
drei Skulpturen wurden 1719 aus Nordhausen vier Blöcke
Alabaster geliefert; möglicherweise wurde die Skulptur des
Mädchens Bernhardina schon am 16. April 1738 in Amsterdam verkauft – dort erscheint als letztes Stück *No. 194. een
Albaster Borstbeeld, zynde een Princes.* 1723 wurde der Sockel
für die Skulptur des Sohnes geliefert und noch 1724 eine Ab-
schlagszahlung geleistet. Die drei heute im Vestibül sehr

277 Ferdinand Dietrich Graf von Merveldt (1681–1765) als Ritter des Michaelsordens, J. F. van Douven 1727 (Privatbesitz)

278 Maria Josepha Gräfin von Merveldt geborene von Westerholt (1692–1762) als Sternkreuzordensdame, J. A. Kappers um 1735/40 (Privatbesitz)

prominent aufgestellten Figuren standen 1766 und 1832 in einem der Turmkabinette der Oranienburg – offenbar waren sie 1734 aus dem Bonner Stadthof mit vielen anderen Kunstwerken gekommen und hatten erst einmal hier ihren Platz gefunden.[133] Von Johann Wilhelm Gröninger stammen außerdem zwei kleine Alabasterbüsten des dornengekrönten Christus und der Schmerzensmutter in der Schlosskapelle (Abb. 100, 101). Sie dürften schon um 1710 entstanden sein.

Neben die Porträts der Vorfahren und der engeren Familie gehören auch die Bildnisse von Geschwistern, Schwägerinnen und Schwägern im Speisezimmer des Mittelbaus (Abb. 148, 152, 158, 160). Sie bilden das verwandtschaftliche Netzwerk der Familie ab. Ein aus Nordkirchen stammendes Bildnispaar der älteren Schwester Maria Josepha von Westerholt und ihres Mannes Graf Merveldt ist bisher im älteren Haus nicht lokalisiert; es befand sich bis 1940 im Ketteler'schen Hof in Münster (Abb. 277, 278). Möglicherweise ist

das von Jan Frans van Douven gemalte Bildnis des Grafen, der im Mai 1727 den Michaelsorden erhielt, zunächst als Einzelbild im Plettenberger Hof gewesen und wurde nach seiner Rückkehr nach Nordkirchen um 1734/35 später um das von Johann Anton Kappers (1707–1762) gemalte Bildnis seiner Frau ergänzt.[134] Da sie sich bei konventioneller Hängung nicht anschauen – der Ehemann links (heraldisch rechts), die Frau rechts – dürften sie ursprünglich einander gegenüber präsentiert worden sein.

Auch die hochformatigen Gemälde mit den eleganten, geschweiften Goldrahmen, die Szenen des Alten Testaments darstellen und heute im Foyer des Schlosses hängen (Abb. 106, 107), dürften Supraporten aus dem Plettenberger Hof in Bonn sein.

279 Prunktisch, um 1712–1720, Aufnahme 1891

Kostbarer Hausrat

Zur anspruchsvollen Repräsentation gehörte selbstverständlich auch aufwendige Kleidung – sie ist den genannten Bildnissen abzulesen – sowie kostbares Mobiliar, Tischgerät, Silber, Porzellan und Glasgefäße und natürlich das entsprechende Essen.[135] Es haben sich Briefe über den Ankauf von Kommoden aus Paris von dem renommierten Händler Calléti erhalten, der ihm 1729 einen Sekretär und ein Paar Lackkommoden mit Bildern im chinesischen Stil schickte und ihm schrieb, *je n'ay pas pensé a la dépense, je n'ay ete occupée que de faire tout ce qu'il est possible de faire de plus beau …* – ich habe nicht an den Preis gedacht, ich habe nur alles was möglich ist getan, damit es schöner wird.[136] Die aus Paris erworbenen Sitzmöbel sind aber allenfalls auf den frühesten

Innenraumfotos zu sehen (Abb. 110, 126, 151, 262, 263) und leider lange verloren. Solcherart dokumentiert ist auch ein überreich dekorierter, mit schwellendem plastischen und figürlichen Schmuck versehener Tisch (Abb. 279).

Das Silber, dessen Wert Zeitgenossen auf 90.000 Gulden (60.000 Taler) bezifferten, wurde schon relativ früh verkauft, ein großer Teil 1764, einige Jahre nach dem Tod der Gräfin Bernhardine. Einzig nachweisbar ist bisher ein Leuchterpaar von 1730 (Abb. 284) mit den Wappen Plettenberg und Westerholt am Fuß, ersteres mit der Kollane des Michaelsordens, wohl für den um 1727/28 gelieferten Altar der Schlosskapelle bestimmt und von Abraham Drentwett III. (1679–1735) in Augsburg gemarkt.

Aus den Rechnungen und den Transportlisten von 1734 weiß man, dass größere Mengen an Meißner Porzellan vor-

280 Kaffee-Service mit Kauffahrtei-Motiven, Manufaktur Meissen um 1725/30 (LWL-Landesmuseum P 71 a–k LM)

281 China-Porzellan, unterglasurblau, mit radierter Goldauflage, B. Seutter, Augsburg 1728 (Stadtmuseum Münster)

Kunstsammlungen und mobile Ausstattung

282 | 283 Wappenpokale des Grafen Ferdinand von Plettenberg, Glashütte Lauenstein um 1725 | Glashütte Emde bei Brakel um 1732/35, mit Deckel (LWL-Landesmuseum R-1116 / R-1119)

284 Leuchterpaar aus der Schlosskapelle, A. Drentwett III., Augsburg 1730 (Privatbesitz)

285 Stählerner gravierter Siegelstempel des Ferdinand Freiherrn von Plettenberg als Erbmarschall, um 1712–1720 (LWL-Landesmuseum Si-185 LM)

handen gewesen sind; ein entzückendes Kaffeeservice, bemalt von Höroldt mit Kauffahrtei-Szenen, ist aus Ketteler'schem Vorbesitz 1968 in das Westfälische Landesmuseum gekommen (Abb. 280); Schüsseln und Teller von kostbar unterglasurblau bemaltem China-Porzellan, das von Bartholomäus Seutter in Augsburg vergoldet und graviert wurde, befinden sich im Stadtmuseum (Abb. 281).[137] Auch auf kostbares Trinkglas legte man bei Plettenbergs großen Wert: Das Landesmuseum besitzt einen wohl um 1725/30 gefertigten Lauensteiner Wappenpokal mit blau-goldenem Einschluss im Schaft – also in den Familienfarben – und einem gravierten Geburtstagsglückwunsch auf der Rückseite. Ein zweiter Deckelpokal aus der renommierten Emde-Glashütte bei Brakel im Paderborner Land zeigt nicht mehr Kollane und Kleinod des kurkölnischen Michaelsordens um das Wappen, sondern schon die des Ordens vom Goldenen Vlies und datiert daher nach 1732 (Abb. 283).[138] Nur hingewiesen werden kann auf die sorgfältig geschnittenen Siegelstempel (Abb. 285).

286 Wappensupralibros des Fürstbischofs Friedrich Christian auf N. Chevalier, Histoire de Guillaume III., Amsterdam 1692

287 Nikolas Chevalier, Histoire de Guillaume III., 1692, Titelseite mit Besitzvermerk eines Sekretärs für den Dompropst Ferdinand von Plettenberg

288 Politische Streitschrift 1699, mit Autograph des Ferdinand von Plettenberg als Domdechant von Paderborn

289 Wappenwidmung an den Paderborner Domdechanten Ferdinand von Plettenberg, aus: Campus Virtus et Gloriae Plettenbergicae ... 1687

290 Franz Philipp Florinus, Grosser Herren Stands und Adelicher Haus-Vatter, 1719, Vorkupfer mit Autograph des Ferdinand von Plettenberg und Titel als Erbmarschall

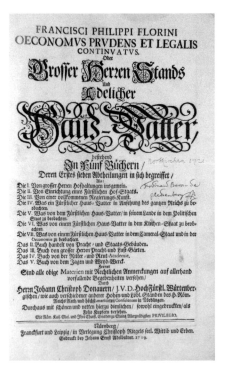

291 Franz Philipp Florinus, Grosser Herren Stands und Adelicher Haus-Vatter, 1719, Titelseite mit Autograph des Freiherrn Ferdinand von Plettenberg

292 Prunkeinband der Biblia Ectypa, Nürnberg: Christoph Weigel, 1695: Details der Schmuckborte mit Hirschjagd

Die Bibliothek

Eine gut sortierte Bibliothek gehörte in einer Zeit, in der es keine öffentlichen Bibliotheken gab, in das Haus jedes politisch ambitionierten Adeligen.[139] Zeugte es einerseits von dem intellektuellen Anspruch, gerade in evangelischen Familien wie den von Morrien, so war es andererseits für den politisch Handelnden ein unentbehrliches Handwerkszeug. Fürstbischof Friedrich Christian ließ seine Bücher in dunkles Rindsleder binden und mit einem Stempel ein dann vergoldetes Wappensupralibros einprägen (Abb. 286). Auch die Bücher seines Bruders Ferdinand erhielten einen solchen Einband, etwa ein 1692 erschienenes Werk über die Medaillen des englischen Königs Wilhelm III. von Oranien, der zugleich Generalstatthalter der Niederlande und heftigster Gegner Ludwigs XIV. war – Ferdinand diente ja seinem Bruder als Diplomat, weilte mehrfach in Den Haag und nahm 1696/97 am Friedenskongress von Rijswijk teil. Das Buch ist sicher ein Mitbringsel von einer seiner Gesandtenreisen.

293 Prunkeinband der Biblia Ectypa, Nürnberg: C. Weigel, 1695, mit Wappensupralibros des Fürstbischofs Friedrich Christian

207

294 Exlibris des Ferdinand Plettenberg, Kupferstich 1719, und Exlibris Nordkirchen mit Wappen Esterhazy-Plettenberg, Lithographie um 1850

Sie erwarb 1963 die früher zur Schlossbibliothek gehörige große Handschriftensammlung der Familien von Fürstenberg und von Plettenberg. Viele Einzelheiten der westfälischen Geistesgeschichte werden sich bei der Auswertung dieser Quellen wesentlich genauer darstellen lassen. Beispielhaft seien hier drei Seiten aus dem auf Pergament geschriebenen Gebetbuch des Grafen Ferdinand von 1726 (Abb. 296–298), ein Widmungsgedicht des Nikolaus Hermann Rüsweg – vielleicht ein Sohn des Maurermeisters Johann Rußweg –, dessen kunstvolle Chronogramme es auf 1730 datieren (Abb. 299), sowie eine interessante Wappenminiatur mit der doppelten Ordenskollane des Michaelsordens und des Ordens vom Goldenen Vlies aus dem Juni 1732 (Abb. 300) wiedergegeben.[141] Von besonderer Bedeutung ist auch die Musikaliensammlung, die aus 144 Handschriften und 131 Notendrucken meist aus Wien, aber auch vom kurkölnischen Hof besteht und 1991 von derselben Bibliothek angekauft werden konnte. Sie geht auf den Grafen Franz Joseph (1714–1779) und dessen zweiten Sohn Clemens August Graf von Plettenberg (1742–1771) zurück und gelangte über die zweite Ehe von dessen ebenfalls musikbegeisterter Witwe Maria Anna geb. von Galen (1752–1829) in die Familie von Ketteler nach Harkotten.

Ein Prägestempel für ein Wappensupralibros hat sich auch von Ferdinand von Plettenberg mit dem Orden des Goldenen Vlies erhalten (Abb. 295). Viel kann er indes nicht mehr genutzt worden sein, da bisher keine entsprechend gestempelten Einbände bekannt sind.

Neben religiöser Grundlagenliteratur gehörten juristische und politische Standardwerke, auch ökonomische Literatur wie der mehrbändige »Hausvater« des Franz Philipp Florinus (1649–1699, Abb. 290, 291) oder Wolf Helmhard von Hohbergs *Georgica Curiosa* (heute mit vielen weiteren Bänden aus Nordkirchen im Stadtmuseum Münster) dazu; ferner Architektur- und Gartentraktate und schließlich etwas Belletristisches. Den Bestand der älteren Nordkirchener Bibliothek kennt man aus handschriftlichen Bibliothekskatalogen,[140] die eine genauere Auswertung verdienen.

Ein verborgener Schatz von immenser Bedeutung ist in der Universitäts- und Landesbibliothek Münster bewahrt.

295 Prägestempel für ein Wappensupralibros des Grafen Ferdinand, nach 1732

Kunstsammlungen und mobile Ausstattung

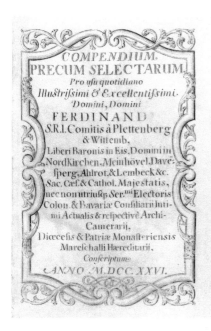

296 | 297 | 298 Handschriftliches Gebetbuch auf Pergament für den Grafen Ferdinand von Plettenberg, 1726

299 Widmungsgedichte des Nikolaus Hermann Rüsweg, 1730

300 Wappenminiatur und Gedicht zur feierlichen Verleihung des Ordens vom Goldenen Vlies an Graf Ferdinand von Plettenberg, Bonn 1732

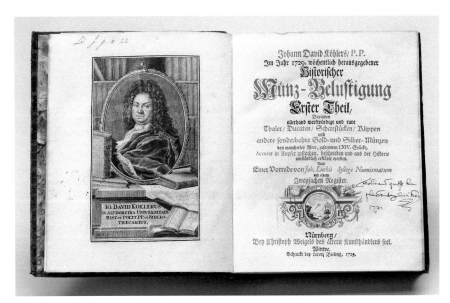

301 Johann David Köhler, Historische Münzbelustigungen Bd. 1 (1729) mit Besitzvermerk des Grafen Ferdinand von Plettenberg, 1731

302 Historische Münzbelustigungen Bd. 5 (1733), Nr. 12, über Wolter von Plettenberg

303 Historische Münzbelustigungen Bd. 5 (1733), Nr. 11, über den Sterbetaler des Fürstbischofs Friedrich Christian, 1706

Schon 1923 hatte der Herzog von Arenberg das gesamte Schlossarchiv aus der Zeit der Herren von Morrien und der Grafen von Plettenberg dem Landesmuseum in Münster geschenkt. Heute wird dieses Archiv im LWL-Archivamt verwahrt.

Zur Präsenz in der Öffentlichkeit gehörte auch Literatur; das freundliche Verhalten des Grafen Ferdinand gegenüber dem Journalisten Pöllnitz wurde schon erwähnt. Auch mit anderen Intellektuellen korrespondierte er – so mit dem Historiker Johann David Köhler (1684–1755), der ab 1729 die wöchentlichen »Historischen Münzbelustigungen« herausgab, die Plettenberg abonnierte (der erste Band mit seinem Besitzeintrag im LWL-Landesmuseum, Abb. 301). Der Graf schickte dem Professor viele Informationen über seine Familie und auch über die Repräsentationsmünzen – Taler und Sterbetaler – seines fürstbischöflichen Onkels sowie des livländischen Ordensmeisters Wolter von Plettenberg, die Köhler im fünften Band 1733 veröffentlichte (Abb. 302) – und der ihm zum Dank eine ganze Seite mit allen Titeln und Verdiensten widmete mit dem krönenden Schluss: *Ihro Hochgräfl. Excellenz sind von einer angebohrnen schönsten Gestalt, und bezeugen gegen einen jeden, besonders gegen Gelehrte, ganz sonderbahre Affabilität und Gutheit.*[142]

Kunstsammlungen und mobile Ausstattung

Vom Sinn und Glück des Schlosses

Die Arbeiten an Schloss und Gärten wurden 1734 eingestellt. Die »W-Fragen« – warum und für wen es gebaut wurde, woher die Einzelformen kamen, welche Architekten, Dessinateure, Künstler mitwirkten – sind in chronologischer Folge beantwortet. Indes, die Analyse der Einzelformen der Gebäude und ihrer prächtigen Ausstattung machen das Schloss und seine Umgebung nicht hinreichend verständlich. Und schließlich: Warum ist es schön, warum ist es bis heute beglückend, das Schloss und seine Umgebung zu durchwandern? Was sind »Sinn und Glück« des Schlosses?

Der Frage nach »Glück und Architektur« ist der Schweizer Essayist Alain de Botton 2006 in einem klugen Buch nachgegangen.[143] Seine Frage nach der Schönheit von Architektur ist vor allem die nach Funktion und Nutzen für den Bauherrn und dann, in zweiter Linie, die nach der Botschaft für den Betrachter.

Auch wenn – wie geschildert – die mobile Originalausstattung von Schloss Nordkirchen leider fast ganz verloren ist, können historische Fotos sowie Inventare das Vorstellungsvermögen füttern. Die Skizzen und Schlossansichten, die der aus Spa in Belgien stammende Zeichner Renier Roidkin um 1730/32 schuf, erlauben uns heute, einigermaßen authentische Bilder der damaligen Anlage zu bewundern (Abb. 59, 60, 198, 304). Roidkin hat als reisender Zeichner für den Kurfürsten Clemens August wie auch für viele adelige Herren Schlösser, Gutshöfe und Städte aufgenommen und für Ferdinand von Plettenberg in über 40 Blättern die Schlossanlage mit den Gärten in Nordkirchen sowie die dortige Umgebung getreulich dokumentiert. Dem Zeichner ist eine eigenartig verzerrte räumliche Darstellungsform eigen, wie sie ein Fotograf mit einem Weitwinkelobjektiv erreicht. Roidkin wählte sie, um alle an Ort und Stelle notierten Einzelheiten deutlich für die spätere Ausarbeitung zur Verfügung zu haben. Zehn Zeichnungen und drei Gemälde sind bekannt (Abb. 213, 223, 224, 231; 20, 21, 232).[144]

Die Funktion des Schlosses ist die Demonstration von Herrschaft, der Herrschaft des fürstbischöflichen Bauherrn und der adeligen Familie von Plettenberg. Herrschaft bedeutet hier: die Bändigung des Chaos, die Herstellung von politischer und sozialer Ordnung, in der jeder Mensch seinen festen Platz hat. Ausdruck dieser Ordnung ist die Symmetrie der Anlage (Abb. 45, 52, 53, 59, 60). Zugleich wird die Einbindung in die göttliche Weltordnung anschaulich, wie sie die vorschriftsmäßig geostete Kapelle und die Sonnenuhr als Verweis auf die von Gott den Menschen gegebene Zeit vermitteln (Abb. 71, 72). Die Einzelbauten halten in Höhe, Dekor und Abstand zur Hauptachse eine Hierarchie ein, die ausgehend vom Tor, von den Nutzbauten auf der Vorburg über die Nebenflügel im Hauptschloss mit einem übergiebelten Risalit gipfelt und dieser Ordnung ein architektonisches Gesicht verleiht. Was frühere Adelssitze auszeichnete, militärische Elemente wie Gräben, Wälle und Türme, ist reduziert auf vier elegante Ecktürme mit Wetterfahnen, aber noch ablesbar am doppelten Grabensystem und am martialischen Dekor der Torpfeiler zum Westgarten (Abb. 88) und des Gartenrisalits (Abb. 37). Ebenso bieten die geometrisch und in den Einzelteilen axialsymmetrisch geformten Gärten ein Bild geordneter, gezähmter Natur. Mit exotischen Gewächsen und Tieren in der Fasanerie sind aber auch sie Teil der Schöpfung und ihrer Ordnung. Achsen und Schneisen machen die rationale Struktur der Anlage transparent (Abb. 206).

Initiator und Garant der Ordnung ist der Erbauer – der Fürstbischof – und dessen Nachfolger als Schlossherr mit seiner Frau, deren Wappen an vielen Stellen, an Torpfeilern, am Kapellenportal und in der Kapelle selbst, im Frontispiz des Mittelbaues wie im Giebel des Gartenrisalits prangen. Die Erbauer haben sich in ihren Wappen ebenso wie in den Porträts im Inneren verewigt – viele sind schon gewürdigt. Die zahlreichen Bildnisse erzählen auch die Familiengeschichte, zeigen die Vorfahren und Verwandten des Schlossherrn und seiner Frau, die Fürsten, denen er seine Stellung verdankte, sowie politische Vernetzungen. Der Schlossherr und seine Vorfahren, deren Bildnissen 1714 von Johann Martin Pictorius Wappen und Titel beigefügt wurden (Abb. 50), sind zum

304 Schloss Nordkirchen, Fernblick von Süden, R. Roidkin um 1730/31

305 Ehrenhof, Blick nach Westen, R. Roidkin um 1730/31

Vom Sinn und Glück des Schlosses

306 Torpfeiler an der äußeren Westbrücke, gebaut 1733, Wappen von J. C. Manskirch, nach der Restaurierung 1975

Herrschen in Staat und Kirche geboren. Tradition und Vernetzungen zeigen sowohl politische und soziale Realität wie deren Rechtmäßigkeit.

All dies diente der Selbstvergewisserung der Bauherren, des Ferdinand von Plettenberg und seiner Frau. Es ist aber nicht ihre Privatangelegenheit, sondern eine öffentliche Sache. Der Adel ist nie privat. Sein Leben vollzieht sich demonstrativ öffentlich, und auch sein Sterben – die Kirchen sind gefüllt von den Grabmonumenten der Fürsten und Adeligen, deren Familien in den Wappen der Vorfahren einbezogen sind. Herrschaft bedarf dabei sowohl der untergeordneten, beherrschten und gehorchenden Zuschauer als auch der Akzeptanz durch gleich Mächtige – die adeligen Nachbarn – und durch Höherrangige, durch Landesfürst und Kaiser. Diese sind zumindest durch Bildnisse präsent.

Der Betrachter, der Gast der Anlage, ist also (fast) ebenso wichtig wie der Erbauer und die Bewohner. Wechseln wir nun also die Perspektive und verstehen mit Alain de Botton Architektur als eine Form der Kommunikation. Der Besucher soll das Selbstbild der Bauherren nicht nur zur Kenntnis nehmen, sondern akzeptieren und der Suggestionskraft des Gesehenen erliegen. In der Anschauung erst werden Macht und Reichtum wirklich. Der Gast erfährt eine subtile Form von Überwältigung. Ihn beeindruckt die Mischung aus rotem Ziegel und goldgelbem Sandstein – Rot und Gelb sind die Landesfarben des (Fürst-)Bistums Münster – mit dem Graublau des Dachschiefers – Gelb und Blau sind die Familienfarben der Plettenberg. Nicht nur die Baufarben, auch die Bauformen sind ausbalanciert, etwa die runden Aufsätze der Seitenfassaden mit dem Dreiecksgiebel des

Veüe des Entrées au Château et Jardin de Nortkirchen.

307 Ansicht des Schlosses von Südwesten, R. Roidkin um 1731/32

Mittelrisalits (Abb. 63), das Verhältnis des Mittelbaues zu den seitlichen Nebenflügeln für die Diener und die Kapelle (Abb. 78) – ein Ensemble, das allerdings durch die Zufügung von Verbindungsbauten 1913 verunklärt ist. Die Proportionen von Höhe und Breite sind glücklich und strahlen gediegene Eleganz aus. Alle Einzelelemente sind kohärent und fügen sich sowohl der einheimischen Bautradition ein, wie sie auch der damals zeitgemäßen französischen Architekturtheorie entsprechen. Der auf den Eingang zuschreitende Besucher wird von den Nebenflügeln wie bei einer Umarmung willkommen geheißen.

Versetzen wir uns in die Rolle des Betrachters, der in einer Kutsche oder vielleicht auch zu Pferde das Schloss erreichte. Schon die Anfahrt unterlag einem Zeremoniell, das den Rang des Besuchers wie den des Gastgebers sichtbar machte. Diese Form zeremonieller Inszenierung bedurfte einerseits der Architektur als Kulisse, verlieh ihr andererseits aber auch erst die ihr angemessene Bedeutung.[145]

War der Gast höherrangig als der Schlossherr, fuhr dieser ihm entgegen, begrüßte ihn weit außerhalb und fuhr dann gemeinsam mit seinem Gast zum Schlosshof. Kam er aus Münster, von Nordosten, erreichte er die südliche Auffahrt durch die Capeller Allee (Abb. 198, 200), kam er von Süden, nutzte er die lange Südkirchener Allee (Abb. 304). Von dem südlichen Achsenstern, den das Oval vor der Südbrücke bündelte, hatte er einen Blick auf die imposante Gesamtanlage (Abb. 59, 61, 68). Er passierte die rot-gelb gestreiften Pfeiler der Südbrücke (Abb. 199) oder – fuhr man auf Befehl des gräflichen Hausherrn über den westlichen Damm (Abb. 307), beschattet von Bäumen, erst am prachtvollen Garten vorbei (Abb. 206) – die Pfeiler der Westbrücke (Abb. 306). Der linke Pfeiler trug jeweils das abhängende Wappen des Schlossherrn, geschmückt mit der Kollane des kaiserlichen Ordens vom Goldenen Vlies, des vornehmsten Ordens Europas. Der rechte Pfeiler trug das Familienwappen der Hausherrin Bernhardine geb. Freiin von Westerholt, gerahmt von Kollane und Kleinod des kaiserlichen Sternkreuzordens, des vornehmsten Damenordens des Deutschen Reiches, dem die Gräfin Plettenberg wie ihre Mutter und zwei Schwestern angehörte.[146] An den abseits liegenden Bauten des Vorwerks (Abb. 197, 199) säumten Alleebäume den Weg zur nächsten Brücke, auf deren Torpfeilern Löwen die Wappen des Grafen Ferdinand und der Gräfin Bernhardine geb. Westerholt präsentierten (Abb. 67, 86). Nach den Löwenpfeilern passierte man die Wachthäuser (Abb. 61, 80), vor denen uniformierte Bedienstete salutierten, dann Stallgebäude und Kutschenhäuser. Es folgte erneut an der flachen Mauer des Ehrenhofes ein Pfeilerpaar, auf denen steinerne Liegefiguren wiederum die Wappenschilde von Hausherr und Hausfrau hielten, flankiert von den Statuen der Virtus und der Honos, Tugend und Ehre (Abb. 87), die den Blick auf das Schloss lenkten. Um das Rasengeviert im Ehrenhof (Abb. 60, 305) herum, entweder links am Westgartenportal (Abb. 88) oder eher rechts am Kapellenflügel vorbei, rollte die Kutsche dann zum Hauptportal, so dass sich in bogenförmiger Fahrt der ganze Ehrenhof erschloss (Abb. 63, 305). Vor dem Portal aussteigend, genoss der beeindruckte Besucher den Schutz der lauernden Sphingen, erreichte über mehrere Stufen ein Podest und konnte mit einem Blick über das elegante schmiedeeiserne Geländer zurück (Abb. 60) die Auffahrt betrachten. War der Gast gleichrangig, wurde er spätestens hier vom Schlossherrn empfangen, sonst geleiteten livrierte Diener den Gast zum Hausherrn. Beim Betreten des Vestibüls (Abb. 105–107) war man mit dem Deckengemälde konfrontiert, das den Ruhm der Familie von Plettenberg verewigte (Abb. 108). Und nun konnte der Besucher entweder in das Speisezimmer gebeten werden (Abb. 148–160), wo eine weiße, teilvergoldete Vertäfelung Eleganz ausstrahlte, wo die Bildnisse der Verwandten des Schlossherrn, aber auch Porträts des fürstbischöflichen Landesherrn und dessen Onkel und Vorgänger als Kurfürst einen würdigen Rahmen für eine gepflegte Mahlzeit boten.

Oder man wurde in die Staatsräume des Schlosses gebeten, wo sich erlesene Möbel befanden (Abb. 110, 279). In den Deckengemälden des Mittelsaales spielten die Heldentaten des Herkules auf die Tugend und Klugheit des Schlossherrn an: wie der tugendhafte Held schließlich zu den Göttern auffährt (Abb. 111–116). Die Tapisserien an den Wänden aber zeigten Szenen aus Ilias und Odyssee als Lehrstücke politischer Tugenden, sowie als Höhepunkt – quasi im Breitwandformat, und die Hauptfigur mit den Gesichtszügen des Schlosserben Werner Anton von Plettenberg – die Abenteuer des Telemach (Abb. 110), nach dem Erziehungsroman für die Enkel Ludwigs XIV. Dessen Hauptbotschaft: Herrschaft hat dem Wohl der Untertanen zu dienen; der eigentliche Reichtum eines Landes sind die Menschen, die es bewohnen. So hatte es der Prinzenerzieher Erzbischof François de Salignac de La Mothe-Fénelon (1651–1715) in seinem 1699 erschienenen Buch formuliert:[147] Herrschaft legitimiert sich nicht nur durch die Ordnung, die sie stiftet, sondern auch durch die Wohlfahrt, das Wohlsein und Glück der Landesbewohner. Das war das Modernste, was die Staatstheorie der Frühaufklärung bieten konnte.

Consilio et Constantia – durch gute Ratschläge und Beständigkeit zu regieren, war noch die Herrscherdevise des Fürstbischofs Friedrich Christian gewesen (Abb. 303), die seines Nachfolgers Franz Arnold Pro Lege et Grege – für das Gesetz (besser: für die Ordnung) und für die Herde, also für die Untertanen – spiegelte natürlich auch die Zweipoligkeit der geistlichen Herrschaft, die sich ebenso der weltlichen Ordnung wie dem Seelenheil der Untertanen verpflichtet wusste. Clemens Augusts Devise Non mihi, sed populo – nicht für mich, sondern für das Volk – zeigte noch entschiedener an, worauf fürstliches Selbstverständnis im 18. Jahrhundert gerichtet zu sein hatte. Der prachtliebende Fürst unternahm immerhin Projekte wie den Bau des Max-Clemens-Kanals (1724–1731) als Maßnahme der Wirtschaftsförderung.[148] Der nichtadlige Betrachter jedenfalls durfte das hier vorgeführte Ziel von Herrschaft auf sich beziehen, und die freundliche, gewinnende Art des Hausherrn Plettenberg auch nicht ebenbürtigen Personen gegenüber, wie sie Pöllnitz und Köhler überliefern, verleiht dieser Aussage zusätzliche Glaubwürdigkeit.

Die östlichen Nachbarräume machten das noch deutlicher: die Gesellschaftsräume, die seit etwa 1730 mit Tapisserien geschmückt waren, die Graf Ferdinand ergänzend zu den Telemach-Gobelins als zweite Tapisseriefolge hinzufügte (Abb. 126). Es waren Szenen aus dem Bauernleben, insgesamt sechs Stück, die wohl um 1700 nach Bildern des jüngeren David Teniers gewebt wurden. Die Deckengemälde zeigen entsprechend die Göttin des Ackerbaus Ceres, blau-gelb in die Plettenberger Wappenfarben gekleidet, den Gott des Weinbaus Bacchus, die in die Westerholt-Lembecker Farben weiß-rot gewandte Flora sowie den Winter als Allegorien der vier Jahreszeiten (Abb. 123) – eine Anspielung auf den (hier in diesen Räumen verbrauchten) Überfluss, den die gute Regierung erzeugt.

Auf der anderen Seite, dem westlichen Appartement, wo fürstliche Gäste unterzubringen waren, ging es viel politi-

308 Ferdinand Graf von Plettenberg, R. Tournières 1727
(Ausschnitt aus Abb. 270)

scher zu: Die prachtvollen Damast-Wandbespannungen waren im *Vorzimmer* (*Antichambre, Audienzzimmer* in den Bauakten) neben dem Saal gelb-blau, zeigten also die Wappenfarben Plettenbergs, mit Silberstickereien, ebenso das Schlafzimmer mit dem prunkvollen Gästebett. Es waren kostbare Seidendamaste, wohl aus Lyon. Die Deckenbilder priesen jeweils die Tugenden der antiken Götter: Jupiters Sieg über die das Chaos symbolisierenden Titanen (Abb. 120), begleitet von Mars und Merkur, Minerva und Venus; Jupiter und Juno als Hüter des Feuers nach Fesselung der Titanen, begleitet von den vier Winden als Kindern der Titanen (Abb. 121) – später wird der Titan Prometheus den Menschen das Feuer bringen. Im kleinen Kabinett schließlich Jupiters Kampf gegen Streit und Hass als Ursache von Unglück (Abb. 124).

Auch die wandfesten Bilder waren vielsagend: Im Vorzimmer hingen als Supraporten die Bildnisse früherer

münsterischer Fürstbischöfe aus der weiteren Verwandtschaft: Christoph Bernhard von Galen (1606–1678), dessen Neffe Franz Wilhelm (1648–1716) 1671 eine Schwester des späteren Fürstbischofs Plettenberg geheiratet hatte, und das Bild von dessen Onkel Ferdinand von Fürstenberg (1626–1683), Bischof von Paderborn und Münster (Abb. 58). Das Schlafzimmer dieses Appartements wurde nach seinem prominentesten Bewohner, dem späteren Kaiser Franz I. (1708–1765, reg. ab 1745), der als Herzog von Lothringen hier im Januar 1732 nächtigte, »Kaiserzimmer« genannt. Es hieße besser »Kurfürstenzimmer«, denn es enthielt das Kniebildnis des Kurfürsten Clemens August und seiner vier Kölner Vorgänger aus dem Herzogshaus der bayerischen Wittelsbacher (Abb. 144, 161).

All diese Pracht war für die Augen des fürstlichen Gastes Clemens August, der mehrfach in Nordkirchen weilte,[149] bestimmt. Besucher waren in Nordkirchen stets willkommen: Das ganze Obergeschoss des Schlosses und die drei Appartements des Westflügels waren für die Unterbringung von Gästen bestimmt – ein Fürst kam schließlich nie allein, sondern mit einem großen Gefolge von Höflingen, Bediensteten und Helfern, vom Lakai über die Mundköche bis zum Silberdiener und Pferdeknecht. Alle waren ihrem Rang entsprechend unterzubringen. Auch Verwandte waren oft zu Besuch: Ausweislich der Inventare von 1757 und 1763/66 hatten hier zum Beispiel die verschwägerten Domherren von Droste-Füchten feste Quartiere.[150] Wir hörten, wie leutselig Graf Ferdinand Besucher empfing.

Besteht nicht überhaupt der Charme fürstlicher, heute dem Publikum zugänglicher Wohnanlagen darin, dass man diesen Aufwand auch auf sich beziehen darf und soll? Wenn ein Haus wie ein Kleidungsstück seines Bewohners und Besitzers funktioniert, dürfen wir dann nicht – imaginär – in die Rolle des Hausherrn schlüpfen und sein Kleid anprobieren? Oder als sein Gast den Luxus genießen?

Oder hat vielmehr Alain de Botton recht, dass schöne Architektur eigentlich verlogen ist, weil sie nicht zeigt, wie wir sind, sondern wie wir sein wollen?[151] Muss mit dem Schönen nicht zugleich das Unschöne gedacht werden, muss man sich nicht den Schweiß der Bauern und die Sorgen der Kreditgeber bewusst machen, die zur Finanzierung der Pracht beitrugen? Weckt das Schöne nicht Melancholie und Misstrauen, weil es auch das Hässliche, Unschöne zu seinem Glanze benötigt? Und bewährt sich das Schöne nicht erst im Unglück, wenn es bei erlittenem Unrecht tröstet?

Sturz des Ministers – Niedergang der Familie

Glück und Glas – wie leicht bricht das! Der deutsche Volksmund weiß um die Fragilität von Glück. Das Glück des Grafen Ferdinand von Plettenberg haben wir ausführlich erläutert. Sein Unglück hat ein Datum: den 5. Mai 1733, der Tag, an dem sein Stern unverschuldet zu sinken begann.

Bis dahin war er von Erfolg zu Erfolg geeilt. Getrieben von unbändigem Ehrgeiz – »Ambitionen« nannte es ein Zeitgenosse – hatte er durch eine Schaukelpolitik zwischen den Machtblöcken Österreich und Frankreich die politische Unabhängigkeit des Clemens August bewahrt, auch gegenüber der kurbayerischen, eher profranzösischen Politik: Clemens Augusts Bruder Karl Albrecht (Abb. 263), seit Februar 1726 regierender Kurfürst und als Ehemann der Kaisertochter Maria Amalia Prätendent auf die Kaiserkrone, machte sich, unterstützt von Frankreich, Hoffnungen auf die Nachfolge des söhnelosen Kaisers Karl VI. (1685–1740).

1728 hatte Plettenberg seinem kurfürstlichen Herrn durch seine meisterhafte diplomatische Verhandlungskunst noch die Würde des Fürstbischofs von Osnabrück verschafft. Trotz der kurbayerischen Avancen – in diesem Jahr zog Clemens August den Hofarchitekten seines Bruders, François de Cuvilliés (1695–1768), als Berater für den Innenausbau des von Schlaun geplanten Residenzschlosses Brühl heran und versetzte Schlaun schließlich Ende Januar 1729 als Nachfolger des verstorbenen Oberlandingenieurs Pictorius nach Münster; Plettenberg favorisierte gegenüber Cuvilliés den jungen Johann Adolf Biarelle – hielt Plettenberg an einer kaiserfreundlichen und Reichspolitik fest. Seine Hauptstütze war der Trierer Kurfürst und Hochmeister des Deutschen Ordens in Mergentheim, Franz Ludwig von Pfalz-Neuburg (1664–1732), ein Onkel Kaiser Karls VI., war doch seine ältere Schwester Eleonora von Pfalz-Neuburg (1655–1720) dessen Mutter. Franz Ludwig war daher konsequent kaisertreu und schon seit 1710 designierter Nachfolger des Mainzer Kurfürsten Lothar Franz von Schönborn (1655–1729). Mit dem Mainzer Kurstuhl war die Würde des Reichserzkanzlers verbunden und das Nominationsrecht für den Reichsvizekanzler, der als Mitarbeiter des Kaisers dessen Reichspolitik mitgestaltete. Lothar Franz hatte schon 1705 seinem Neffen Friedrich Karl von Schönborn (1674–1746) dieses Amt verschafft; nach des Kurfürsten absehbarem Ableben – so versprach es Franz Ludwig Anfang 1729 seinem Freund Plettenberg – wollte er diesen als Nachfolger benennen. Man konnte ja nicht ahnen, dass Friedrich Karl, übrigens ein enger Vertrauter des Prinzen Eugen, trotz seiner Wahl zum Fürstbischof von Bamberg und Würzburg 1729 erst 1734 sein Wiener Amt aufgab. Der Tod des Lothar Franz am 30. Januar 1729, dessen Nachfolge Kurfürst Franz Ludwig zwar antrat, brachte also nicht den verabredeten Erfolg, da der Kaiser dem Schaukelpolitiker Plettenberg misstraute und zudem stärkeres Interesse an einer kaiserfreundlichen Politik Kurkölns hatte.

1731 indes konnte Plettenberg diesen Erwartungen entsprechen und sie durch einen politischen Vertrag Wiens mit Kurköln festigen. Ziel war die Anerkennung der »Pragmatischen Sanktion«, der 1713 proklamierten Unteilbarkeit der habsburgischen Erblande einschließlich der weiblichen Erbfolge. Erzherzogin Maria Theresia (1717–1780), die Tochter Karls VI., sollte das ungeteilte Erbe antreten und die Schwiegersöhne Kaiser Josephs I., die Kurfürsten von Sachsen und Bayern, sollten leer ausgehen. Dem Kurfürsten Clemens August war als Gegenleistung die Hochmeisterwürde des Deutschen Ritterordens (als Nachfolger des Kurfürsten Franz Ludwig) zugesagt worden. Im Januar 1732 akzeptierte der Reichstag mit der kölnischen Stimme die Pragmatische Sanktion. Ferdinand von Plettenberg wurde dafür zum Dank am 30. April 1732 in den Orden vom Goldenen Vlies aufgenommen – den Orden (Abb. 300) überreichte ihm Herzog Ferdinand Maria Innozenz von Bayern (Abb. 136) in Bonn – und erhielt als Dotation die Herrschaft Kosel in Schlesien, deren Jahresertrag knapp 6.000 Taler ausmachte. Der Kurfürst Clemens August wurde im Juli 1732 zum Hochmeister des Deutschen Ordens gewählt. Der Mann, der alles dies bewirkt hatte, Plettenberg, war für seine Verdienste schon 1731 zum Obristhofmeister und damit auch formal

309 Friedrich Christian von Beverförde, genannt der »Tolle Werries«, um 1730

von Stimmungsschwankungen heimgesuchten Kurfürsten, und er wurde zur Hoffnung aller Neider des Grafen Plettenberg. Der Hof polarisierte sich in eine bayerisch-französische und die kaiserlich-Plettenberger Fraktion.

Ein Duell und seine Folgen

Das war der Nährboden für die Spannungen, an deren Ende in Brühl am 5. Mai 1733 jener verhängnisvolle, vom Kurfürsten ausdrücklich verbotene Zweikampf zwischen dem Deutschordenskomtur von Roll und dem Vetter Plettenbergs, dem kurfürstlichen Vize-Obriststallmeister Freiherrn Friedrich Christian von Beverförde (1702–1768), stand (Abb. 309). Letzterer versah für den minderjährigen Sohn des Ministers, Franz Joseph Graf von Plettenberg (1714–1779), vertretungsweise das Amt des Obriststallmeisters. Er war ein Hitzkopf und wurde wegen der Rücksichtslosigkeit, mit der er seine eigenhörigen Bauern behandelte, der »Tolle Werries« genannt. Er war es, der von Roll herausforderte und im Duell erstach. Die an der Affäre unmittelbar Beteiligten, auch der Sekundant, der münsterische Generalleutnant und Freund Plettenbergs, August Wolfhart Graf zur Lippe (1688–1739), flohen auf der Stelle, um dem Zorn des Kurfürsten zu entgehen. Plettenberg, zur Zeit des Geschehens in Bonn, hatte mit der Sache nichts zu tun. Aber der untröstliche Clemens August fiel in schwere Depressionen und schob ihm die Schuld zu: Plettenberg fiel in Ungnade. Clemens August flüchtete sich nach München, wo man seine Stimmung förderte und nutzte. Von München aus wurde Plettenberg schließlich im September 1733 aus allen Ämtern entlassen.[153] Alle Ursachen, die den jähen Sturz des Ministers bewirkten, sind wohl noch nicht aufgedeckt. Der Tod des Komturs scheint nur eine Art Auslöser gewesen zu sein.

Der Sturz bewog den Grafen zu einer selbstkritischen Bestandsaufnahme – auch seines Vermögens (Abb. 310). Darin bezifferte er die Gütererwerbungen wie folgt:

1mo die Grafschaft Wittem für 220 000 fl., auch daselbst gebaut eine gantz neue Mühle, ... das capuciner kloster nebst ... wirtzhaus und jägerhaus
2do die Herrschaft Eys für 26 000 fl. nebst proceßkosten, eine neue Kirche gebaut, ein Jägerhaus
3tio die Herschaft Schlenacken für 44 000 fl.
4to das Haus Neuwbourg mit Herschaften Golpen und Mergraten für 120 000 fl.

zum Ersten Minister in Kurköln ernannt worden. Dort, und damit auch in den übrigen Fürstbistümern Clemens Augusts, stand er jetzt im Zenit der Macht, die für ihn erreichbar war. Graf Ferdinand strebte höher hinauf, insgeheim arbeitete er eben auf Einfluss und Macht am Wiener Hof selbst hin. Der Erfolg schuf Plettenberg indes manche Feinde, vor allem am bayerischen Hof und in Frankreich, wegen seiner allbeherrschenden Stellung und der kaisertreuen Politik.[152]

Der Erfolg bot aber auch den Keim für die Wende. Denn nach der Wahl Clemens Augusts zum Hoch- und Deutschmeister erschienen nun neue Gesichter am Hof. Statt des einflussreichen Grafen Satzenhofen, den Franz Ludwig für die Regelung der Ordensangelegenheiten hinzugezogen hatte, bevorzugte Plettenberg den Deutschordenskomtur Johann Baptist von Roll (1683–1733), der im Orden eine leitende Rolle anstrebte und von Clemens August auch als erster Ratgeber in Ordenssachen konsultiert wurde. Daraus entwickelte sich ein auch persönlich enges Vertrauensverhältnis. Roll wuchs in die Rolle eines zweiten Mentors des

Sturz des Ministers – Niedergang der Familie

5to zu Wittem Hoff Fülßberg mit anderen unterschiedlichen Ländereien

6to von Haus Rauschenberg habe gekaufft Bauernhoffe und andere Güter laut kauffbriefes für 18300 th.

7mo für St. Ludgerithor gärten gekauft für 2500 th.

8vo die mühle gebaut und gekauft in Munster und einen Hoff mit kotten im K. Greven

9no an St Aegidii thor einen garten gekauft für 900 th. so viel aber aufgeführt und vergrösserdt das wenigstens 2000 th. wert ist.

Die Baukosten des Schlosses Nordkirchen seit 1703 berechnete er auf 216.188 Taler (Abb. 311), in die Gartenanlagen hatte er seit 1726 immerhin 28.907 Taler investiert.

Graf Ferdinand hat versucht, am kurkölnischen Hof Missverständnisse auszuräumen, wieder Einfluss zu gewinnen. Vergebens; denn sein Fürst, der alles nur durch ihn erreicht hatte, wurde sein Todfeind. Auch Plettenberg tat jetzt alles, um ihm zu schaden und seine Unentbehrlichkeit nachzuweisen. Während Clemens August nun die Politik Plettenbergs selbst betreiben wollte, um eine starke Armee anzuwerben und zur Unterstützung der Franzosen in den Polnischen Erbfolgekrieg einzutreten – bei Plittersdorf nahe Bonn zog er Truppen zusammen und gefiel sich als militärischer Held –, blockierten die Verwandten Plettenbergs in

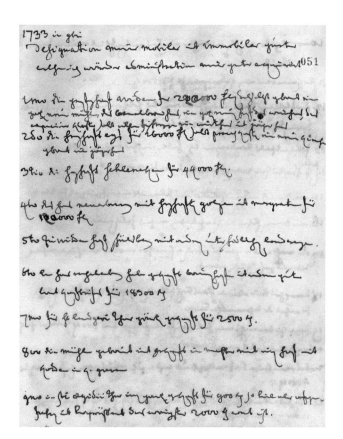

310 »Designation meiner mobiler und immobiler Güter welche ich wärend der Administration meiner Güter acquiriret«, November 1733. Eigenhändige Aufzeichnung des Ferdinand von Plettenberg (AN 12971)

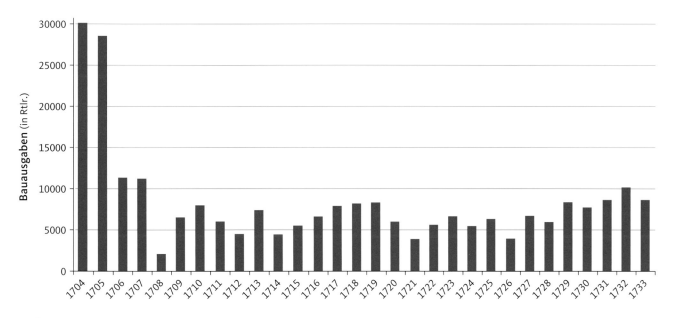

311 Übersicht über die jährlichen Baukosten des Schlosses 1703–1733 (nach M. Weidner 2000)

312 Ferdinand Graf von Plettenberg im Ornat eines Ritters des Goldenen Vlies, M. van Meytens um 1735/36 (Schloss Brühl)

Sturz des Ministers – Niedergang der Familie

313 Festgesellschaft bei der Hochzeit von Erzherzogin Maria Theresia und Herzog Franz Stephan von Lothringen 1736, vierter von links Graf Ferdinand von Plettenberg; J. Lundberg nach M. van Meytens (Statens Porträttsamling Schloss Gripsholm)

314 Schabkunstblatt, J. J. Haid / J. Stenglin nach M. van Meytens um 1736/37

315 Totenschild des Grafen Ferdinand von Plettenberg (Privatbesitz)

316 Ziergitter im Obergeschoss des Gartenrisalites 1734, Jahreszahl in den mittleren Ovalen der seitlichen Fenster

den Landtagen von Münster, Arnsberg, Paderborn und Osnabrück die Bewilligung der hunderttausende Taler, die der Kurfürst dafür verlangte. Im Herbst 1734, als preußische Truppen auf Anordnung des Kaisers in den Fürstbistümern Clemens Augusts quasi zur Strafe in Winterquartiere gelegt wurden, ließ sich dieser, in der Annahme, es geschehe durch Intrigen seines Exministers, dazu hinreißen, im Oktober 1734 den Bonner Stadthof Plettenbergs zu beschlagnahmen und schließlich den Befehl zu einer militärischen Besetzung des Schlosses Nordkirchen zu erteilen, die im November 1734 erfolgte.[154] Die Gräfin Bernhardine von Plettenberg, die zuerst durch Aufziehen der Zugbrücken versucht hatte, die Besetzung zu verhindern, protestierte vergebens. Sie musste mit ihren Kindern die Einnahme des Schlosses durch eine Kompanie münsterischer Truppen hinnehmen. Der Graf, der am Niederrhein weilte, protestierte energisch beim Kaiser. Hatte schon der Tod von Rolls und die Entlassung Plet-

tenbergs in allen Ländern großes Aufsehen erregt, so brachte die Militäraktion gegen Nordkirchen das Schloss und den Kurfürsten Clemens August in ganz Europa in aller Munde. Der Soldatenkönig Friedrich Wilhelm von Preußen, damals mit dem Kaiser verbündet, bot Plettenberg militärische Hilfe gegen die münsterischen Besatzer an. Ein scharfer Briefwechsel zwischen Kaiser Karl VI. und dem Kurfürsten verstärkte die allgemeine Aufregung. Der Graf, inzwischen kaiserlicher Bevollmächtigter im Niederrheinisch-Westfälischen Kreis, machte Stimmung gegen die Willkür des Kurfürsten, der schließlich alle Schuld dem ausführenden General von der Horst (1667–1739) zuschob, der bis 1737 dafür in der Festung Vechta interniert wurde.

317 Franz Joseph Graf von Plettenberg-Wittem (1714–1779), J. A. Kappers
um 1740 (Privatbesitz)

318 Aloysia von Plettenberg geb. Gräfin Lamberg (1718–1796),
J. A. Kappers um 1740 (Privatbesitz)

Neubeginn in Wien und Tod

Aber ebenso schnell, wie sich all die drohenden Wolken zu-
sammengezogen hatten, hellte es sich vor dem Grunde der
großen europäischen Politik wieder auf. 1735 ging Ferdinand
von Plettenberg nach Wien an den kaiserlichen Hof; dem
Kaiser war nicht daran gelegen, das Verhältnis zu Kurköln
durch Plettenberg dauerhaft zu belasten. Plettenberg hoffte,
in Wien noch einmal sein Glück zu machen. Das gelang
nicht. Immerhin konnte er seine Tochter sehr vornehm ver-
heiraten: Bernhardina (Abb. 319) wurde im August 1736 Frau
des Grafen Joseph Kilian von Schönborn-Wiesentheid (1708–
1772) zu Pommersfelden – damit war die Ebenbürtigkeit mit
dem so sehr beneideten fränkischen Geschlecht erreicht.

Als Zeichen von Plettenbergs Zugehörigkeit zum inneren
Kreis des Wiener Hofadels erscheint sein Bildnis auf dem
Gemälde des Hofmalers Martin van Meytens (Abb. 313), das
die Hochzeitsgesellschaft bei der Vermählung der Erzherzogin Maria Theresia mit dem Herzog Franz Stephan von
Lothringen-Toskana am 12. Februar 1736 in Wien darstellt.[155]
Plettenberg selbst ließ sich als Ordensritter von Meytens
malen und das Gemälde in einem großformatigen Schabkunstblatt in Augsburg reproduzieren (Abb. 312, 314).

Aber nicht Plettenberg wurde 1734 zum Reichsvizekanzler ernannt, sondern ein altgedienter Höfling, Graf Metsch.
Der Kaiser bot ihm stattdessen diplomatische Posten an,
den eines Botschafters in Schweden, was Plettenberg aus-
schlug, dann den des kaiserlichen Vertreters beim Vatikan.
Plettenberg nahm an. Aber noch ehe er nach Rom abgereist
war – seine Möbel hatte er schon vorausgeschickt – und ehe
er sein neues Amt angetreten hatte, ereilte ihn ganz plötzlich
am 18. März 1737 in Wien der Tod (Abb. 315). Er ist in der
dortigen Schottenkirche begraben.[156]

Das prächtige Schloss Nordkirchen und seine Parkanlagen, alles so gut wie fertig, standen verwaist. 1733 enden die
Gartenbaurechnungen, vielleicht schon als Folge der Entlas-

319 Gräfin Bernhardina von Schönborn geb. von Plettenberg (1719–1769), um 1740

320 Franz Anton Graf von Plettenberg (1740–1766) als Knabe, um 1745/48

sung des Bauherrn, und 1734 werden die letzten Künstler bezahlt. Die Balkongitter im Obergeschoss des Gartenrisalites (Abb. 316) geben dieses Jahr zugleich als Abschlussjahr des Baues an. Wir dürfen sicher annehmen, dass Johann Conrad Schlaun die organisatorische Abwicklung und Beendigung aller Baumaßnahmen durchgeführt hat. 1733 war auch er durch die Affäre von Roll und die folgende Staatskrise geschädigt. Sein noch im März genehmigter großartiger Residenzplan für Münster wurde in der begonnenen Ausführung gestoppt.

Schlauns Verhältnis zu dem Minister muss ungewöhnlich vertraut gewesen sein. Das Nordkirchener Archiv enthält einen Briefentwurf Plettenbergs, wonach dieser nach seinem Sturz versucht hat, Schlaun in Wien eine Stellung zu verschaffen. Dieses Schriftstück hat Schlaun durch eine

Marginalie verbessert, er hat es also gekannt und gebilligt. Warum nichts daraus wurde, wissen wir nicht. Beinahe hätte Clemens August – und Westfalen – seinen besten Architekten verloren.[157]

Indes, nachdem sich der Kurfürst mit seinen münsterischen Landständen Ende 1735 wieder versöhnt hatte, investierte er die schon gesammelten Gelder statt in ein münsterisches Stadtschloss in ein Jagdschloss im Emsland, Schloss Clemenswerth, das 1737 bis 1748 nach Plänen Schlauns im Hümmling gebaut wurde. Der Kurfürst betrieb dort regelmäßig die Parforcejagd zu Pferde auf die dort noch zahlreichen Hirsche.

Die verwitwete Gräfin Bernhardine von Plettenberg hatte währenddessen mit zäher Energie alles unternommen, um ihrem Sohn Franz Joseph das Erbe zu sichern. Schulden und

Sturz des Ministers – Niedergang der Familie

Hypotheken waren abzutragen. 1733 waren die Güter Meinhövel und Neubourg mit je 30.000 Talern Schulden belastet, Nordkirchen sogar mit über 70.000 Talern, die bis 1737 auf 100.000 Taler anwuchsen – Plettenberg hatte in Wien auf Kredit gelebt. Die in Rom im Palazzo Altemps liegende Wohnausstattung des verstorbenen Grafen wurde dort versteigert. Manches qualitätvolle Stück mag so in den Besitz der großen römischen Adelsfamilien übergegangen sein. Der Rest kehrte nach Nordkirchen zurück. 1738, 1741 und 1743 wurde versucht, die Gemäldesammlung samt einigen anderen Kunstgegenständen in Amsterdam zum Verkauf zu stellen, mit nicht allzu großem Erfolg.[158] So ist doch ein großer Teil der Ausstattung in Nordkirchen geblieben.

Die Nachkommen bis 1813

Gräfin Bernhardine hat mit großer Umsicht die Verwaltung des komplizierten Besitzstandes übernommen. Als der einzige Sohn Franz Joseph im November 1737 in Steyer die Gräfin Aloysia von Lamberg aus altem Wiener Hofadel heiratete – die neue Verwandtschaft zeigt die Stammtafel des Sohnes Clemens August (Abb. 325) – und nach Nordkirchen zog, wo sich das Ehepaar von Johann Anton Kappers porträtieren ließ (Abb. 317, 318), konnte sie ihm bald die Güterverwaltung übertragen. Gräfin Bernhardine zog in den müns-

321 Franz Anton Graf von Plettenberg-Wittem (1740–1766), um 1764 (Privatbesitz)

322 Maximilian Friedrich Graf von Plettenberg, Pastell, Monpeurt 1774 (LWL-Landesmuseum KdZ 4937)

323 Clemens August Graf von Plettenberg (1742–1771) um 1770, Pastell-Kopie, Monpeurt um 1774/78 (LWL-Landesmuseum KdZ 4938 LM)

324 Witwe Maria Anna Gräfin von Plettenberg geb. von Galen als Braut, Pastell, Monpeurt 1778 (LWL-Landesmuseum KdZ 4928 LM)

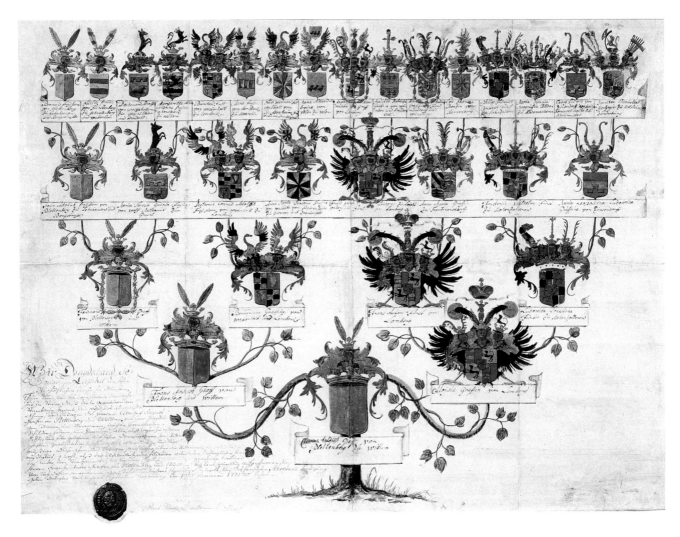

325 Ahnentafel des Clemens August Graf von Plettenberg, 1771

terischen Stadthof an der Aegidiistraße. Sie hat gleich 1737 Johann Conrad Schlaun noch einen Bauauftrag gegeben durch den Neubau des Chores und den Ausbau des Turmes der alten spätgotischen Pfarrkirche zu Ascheberg.[159] 1757 ist die Gräfin in Münster gestorben.

Der Erbe, Graf Franz Joseph, lebte zunächst ganz in Nordkirchen, vermied aber jedwedes politisches Engagement; erst 1746 ließ er sich zur Ritterschaft aufschwören und als Erbmarschall anerkennen, besuchte aber so gut wie nie den Landtag – nur bei den drei Landtagen 1746 bis 1748 war er an insgesamt 37 Tagen überhaupt anwesend.[160] Er söhnte sich immerhin mit dem kurfürstlichen Landesherrn Clemens August wieder aus, der 1742 die Patenschaft über den drittgeborenen Sohn übernahm und der wohl 1745

auch wieder Nordkirchen besuchte. Offenbar hat Franz Joseph aber am Schloss keine namhaften Änderungen mehr vorgenommen. Ihm und seiner Frau wurden sieben Kinder geboren. Bereits bei seinen Lebzeiten übertrug er gegen eine jährliche Leibrente die westfälischen Besitzungen seinem ältesten, 1740 geborenen Sohn Franz Joseph Anton (Abb. 320) und übersiedelte, wohl auf Veranlassung der Gräfin Aloysia, ganz nach Wien und ist dort 1779 in ärmlichen Verhältnissen gestorben. Der kurkölnische Gesandte berichtete am 14. Mai 1771 aus Regensburg über die *äußerst betrübten Umstände, in welchem sich der kayserliche Wirkliche Geheime Rath Graf v. Plettenberg und dessen Gemahlin, eine gebohrne Gräfin v. Lamberg, in Wien befinden … und … daß besagter Graf in einem abgeschabenen*

(1742–1790) ein und wurde Mutter der Bischöfe Caspar Max (1770–1846) und Clemens August (1773–1845).

Nach Franz Joseph Anton übernahm sein Bruder Clemens August (geboren 1742) die Güter (Abb. 179, 323), wurde 1768 in die Ritterschaft aufgeschworen, nach förmlichem Verzicht seines Vaters als Erbmarschall anerkannt und heiratete eine Kusine dritten Grades, Maria Anna Freiin von Galen (1752–1829), Tochter der geborenen Gräfin Sophie von Merveldt (1730–1810) und Enkelin der Josepha von Merveldt geb. Westerholt (1692–1762). Aber auch er starb schon 1771 an der gleichen Krankheit wie sein Bruder. Der damalige fürstbischöflich-münsterische Leibarzt Christoph Ludwig Hoffmann (1721–1807) hat über die erbliche Lungenschwäche der Plettenbergs sogar 1772 einen medizinischen Traktat drucken lassen.[162]

Zwei Monate vor dem Tod des Erbmarschalls gebar ihm seine Frau einen Sohn, Maximilian Friedrich (1771–1813), nach dem damaligen Fürstbischof und Kölner Kurfürsten getauft. Der Knabe wuchs wieder unter Vormundschaft auf, nachdem seine Mutter 1778 Clemens August von Ketteler-Harkotten (1751–1815) geheiratet hatte – der Pastellmaler Monpeurt schuf 1774 bis 1778 mehrere Bildnisse der Galen-

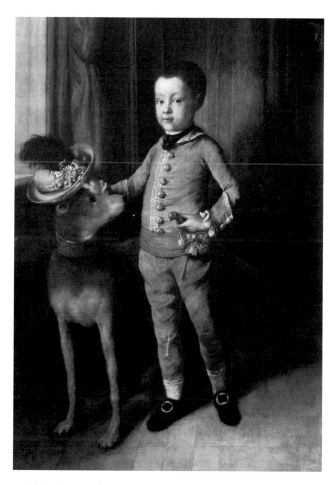

326 Maximilian Friedrich Graf von Plettenberg, A. J. Stratmann 1775 (Privatbesitz)

schwarzen Rock zu Fuß umhergehe, die Gräfin aber aus Abgang aller Kleidungsstücken – welche wegen Menge deren Schulden nebst allen übrigen Habseligkeiten öffentlich versteigert worden – gar nicht aus dem Hauß gehen könne. Ihr Sohn habe ihnen 600 Taler jährlich für Kutschen und Pferde gezahlt, die jedoch für Lebensmittel verwendet werden mussten.[161] 1769 betrug die Gesamtschuld aller Besitzungen 603.475 Taler bei Einnahmen von 36.158 Talern; schon seit 1764 stand das Nordkirchener Fideikommiss unter landesherrlicher Administration.

Der ältere Sohn Franz Joseph Anton (Abb. 321) war erst Domherr zu Münster gewesen, heiratete dann aber – und zwar wieder in den westfälischen Adel – seine Kusine zweiten Grades, die Erbtochter Sophie Alexandrine von Droste zu Füchten (1748–1817), starb aber schon 1766 an der Schwindsucht. Seine Witwe ging 1768 eine zweite Ehe mit dem Erbdrosten Clemens August von Droste-Vischering

327 Maximilian Friedrich Graf von Plettenberg-Mietingen, um 1810/13

328 Walter Oskar Graf von Plettenberg (1805–1808), J. C. Rincklake 1807 (Privatbesitz)

Plettenberg-Kettelerschen Verwandtschaft (Abb. 322–324); durch sie wanderten manche Bildnisse und Gemälde aus Nordkirchen nach Harkotten. Die Bedeutung der Schleife in den kaiserlichen Farben weiß-rot, die das 1775 in Münster entstandene Bildnis von Anton Joseph Stratmann zeigt (Abb. 326), könnte auf eine Exspektanz für eine Pagenstelle am Kaiserhof in Wien deuten.[163]

Neben Krankheiten war es eine bei den verschiedenen Familienmitgliedern immer stärker ausgeprägte Tendenz zu maßlosen Geldausgaben, die den Nordkirchener Besitz unerträglich belastete: Maximilian Friedrich von Plettenberg lebte wieder in Wien, erschien nur ein einziges Mal 1795 auf dem Landtag, um sich als Erbmarschall anerkennen zu lassen, und heiratete 1801 in Wien Maria Josephina Gräfin von Gallenberg (1784–1839). Mit Mühe wurden nur die notwendigsten Reparaturen an den Schlossgebäuden ausgeführt, von denen 1769, 1788 und 1789 berichtet wird. Andere Verluste und Veränderungen wurden durch politische Ereignisse bedingt. Durch die französischen Revolutionskriege, die 1801 im Frieden von Lunéville mit der Abtretung der

Hoheitsrechte aller Landesherren auf der linken Rheinseite an Frankreich endeten, gingen Wittem und Eys verloren; andere der rheinischen Güter hatten vorher schon verkauft werden müssen. 1803 im Reichsdeputationshauptschluss wurde den Plettenbergs als Ersatz die Herrschaft Mietingen in Württemberg zugewiesen. Auf Wunsch des Königs von Preußen ist noch kurz vor 1800 die schlesische Herrschaft Kosel gegen Ratibor getauscht worden. Mit dem Hauptgläubiger, dem preußischen Oberkämmerer Fürsten zu Sayn-Wittgenstein, wurden 1805 und 1810 Verträge abgeschlossen, welche die Verwaltung der Güter dem Fürsten übertrug, dessen Forderungen bis 1810 auf 398.030 Taler angewachsen waren, gegen strikte Auflagen dem Grafen indes zurückgegeben wurde. Ratibor und Mietingen wurden zur Sicherung der Zinszahlungen unter Zwangsverwaltung gestellt; schließlich musste Ratibor 1811 dem Fürsten ganz überlassen werden. Die Ausgabefreudigkeit des Grafen beeinträchtigte das indes nicht.[164]

Max Friedrich hatte einen Sohn Walter, den ein reizendes Kinderbildnis von Johann Christoph Rincklake verewigt (Abb. 328). Der kleine Knabe ist als demütiger barfüßiger Pilger wie im Totenhemd in einen Landschaftsgarten zwischen einem efeuumrankten Baum, Pappeln und einem lichten Hain gemalt, bei Sonnenuntergang und Mondschein. Nur der treu aufblickende Hund – ein malerischer Topos, der bei Kinderbildnissen bis dahin die Zugehörigkeit zum Adel als Herrschaftsstand signalisierte – und die begütigende Geste des Kindes verleihen der morbiden Szene etwas zugleich Nobles und Anrührendes. Fürchtete man schon um die Gesundheit des Stammhalters oder empfand man die Zukunft der Familie und vielleicht gar des Adelsstandes als düster? Nichts illustriert die Malaise der Familie mehr, als dass Rincklake für die zwei Ausfertigungen des 1807 gemalten Bildes je 10 Louis d'or zu je 5 Talern, also 100 Taler zu fordern hatte, von der Gräfin aber erst 1810 die Hälfte empfing. Die zweite Hälfte mussten die Erben des Malers noch 1819 anmahnen.[165]

Als ob man es geahnt hatte: Der Knabe verstarb schon im Juli 1808 bei einem Besuch in Wien, der Überlieferung nach an einem tragischen Treppensturz. Beim Tod des Grafen Maximilian Friedrich (Abb. 327) 1813 erlosch damit dieser Zweig der Familie, die Grafen von Plettenberg-Mietingen zu Nordkirchen, im Mannesstamm.

Die Grafen Esterhazy in Nordkirchen

Es sah trübe aus in Nordkirchen. 1809 war dem letzten Plettenberg eine Tochter Marie geboren worden. Freiherr Max Friedrich von Ketteler (1779–1831), Halbbruder des letzten Grafen, bemühte sich erfolgreich um die Sanierung der Finanzen, auch wenn wieder Inventarstücke verkauft werden mussten und schließlich alle Besitzungen außerhalb des Münsterlandes verloren gingen. Als Verwandte und Verwalter im Kampf gegen die riesige Schuldenlast wieder etwas aufatmen konnten und ihr Mündel mit 19 Jahren fast volljährig war, strengte der andere Familienzweig in Lenhausen einen Prozess wegen der Nordkirchener Güter an, hatte doch die Fideikommiss-Stiftung des Fürstbischofs Friedrich Christian und auch das Testament des Grafen Ferdinand das gegenseitige Erbrecht der Familienzweige vorgesehen. Im Februar 1833 heiratete die Gräfin Marie von Plettenberg-Mietingen, wie sie sich wegen der standesherrlichen Besitzung in Württemberg nannte, den Grafen Nikolaus Franz von Esterhazy-Galantha (1804–1885), Erbgraf in Forchtenstein (Abb. 330, 331). Einen Monat später, im März 1833, gewann sie den Prozess gegen die Lenhausener Verwandten in dritter Instanz. Sofort danach zog das junge Paar nach Nordkirchen, wo man gleich neue Pläne für das Schloss schmiedete. Die sehr schön gezeichnete Bestandsaufnahme aller Gärten und Gebäude des Geometers Zeissig (Abb. 206) – für die Gärten sicher aus den alten Plänen Schlauns ergänzt – steht am Beginn dieser Aktivität.

Der Nordgarten als englischer Park

Im Mai 1834, genau hundert Jahre nach Vollendung der Barockgärten, legte der Düsseldorfer Gartendirektor Maximilian Friedrich Weyhe (1775–1846) seine Pläne für die gärtnerische Umgestaltung der Schlossinsel, des südlichen Vorwerks und des nördlichen Gartenbezirks vor (Abb. 332).[166] Die 1835 von Christian Espagne in Münster gedruckte Ansicht von Süden, mit Bäumen im Vordergrund, deutet den Einklang mit der Natur an (Abb. 329). Der Nordgarten, dessen raffinierte Gestaltung durch Schlaun beschrieben wurde, ist damals vollständig zu einem englischen Garten mit Schlängelwegen, Teichen, Wasserläufen mit Brücken und Ruhebänken verändert worden und wurde durch eine flache Brücke mit schlichtem Eisengeländer direkt mit dem Schloss verbunden (Abb. 333, 334). Leider ist die Zeichnung Weyhes zu diesem Teil verloren. Den erhaltenen Briefen von Weyhe zufolge wurde im Januar 1834 mit umfangreichen Erdarbeiten begonnen, bei denen bis zu 150 Personen beschäftigt wurden: Schlauns Insel mit eingelassenem geschweiftem Bassin wurde durch zwei birnförmig zueinander geneigte Halbinseln ersetzt, die einen Weiher einschlossen und eine schmale, durch eine Brücke überführte Verbindung mit dem großen nördlichen Schlossteich hatten. Eine Insel erhielt eine erhöhte Aufschüttung für ein von Pappeln und Platanen kreisförmig eingefasstes Rondell, das noch auf einem Plan von 1906 erscheint (Abb. 335).[167] Dreimal, Ende April, Ende Juli und im November 1834, weilte Weyhe in Nordkirchen, um die Arbeiten zu beaufsichtigen. 1835 wurden dann die Brücken gebaut. Das Wichtigste war aber die

329 Ansicht von Süden, Lithographie, C. Espagne 1835/36

330 Marie Gräfin von Plettenberg (1809–1861)

331 Nikolaus Franz Graf von Esterhazy-Galantha (1804–1885)

ausgeklügelte Bepflanzung mit erlesenen Bäumen und Gehölzen (vgl. Abb. 337), die gegen Ende des 19. Jahrhunderts zu prachtvoller Form und Größe herangewachsen waren (Abb. 61, 62, 77). Eine Farblithographie (Abb. 337) und Fotografien (Abb. 338, 339) geben von diesem Zustand einen Eindruck. Neu war vor allem, dass man aus dem Mittelbau über die neue Brücke jetzt direkt in diesen Gartenteil gelangen konnte. Die Fenster der beiden nördlichen Eckkabinette waren zu Türen vergrößert worden. Von ihnen gingen gusseiserne Treppen auf einen eigens geschaffenen Landstreifen herunter und von diesem gelangte man über eine klassizistische Mittelbrücke (Abb. 334) in die Anlage, die aber sonst ihren Inselcharakter bewahrt hatte. Die Zeichnungen zu den verschiedenen Brücken und Gittern sind von dem Bauinspektor Ritter und von J. Custodis (Abb. 333, 334), alle sind aber nach Angaben M. F. Weyhes konstruiert worden.

Auf der Schlossinsel selbst, wozu der Entwurf, wie auch zum Vorwerk, erhalten ist, hat sich Weyhe sehr mit Änderungen zurückgehalten (Abb. 332). Der Damm nach Südkirchen wurde mit Rosskastanien im Abstand von 24 Fuß (= 8,45 m) bepflanzt. Diese Allee mündete in das von Schlaun angelegte Oval im Alleestern vor der Südbrücke. Das barock-symmetrische Baugesetz der großartigen Architektur ist von Weyhe respektiert worden. Im Schlosshof wiederholte er sogar Schlauns Oval als Rasenfläche und passte die Rasenflächen auf der Vorburg der ovalen Form an. Die kleinen Gartenflächen westlich und östlich des Hauptschlosses blieben Kabinettgärtchen und wurden im Frühjahr 1836 für die Neugestaltung vorbereitet, jetzt indes nur in sich unsymmetrisch gegliedert, wobei offensichtlich Blumenbeeten der Vorrang gegeben war. Bemerkenswert ist dabei, dass durch sichelförmige Pflanzungen entlang der Wände der beiden Schlossflügel diese Gärtchen ganz deut-

Die Grafen Esterhazy in Nordkirchen

332 Bepflanzungsplan für Schlossinsel und Vorwerk, M. F. Weyhe 1834. Norden unten (Bz N 45)

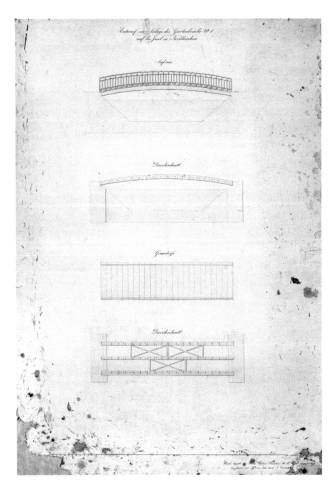

333 Entwurf für eine Gartenbrücke zwischen den Inseln im Nordgarten,
J. Custodis 1835 (Bz N 47)

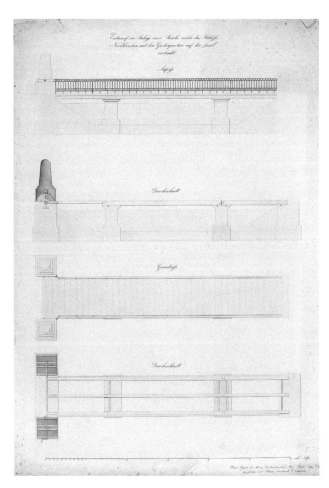

334 Entwurf für die Brücke zwischen Schlossinsel und Nordgarten,
J. Custodis 1835 (Bz N 49)

lich in den Raum des Ehrenhofs hereinwirken sollten. Weitere kleine Blumen- oder Staudenbeete waren entlang der vorschwingenden Grenzmauer zwischen Ehren- und Vorhof sowie an der Südbrücke vorgesehen (Abb. 62). Die zunächst unscheinbare, aber folgenreichste Pflanzung waren die Baumketten von Obstbäumen als »Apfelhof« zwischen den Remisen des Vorhofs (Abb. 332, Nr. 22) – außerdem *Sauerkirschen und Quitten, Kornelkirschen und Lambertsnüsse, Stachelbeer- und Johannisbeersträuche*. Für die kleine Insel im Südosten, deren Weiher (Abb. 332, Nr. 29) als Pferdeschwemme gepflastert war – sicher schon in der Zeit um 1730, als im Vorwerk eine Pferdezucht betrieben worden war (Abb. 191) –, waren *Backpflaumen oder Zwetschen* vorgesehen. Die Bäume im Hof waren um 1900 zu mächtigen Baumriesen geworden und verdeckten fast den gesamten Durchblick von Süden auf das Schloss (Abb. 61).

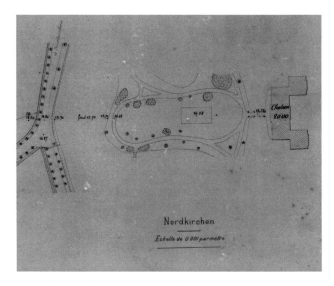

335 Nordgarten, Plan der mittleren Insel, um 1906

Die Grafen Esterhazy in Nordkirchen

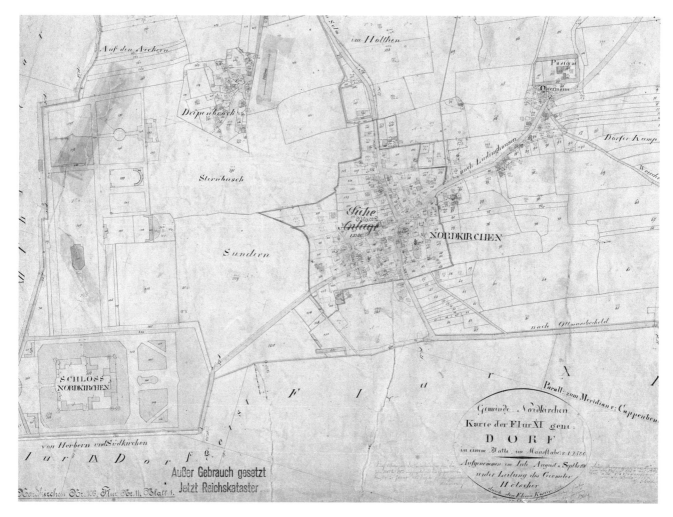

336 Nordkirchen, Urkatasterplan 1826 (Ausschnitt)

Das Vorwerk sollte nach Weyhes Plan über Rasenflächen ganz mit einem Netz von Bäumen, hier aber wohl Obstbäumen, überzogen werden. Dagegen sollte der Schlaun'sche Rond point vor dem Schloss unverändert bleiben. Die Halbinsel um die Pferdeschwemme sollte dagegen wieder einen kleinen Landschaftsgarten aufnehmen. Es ist unverkennbar, wie stark sich die spätromantischen Anschauungen der 1830er Jahre bemerkbar machten. Die großen, weit in die Landschaft ausgreifenden Strukturlinien des barocken Projekts sollten gelöscht oder mindestens verschleiert werden, auch wenn die geraden Alleen und Dämme bestehen blieben. Der Architekturraum des Schlosses ist nach dem Plan M. F. Weyhes auf die Cour d'honneur beschränkt worden. Seine Wirkung über die Insel hinaus war stark reduziert. Selbst der Anblick des Schlosses vom Nordgarten aus war in Einzelszenen zerlegt und aus der Achse überhaupt nicht mehr möglich. Dennoch, versucht man sich von der Allmacht der barocken Welt im Nordkirchen der 1830er Jahre zu befreien, so muss zugestanden werden, dass Gräfin und Graf Esterhazy als Auftraggeber einen vorzüglichen Gartenarchitekten gewonnen hatten.

Maximilian Friedrich Weyhe (1775–1846) stammte aus Bonn und wirkte seit 1803 als Gartendirektor in Düsseldorf. Dort ist der Hofgarten sein Werk, später arbeitete er zusammen mit Adolf von Vagedes aus Münster an der Erweiterung der Stadt. Ähnliche Aufgaben, wie die Umgestaltung barocker Gärten in englische Anlagen, übernahm er in den Schlössern Benrath, Brühl und Kalkum. In Westfalen hat er die Parkanlagen von Brünninghausen bei Dortmund, heute noch dort der Kern des Rombergparkes, das Herzstück des

233

337 Die Schlossinsel von Nordosten, Farblithographie, um 1860

riesigen Gartens um Schloss Anholt und den prachtvollen Park anstelle des ehemaligen französischen Gartens am Schloss Herten entworfen, außerdem Gärten in Arnsberg, Velen, Burg Altena und Haus Villigst an der Ruhr.[168] Als Vetter des großen preußischen Gartenarchitekten Joseph Peter Lenné verfügte er über beste Verbindungen und Kenntnisse des Neuesten im damaligen Gartenwesen. In Nordkirchen ist intensiv bis 1839 und noch sporadisch bis 1849 – und zwar nach Plänen und Anweisungen des Grafen Esterhazy selbst – an den Gärten gearbeitet worden; so wurde die Orangerie repariert und ein neues »Ananas-Haus« gebaut. Die Struktur insgesamt blieb erhalten, 1846 wurde der Garten hinter der Oranienburg mit Rasen und Baumgruppen neu gestaltet, die seitlichen Alleen mit Kastanien neu bepflanzt. Die Struktur des Westgartens blieb dagegen unverändert, nur

eine große Rasenfläche mit dem Kaskadenteich, die ein Foto von 1906 bereits um symmetrisch gesetzte Zierbeete und beschnittene Hochgewächse ergänzt zeigt (Abb. 347).

Im Schloss selbst ist die Bibliothek über dem Mittelsaal 1848 bis 1850 neu ausgestattet worden, womit eine Neuordnung und Vermehrung der Bücherschätze parallel ging (Abb. 294). Um 1850 erfolgte dann noch im Obergeschoss im Westteil des Mittelbaues der Einbau eines »Rittersaals« in historischen Formen (Abb. 95, 264). Hier brachte man die meisten älteren Bildnisse aus dem Schloss und aus der Oranienburg zusammen. Die große Halle im Obergeschoss nahm weitere Bildnisse und die Waffensammlung auf (Abb. 264). An den Barockräumen des Erdgeschosses hat man nur das Speisezimmer wegen Wurmbefalls 1850/51 verändert, die weiße Fassung entfernt und die »Silberkammer«

Die Grafen Esterhazy in Nordkirchen

mit dem alten, 1723 von Fix geschnitzten Buffetschrank neu dekoriert (Abb. 271). Sonst sind lediglich notwendige Restaurierungen durchgeführt worden. So mussten viele der französischen Holzsprossenfenster ausgetauscht werden. Ihre neue Form entsprach jetzt der Mode des 19. Jahrhunderts. Die kunstvollen Laternen an den Ecken der Seitenflügel (Abb. 341) im Stil des zweiten Rokoko zeigen, dass man auch die Schlossausstattung inzwischen wieder schätzte. Das vielleicht schönste Stück dieser behutsamen Neuerungen ist der wohlerhaltene Altaraufsatz in der Schlosskapelle (Abb. 99). Das reiche vergoldete Schnitzwerk im Stil des zweiten Rokoko wurde in Ottmarsbocholt angefertigt.

Berichte von Besuchern

Für das Jahrhundert bezeichnend ist das Unvermögen der Zeitgenossen, den Wert und die Bedeutung des Barockschlosses als Gesamtkunstwerk zu erkennen. So schrieb der holländische Landschaftsmaler Johannes Franziscus Christ, der 1835 das heutige Ruhrgebiet vor seiner Industrialisierung bereiste und unter anderem in Lünen Station machte, von einem Ausflug über schlechte Straßen nach Nordkirchen: »Bald erreichten wir Nordkirchen, ein sehr wohlhabendes Dorf. Beim Durchfahren sahen wir die grosse Kapelle und gingen dann in das Schloss der Grafen von Nordkirchen, die sich zur Familie des berühmten Bischofs von Münster, Bernhard von Galen, rechnen. Da es unbewohnt ist, konnten wir alles in Ruhe besichtigen. Es ist ein wahrlich fürstliches Gebäude. Über die Brücke kommt man auf einen weiten Innenhof, der hie und da mit allerlei Blumen bepflanzt ist. Zu beiden Seiten sind Ställe und Remisen, die Mitte wird durch den breiten Giebel des Hauptgebäudes eingenommen. Wenn man eintritt, sieht man in der Halle eine schöne Gruppe in Marmor, die Jupiter und Ganymed vorstellt. Ob sie freilich ein Werk von Canova war, wie man uns sagte, kann ich nicht beurteilen, da ich von diesem grossen Meister nur ein kleines Tonmodell gesehen habe. Wir gingen dann durch viele Zimmer, zum Teil prächtig, zum Teil altmodisch möbliert. In einigen waren die Verzierungen der Möbel aus massivem Silber, Kamine durch gedrehte und andere Säulen von schönstem Marmor getragen. Schwere kupferne Ringe waren auf kleinem Abstand an der Leiste befestigt, woran sich die am Feuer Stehenden festhalten. Viele Räume waren mit Gemälden aus der niederländischen und italienischen Schule behängt. Die letztere hatte nicht viel zu bedeuten, und ich glaube, dass es höchst ungerecht wäre, nach diesen

338 Schlossinsel von Nordwesten, 1891, mit der alten Gartenbrücke von 1835

Schinken diese Schulen zu beurteilen. Unter den zuerst Genannten war ein sehr gutes Bild von Jan Steen, das einen Quacksalber auf der Kirmes darstellte. Ausserdem befanden sich in der Sammlung gute Bilder von Rembrandt, A. van Ostade, D. van Bergen und eine sehr hübsche, heilige Familie in der Landschaft von Eeckhout. Dann wurde uns der gräfliche Schatz gezeigt aus goldenem und silbernem Gerät, Edelsteinen und seltsamen altdeutschen Trinkgläsern, deren Inschriften, die das Interessanteste waren, ich leider vergass aufzuschreiben. Auch einige Kirchenkleider, reich mit Gold und Silber durchwirkt, wurden uns gezeigt, die einst dem Bischof von Münster gehört hatten. Zum Schluss führte man uns in die Schlosskapelle, wo das Altarbild ein Gemälde von Raphael sein musste. Oh, wenn Raphael das wüsste, er würde sich im Grabe umdrehen!

Beim Verlassen des Schlosses empfing uns eine breite Allee, die an beiden Seiten mit einer Menge riesiger Standbilder – was sie darstellen, kann ich nicht sagen, weil sie sehr beschädigt waren – geschmückt war, zu einem Gebäude, das

339 Das Schloss von Nordwesten, um 1880

die Orangerie hiess. Diese hing von oben bis unten voll mit Bildern. Ich fürchte, Ihr hattet bereits Angst vor der Beschreibung, aber nein, meine Freunde, Ihr kommt mit dem Schrecken davon!« Im Mittelpunkt der Schilderung steht die kritische Würdigung der Gemäldegalerie durch den Maler Christ. Weil die Bilder heute nicht mehr dort sind, lassen sich seine Bemerkungen nicht überprüfen.

Auch in dem berühmten Werk von 1842, *Das malerische und romantische Westphalen*, haben Ferdinand Freiligrath und Levin Schücking das Schloss geschildert: »Von den Schlössern des Adels will ich nur zu einem euch führen; das ist Nordkirchen, wenige Stunden südlich von Münster, ein grosses schönes Landhaus, erbaut um 1700 von dem Fürstbischofe Friedrich Christian von Plettenberg. An breiten prächtigen Gräben vorbei, die Gartenanlagen umschliessen, während dunkle Lindenalleen mit Statuen, Orangerie und Theatergebäude die frühere ungewöhnliche Ausdehnung der Schlossgärten bezeichnen, die jetzt zum Anger geworden sind, führt euch der Weg durch mehrere mit Wappenschildern und Panoplien geschmückte Thore auf den nach drei Seiten von Gebäuden im Styl des vorigen Jahrhunderts umschlossenen Hof. Die grosse Schlosshalle und das Treppenhaus sind mit Ahnenbildern und andren Gemälden, kostbaren China-Vasen und Statuen geschmückt: der Schatz des Schlosses ist eine Gemälde-Gallerie mit Bildern von hoher Schönheit, Werke van der Vliets, van Dycks, Rubens, Martins Schön, Rembrandts, mit einem Carton von Leonardo da Vinci endlich, eine heilige Familie darstellend, der alles zu übertreffen scheint, was der Crayon je liebliches und anmuthiges geschaffen. In einem der Gemächer zeigt man auch die Sporen und den Stab Walters von Plettenberg, des gewaltigen Heermeisters des deutschen Ordens in Livland … Wenn ihr durch die freundlichen hellen Gemächer mit ihren Gobelins, Stuccaturen und Supporten schreitet, durch

Die Grafen Esterhazy in Nordkirchen

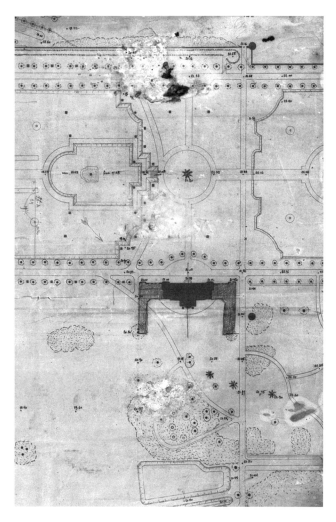

340 Oranienburg mit Umgebung, Zustand 1906 (mit einskizzierten neuen Seitenflügeln von 1912/13)

341 Die schmiedeeiserne Laterne nach Florentiner Art im Vordergrund ist eine Zutat aus der Zeit der Grafen Esterhazy.

den weiten Bibliothekssaal mit so viel moderner Weisheit, wo Voltaire und Bayle die alten Psalterien voll frommer Miniaturmalereien in den Schatten gedrängt haben, dann glaubt ihr wohl nicht, dass in diesen Räumen unheimliche Geister hausen mögen; und doch war dem einst so …« Es folgt die Erzählung der Gespenstergeschichte vom Rentmeister Schenkewald.

Derartige Beschreibungen sind trotz aller Unzulänglichkeiten heute wertvoll, weil sie wenigstens etwas vom damaligen Zustand der Schlossanlage durchschimmern lassen. Für amtliche Stellen war aber das Schloss völlig uninteressant, wenigstens was die Qualität der baulichen Anlage anbetraf. 1822 hatte kein Geringerer als Karl Friedrich Schinkel erst nach wiederholten Bemühungen erreicht, dass Angaben über historische Denkmäler aus den einzelnen Regierungs-

bezirken nach Berlin gelangten. Münster sandte aus dem Kreis Lüdinghausen lediglich Angaben über Lüdinghausen, Kirche und Amtshaus, Cappenberg, Davensberg, Botzlar, Patzlar und Rechede. 1875, als im Auftrag der preußischen Regierung eine umfassende Bestandsaufnahme der Bau- und Kunstdenkmäler angeordnet wurde, schrieb der Amtmann in Nordkirchen, dass »keine geschichtliche, künstlerische … Merkwürdigkeiten« im Amtsbezirk vorhanden seien. Immerhin bemerkte Graf Wedel, der Landrat des Kreises Lüdinghausen, dem diese Stellungnahme auf den Tisch kam, dazu, dass das Schloss Nordkirchen wohl hätte genannt werden können, da man ohne Zweifel jederzeit einen König völlig standesgemäß darin unterbringen könnte. Außerdem verwies er auf einige Kunstgegenstände: Gemälde, Waffen und Silber. Auf der großen Ausstellung der

342 Graf Nikolaus Josef von Esterhazy (1839–1897) mit seinen
Jagdhunden, um 1890

Die Grafen Esterhazy haben nur zwei Generationen lang in Nordkirchen gesessen. Gräfin Marie, die Letzte aus der Familie von Plettenberg, starb 1861. Sie stiftete 1853 bei dem ehemaligen Armenhaus, das 1730 ihr Vorfahr Graf Ferdinand neu dotiert hatte, das Krankenhaus, das heute noch besteht. Graf Nikolaus Franz ließ 1884 die barocke Pfarrkirche auf seine Kosten renovieren, wobei der Kirchenraum »romanisiert« wurde und die barocke Ausstattung einer neuromanischen Platz machte (Abb. 234). Er stiftete den Hochaltar und die beiden Chorgestühle. 1885 ist er gestorben. Sein Sohn, Graf Nikolaus Josef (1839–1897), lebte ganz in Nordkirchen (Abb. 342). Als leidenschaftlicher Reiter und vorzüglicher Pferdekenner richtete er beim Schloss 1868 gemeinsam mit 15 anderen westfälischen adeligen Privatvollblutzüchtern auf Aktienbasis das »Erste Westfälische Vollblutgestüt« zur Zucht von Rennpferden ein, das damals viel Ruhm erwarb. Als der Platz auf der Schlossinsel nicht mehr ausreichte, wurde der Pachthof Rensmann, an der Straße nach Capelle liegend, zum Gestüt eingezogen. Zuletzt führte Graf Nikolaus das Gestüt in eigener Regie fort – für einige Jahre der größte und beste Rennstall in Westdeutschland. Bekannt bis heute die Geschichte des 1882 geborenen Hengstes »Strontian« – benannt nach dem damals im Münsterland in rund 600 Gruben abgebauten Mineral Strontianit, einem Schwefelcarbonat, das etwa bei der Zuckerverarbeitung verwendet wurde. Nach einigen Erfolgen bei Pferderennen, u.a. in Hamburg, die der Graf mit Freibier im Dorf feierte – was bis heute unvergessen ist –, verletzte sich das Pferd und wurde nun ein erfolgreicher Zuchthengst.[170]

Wie schon seine Eltern, hat er sich sehr um das Dorf und seine Bewohner gekümmert. Um 1890 entstand auf seine Kosten und Anregung der erste Kindergarten. Mit vielen guten Ratschlägen und Hinweisen suchte er vor allem die Handwerker des Ortes zu unterstützen. Als er 1897 unvermählt gestorben war, fiel Nordkirchen an seine Verwandten in Ungarn zurück, die das Gestüt aufgaben. Da kein Interesse an den westfälischen Besitzungen mehr bestand, sollte Nordkirchen verkauft werden. Schloss und Gärten waren gut instand. Im Inneren waren seit der Mitte des 19. Jahrhunderts lediglich mehrere Zimmer noch nach 1890 im Obergeschoss des Westflügels renoviert worden. Die nach M. F. Weyhes Plänen angelegten Pflanzungen waren mächtig gewachsen.[171]

westfälischen Altertümer 1879 in Münster waren immerhin 24 Kunstgegenstände aus dem Schloss Nordkirchen als Leihgaben des Grafen Esterhazy vertreten. Erst 1893, als das amtliche Inventar der Bau- und Kunstdenkmäler Westfalens mit dem Band über den Kreises Lüdinghausen eröffnet wurde, hatte der Provinzialkonservator Albert Ludorff, wenn auch nur mit lakonischen Angaben, die ersten Fotografien des Schlosses und einiger Innenräume veröffentlicht und damit eine erste Basis für eine wissenschaftliche Würdigung geschaffen.[169]

Das Schloss unter den Herzögen von Arenberg

echs Jahre nach dem Tod des letzten Esterhazy auf Nordkirchen, 1903, kam ein Kaufvertrag mit dem Herzog Engelbert-Maria von Arenberg (1872–1949) zustande. Der neue Eigentümer übernahm für sechs Millionen Goldmark zum 1. Oktober 1903 den gesamten Güterkomplex und das ganze Inventar des Schlosses, soweit es der Verkäufer nicht behalten wollte. Die Herzöge von Arenberg hatten erst 1803 westfälisches Gebiet als Entschädigung für Gebietsverluste an Frankreich erhalten, so das kurkölnische Vest Recklinghausen und das münsterische Amt Meppen. Nur kurze Zeit regierten sie dort souverän; 1811 fielen die Gebiete zunächst an Frankreich, dann 1813/1815 an Preußen und Hannover. In Recklinghausen behielten die Herzöge aber Kommunal- und Klostergüter zu eigener Nutzung. Vor allem aber verblieb ihnen das Bergregal, damals völlig wertlos. Der Versuch, 1836 dieses Regal mit der preußischen Regierung zu tauschen, war vergebens. Aber in der zweiten Hälfte des 19. Jahrhunderts änderte sich das in atemberaubender Weise. Durch den nach Norden ins Vest vorrückenden Kohlebergbau brachte das Regal ungeahnte Gewinne: Bis zum Ersten Weltkrieg erlöste der Herzog mehr als 30 Millionen Goldmark. Und 1903 hat der Herzog durch den Erwerb von Nordkirchen diesen Gewinn angelegt. Hier sollte der neue deutsche Wohnsitz der herzoglichen Familie, die auch in Belgien geboren und begütert war, entstehen. Ein Besucher überlieferte eine Erzählung des Käufers: »Sein Entschluß, Nordkirchen zu erwerben, reifte zur Tat, als der Kaiser ihn einmal, halb im Scherz und halb im Ernst, darauf hinwies, daß er als deutscher Standesherr doch auch einen repräsentativen Stammsitz in Deutschland haben müßte.«[172]

Seit dem Tode seines Vaters 1875 Familienoberhaupt und Standesherr, hatte Engelbert von Arenberg von 1889 bis 1896 als Offizier im preußischen Heer gedient, bis 1893 bei den Driesen-Kürassieren in Münster. Von 1903 bis 1918 war der Herzog erbliches Mitglied des Preußischen Herrenhauses, und in der Wahlperiode von 1909 bis 1912 gehörte er der Zentrumsfraktion des Reichstags als Abgeordneter für den Wahlkreis Lüdinghausen-Warendorf-Beckum an. Von 1917 bis 1919 war er Mitglied im Westfälischen Provinziallandtag. 1913 galt er als »der mit Abstand reichste Grundbesitzer Westfalens«, der ein geschätztes Vermögen von 63 Millionen Goldmark versteuerte.[173]

Vom Herzog Engelbert-Maria von Arenberg gibt es ein einziges Porträt im Schloss im Ornat eines königlich bayerischen Georgsritters (Abb. 343). Seit 1897 war er mit der belgischen Prinzessin Hedwige de Ligne (1877–1938) vermählt (Abb. 345). Ihre beiden Söhne, die Prinzen Engelbert Karl (1899–1974) und Eric (1901–1992), sind auf zwei von ihm 1912 gestifteten Glasfenstern in der Pfarrkirche Nordkirchen dargestellt.

343 Engelbert-Maria Herzog von Arenberg (1872–1949), um 1900

344 »Der Herzog von Arenberg im Arbeitszimmer bei seinen Plänen und Zeichnungen«, G. Rothe 1906

345 »Die Herzogin von Arenberg in ihrem Salon«, G. Rothe 1906

In den ersten beiden Jahren bis Mai 1906 erfuhr das Schloss für insgesamt 200.000 Mark eine überfällige Instandsetzung der Dächer und Kamine, vor allem aber eine Modernisierung, um die Wohnverhältnisse dem aktuellen Standard anzupassen,[174] meist durch Düsseldorfer Firmen – dort saß seit 1904 die herzogliche Hof- und Rentkammer. Nur einfachere handwerkliche Arbeiten führten Lüdinghausener Zimmerleute (A. Droste), Nordkirchener Schreiner (F. Suntrup), Maler (Franz Rengshausen), Klempner (H. Siemers) und Schlosser (A. Limberg) durch (für insgesamt 10.635 Mark). Unter Leitung des Düsseldorfer Architekten Hans Franzius (1874–1948) wurde das Dachgeschoss mit 26 Zimmern ausgebaut und erhielt eine Betondecke (diese aber durch die Firma August Potthoff, Münster). Die Schornsteine mussten neu gemauert werden und wurden mit Kupferplatten abgedeckt. Es wurde ein Zentralheizung, eine neue Wasserversorgung, eine elektrische Licht- und Klingelanlage sowie ein hydraulischer Lastenaufzug für Speisen und Koffer mit 150 kg Traglast eingebaut und ein Telefonanschluss gelegt. Im Obergeschoss entfernte man die Arkade in der Galerie des Obergeschosses (Abb. 264). Der Ostflügel blieb die

Wohnung der Familie des Schlossherrn: Die Kammerkapelle wurde 1905 in ein Badezimmer für die Herzogin verwandelt, nördlich neben dem Westsalon entstand anstelle des Flurs ein Arbeitszimmer für den Herzog, das durch Zober & Eisenmenger (Düsseldorf) eine neue Stuckdecke erhielt. Im Schlosspark entstand ein Tennisplatz. Da es bei der Schlussabrechnung Unstimmigkeiten gab, wechselte der Herzog 1906 den Architekten – vor allem für eine Neugestaltung der Gärten. Schon 1904 hatte er Instruktionen zur Parkpflege erlassen: Alleen sollten statt mit Kastanien mit Blutbuchen nachgepflanzt werden, Durchhiebe sollten Sichtachsen zum Dorf herstellen, das Tor an der Hauptallee nach Südkirchen war zu schließen und die Buschgruppen auf der Westwiese durch lange Geranienbeete zu ersetzen (Abb. 340, 347).

346 »Das Herzogspaar beim Frühstück« im Speisezimmer, G. Rothe 1906

Die Re-Barockisierung der Gärten

Herzog Engelbert von Arenberg ist nach langer Verkennung der Erste gewesen, der die barocke Großartigkeit seiner Neuerwerbung wieder gesehen hat (Abb. 344). Er beschloss, sie mit allen Mitteln von neuem zur Geltung zu bringen. Freilich leiteten ihn dabei zunächst Vorstellungen französisch-belgischer Barockbauten und Gärten. Er gewann für seine Absichten den Architekten Achille Duchêne (1866–1947), »architecte-paysagiste«, wie er sich selbst bezeichnete, aus Paris. Duchêne, der offenbar ein größeres Atelier unterhielt, war ein Virtuose auf dem Gebiet der historistischen klassisch geprägten französischen Gartenkunst. Über 300

347 Blick über die Westbrücke in den Westgarten, G. Rothe 1906

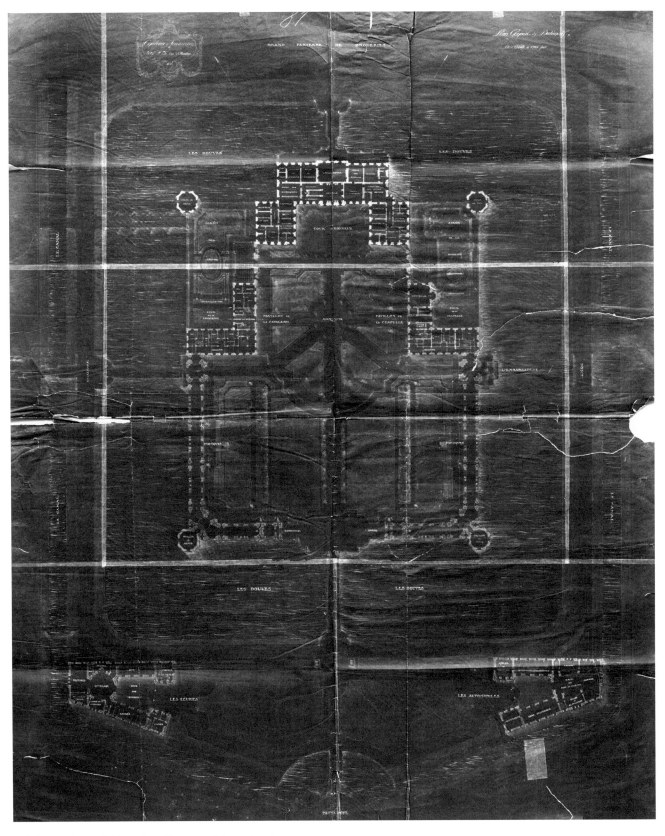

348 Generalplan der Schlossanlage, Blaupause, R. Sergent 1906

Das Schloss unter den Herzögen von Arenberg

349 Alternativentwurf für den Nordgarten, A. Duchêne 1906

Gartenentwürfe soll er verantwortet haben, war auch außerhalb Frankreichs und sogar in Argentinien sowie den USA tätig. Für Duchêne war der geometrische französische Garten eine der großen Kulturleistungen der »Grande Nation«, und es erfüllte ihn mit Stolz, in Nordkirchen den Vorrang französischer Kunst in einer zeitgemäßen Form anschaulich machen zu können. 1914 schrieb er über seine Neuschöpfung: »Der Park von Nordkirchen stellt eine der am meisten charakteristischen Beispiele unserer Kunst im 20. Jahrhun-

dert dar. Seine Lage auf ausländischem Boden, in Westfalen, erhöht seinen Wert, weil er von einem französischen Architekten entworfen und von einem französischen Unternehmer und Vorarbeitern ausgeführt ist. Außerdem kommt die Mehrzahl der Materialien aus Frankreich. Dieser Park ist tatsächlich das Ergebnis einer ethnischen Evolution unseres Geschmackes. Die modernen Elemente, die seine Gestaltung bestimmen, die relativ neuen botanischen Entdeckungen, die zu seiner Verzierung beigetragen haben, verletzen nicht

350 Gesamtvogelschau von Norden, Gravüre von M. Laurentin nach den Plänen von A. Duchêne, Druck in der Festschrift zur Prinz Heinrich-Fahrt 1911

unser Konzept eines alten Gartens. Es ist nicht ein Garten *à la française*, sondern einfach ein französischer Garten unserer Zeit.«[175] Dreimal hielt sich Duchêne selbst in Nordkirchen auf und ließ sich zur Überwachung von seinem Mitarbeiter Dubois vertreten. Mit der Ausführung war die Firma Collin aus Paris beauftragt, die aber für die Umsetzung einheimische Kräfte rekrutierte. Die Bauaufsicht übernahm der Architekt Fritz August Breuhaus (1883–1960) in Düsseldorf, der sich später einen Namen als Architekt der Neuen Sachlichkeit und beim Siedlungsbau erwarb.[176]

Ende 1906 lagen die großen Pläne für Nordkirchen vor. Leider sind sie nur in unvollkommenen Licht- und Blaupausen überliefert (Abb. 348, 368), geben aber dennoch ein deutliches Bild der Umgestaltung.[177] Am wichtigsten war die Freistellung der Schlossinsel durch Beseitigung der Baumpflanzungen auf den umgebenden Dämmen und auf dem

Vorwerk (Abb. 351), die Wiederherstellung des Westgartens und die Anlage eines Ostgartens mit dem »Schwanenteich«, vor allem aber der Rückgewinn des nördlichen Gartenbereichs im barocken Sinn. Allerdings war die Garteninsel jetzt durch drei große eingetiefte Parterreflächen aufgeteilt, *grand parterre de broderies* (Abb. 350), das mittlere fast quadratische in enger Anlehnung an einen Plan aus dem Gartentraktat des Dezallier d'Argenville von 1709, zwischen zwei erhöht liegenden baumbestandenen Promenoirs. Eine nicht ausgeführte Alternative sah in der Hauptachse zwei Folgen von je vier Bassins mit Springbrunnen vor, begleitet von Brodrieparterres (Abb. 349). Das Schloss erhielt 1908/09 eine nördlich vorgelagerte Terrasse, von der aus eine breite, 40 Meter lange Freitreppenbrücke in mehreren Abstufungen direkt auf das Parterre zuführte (Abb. 70). Die Entwürfe dafür lieferte der Pariser Architekt René Sergent (1865–

Das Schloss unter den Herzögen von Arenberg

351 Gesamtvogelschau von Südosten, E. Thiébaut 1912

1927), der sich mit historistischen Hotel- und Prachtbauten mit modernem Wohnkomfort einen Namen gemacht und etwa 1903–1906 das neobarocke Schloss Voisins erbaut hatte, bei dem Duchêne die Gärten gestaltete. Nach der klassischen französischen Architekturtheorie hatte der Hauptgarten mit Broderie-Parterre, Rasenflächen, seitlichen Bosketten und Spiegelweihern der Gartenfassade zugeordnet und vom Schloss aus begehbar zu sein – das wurde nun möglich.

Der Inselcharakter dieses Gartens wurde erheblich verstärkt durch Vergrößerung und Formung des nördlich vorgelagerten Teichs, der von Schlaun auf seinem Entwurf (Abb. 191) noch nicht geplant, aber nach der Bestandsaufnahme Zeissigs von 1833 doch schon in etwa vorhanden war (Abb. 206). Die Insel erhielt gegen den Teich eine lange Terrassenmauer, die in der Mitte einer breiten Wassertreppe

Raum gab (Abb. 85, 350). Völlig neu wurde auch die Uferbegrenzung an der Nordseite des Teichs – ebenfalls mit Treppe und Geländerwand – gestaltet. Hier entstand ein Platz, von dem aus fünf Alleen ausstrahlten, eine *patte d'oie* im französischen Sinn (Abb. 361).

Duchêne beschrieb seine Anlage selbst mit diesen Worten: »Die zentrale Partie der Gärten, direkt an das Schloss anstoßend, ist von einem doppelten Graben eingeschlossen und bietet das schöne Schauspiel eines Sieges der Intelligenz über die Natur. Die Wälder, die den Park mit ihrem dunklen Grün einschließen, sind ihm untergeordnet, dank der Ausblicke, die sich dort öffnen, als ob sie ihm ihr Geheimnis aufdecken wollen. Die gegenwärtige Gestaltung des Parks von Nordkirchen ist im Kern klassisch. Die Architektur ist bemüht, den Geist und das Auge zu befriedigen durch ein Ensemble großer Nüchternheit und verständiger Harmonie.

352 Nordgarten (Venusinsel) von der Terrasse des Hauptschlosses
nach Nordwesten, Januar 1911

353 Nordgarten (Venusinsel) von der Terrasse des Hauptschlosses
nach Nordosten, Januar 1911

Das Schloss, das sich auf den großen, grünlichen Wasserflächen spiegelt, verleiht dem Bauschmuck einen besonderen Charakter. … Wir haben uns bemüht, das Ensemble aus
Terrassen, Spazierwegen, Broderie-Parterres, Wasserflächen
zu ordnen, um hauptsächlich große Ruhe zu erzeugen und
doch jede Idee der Ermüdung zu vermeiden. Das ist französisch durch seine Ordnung, Feingefühl (*tact*) und seine Ein-
fachheit. Die Brücke ist gebaut aus französischem Stein und
hat bereits die Patina des lichtdurchfluteten Landes angenommen. Die mythologischen Statuen, die es schmücken,
sind alle alt; die Flechten und das Moos, die ihren Stein be-
decken, verleihen ihrem Charme etwas Literarisches.«[179]

Im Osten der Schlossinsel ist der Boskettwald damals
nach dem Entwurf Duchênes neu gepflanzt worden. Glanz-
stück dieses ganz neuen Gartenteils wurde der Schwanenteich (von 180 × 50 m) in der Verlängerung der großen westlichen Querachse nach Osten. An dem großen ruhigen
Wasser spiegelten sich weisse Skulpturen vor dunklem
Laubgrund.

Den neuen Ostgarten und den Westgarten, wie ihn auch
die Vogelschauansichten von 1911 und 1912 darstellen
(Abb. 350, 351), beschrieb Duchêne so: »Auf der Querachse
besteht die Gestaltung [östlich, G.D.] aus einem großen
Kanal, begleitet von erhöhten Alleen; hohe Laubengänge
schließen das Gehölz ein, in dem das Ensemble eingeschnit-
ten ist. Ein Netz von Rasenflächen, Alleen und perspektivi-
schen Durchblicken wertet diese Waldpartie auf. Das zweite

355 »Japanischer Gemüsehändler« im Ostpark, H. Reicks 1913

Das Schloss unter den Herzögen von Arenberg

354 Nordgarten (Venusinsel) von der Terrasse des Hauptschlosses, 1911

seitliche Motiv der Südfassade [der Westgarten, G.D.] ist eine grandiose Komposition. Der rechteckige Rahmen ist von hundertjährigen Bäumen nach und nach ansteigend gebildet, die das Gelände scheinbar in Bewegung setzen. Dazwischen liegt eine Folge von Terrassen, in verschiedener Art behandelt. Den unteren Bereich zentriert eine Allee, begleitet von Parterre-Feldern, geschmückt mit Vasen und Statuen. Diese Allee stößt auf die Achse eines Spiegelweihers, gelegen am Fuß der ersten Terrasse; diese letztere, die man auf den seitlichen Alleen erreicht, ist geschmückt mit Buchsbaum-Broderien, Blumenbeeten (*plate-bandes des fleurs*), beschnittenen Sträuchern und bildet ein quer zur Oranienburg überleitendes Motiv. Darüber erhebt sich eine weitere Terrasse. Eine große Rasenfläche bildet das Hauptschmuckmotiv; seitliche Beete werden betont von einzelnen auf Abstand gesetzten beschnittenen Büschen, um einer Verlängerung zu dienen. Diese Terrasse wird beschlossen von einem Spiegelweiher, der als Wasserreservoir für den ganzen unte-

356 Nordgarten, Westliches Promenoir, Hund, B. Grundmeyer 1913

357 Östliches Promenoir, Aufblickender Hund, B. Grundmeyer 1913

247

358 Westliches Promenoir, Kaiserbüste

359 Nordgarten, Bacchantin, B. Grundmeyer 1919

360 Venus mit Amor, H. Reicks 1914 nach J. W. Gröninger 1721

361 Wasserterrasse am nördlichen Schlossteich

Das Schloss unter den Herzögen von Arenberg

362 Nordgarten, Südbalustrade, Sitzfigur, wohl H. Reicks 1914   363 Orpheus mit Kerberus, H. Reicks 1914

ren Bereich dient. Über diesem letzteren ist eine weitere Terrasse, von Baumpflanzungen *en quinconce* begleitet und wird noch dominiert von einem architektonischen Element.« Die Arbeiten begannen im Sommer 1907 – zur Entschlammung der Gräften und zur Anlage des Schwanenteiches mietete man sogar eine Feldbahn – und waren Ende des Jahres 1910 abgeschlossen; die Gesamtkosten lagen bei 498.000 Mark. Ende Januar 1911 schickte Duchêne einen Fotografen zur Dokumentation der Arbeiten (Abb. 352–354). Die weitere Betreuung des Gartens übernahm der renommierte Gartenarchitekt Reinhold Hoemann (1870–1961) aus Düsseldorf, der 1912 den Tennisplatz erneuerte.

Der ganze Inselbereich ab 1911 wurde großzügig mit Skulpturen ausgestattet (Abb. 355–367). Ein Teil von ihnen waren Kopien der älteren Figurenausstattung des 18. Jahr-

hunderts (Abb. 360), zum Teil aber gab es anekdotische Bezüge: Die Skulpturen zweier Jagdhunde, flankierend am Fuß der Brückentreppe aufgestellt (Abb. 354), zeigten nach Josef Aistermann »die Nachbildung eines römischen Hundes, dessen antikes Original sich im Arenberg-Museum befindet, ihm gegenüber, nach dem dänischen Original von Jens-Peter Dahl-Jensen (1874–1960), das Bild des »Lieblingshundes Seiner Majestät des Königs Eduard VII. von England«. Zwei »römische Hunde«, heute in den seitlichen Promenoirs (Abb. 356, 357), lieferte 1912/13 der Bildhauer Bernhard Grundmeyer aus Münster. Auf der Treppe standen zwei Skulpturengruppen nach Godchapel: Der Ruhm des Hauses Arenberg – zwei Putten bekränzen den Arenbergischen Wappenschild vor einem Liktorenbündel und Helm (Abb. 366). In den Promenoirs standen Hermen griechisch-

364 Nordgarten, westliches Rasenparterre von Süden

365 Blick aus dem östlichen Promenoir, auf dem Parterre Wildschwein, Schröer 1913

Das Schloss unter den Herzögen von Arenberg

366 Terrassentreppe zum Nordgarten, östliche Gruppe »Der Ruhm des Hauses Arenberg«, Kopie nach Godchapel um 1910

367 Knabengruppe an der Wassertreppe, H. Baumeister 1913

römischer Philosophen und Staatsmänner (Abb. 358, 365), und unter den Gestalten des Parterres sowie der Terrassenmauern waren vorzügliche Neuschöpfungen im barocken Geist, etwa eine Bacchantin von Bernhard Grundmeyer 1919 (Abb. 359), Beispiel für die zahlreichen Göttergestalten des Nordgartens, eine vorzügliche Schöpfung aus französischem Kalkstein nach barockem Vorbild. Der Einfluss des damaligen späten Jugendstils ist jedoch nicht zu übersehen. Die Skulpturen, deren Themen der Herzog selbst bestimmte, fertigten zum Teil nach Gipsmodellen und teils aus französischem, aus Straßburg gelieferten Branvillier-Stein die einheimischen Bildhauer Bernhard Grundmeyer (1858–1921) aus Münster, Hubert Baumeister (1879–1958), Johann Busch (1876–1962) und Heinrich Reicks (1877–1943), alle in Lüdinghausen ansässig – Letzterer schuf auch die meisten Statuen von Asiaten im Bereich des Schwanentei-

ches (Abb. 355) – sowie de Pauli und Schröer. Für einzelne Sockel waren Szenen aus den »Bauernhochzeit«-Tapisserien gewählt. Einige Vasen lieferte 1911 die Stuckaturfirma Albert Lauermann in Detmold als Abgüsse. Die Fertigung zog sich bis 1915 hin; die letzten – teils nach Modellen von Albert Mazzotti (Münster) – wurden 1919 geliefert.[178]

Diese neubarocke Anlage des Architekten Duchêne kam trotz langer Verwahrlosung auf unsere Gegenwart. Erst in den 1960er Jahren ist sie, zwar vereinfacht, in ihrem Grundriss wiederhergestellt worden. Die Skulpturen konnten restauriert werden. Die qualitätvollsten sind aus leuchtendem Savonnière-Kalkstein, einige, noch aus dem 18. Jahrhundert, bestehen aus Gildehauser und Baumberger Stein, viele sind aber auch aus Kunststein. Das barocke Hauptparterre des Nordgartens konnte um 1990 nach den Plänen von Duchêne rekonstruiert werden (Abb. 52, 53, 350, 386).

369 Entwurf der westlichen Vorburg und der Hofgalerie mit Südwestturm von Süden, R. Sergent 1906

Umbaupläne und Neubauten 1906 bis 1914

Nach den Plänen von René Sergent sollten auf der Schloss-insel die vier Eckpavillontürme, das Hauptschloss, Diener- und Kapellenflügel im Grundplan bestehen bleiben (Abb. 368). Im Hauptschloss blieb die alte Raumdisposition unverändert. Die beiden Wirtschaftsgebäude und die

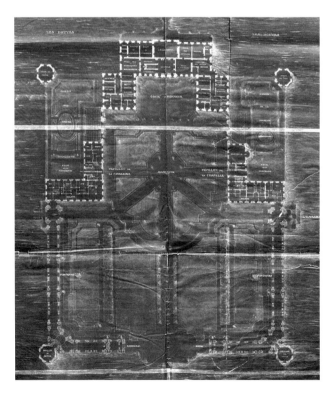

368 Entwurf für die Schlossinsel, Blaupause, R. Sergent 1906

Wachthäuser dagegen sollten abgebrochen werden, um einer um den Inselrand laufenden breiten gedeckten Galerie Platz zu machen (Abb. 369, 370). Beide Hofräume erhielten Gartenanlagen, im Vorhof Rasenflächen, im Ehrenhof Blumenparterres; die seitlichen Kabinettgärten waren im Westen für Gäste, im Osten für die Herzogin bestimmt.[180] Im Aufriss allerdings sollten alle Gebäude, auch der alte Pavillonturm, ummantelt werden, um mit der neu zu errichtenden Galerie ein einheitliches rationell-kühles klassisches Gewand im Sinne des französischen Dix-huitième zu erhalten. Offensichtlich war die Ummantelung auf wesentlich mehr Verwendung von Werkstein unter Zurückdrängung der Ziegelflächen angelegt.

Die Aufwertung des eigentlichen Schlosses ist durch eine mächtige Kranzgesimszone mit angehobenen Mansard-dächern und einer französischen Kuppel über dem Mittel-risalit erstrebt (Abb. 371). Die Pfeiler des Löwentores sollten durch ein schweres eisernes Gittertor miteinander verbunden werden. Erstaunlicherweise ist es dem Architekten in seinen Entwürfen trotz aller Tendenzen zur Monumentalisierung gelungen, den Formcharakter der Bauweise des Gottfried Laurenz Pictorius zu bewahren – wenn man von der Kuppel absieht. Dies ließ sich sicherlich deswegen erreichen, weil schon die Architektur des Schlosses im 18. Jahrhundert einen »französischen« Grundton angeschlagen hatte.

Auf dem südlichen Vorwerk, dessen bescheidene Winkel-flügel ebenfalls verschwinden sollten (Abb. 348, 369), sah Sergent zwei völlig neue Nebengebäude vor, die ganz in die West- und Ostecken gerückt werden sollten. Beide folgten mit zwei Flügeln den spitzen Ecken hier und schlossen je

370 Entwurf der Hofgalerie mit Südostturm sowie der östlichen Vorburg von Süden, R. Sergent 1906 (hinter der Galerie das Dach des Kapellenflügels)

einen überkuppelten Mittelbau ein. Die Außengliederung hätte den übrigen Gebäuden geglichen und in ihrer Eingeschossigkeit Ähnlichkeit mit Marställen und *Communs* mancher französischer Schlösser, zum Beispiel mit den *Grands Ecuries* von Chantilly, gehabt. Das westliche sollte die Pferdeställe mit allen dazu notwendigen Nebenräumen und das östliche die Garagen – »les automobiles« – mit Werkstätten und einem Elektrizitätswerk enthalten. Der südliche Rond point Schlauns draußen sollte erhalten bleiben, er wurde nur symmetrisiert durch die Neuanlage der Alleen. Die Pferdeschwemme ist verschwunden.

Es ist gewiss – aus unserer heutigen Sicht – nicht schade, dass diese Pläne nicht ausgeführt worden sind. Es wäre sonst das größte und charaktervollste der hochbarocken westfälischen Schlösser nicht in seiner ursprünglichen Gestalt erhalten geblieben. Aus nicht bekannten Gründen ist der große Ausbau also unterblieben. Dafür wurde aber mit aller Kraft an den Gärten gearbeitet. Der Nordgarten oder die Venusinsel, wie dieser Bereich jetzt hieß, ist schon erwähnt worden (Abb. 350, 351). Duchêne hat aber auch Entwürfe für den großen Westgarten gemacht, die bei vielfach veränderter Einzelaufteilung jedoch in der großen Linie das barocke System wiederholten, gewiss ein Zeichen, dass in diesem Gartenquartier die alte Anlage noch erkennbar war. Im Sternbusch sind die alten Schneisen wiederhergestellt und das Labyrinth neu gepflanzt worden. Auch der Westgarten erhielt manche neue Skulptur, etwa die Vasen im Bereich der Oranienburg. Anderes konnte restauriert werden, besonders die Göttergestalten in den beiden großen Kastanienalleen. Der frühere *en quinconce*, also in versetzten Rei-

hen gepflanzte Baumgarten zwischen Oranienburg und Schlossinsel wurde zu einem durch Alleen erschlossenen Parkwald, in dem ein Theater, ein Turn- und ein Tennisplatz zentrierende Punkte bildeten (vgl. Abb. 2, 350).

1910 ist dann das Obergeschoss der Oranienburg nach Plänen von Fritz August Breuhaus neu ausgebaut worden. Hierbei wurde der alte schadhafte Dachstuhl durch eine Betonkonstruktion, eine der ersten dieser Art in Westfalen, ersetzt, aber so, dass das Äußere unverändert blieb. Im Hauptschloss entfernte man die Wand zwischen den beiden westlichen und den beiden östlichen Salons (Abb. 126). Dadurch gewann man hier große Gesellschaftsräume, deren östlicher jetzt auch weiterhin »Bauernhochzeit« genannt wurde nach den Teniers-Tapisserien. 1910 sollte auch der Kapellenflügel bis auf die Kapelle umgebaut werden. Der Herzog hatte die Absicht, im Obergeschoss eine große Bibliothek im Stil

371 Hauptgebäude mit Löwentor von Süden, R. Sergent 1906

372 Östlicher Zwischenpavillon neben dem Kapellenflügel, errichtet 1913, von Osten

Louis XVI. einzurichten, um sie als wissenschaftliche Arbeitsstätte zugänglich zu machen. Davon ist nur das neue sehr distanziert repräsentative Treppenhaus (Abb. 375) fertig geworden, das ganz im französischen Stil nach Entwurf von René Sergent errichtet wurde. Dieser Raum ist ein bemerkenswertes Zeugnis eines nach Westfalen verpflanzten fremden historistischen Stils. Die Hektik, mit der anscheinend ein großer Teil dieser Änderungen betrieben worden ist – der Umbau der beiden Vorgebäude, der nicht fertig wurde, gehört dazu – war nötig, weil ein großes gesellschaftliches Ereignis für das Jahr 1911 bevorstand. In diesem Jahr sollte die Prinz-Heinrich-Fahrt in das Schloss Nordkirchen führen. Prinz Heinrich von Preußen, Bruder Kaiser Wilhelms II., war damals Protektor des neuen Automobilsports, der vornehmlich von den oberen Schichten, darunter meist vom Adel, mit Leidenschaft betrieben wurde. Die Sternfahrt des Jahres 1911 sollte als Ziel Nordkirchen haben, wo mancherlei Veranstaltungen aus diesem Anlass stattfanden. Für die Teilnehmer erschien eine Festschrift, auf die schon wiederholt verwiesen wurde. Sie enthält eine eingehende Beschreibung des Schlosses und der Gärten von Joseph Aistermann, auf der zu erkennen ist, was damals fertig war und was noch fehlte.[181]

Eine weitere einschneidende Maßnahme betraf 1911 bis 1913 auch die Oranienburg, die damals nach Plänen des Architekten und Bauunternehmers Ferdinand Kortmann in Nordkirchen für je 41.000 Mark um zwei Flügelgruppen erweitert wurde (Abb. 220, 377), um für die Pferdezucht neuen Platz für Ställe und Wohnungen der Bediensteten zu schaffen. Erst entstand der östliche, dann der westliche Anbau, dieser noch verlängert um einen 40 Meter langen Schuppen.[182] Mit großer Zurückhaltung ist dabei soweit möglich das Äußere des Altbaues unangetastet gelassen worden. Die neuen Teile übernahmen das Architektursystem des alten Herzstücks. Genau wie Schlaun, hat auch der Architekt des Herzogs die überzeugende Gliederung des Peter Pictorius respektiert. In den Flügeln wurde später die Güterverwaltung untergebracht, außerdem gewann man Gästequartiere.

Das Schloss unter den Herzögen von Arenberg

373 Östlicher Zwischenpavillon neben dem Kapellenflügel, errichtet 1913, von Südwesten

Im Erdgeschosssaal des alten Mittelbaues wurde der herzogliche Marstall eingerichtet, wobei man die kostbaren Stuckdecken hier wie auch in den Eckkabinetten beließ. Vor der Oranienburg entstand ein Rosengarten (Abb. 378).

Wie zu Zeiten des Grafen »Nicky« Esterhazy war Nordkirchen ein Zentrum des Reitsportes in Westfalen. Am 5. August 1913 richtete der Herzog das 5. Westfälische Wander-Flaggen-Rennen aus, bei dem 30 Reiter einen 6.000 Meter langen Gelände-Parcours zu bewältigen hatten. Ein anschließendes Altherren-Rennen ging immerhin über 3.000 Meter. Die Reiter waren wie die Pferdebesitzer vielfach Angehörige des westfälischen Adels oder junge Kavallerie-Offiziere der benachbarten Garnisonen. Die Gästeliste umfasste 222 illustre Namen. Eine Zeitung berichtete: »Nach dem Rennen folgten Zuschauer und Reiter einer Einladung der fürstlichen Gastgeber zum Frühstück in den Sälen und Hallen des reiche Kunstschätze bergenden Schlosses Nordkirchen. Wo an den Wänden des Ahnensaales die Vorfahren der Esterhazy, die Porträts der Plettenberg und Morrien her-

niederblickten, vereinigte sich die Gesellschaft in zwangloser Tafelrunde. Wir bemerkten die namhaftesten, dem Sport nahe stehenden Persönlichkeiten der Provinz wie den Fürsten zu Salm-Horstmar, Oberpräsident Prinz v. Ratibor und Corvey, Graf von Korff-Schmising, Präsident v. Gescher und viele andere.« Abends fand in Münster das Festmahl im Offizierskasino des 4. Kürassier-Regiments statt.[183]

Schloss Nordkirchen war also wieder auf dem besten Wege, wie zwischen 1719 und 1733, zum Mittelpunkt wichtiger Festlichkeiten in Westdeutschland zu werden. Schon einige Jahre später stand ein weitaus größeres Ereignis bevor: Anfang September 1914 sollten im Münsterland die großen Kaisermanöver stattfinden. Kaiser Wilhelm II. gedachte im Schloss Nordkirchen sein Hauptquartier aufzuschlagen. Die Aufnahme des kaiserlichen Hofstaats dort ergab Unterbringungsprobleme. So entstanden 1913/14 die beiden neuen Pavillons zwischen den Schlossflügeln und Kapellen- sowie Dienerflügel (Abb. 351, 372, 373), nach Plänen von Albert Josef Löfken (1855–1927), Direktor des Bauamts des Westfä-

374 Südwestseite der Insel mit der 1913 errichteten früheren Garage auf der Vorburg

lischen Bauernvereins.[184] Dies ist wohl die Baumaßnahme, die die architektonische Wirkung des Schlosses am stärksten verändert hat. Wir kennen nicht die Vorüberlegungen, die zu dieser Lösung geführt haben. Jedenfalls ist sie gegenüber Aufstockungen, Neubau zweigeschossiger Untergebäude oder gar Neubau eines Nebenschlosses die beste Lösung. Trotz strenger Einhaltung des barocken Aufrisses – die Risalitkrone des Kapellenflügels im Ehrenhof wurde auf den äußeren Gartenfronten der neuen Pavillons abgewandelt wiederholt (Abb. 372), die auf den Seitenpodesten dort aufgesetzten antikisierenden (Kaiser?-) Köpfe sind noch ungedeutet –, der Dachproportionen und der Materialkomposition, wodurch die neuen Pavillons das äußerst mögliche Maß an Diskretion erhielten, ging die Transparenz der Anlage verloren. Vom Mittelbau ausgehend schlossen nunmehr stufenförmig voreinander stehende und auseinander tretende Baukörper den Ehrenhof zwischen sich ein. Jetzt erst hatte das Schloss die so oft beschworene Ähnlichkeit mit Versailles erreicht (Abb. 53, 63, 83–87).

1913 wurden auch die ganz verändert wiederaufgebauten Vorgebäude fertig (Abb. 52, 80, 89, 199, 374). Nur im östlichen von ihnen blieb vom alten Bestand die Ostwand erhalten. Sie lässt erkennen, wie stark die Außenwände aufgehöht wurden. Dazu kamen gegenüber den ganz schlichten Sattel- und Krüppelwalmdächern des Vorzustandes aufwendigere Mansarddächer. Wir erinnern uns, dass Peter Pictorius in seinen Vorplanungen gleichfalls damals diese Dachform einmal vorgeschlagen hatte (Abb. 79). Der Wandaufriss der neuen Gebäude ist nun eine Bearbeitung der 1906 von René Sergent geplanten Galerien und Vorgebäude (Abb. 369). Die eng gereihten großen Bogenfenstertüren mit der Kranzgesimszone darüber entbehren nicht einer repräsentativen Eleganz, wenn auch der Werksteinaufwand beträchtlich reduziert worden ist, womit diese Bauten wieder besser zum Altbestand passen. Das östliche Vorgebäude nahm die Autogaragen auf, während im westlichen zunächst eine große Halle als Festraum für den Kaiserbesuch vorbereitet wurde. Die vier Eckpavillons sind nicht verändert

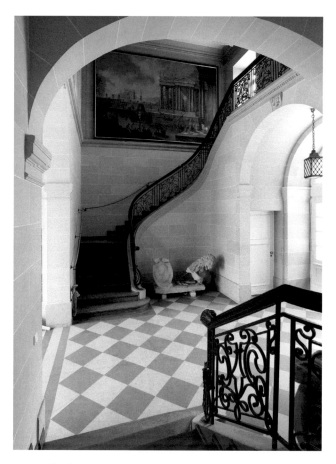

375 Kapellenflügel, neubarockes Treppenhaus, R. Sergent um 1907/10

Überblickt man alle Änderungen und Neuerungen der Arenbergischen Zeit zwischen 1903 und 1914, so überrascht die Feststellung, dass nach Aufgabe der ersten französischen Großplanung von 1906 sich immer stärker das Bauen in den am Ort vorgefundenen Architekturformen durchsetzte. Der Herzog scheint, je länger er in Nordkirchen wohnte, immer mehr von dem Barockklassizismus westfälischer Prägung eingenommen gewesen zu sein. Alle seine Baumaßnahmen wendeten sich zunehmend von der Neuerung zu einer Erneuerung zurückhaltender Art, was auch am Einbau der Pavillons am Schloss und an der Erweiterung der Oranienburg ablesbar ist. Schriftstellerische und wissenschaftliche Unternehmungen anderer Art in Westfalen haben sicherlich auf den gedanklichen Hintergrund der Maßnahmen in Nordkirchen eingewirkt, auch Widerstand gegen den wilhelminischen Neo-Barock Berliner Prägung (Oberpräsidium in Münster, 1905), der die Besinnung auf einheimische Bautraditionen förderte, wie es etwa im Werk des Architekten Alfred Hensen ablesbar ist.[186] 1910 erschien Heinrich Hartmanns Monographie über Johann Conrad Schlaun – Hartmanns Angebote, opulent bebilderte Bücher über Clemenswerth und Nordkirchen herauszugeben, lehnte der Herzog 1909 wegen der laufenden Bauarbeiten ab. 1911 folgte die Festschrift zur Prinz-Heinrich-Fahrt, worin Georg Erler zum ersten Mal baugeschichtliche Archivfunde aus Nord-

worden. Die beiden niedrigen Ökonomie-Gebäude auf dem Vorwerk wurden damals durch neue Nebengebäude mit einer Wiederholung der früheren Wandgliederung durch Blenden ersetzt, aber aufgewertet durch Mansarddächer anstatt der alten Biberschwanz-Satteldächer.

Ganz neu entstand die Fassung des Capeller Tores. Inmitten einer einschwingenden Mauer steht ein eingeschossiger Pavillon mit Mansarddach, auch dieser zweifellos aus dem Bauamt des Westfälischen Bauernvereins unter Leitung von Löfken.[185] Er wird von Torpfeilerpaaren flankiert, durch deren rechtes die Capeller Allee zum Schloss führt. Die Pfeiler links geben hinter dem Hofplatz den Blick in eine Waldschneise frei. Das Ganze erscheint in neobarockem Habitus und ist in Material und Einzelformen dem Œuvre Johann Conrad Schlauns entlehnt. Der Pavillon selbst (Abb. 376), außer dem Portikus-Risalit, zeigt große Ähnlichkeit mit einem der acht Nebenbauten des Schlosses Clemenswerth, gleichfalls im Besitz des Herzogs von Arenberg – auch dort war Löfken für den Herzog tätig.

376 Wachthaus am Capeller Tor, errichtet um 1913/14

377 Oranienburg von Süden nach dem Bau des Ostflügels, 1912

378 Herzog Engelbert-Maria mit seinen Söhnen im Rosengarten vor der Oranienburg, um 1913/14

kirchen vorlegte, und 1912 schrieben Engelbert von Kerckerinck zur Borg (1872–1933), bis 1927 Vorsitzender des Westfälischen Bauernvereins, der Landwirtschaftskammer und 1915 Mitbegründer und erster Vorsitzender des Westfälischen Heimatbundes, und der Kunsthistoriker Richard Klapheck

(1883–1939) unter dem Titel *Alt-Westfalen* das damals bahnbrechende Buch über »die Bauentwicklung Westfalens seit der Renaissance«. Hinzu kommen in jenen Jahren viele weit gestreute Aufsätze in Zeitschriften und Zeitungen. Sie alle priesen immer lautstärker seit etwa 1900 die heimatgebundene Bauweise, bei der besonders stark die westfälische Barockbaukunst propagiert wurde. Das hat in Münster und im Münsterland einen höchst ansprechenden Neobarock auf der Basis Pictorius-Schlaun'scher Formerfindungen hervorgebracht, dessen Bauten heute noch überall im Land Straßen- und Ortsbilder prägen. Ein bedeutender Impuls für diese Baubewegung kam damals – etwa seit 1910 – sicher aus Nordkirchen, wo der herzogliche Bauherr und seine Berater sich den Prinzipien dieser Stilrichtung anschlossen und 1913 eben das Bauamt des Westfälischen Bauernvereins mit der Realisierung der Neubauten betrauten.[187]

Allmählicher Verfall 1918 bis 1948

Aber bevor die weitgespannten Pläne Herzog Engelberts von Arenberg vollständig ausgeführt waren, brachte der Ausbruch des Ersten Weltkrieges am 1. August 1914 alles zum Stillstand. Sämtliche Baumaßnahmen in Nordkirchen wurden sofort gestoppt, zumal ein Teil der Handwerker belgischer Herkunft war. Engelbert von Arenberg war zwar Mitglied des Generalstabs des VII. Armee-Corps (Abb. 379), doch sofort nach dem Zusammenbruch 1918 gab die herzogliche Familie Nordkirchen als Wohnsitz auf. Die Teniers-Tapisserien sowie der kostbarste persönliche Besitz der Familie verließ Nordkirchen im April 1919 auf vier Lastwagen,

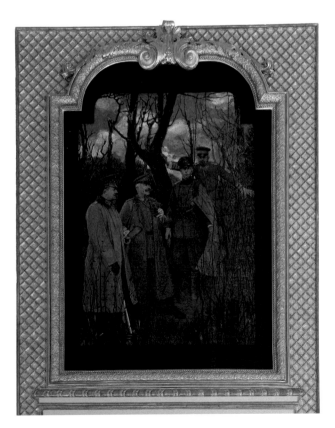

379 Herzog Engelbert-Maria als Offizier im Generalstab, neben Kaiser Wilhelm II. und Kronprinz Wilhelm, 1915

Das Schloss unter den Herzögen von Arenberg

380 »Gauführerschule« mit der wehenden NS-Fahne, Postkarte um 1935

381 Erbprinz Engelbert Karl mit einem Traberwagen vor der Oranienburg, um 1935

nachdem die Gobelins des Hauptsaals bereits 1914 nach Brüssel verbracht waren.[176] Wegen des Krieges sind auch sie nie wieder nach Nordkirchen zurückgekehrt.

Im Mai 1920 war das Schloss im Rahmen der politischen Auseinandersetzungen um das Industriegebiet kurze Zeit von Kommunisten besetzt, was aber ohne gravierende Folgen blieb. Im Oktober desselben Jahres fielen die Bergregalien des Kreises Recklinghausen an den preußischen Staat. Damit war praktisch der Lebensfaden für das Schloss abgeschnitten. Es wurde geräumt und alles an Kunstschätzen im Ostflügel versammelt, den man sicherte und gegen das übrige Gebäude vermauerte. In diesem »Erbprinzenflügel« wohnte Engelbert Karl, der Sohn des Herzogs, dem die Geschäftsführung des deutschen Besitzes aufgetragen war, wenn er nicht in seiner »Villa Encar« bei Nizza oder anderen Besitzungen weilte. Nach verschiedenen Verhandlungen erfolgte 1921 die Vermietung des verwaisten Bauwerks an die Reichspost, die 1922 ein Erholungsheim darin einrichtete.[189] Die Oranienburg wurde Ort einer Pferdezucht, ab 1923/1929 spezialisierte sich der Erbprinz auf die Zucht von Wildponys und Traberpferden, die auch sehr erfolgreich war. Der Westgarten wurde zur Heuwiese, die südlich angrenzenden Koppeln dienten der Wildpferdeherde als Auslauf, wie es sie heute nurmehr im Merfelder Bruch gibt (vgl. Abb. 381–384). Da der Herzog von Croy keine Wildstuten abgeben mochte, kaufte der Erbprinz Stammstuten in Ostpreußen, die bei Eydtkuhnen und Wirballen gelebt hatten, und in Polen Waldwildpferde vom Fürsten Zamoyski, der die über hundert Jahre in seinem Tiergarten lebende Herde aufgab. Der Konikstutenstamm wurde durch den gezielten Einsatz von Hengsten aus der Dülmener Herde entwickelt, so dass ein

etwas edleres und leichteres Pferd als das Dülmener entstand: das Arenberg-Nordkirchener Sport- und Reitpony. Als die Herde 1968 aufgelöst wurde, übernahm zwar der Pferdezüchter Manfred Orthmann die Zucht auf den Nordkirchener Weiden, bis auch er 1984 mangels Nachfrage die Zucht aufgab. Inzwischen gilt die Rasse als fast ausgestorben.[190]

1926 war die Fasanerie bereits Ruine und ist 1935 abgebrochen worden. Dieses sehr qualitätvolle und originelle Bauwerk von Johann Conrad Schlaun hatte zuletzt, umgebaut, noch bis 1924 als Landarbeiterquartier gedient. Nur die hohe Schutzmauer um den Fasanengarten blieb erhalten.

1926 standen noch die beiden Wachthäuser bei den südlichen Löwenpfeilern. Wann sie verschwanden, konnte nicht ermittelt werden. Die riesigen Parkanlagen wurden für die Pferdezucht und Landwirtschaft genutzt und verfielen ohne Eingriffe langsam: Die Natur eroberte sie zurück – das zeigt schon die erste Fliegeraufnahme (Abb. 2). Die ehemaligen Parterreflächen dienten als Heuwiesen. Die Boskets wuchsen hoch auf und wurden forstwirtschaftlich genutzt. Nicht wenige schwärmerische Zeugnisse der Zwischenkriegszeit priesen diesen Verfall in falsch verstandener Romantik. Dennoch, nichts ist einem Meisterwerk französischer formaler Gärten, wie es in Nordkirchen nun einmal vorhanden war, unangemessener als Verfall und fehlende Pflege.

Die Post hatte gegen eine symbolische Jahresmiete von 1 Mark die Unterhaltung der von ihr genutzten Räume zugesagt. Als sie am 1. Juni 1933 aufgrund mangelnder Auslastung – wegen Gehaltskürzungen konnten sich auch viele Postbeamte die Ferien hier nicht mehr leisten – um eine Beendigung des auf 30 Jahre geschlossenen Mietvertrages bat,

382 Einfangen der Wildpferdeherde, 1935

383 Brandmarkung eines gefangenen Hengstes mit dem Arenbergischen Wappen, 1935

bezifferte die Domänenrentei den Instandsetzungsbedarf schon auf 40.000 Reichsmark. Als Nachmieter präsentierte sich die NSDAP, die hier ihre zweite Reichsführerschule einrichten wollte und auch gegen eine Pacht die Gärten und Landwirtschaft (zur Selbstversorgung der Schule) übernehmen: sie trat in den Vertrag ein.[191]

Mit großem Propagandaaufwand ist am 18. September 1933 im Schloss von Gauleiter Dr. Walter Meyer und Oberpräsident Ferdinand von Lüninck die politische Führerschule der NSDAP eröffnet worden. Zum Glück hat auch das keine nachträglichen Folgen für die Bausubstanz gebracht, abgesehen von dem Flaggenmast auf dem Mittelrisalit der Hoffront. Erst zwei Jahre später, nachdem die Partei noch keinen Pfennig an Pacht gezahlt hatte, stellte sich nach den Mahnungen heraus, dass die Gau- und Reichs-Schatzmeister davon gar nichts wussten, der Partner vielmehr ein nicht einmal eingetragener Verein ohne Einkünfte war. Nach langwierigen Verhandlungen wurde endlich am 24.10.1937 ein Mietvertrag geschlossen, der zwar eine jährliche Miete und Pacht von 11.700 RM vorsah, die aber auch nur schleppend, nach vielfachen Mahnungen und Androhung von Verzugszinsen und nicht einmal vollständig bezahlt wurden. Die Folge war ein zunehmender Reparaturstau, auch wenn 1934 ein Bildhauer namens Georg Hengstenberg, der als Lehrgangsteilnehmer die Misere gesehen und darüber an den Gauleiter berichtet hatte, drei Monate lang Restaurierungsarbeiten an Skulpturen, so an den Giebelfiguren des Mittelrisalits, vornahm. Zum 1. März 1940 wurde schließlich der Vertrag aufgelöst, und die herzoglichen Verwaltungen aus Meppen und Recklinghausen hier vereinigt.

384 Arenberg-Nordkirchener Wildpony, um 1935

Während der ganzen Zeit war immer noch die herzogliche Verwaltung in der Oranienburg geblieben. Sie hat, so gut es ging, die ganze Anlage einigermaßen erhalten. Der Zweite Weltkrieg hat das Schloss verschont, lediglich ein Brandbombentreffer vernichtete das Dach des nordöstlichen Pavillonturmes. Ab 1940 gab es im Schlosspark ein Kriegsgefangenenlager mit 24 Serben (1944). 1942 wurde unter dem Erbprinzenflügel ein Luftschutzraum eingebaut. 1945 war ein Teil der Gebäude Kunstdepot verschiedener Museen. Die Besatzungstruppen haben den ganzen Komplex als belgisches Eigentum vor Plünderungen geschützt. Im Verborgenen jedoch ging der Verfall der Bausubstanz mit Riesenschritten voran. Was sollte aus dem Schloss werden?[192]

Das Schloss unter den Herzögen von Arenberg

Nutzung und Erwerb durch das
Land Nordrhein-Westfalen

Als 1946 die erste Brandverhütungsschau und 1947 eine allgemeine Bauzustandsuntersuchung durchgeführt wurden, trat das ganze Maß an Schäden in den einzelnen Gebäuden in das Bewusstsein der verantwortlichen Verwaltungen.[193] Das schiefergedeckte Mansarddach war auf allen Gebäudeteilen äußerst schadhaft. Erste Reparaturen, nach erneuten Schäden aufgrund der Winterstürme 1947, kamen zwar in Gang. 1948 bewilligte die Landesregierung einen Zuschuss von 1000 DM – bei angemessener Kostenbeteiligung des Besitzers. Im Folgejahr bezifferte die Arenbergische Verwaltung das aufgewandte Geld für die Bauunterhaltung auf 1961,52 DM. Mit solch geringen Mitteln konnte die überfällige Gesamtinstandsetzung des Schlosses nicht geleistet werden.

Weiterhin standen die großen Gebäude zur Vermietung oder Pachtung aus. Verschiedene Überlegungen, von denen der Plan einer Einrichtung als kulturgeschichtliches Museum der bemerkenswerteste war, hatten sich zerschlagen. Im Jahr 1949 mietete das Land Nordrhein-Westfalen das Schloss an, um dort die Landesfinanzschule zur Ausbildung der Finanzbeamten einzurichten. Damit unterstand Nordkirchen dem Landesfinanzministerium. Sofort ging man an die umfangreichen Sicherungsarbeiten. Eine besondere Bauleitung für das Schloss wurde gegründet. Es war zunächst nicht leicht, die Forderungen des Schulbetriebs mit denen einer künstlerischen Wiederherstellung in Einklang zu bringen. Immerhin konnte 1950 der Schulbetrieb beginnen. Der Um- und Ausbau der völlig schmucklosen Räume im Dach- und Obergeschoss war problemlos. Die großen Räume im Erdgeschoss des Mittelbaus dienten als Lehrsäle. Während die Verwaltung in den westlichen Pavillon zog, bedeutete die Nutzung des Ostpavillons für Schlafräume eine bedrohliche Gefährdung. Ein Brand des Kapellenflügels am 3. Februar 1953 konnte zum Glück rasch gelöscht werden. 1957 erfolgte hier der komplett moderne innere Neuausbau, aber ohne die Kapelle. Im April 1958 konnten die ganze Schlossinsel, die Wasserflächen und das Außengelände zwischen der Capeller Allee und der Schlossstraße vom Land Nordrhein-Westfalen angekauft werden – zweifellos die wichtigste Entscheidung für die Zukunft des Schlosses. Der allmähliche Rückzug der Arenbergischen Verwaltung bedeutete auch, dass das nicht unbedingt von der Finanzschule benötigte Inventar seit 1950 in Teilen auf andere Besitzungen der Familie verbracht, anderes an Bedürftige wie z.B. Flüchtlinge in Nordkirchen verschenkt oder von Angestellten (teils auch unter der Hand) an Dorfbewohner verkauft wurde. Dass der Herzog wichtige Inventarstücke wie die Familienbilder der Morrien und Plettenberg mitvermietete, war nicht zuletzt das Verdienst seines Rentmeisters Max Graf von Galen (1892–1960).[194]

Restaurierungen seit 1960

Erst nach 1960 konnte man daran denken, mit der Wiederherstellung der kostbaren historischen Innenräume zu beginnen. Seitdem ist Jahr für Jahr und Schritt für Schritt die sehr aufwendige und kostspielige Restaurierung durch die Bauleitung und die Beratung durch das Landesamt für Denkmalpflege in Münster (seit 2007 LWL-Amt für Denkmalpflege in Westfalen) durchgeführt worden. Immer stärker kam der Schlossbau wieder in seiner ursprünglichen Schönheit zur Geltung. Ein großer Ansporn war dabei die Einstufung der gesamten Anlage als Kunstwerk von europäischer Bedeutung durch die UNESCO. Wie richtig diese Bewertung ist, zeigte sich, als es möglich wurde, die Umgebung des Schlosses instand zu setzen. Die Venusinsel, der alte nördliche Garten, besitzt von Neuem seine geometrische Schönheit (Abb. 53). Alle Gewässer sind entschlammt, die Ufer neu befestigt. Nahezu alle Außenfronten des Schlosses sind gereinigt, die meisten Fenster besitzen wieder die weißgestrichene französische Holzsprossenteilung. Die Höfe sind in alter Weise gepflastert, das barocke Parterrebeet des Ehrenhofs ist widererstanden. Im Inneren ist schon 1960/61 mit der Res-

385 Mensa östlich des Schlosses, Bauzeit 1968–1971, Blick von der Schlossinsel über die neue Ostbrücke

taurierung von Vestibül, Herkulessaal und Speisezimmer im Mittelbau der Anfang einer Wiederherstellung der barocken Pracht gemacht worden. Leider sind die Gobelins mit Motiven aus Ilias, Odyssee und der Telemachsage verschollen; die Wände des Mittelsaals erhielten grüne Seidendamastbespannungen. Bei der Restaurierung des 1725 eingerichteten und schon 1732 überarbeiteten Speisezimmers – der Kachelofen wurde dabei durch einen Eisenofen ersetzt (Abb. 159) – fanden sich Spuren einer früheren Instandsetzung des Raumes 1851. Damals ist die erste Buffetwand, geschnitzt 1723 von Johann Bernhard Fix, in das kleine Südostkabinett neben dem Speisezimmer versetzt worden. Diese »Silberkammer«, diente auch zur Aufstellung der aus der Küche im Untergeschoss hochgetragenen Speisen und als Aufenthaltsraum für das aufwartende Personal. Nach Abbau der Vertäfelung, in die die ovalen Bildnisse Paulsens eingearbeitet worden waren (Abb. 271), ist der ursprüngliche braune, eine Holzvertäfelung imitierende Anstrich wiederhergestellt worden. In allen

Räumen wurde der originale Dielenfußboden nach und nach durch modernes Parkett ersetzt.

Anfang der 1960er Jahre ist auch der nach den Sicherheitsvorschriften nötige Einbau großer Heizöltanks unter dem Boden des Schlosshofes erfolgt, wobei auch die Fundamente der Vorgängerburg angeschnitten wurden. Danach wurde der Schlosshof nach den barocken Bauzeichnungen und den Skizzen des Renier Roidkin rekonstruiert und mit Buckelsteinen gepflastert, nicht asphaltiert. Die beiden neobarocken Gebäude im Südteil der Schlossinsel wurden ebenfalls um 1960 zu Lehrgebäuden umgebaut, was die historischen Säle entlastete. Zur Unterbringung von Lehrgangsteilnehmern wurden schließlich 1962 die beiden auf dem Vorwerk stehenden Winkelflügel vorgesehen, die zeitweise als Schweineställe genutzt worden waren. Sie wurden abgebrochen und im gleichen Bauvolumen in Ziegelsteintechnik wiedererrichtet, unter Vergrößerung der Sprossenfenster und Vermehrung der Gauben in den Mansard-

Nutzung und Erwerb durch das Land Nordrhein-Westfalen

386 Nordgarten, Broderieparterre von Osten, Rekonstruktion um 1990

dächern. Das Bauvorhaben ist so geglückt, dass der Substanzaustausch im Nachhinein kaum auffällt. Schließlich wurde die wegen Baufälligkeit lange gesperrte Westbrücke als Kopie wieder aufgebaut und auch die Südbrücke saniert.

Hervorragend ist die Instandsetzung der Erdgeschossräume des Ostflügels ab 1970 gelungen (Abb. 169 – 181). Um einen größeren Konferenzraum zu erhalten, wurde allerdings die Wand zwischen dem herzoglichen Schlaf- und Arbeitszimmer (Westsalon) entfernt und hier die fehlenden Supraporten durch Bilder aus dem Magazin ersetzt. Krönung und Abschluss war 1973/74 eine vorzügliche Renovierung der großartigen Schlosskapelle. Durch Ankäufe verschiedener Glaslüster konnte die Schönheit der Räume gesteigert werden (Abb. 158). Von den vielen Gemälden und Bildnissen ist ein beträchtlicher Teil bereits restauriert, die übrigen werden nach und nach in Ordnung gebracht. 1975 entschloss sich die Verwaltung der Landesfinanzschule, endlich die Repräsentationsräume im Erdgeschoss des Schlossmittelbaus zu rekon-

struieren – 1910 war die Trennwand zwischen dem »Olympzimmer« und der »Bauernhochzeit« im östlichen Appartement entfernt worden (Abb. 126), 1913 auch die Trennwand zwischen Audienz- und Schlafzimmer des westlichen Appartements, um hier größere und repräsentativere Gesellschaftsräume für den erwarteten Kaiserbesuch 1914 zu schaffen. Die Supraporten über den Türen der Trennwände (Abb. 58) wurden damit herrenlos. Beim Einbau einer Fußbodenheizung stellte sich nun heraus, dass die beiden benachbarten Räume jeweils gleich groß gewesen waren und die Zwischenwand erst später, aber noch in der ersten Bauphase zugunsten des jeweils äußeren Raumes verschoben worden war. 1976 wurden die 1910/13 entfernten Wände wieder eingezogen und auch die Enfilade vor den Fenstern wiederhergestellt. Die neuen Räume wurden mit historischen Möbeln aus dem Westfälischen Landesmuseum Münster ausgestattet, die aber wegen ersichtlicher Schäden schon nach einigen Jahren zurück in die Depots wanderten.

387 Mensa östlich des Schlosses, Bauzeit 1968–1971

Da die Verpflegung der vielen Kursteilnehmer im eigentlichen Schloss immer unzuträglicher wurde – die Kapazität der Keller, wo Küche und Kantine untergebracht waren, reichte nicht aus – entschloss man sich 1968 zum Neubau einer hochmodernen Mensa im östlichen Boskettwald. Der Schwanenteich wurde geopfert, um diesem 1970 vollendeten Zweckbau Platz zu machen (Abb. 387). Zugleich erfolgte jedoch eine groß angelegte gärtnerische Bereinigung dieses ganzen Waldbezirks, wobei als reizvoller Mittelpunkt ein Rondell mit acht neubarocken Steinfiguren chinesischer Würdenträger, die aus dem Fundus der Arenbergischen Park-Wiederherstellung stammten, eingerichtet wurde. Als Mittelpunkt dieser Neuschöpfung springt eine Fontäne. Von hier aus gesehen in der Hauptachse nach Norden erblickt man in der Ferne eine große Figurengruppe. Es ist eine vorzüglich gearbeitete Darstellung des Frühlings, 1914 von Bernhard Grundmeyer (Münster) in gelungener Mischung aus Barock und Jugendstil geschaffen, ursprünglich als Mittelskulptur des Nordgartens. So ist nun auch dieser Bereich um das Schloss, der außerdem ein modernes Schwimmbad und ein Heizwerk birgt, erschlossen worden. Zur Anbindung der Mensa baute man 1970 eine neue Ostbrücke (Abb. 386, 389) in Ziegel-Werkstein-Technik in Anlehnung an Schmuckformen der übrigen Schlossbrücken.

Als es 1973 gelang, die Oranienburg mit der ganzen umgebenden Parkregion anzukaufen, eröffneten sich ungeahnte Möglichkeiten für die Zukunft des Gesamtkunstwerks

Nordkirchen. Die Restaurierung der Oranienburg erfolgte in den Jahren bis 1978 – ihr großer Saal, in den die schon bis etwa 1906 verwahrten Supraporten und Hofdamenbildnisse zurückgekehrt sind, ist seitdem als Festraum und Konzertsaal ebenso wie für Tagungen vielfach genutzt. Um die Schlossumgebung und vielleicht den großen Westgarten wiederherzustellen, ließ man nicht nur zahlreiche Gartenskulpturen restaurieren, sondern auch 1980/81 nach dem Vorbild anderer großer Gartenanlagen ein »Parkpflegewerk« erstellen, in dem die Geschichte der Parks und Gärten und mögliche Maßnahmen ihrer Wiederherstellung minutiös dargestellt sind. Inzwischen war nämlich Park und Schloss in Westfalen und weit darüber hinaus zu einem festen Begriff für alle diejenigen geworden, deren Liebe den großen Schlossgärten mit ihrer besonderen Form der Natur gehört. Die Bedeutung der umfangreichen Schlossanlage und ihrer schönen Umgebung als großartiges Erholungsgebiet steht bereits außer Frage – 2004 konnte das Land Nordrhein-Westfalen durch den Ankauf des Tiergartens und weiterer Forstflächen im Süden und Westen des Schlossareals den langfristigen Erhalt der Schlossumgebung sichern. Auch wenn eine Wiederherstellung des Westgartens noch auf der Agenda steht: »Nur selten sieht die Zukunft eines großen alten Kunstwerks heute so vielversprechend aus« – mit diesen Worten schloss Karl Eugen Mummenhoff 1975 sein Buch und fasste die damaligen Perspektiven zusammen.[195]

Fachhochschule für Finanzen NRW
im Schloss Nordkirchen

von Dr. Walter Schlutius (Direktor der FHF 1973–1993)
und Franz-Josef Flacke (Direktor der FHF seit 2000)

Seit 1949 ist Schloss Nordkirchen Sitz der Landesfinanzschule des Landes Nordrhein-Westfalen. Hier wird in fachwissenschaftlichen Lehrgängen der Nachwuchs für den gehobenen Dienst der Finanzverwaltung ausgebildet. Alle, die die Situation in Nordkirchen kennen, sind übereinstimmend der Auffassung, dass sinnvolle Nutzung und effektive Denkmalpflege in der Schlossanlage Nordkirchen eine besonders glückliche Ehe eingegangen sind. Als Stifter dieser Ehe muss der damalige Abteilungsleiter im Finanzministerium Nordrhein-Westfalen Ministerialdirigent Dr. jur. Carl Haslinde (1893–nach 1960) genannt werden. Haslinde, vor dem Krieg Referent im Preußischen Kultusministerium und nach seiner Tätigkeit im Finanzministerium Nordrhein-Westfalen ab 1952 Oberfinanzpräsident der Oberfinanzdirektion Düsseldorf, konnte sich mit seiner Auffassung durchsetzen, dass das »Westfälische Versailles« nur durch eine neue Nutzung, die trotz Wahrung der historischen Substanz eine funktionsgerechte Erfüllung ihrer Forderung ermöglichen sollte, Überlebenschancen haben würde.

Die Schlossanlage Nordkirchen befand sich nach dem Krieg in einem so schlechten baulichen Zustand, dass die Feuerwehr angewiesen war, bei einem Brand das Schloss nicht zu betreten, da Einsturzgefahr bestand. Bevor das Schloss und ein Teil des Parks im Jahr 1958 vom Land Nordrhein-Westfalen gekauft wurde, pachtete das Land das Schloss für Zwecke der Landesfinanzschule vom Herzog von Arenberg für den jährlichen Anerkennungsbetrag von 1 DM und Übernahme der Verpflichtung, die bauliche Anlage zu unterhalten. Die im Jahr 1949 in Nordkirchen durch die Finanzbauverwaltung begonnenen Baumaßnahmen mussten die Voraussetzungen für die Aufnahme des Schulbetriebs in zunächst einem Teil des Schlosses schaffen und konzentrierten sich darüber hinaus auf umfangreiche Arbeiten zur Sicherung des Gebäudes.

Im Mai 1950 wurde der Schulbetrieb in Nordkirchen aufgenommen. Der erste Lehrgang umfasste 115 Lehrgangsteilnehmer und verteilte sich auf vier Lehrsäle. Das Lehrerkollegium bestand aus einem Schulleiter und acht Dozenten.

Der zunehmende Personalbedarf der Landesfinanzverwaltung verursachte eine stetige und zügige Ausdehnung der Schule. Nach und nach wurden die einzelnen Gebäudeteile und Gebäude der Schlossanlage innerhalb der Gräften angemietet, umgebaut und den Schulzwecken dienstbar gemacht. Von den zentralen Bauten ausgehend wurde diese Planungskonzeption auch beibehalten, als die Orangerie und die ehemalige Reithalle saniert wurden.

1970/71 wurden im Osten der Schlossinsel Mensa, Schwimm- und Sporthalle und Versorgungsanlagen neu errichtet. Obgleich von der Gebäudemasse des Schlosses weit abgesetzt, entstand durch die gleichzeitig errichteten großformatigen künstlerischen Arbeiten von E. Reusch (Edelstahlscheiben) und A. Luther (Hohlspiegelwand) eine Verbindung zwischen Formen der Vergangenheit und Gegenwart zum Nutzen der Gesamtarchitektur.

Bereits im Jahre 1970 hatten die Lehrgänge eine Stärke von über 800 Lehrgangsteilnehmern erreicht. Schloss und Nebengebäude reichten als Unterkünfte nicht mehr aus, die Anwärter mussten in den Gemeinden Nordkirchen, Südkirchen und Capelle untergebracht werden. Auch der Schulbetrieb sprengte die räumlichen Möglichkeiten. Zahlreiche Gaststättenräume mussten als Hörsäle angemietet werden. Behoben wurde die Raumnot erst dadurch, dass in einem dem Schloss benachbarten Waldstück der Gebäudekomplex »Sundern« errichtet wurde. Ab 2. September 1974 konnten Lehrgänge mit über 900 Teilnehmern durchgeführt werden, ohne dass eine auswärtige Unterbringung erforderlich wurde.

Man würde der Einrichtung Landesfinanzschule in diesen ersten 25 Jahren aber nicht gerecht, wenn man sie nur an solchen Zahlen messen würde. Sicherlich war es in erster Linie ihre Aufgabe, qualifizierten Nachwuchs für eine Fachverwaltung heranzubilden. Das ist wahrlich keine leichte Aufgabe, denn das Steuerrecht ist nicht nur ein denkbar

388 Bibliothekssaal im Westflügel

umfangreiches Rechtsgebiet, es ist obendrein weit mehr als jedes andere Recht ständigem Wandel in kürzesten Zeiträumen unterworfen, daran hat sich bis heute nichts geändert. Hinzu kommt, dass auch andere Rechtsgebiete Gegenstand der Ausbildung waren und sind, insbesondere das Buchführungs- und Bilanzwesen, das Zivilrecht sowie das Verfassungsrecht. Daneben aber hatte die Landesfinanzschule sich von ihren Anfängen an bemüht, den jungen Leuten jede nur denkbare Möglichkeit für eine geistige Fortbildung zu geben. Anspruchsvolle Vorträge und Vortragsreihen religiösen, philosophischen und politischen Inhalts gaben ihnen einmalige Möglichkeiten zur Fortbildung ihrer Gedankenwelt. Kunstausstellungen haben Werke von Ernst Barlach, Käthe Kollwitz, Pablo Picasso, Max Beckmann, Paula Modersohn-Becker und anderer gezeigt. Insbesondere aber, seitdem der Landesfinanzschule in dem neuen Mensagebäude eine leistungsfähige Bühne zur Verfügung stand, konnte man in Nordkirchen bis 1984 ein Programm an Bühnenstücken von Rang mit namhaften Darstellern erleben.

Die Möglichkeit, wahre Perlen musikalischer Darbietungen zu erleben, boten und bieten die Kammermusikabende im Jupitersaal, später in der Oranienburg.

Die Landesfinanzschule hatte sich in ihrer 25-jährigen Geschichte zur größten Verwaltungsfachschule der Bundesrepublik entwickelt. Das Dozentenkollegium bestand 1975 aus zwei Damen und 56 Herren. Schlossgebäude, Haus Altendorf und der Gebäudekomplex »Sundern« boten über eintausend Unterbringungsmöglichkeiten. Für die sportliche Betätigung der Auszubildenden wurde zudem in den 1970er Jahren eine Sporthalle errichtet.

389 Ostbrücke zur Mensa, erbaut 1970/71

Entwicklungen seit 1977

Mit der Überleitung der Landesfinanzschule am 1. August 1976 in die Fachhochschule für Finanzen entwickelte sich Nordkirchen zum Hochschulstandort. Die feierliche Eröffnung fand am 21. September 1976 durch den Finanzminister des Landes NRW Prof. Dr. Halstenberg statt. Als besondere Fachhochschule bildet sie anfangs in Fachstudien von 18-monatiger Dauer, später 21-monatiger Dauer, unterbrochen von berufspraktischen Studienzeiten, den gehobenen Dienst der Finanzverwaltung aus. Organe der Fachhochschule sind ihr Leiter und der Senat.

Mit dem Ankauf des ungefähr 10 Hektar großen Geländes rund um die Oranienburg im August 1973 und den bald einsetzenden Aktivitäten zur Sanierung und Umgestaltung dieses historischen Gebäudes zum Sitz des Leiters und der Verwaltung setzte das Land NRW sein Engagement in Nordkirchen konsequent fort. Der Umzug der Verwaltung im Juli 1977 ermöglichte schon bald die Planungen und den Umbau

des Westflügels im Hauptschloss zu einer modernen und leistungsfähigen Bibliothek, die mit heute über 30.000 Bänden Steuerfachliteratur, einem umfassenden Angebot an Fachzeitschriften und dem Zugang zu modernen IT-Techniken mit einem großzügigen Lesesaal (Abb. 388) in historischem Ambiente keine Vergleiche scheuen muss. Ihre Einweihung am 28. April 1981 eröffnete Studierenden und Fortbildungsteilnehmern und natürlich in erster Linie den Angehörigen der verschiedenen Lehrbereiche der FHF eine solide Grundlage für die wissenschaftliche Arbeit. Mit der Ernennung von 14 Professoren am 1. Dezember 1980 und drei weiteren Ernennungen 1981 wurde auch die Entwicklung der internen Fachhochschule fortgesetzt und ausgebaut.

Die kulturellen Ambitionen der Fachhochschule des Landes NRW sind hier zumindest angesprochen worden. Das Schloss Nordkirchen als Stätte kultureller Begegnung erfuhr mit der Restaurierung des Oranienburgsaals, der bis dahin zuletzt als Pferdestall genutzt wurde, und seinen neuen Möglichkeiten eine weitere Aufwertung. Seit 1987 wurden und werden auch heute noch Schlossführungen der barocken Räume und der Schlosskapelle angeboten. Immerhin rund 50.000 Besucher wurden allein im Kalenderjahr 1988 bei den Schlossführungen gezählt.

Die Fachhochschule konnte auch der Unterstützung von Sportveranstaltungen – allein schon durch die Inbetriebnahme des Hallenbades und einer modernen Turnhalle – neuen Schub verleihen.

Der mittlerweile erreichte Stellenwert der Fachhochschule dokumentiert sich an vielfältigen Besuchen ausländischer Gäste. Russische, vietnamesische, philippinische und brasilianische Besucher und Fachgruppen aus vielen anderen Ländern besuchten die FHF mit großem Interesse und fanden und finden hier Ausbildungsbedingungen vor, die mit großer Anerkennung bedacht werden und die man ohne zu übertreiben als beispielhaft bezeichnen kann. Wie selbstverständlich beteiligten sich Lehrende und Angehörige der Verwaltung am Aufbau von Bildungseinrichtungen in den neuen Bundesländern. Im Rahmen von europäischen Programmen war die FHF Nordkirchen am Aufbau und der Entwicklung von Finanzverwaltungen in den EU-Ländern und darüber hinaus als Berater tätig.

Mit der Jahrtausendwende begann praktisch die zweite Sanierungsphase an Schlossgebäuden und dem Wohn- und Lehrsaalzentrum Sundern. Nach fast 50 Jahren intensiver Nutzung im Schloss und 30 Jahren im Sundern war hier eine zweite Renovierungsphase fällig, die bis heute noch nicht abgeschlossen ist. Nennenswert ist hier die Fertigstellung Sundern mit über 600 Zimmern und einem modernen Vorlesungsgebäude, das mit der Schlüsselübergabe an Direktor Franz-Josef Flacke am 20. September 2006 durch den Finanzminister des Landes NRW, Dr. Helmut Linssen, unter großer Beteiligung der interessierten Öffentlichkeit vollzogen wurde. Moderne PC-Lehrsäle, die Nutzung von IT-Technik als selbstverständlicher Teil des Studiums und die Ausstattung der Lehrsäle mit zeitgemäßer Präsentationstechnik sind Meilensteine auf diesem Weg. Die nochmalige Erweiterung des Fächerkanons nach einer Novellierung der Ausbildungs- und Prüfungsordnungen mit dem Zweck, die Studierenden auf eine zielorientierte und wirtschaftliche Aufgabenerfüllung vorzubereiten, setzte die ständigen Bemühungen um Modernisierung fort. Die Fächer Arbeits- und Selbstorganisation, Sozialwissenschaftliche Grundlagen des Verwaltungshandelns und Wissensmanagement sowie die Anfertigung einer nach wissenschaftlichen Grundsätzen zu erstellenden Hausarbeit fanden ihren Platz in den Lehrplänen.

390 Trumeau-Spiegel im Ostflügel, Ostsalon

In den Jahren ab 2011 werden über 1000 Studierende und über 90 Lehrende das Schloss und die Gebäude der FHF mit Leben füllen. Dies geschieht unter dem Dach des Landes NRW, der Finanzverwaltung dieses Bundeslandes und der Fachhochschule NRW. So ergibt sich eine ideale und zukunftsweisende Verbindung aus praktischer Nutzung, gelungener Denkmalpflege und anregendem Ambiente zum Wohle der Besucher und der Angehörigen der FHF.

Summary

The castle of Nordkirchen is an important complex of German Baroque architecture which is included in the UNESCO list of monuments of world significance. Following the principles of a Dutch and French inspired classicism and dating from 1703 to 1712, the castle has survived undamaged. Parts of the architecture are of an international quality. Compared with other buildings of its sort, Nordkirchen ranks not far behind such examples as Blenheim Palace in England and Pommersfelden in Southern Germany. Built by the Prince Bishop Plettenberg for his family, the palace was not designated for a Prince, but was constructed to satisfy princely guests and their demands. For this reason it is aptly called the »Westphalian Versailles«.

The castle was built by Westphalian architects, artists and craftsmen in collaboration e.g. with Italian stuccoworkers, but its forms follow the most modern principles of palace and garden architecture as formulated by French theorists. It was planned by Gottfried Laurenz Pictorius (1663–1729) and his brother Peter Pictorius (1673–1735) in cooperation with leading architects of the Low Countries such as Jacob Roman and Steven Vennekool. Johann Conrad Schlaun added further elements to the architecture with the support of court artists from Bavaria and of the Prince Elector of Cologne who arrived from Bonn in 1730–1733.

The garden architect Dominique Girard (ca. 1680–1738), creator of the Baroque Gardens of Schleißheim und Nymphenburg near Munich, in Brühl near Bonn and of the Belvedere Palace of Prince Eugenio di Savoy in Vienna, is one of the most prominent artist who was involved in the design of the castle complex. Nordkirchen Palace bears a number of important works also by the French portrait painter Joseph Vivien (1657–1734).

1834–1840 Maximilian Friedrich Weyhe, the leading western German garden architect of his time, changed the northern garden following an English landscape park ideology. In 1907–1910 Achille Duchêne, the international proponent of the neo-baroque French gardens style once again altered the garden in a neo-baroque style. In 1833 the castle, through marriage, became the property of the Hungarian noble family Esterhazy. Nordkirchen became a stud where many of the most successful race horses were breed. It was sold in 1903 to the Duke of Arenberg, the wealthiest resident in the Westphalian Ruhr area at that time. Nordkirchen was in every era and still is a significant location for European culture in Westphalia.

Since 1950 the Nordkirchen castle has functioned as an educational training center for employees of the financial administration of Nordrhein-Westfalen. The palace became public property in 1958/1973. The state is now responsible for the maintenance and restoration of the castle and its gardens and guaranteeing that it will remain a major internationally important center for cultural and artistic life in Westphalia.

Anmerkungen

1 S. Alfing 2009, S. 13–20. | Zur Kirchen-gründung der Reinmod und zu ihrer Verwandtschaft s. E. Balzer 2006, S. 18–199, 244–249. | Vgl. auch J. Schwieters, 1886, S. 103–110. | Derselbe 1888, S. 368 ff.; G. Erler 1911, S. 6–9.

2 G. Erler 1911, S. 10. | S. Alfing 2009, S. 28–31. | Über die Erbmarschalls-würde: L. Perger 1858, S. 331ff. | Zu Haselburg: H. Müller 1978, S. 41–45.

3 J. Schwieters 1886. | Zur Familie von Morrien siehe A. Tibus 1892, S. 88ff. | H. Schlutius 1993.

4 Vgl. U. Grote 1988. | Zur Familienge-schichte LWL-Archivamt für Westfalen, Archiv Nordkirchen, Urkunden (im Folgenden abgekürzt zitiert ANUrk); Landesarchiv Westfalen (im folgenden abgekürzt LAWestf), Genealogische Sammlung Max von Spießen. | H. J. Warnecke 1971. | H. Schlutius 1993.

5 K. E. Mummenhoff 1961, S. 191 (Borchorster Hof), 247–248 (Falken-hof). | H. J. Warnecke 1971 zu den unebenbürtigen Nachkommen. | W. Kohl 1982 zu den Domherren. | F. Kaspar / P. Barthold 2007, S. 16–18, 21–30, 48–52.

6 Zur Verlegung des Dorfes J. Schwieters 1886, S. 79–80. | G. Erler 1911, S. 12–16 | H.-J. Behr 2001/02, S. 81–90. | S. Alfing 2009, S. 31–71 mit ausführlichen Quel-lenzitaten.

7 Das alte Schloss ist auch behandelt bei K. E. Mummenhoff 1961, S. 228–230. | Die Vogelschau speziell ist besprochen bei demselben 1960, S. 27.

8 K. Fischer 1956, S. 141 ff. | S. Alfing 2009, S. 37–45.

9 K.-H. Kirchhoff 1973, S. 8, 281 (Täufer-häuser). | M. Weidner 2000, Bd. 2, S. 962–982 (Nordkirchener Hof).

10 J. Schwieters 1886, S. 141. | W. Kohl 1982, S. 352. | H. Schlutius 1998, S. 85, 90–112. | S. Alfing 2009, S. 80.

11 Vgl. B. Gillner 2011 (Register). | E. Har-ding 2011, S. 40–41. | P. Ilisch 2002, S. 4–11 (Abb. S. 6). | A. Lorenz 1996, Bd. 1, S. 206 (H.-J. Warnecke, mit Abb.), Bd. 2, S. 374–375 (H.-J. Warnecke), S. 590–591. | S. Alfing 2009, S. 38–43, 47–68, 77–78.

12 J. Schwieters 1886, S. 111. | G. Erler 1911, S. 17. | Zum Zweikampf s. F. Dierkes 2007, S. 105–180 und M. Siekmann 2009.

13 Inventare im LWL-Archivamt für West-falen, Archiv Nordkirchen, Akten (im folgenden abgekürzt zitiert ANAkt) Nr. 13727, Bl. 16–20 (Verzeichnis des Malers Michelis, 21.3.1816), hier Bl. 19: *Dann befinden sich auf der Entrée oben noch … 11 Familien Portraits von Morrien*; ebd. Nr. 3926 (1832), *Auf dem Uebergang zum lincken Flügel im zweiten Stock: No. 541 zehn diverse von Moriensche Familien-Gemälde.* | Das Sterbedatum der Adol-pha von Morrien nach ANAkt Nr. 1497 (Rechnung 1624/25), Bl. 34 11. Sept. 1625 *L[i]c[entia]to. Morrien für Bley so zum Sarck der Fr. Mutter Erbmarschalckinnen Leichs verprauchett 5 1/2 Rtl.* | Die Notiz bei D. Strohmann 1986, S. 127 nach ANAkt. 6415, Bl. 20 bezieht sich auf an-dere Bilder: J. M. Pictorius quittiert u. a. für »*auff neun alte Contrafee daß Plet-tenberger Wapfen machet mit der Inscrip-tion 6 Tl.*«

14 ANAkt, Nr. 1498, Bl. 27v (Quittungen 1625: *Nr. 5 Quitung Dietherichen Moltha-nen Mählers uff 140 Rthl. – No. 12 Qui-tung Dietrich Molthanen Mahlers uff 26 1/2 Rthl.*). | ebd. Nr. 1474 Bl. 87v (Ausgaben des Erbmarschalls Morrien 1604/05: *Item den 12ten Augusti [1605] M: Dieterichen Malthanen Schildern und Mahlern von Dußeldorpf, auß Befel Wolg[emeldete]r. Fr. MarschalckInnen Ihme zugestalt – 50 R.dlr.*).

15 G. Dethlefs, Molthane 2011, mit weiteren Nachweisen.

16 G. Tumbült 1898, S. 109–112. | H. Schlu-tius 1998. | P. Ilisch 2002. | LAWestf, Münsterische Regierungsprotokolle Nr. 37, Bl. 92 (31.7.1630).

17 G. Erler 1911, S. 18. | D. Höroldt 1981, S. 161. | S. Alfing 2009, S. 368–372. | LA-Westf, Fstm. Münster, Landesarchiv 490, Nr. 126–128, 491, Nr. 60 (Zulassung 1651, Ausschluss 1659). | Fstm. Münster, Land-tag Nr. 74, Bl. 118 (Landtagsprotokoll: Zuziehung als Deputierter 28.2.1654), Bl. 408 (Protokoll 20.12.1657).

18 AN. Urkunden Nr. 2730 (Urkunde über die Verleihung des Freiherrenstandes an die Brüder Ferdinand und Johann Bern-hard von Morrien und ihre Schwestern Juliana Adolpha Sophia und Sophia Elisabeth, 28.1.1670). Zu Juliane s. W. Kohl 1975, S. 406, sie dürfte nach Landesarchiv Westfalen, Münsterisches

Landesarchiv 2a, Nr. 16, Bd. 19, Bl. 66–67 im Oktober 1624 getauft sein; die jüngere Elisabeth war bis 1651 Stiftsdame in Nottuln. Das Todesdatum Ferdinands nach Bistumsarchiv Münster, Dep. Pfarrarchiv St. Aegidii Münster A 42 (Kirchenrechnungen 1687/88, Verläute-register: ab 24.11.1687 drei Tage verläu-tet).

19 J. Schwieters 1886, S. 117–118. | Der Be-sitzwechsel eingehend bei G. Erler 1911, S. 19–24. | D. Höroldt 1981, S. 229–234, 391 u. ö. | LAWestf, Reichskammerger-icht, Nr. W 413/1252. | Zu Hamilton s. L. Peters 1988, S. 49.

20 G. Erler 1911, S. 20–24 nach den Akten und Urkunden im Archiv Nordkirchen. H. Müller 1978, S. 32–41, hier S. 33 da-tiert die Vereinigung der Güterverwal-tungen auf 1736, ebenso ders. 1981, S. 5. | E. Kunsemüller 1910, S. 36–38. | Zur An-sicht von Lenhausen Th. Hundt 1979: Das Untere Haus, entstanden nach einer Erbteilung um 1483, wurde 1733 von dem späteren preußischen General Christoph Friedrich Stephan von Plettenberg zu Stockum (1698–1777) an die Nachbarn, die Witwe des Bernhard Wilhelm ver-kauft und 1737 abgebrochen. Die Ge-nealogie dieses Familienzweiges bei D. Schwennicke 2007, Tf. 60.

21 W. Kohl 1982, S. 153–155. | W. Kohl 2003, S. 659–667. | Zur Familie D. Schwen-nicke 2007, Tf. 41–64, v.a. Tf. 52–53. | Zu den fünf geistlichen Onkeln der Fa-milie Fürstenberg s. H. Lahrkamp 1971, S. 95–168.

22 Grundlegend: F. Scharlach 1922 / 1937. | M. Braubach 1935, S. 154–156, 169–175 (zu 1701–1706). | G. Dethlefs 2008, Schaukelpolitik, S. 84–85, 92–93. | Die angegebenen Zahlen nach LAWestf, Landrenteirechnungen Nr. 18–30 (Rech-nungen der Hofkammer 1690–1704); ebd. Münsterische Ritterschaft Nr. 142 Bd. 6–21 (Pfennigkammerrechnungen 1690–1706). | Zur Kreditaufnahme 1694/95 s. M. Weidner 2000, Bd. 1, S. 477, 481–482.

23 Zitat nach J. Janssen 1856, S. 275.

24 Th. Rensing 1934, S. 317–326. | Ders. 1960, S. 174–201. | E.-M. Höper 1990. | Dies. 1990, Residenz, S. 61 (Zitat).

25 Th. Rensing 1960, S. 195–201. | U. Grote 1992, S. 136–140, 206–207. | Ders. 1995. |

Vgl. G. Dethlefs 2012 zur Wappenverglasung des Paderborner Doms. | Zu Vechta ders. 1991, S. 302–307, Pläne S. 359–367.

26 Th. Rensing 1951, S. 234–239. | Vgl. N. Börste / J. Ernesti 2004, S. 32–38, 209–219. | Zum Gemälde des Marcus Curtius und seinem Künstler D. Strohmann 1986, S. 39, 116.

27 Th. Rensing 1960, S. 182, 196.

28 H. Lahrkamp 1980, S. 147. | G. Dethlefs 1991, S. 295. | J. Niemer 2002, S. 40. | LAWestf, Domkapitel Münster, Akten Nr. 3659 (Sept. 1706 Hauptmann im Inf. Regt. von Schwartz), Nr. 3609 (Juni 1708 Kompanie des Hauptmanns Pictorius im Inf. Regt. Schwartz in Köln, der abwesende Hauptmann wird von seinem Leutnant vertreten); Archiv Haus Ruhr, Akten A Nr. 2119 (19.2.1710 ehemals Major Massings *itzo Pictory Compagnie*).

29 J. Niemer 2002, S. 68–69. | H. Wischermann 1971, S. 35–38, 84–85, Abb. 8–9, 11–12. | Zu Versailles R. Polidori 1991. | Die von H.-J. Böker 1990 und dems. 1995, S. 625, den Nordkirchener Planungen zugewiesenen Zeichnungen Lambert Friedrich Corfeys beziehen sich auf Haus Dankern im Emsland (S. 92, Abb.3) bzw. gehören zu Dokumentationen fremder Bauten (S. 94–95), tragen das Wappen von Savoyen und blieben ohne jeden Einfluss auf die Planungen des Pictorius.

30 Th. Rensing 1960, S. 182–185, der zuerst auf Jacob Roman hingewiesen hat. Über Roman vgl. M. D. Ozinga, Daniel Marot. De schepper van den hollandschen Lodewijk XIV-Stijl, Amsterdam 1938. | W. Kuyper 1980, S. 123–124, 178–186.

31 P. Bourget / G. Cattaui 1956, 2. Aufl. 1960, S. 75–77, 88–90. | B. Jestaz 2008, Bd. 1, S. 95–106.

32 Vgl. J. Niemer 2002, S. 74–75 mit anderer Deutung. Der Pokal stammt aus dem Vorbesitz des Domdechanten Friedrich Christian von Galen (1689–1748), vgl. G. Dethlefs 2000, S. 46.

33 A. C. d'Aviler 1691. | A. C. d'Aviler / Sturm 1699, Tafel bei S. 188. | Vgl. K. Püttmann 1988, S. 20–23.

34 J. Niemer 2002, S. 77.

35 Über Peter Pictorius vgl. Th. Rensing 1960, S. 186–195. | Ders. 1961, S. 282–285. | Zu Marienfeld und Cappenberg s. M. Mette 1993, S. 46–48, 133. | G. Dethlefs 2004, S. 57–58. | Zum Erwerb von Alrodt 1705 s. J. Schwieters 1891, S. 275–276. | M. Weidner 2000, Bd. 1, S. 477, Anm. 276 beziffert die Kosten für Alrodt auf 43.000 Taler.

36 Die Darstellung der Baugeschichte folgt G. Erler 1911, S. 27–32.

37 W. Kohl 1982, S. 71–72. | F. Keinemann 1967, S. 129–141.

38 G. Erler 1909, S. 103–106. | G. Erler 1911, S. 25–26. | J. Aistermann 1911, S. 105–107 (Beschreibung der Gobelins, Zitat S. 106). Der Vertrag zwischen Plettenberg und Auwercx in ANAkt, Nr. 14176.

39 ANAkt. Nr. 12489. | M. Weidner 2000, Bd. 1, S. 52.

40 Archiv Nordkirchen, Kasten 7 Nr. 15.

41 G. Erler 1909. | G. Erler 1911, S. 26. | M. Braubach 1962. | G. Dethlefs 1995, 1998, 2008, S. 51, 67, 70. | Der Riss im Himmel 2000. | LAWestf, Dep. Münsterische Ritterschaft, Akten Nr. 145, Bd. 20 (Ritterschaftsprotokolle, 19.12.–21.12.1715), Bd. 21 (Prot. 10.–11.11.1716), Bd. 22 (Prot. 15.–16., 23.–30.11.1717). Der Prozess LAWestf, Reichskammergericht Nr. M 1441. | Vgl. E. Harding 2011, S. 102–103. | Das Archiv der Morrien, das z. B. auch den Freiherrenbrief von 1670 enthält (Urk. 2730), ist von Plettenberg selbst systematisch benutzt worden – gelegentlich finden sich dort Notizen von seiner Hand.

42 Die Identifizierung sichern zwei Federzeichnungen des Brautpaares im Archiv Haus Ruhr, wohl Vorzeichnungen für Kupferstiche, im Bildnisarchiv des LWL-Denkmalamtes für Westfalen, A 1783–1784.

43 Die Zeichnungen des Peter Pictorius d. J. vom Kapellenflügel: LWL-Landesmuseum Münster Bz P 6 = Abb. 71, vom Kapellenportal ebd. P 7 = Abb. 74, vom Dienerflügel ebd. P 8. | J. Niemer 2002, S. 86. | A. C. d'Aviler / J. L. Chr. Sturm 1699, Tafel bei S. 124.

44 Hinweise auf J. W. Gröninger bei G. Erler 1911, S. 35. | U. Grote 1992, S. 280 zu Stengelberg. | K. E. Mummenhoff 1995, S. 277. | LWL-Archivamt für Westfalen, Bestand 921 (Nachlass K. E. Mummenhoff), Nr. 1 Regest 1596 (3 Pfeilerpaare gemauert von Johann Russweg 1717), 1703 (2 Liegefiguren zu 50 Rtl, 2 Trophäen an der Zugbrücke zu 60 Rtl. von R. Stengelberg 1718), Nr. 2 Reg. 1777 (Quittung der Witwe 29.1.1719: *Mars 20 Rtl., Kunst und Wissenschaft 20 Rtl.*). | Zur Erneuerung der Figuren 1912/1914 s. Staatsarchiv Osnabrück, Dep. 62c Akz 29/91 Nr. 451: Hubert Baumeister 1914: Figuren am Südportal Juli 1914 und 1915 für je 1200 Mark, Heinrich Reicks 1912: *Honos* für 1200 Mark. | Der im folgenden genannte Vorentwurf des Peter Pictorius für den Pferdestall auf der Westseite mit Brüstungsmauern im LWL-Landesmuseum Bz P 21.

45 Die Zeichnungen der Ökonomiegebäude im LWL-Landesmuseum Müns-

ter Bz P 4 (Grundrissplan), P 9–14 (Aufrisse und Grundrisse), P 20–21 (Aufrisse) = Abb. 79.

46 Die Nachrichten bei G. Erler 1911, S. 31. | Th. Rensing 1960, 185–195.

47 Die Angaben über die Handwerker, hier nur in Auswahl, bei G. Erler 1911, S. 28–34. | Zu den Rizzi aus Bensberg G. Dethlefs 2004, S. 59–60.

48 K. Püttmann-Engel 1987, S. 61–64, 83–85, 236–243. | Der Vertrag von 1713 in Archiv Nordkirchen Nr. 6451.

49 G. Erler 1911, S. 33. | W. Rave 1935, S. 344–348. | H. Frielinghaus 1941, S. 40; D. Strohmann 1986, S. 124–127 (Werkverzeichnis). Nr. B8 jetzt Stadtmuseum Münster, Abb. bei G. Dethlefs 1995, S. 13. | Zu den Büsten von J. W. Gröninger U. Grote 1992, S. 261, 270. | Zu den übrigen Schlosskapellen der Katalog von K. Püttmann 1987, S. 140–282.

50 Die erhaltenen Deckenstuckentwürfe sind nicht ausgeführte Alternativen: LWL-Landesmuseum Münster, Bz P 64, Bz SB 104–105. | Einzelbelege nachgewiesen im LWL-Archiv, Best. 921 (Nachlass K. E. Mummenhoff): Stuckateur G. B. Duca: Nr. 1 Regest 800 (17.9.1705, in ANA. 6409), 837 (1706, in ANA. 6409), 877–879 (1706), 942 (1707, in ANA. 1118/), Antonio Melchion: Regest 953 (29.5.–12.8.1707, in ANA. 11187); sowie ANA. 6450 Bl. 1–7: Verhandlungen mit Johan Duca wegen der Entlohnung, auch für seine Mitarbeiten Rubini, Melchion und Rainaldi, die wie er im Sommer täglich einen, im Winter 2/3 Taler täglich erhalten, und den geringer (mit 2/3 bzw. 1/2 Taler entlohnten) Parlesca und den Brüdern Antonii. Joanni Antonio Oldelli: Regest 1527 (1716 für Stuckarbeit in einem Cabinett 25 Tl.), Regest 1417 (10.11.1713 mit *Stucadoren Caspar Molla und Giovanni Antonio Oldelli und dessen Brudern folgendes veraccordirt: für beyden Kamins im Saal 60 Rtl. – Reparation deren 4 Camins in den Vorzimmern 16 Tl. – Camin im Gn. Herren sein Zimmer 25 Tl. – Architraves in der grosen oder vorderen Entree 30 Tl.*). | Engelbert Witte war schon Hofmaler des Fürstbischofs Friedrich Christian gewesen, vgl. R. Schulze 1919, S. 6. | LWL-Archiv Best. 921 Nr. 1–2: Regesten 966 (1707), 1011 (Abschlag *für Schildereien im Audienz- und Schlafzimmer 30.6.1709*), 1015 (März bis Mai 1709), 1020 (11.4.1709), 1023 (22.12.1708), 1029 (16.11.1708: Tätigkeit in Ahaus: 9 Plafonds, in Nordkirchen im Saal 2 große Deckenbilder, *eines presentirt die auffahrt Herculi und den sahl der Götter, das ander presentirt die crönung Jovis im sahl der Götter, wie den 4 kleine*

ovale Schildereien, erste presentirt die Überwinnung des Centauren von Herculi, das ander die Überwinnung des serpent piton, dass 3te die Verbrennung … Herculi selbst, und die vierte die überwindung der laster, diese 6 kommen zusammen zu stehen 500 Rtl.); 1043 (in Ahaus 9 Plafonds, darunter St. Hubertus in der Kapelle), 1116 (1709), 1311 (Anweisung für das im Cabinet gemachte Gemälde an Engelbert Ernst Witte über 14 Rtl. 12.2.1713). | Quittungen des Pictorius ebd. Regesten 1312 (*1mo Ein gross Blafon die vier Elemente praesentierend ad 85 Rtl. – 2do vier kleine blafons eins ad 15 rtl. – 60 rtl. – 3tio ein Caminstück 15 rtl. – 4to noch ein Blafon im Cabinet 15 rtl. … drey Wapen auf papier gemahlt f. 5 Tl. Summa 180 Tl.* quittiert J M Pictorius 12.4.1713), 1483 (u.a. *fürstl. Contrafee im Sahl* 26.12.1714), 1585 (*ein Schilderey gemahlen, in der gnädig frawen ihr Cabinet, die charité genand 15 rtl.*, 24.1.1716).

51 J. Aistermann 1911, S. 105: Herkules mit der Schlange, mit den Harpyen, im Kampf mit den Kentauren.

52 Kat. Schleißheim 1976: Kurfürst Max Emanuel, Bd. 2, München 1976, S. 206–207, Nr. 471–472, S. 256 Nr. 593 (Zitat). | ANAkt. Nr. 11666, Quittung 78 (13.4.1725 F. J. Winter); Nr. 8667, Bl. 48, 89, 99 (A. Paulsen 1725). | Vgl. G. Dethlefs 1995, S. 14, Anm. 8–9.

53 G. Erler 1911, S. 34.

54 Ebd., S. 47.

55 ANAkt. Nr. 6410, Bl. 39 = Quitt. 8 vom 6.8.1732: *2 große Kniestück nach Nortkirchen gmacht eines von Christoffer Bernart, und das andere von Ferdinand Sahliger jedes stuck ad 15 Rtl.*, mit Vermerk Schlauns *diese beyden portraiter seynd in die Churfürstl. Antechambre placieret*, wo sie noch 1911 vorhanden waren, s. J. Aistermann 1911, S. 107.

56 ANAkt Nr. 9663 Quitt. 185 (Bonn 2.6.1729, von Schlaun abgezeichnet 5.6.1729). Ein von Johann Frans van Douven signiertes und auf 1723 datiertes ganzfiguriges Bildnis von Clemens August in Schloss Herdringen (laut Bildnisarchiv des LWL-Amtes für Denkmalpflege A 2091, Öl/Lwd. 255 × 165 cm). | Vgl. M. Miersch 2007, S. 15–16 und Abb. 7 (Replik in Kassel).

57 Manche Angaben der Beschreibungen nach J. Aistermann 1911, S. 103–113. | Zum Bild in Viktoriensaal des Schlosses Schleißheim s. Kat. Kurfürst Max Emanuel 1976, Bd. 2, S. 346, Nr. 796. | P. Krückmann 2011, S. 114. | Zu dem im Folgenden genannten Wedemhove D. Strohmann 1986, S. 39, 116.

58 Vgl. J. Aistermann 1911, S. 110–114. | Zu den Tapisserien nach Teniers s. Kat. Tapisserien 2002, S. 163–165. | Zum Kaminbild vgl. A. Wieczorek / H. Probst / W. Koenig 1999, Bd. 2, S. 22 Nr. 1.3.1. Herrn Constantin Graf von Plettenberg, Frankfurt/M., ist für die Identifikation sehr zu danken. Das Bildnis wurde mit dem seiner Frau 1734 aus dem Bonner Hof nach Nordkirchen gebracht, s. AN Kasten 21/22, Nr. 1, Bl. 26/28, Verschlag No. 105 *Portraiten … Printz Sulsbach undt Princessin.*

59 Zu den Innenräumen auch K. Hoecken 1940, S. 99 ff. und M. Geisberg Bd. III (1934), S. 376 ff. und Bd. IV (1935), S. 3 ff.

60 G. Dethlefs 2004, S. 59–67.

61 Rensing 1960 S. 174–195 und 1961, S. 283–285. | H.-J. Böker 1995 (allerdings viele Fehler im Detail). | J. Niemer 2002. | G. Dethlefs 2002. | Die Einzelnachweise zu den genannten Handwerkern im Nachlass Mummenhoff Nr. 1–4.

62 Vgl. das vorzügliche Lebensbild bei M. Braubach 1962, S. 34ff., auch für das folgende. | G. Dethlefs, Schlaun, 1995, S. 10–17. | M. Leifeld 2003, allerdings S. 78 Anm. 6 mit falschem Geburtsdatum (richtig der 25. Juli, s. AN Kasten 12, Nr. 1, Bl. 167), S. 79–80. | Die Abrechnungen zur Bischofswahl 1719 in ANAkt. Nr. 11383.

63 M. Leifeld 2003, S. 82. | Das Patent als münsterischer Geh. Kriegs-, Hof- und Landrat sowie Obristkammerherr mit 2000 Tl. Gehalt 1719 in AN Kasten 7, Nr. 12.

64 AN Urk. 2977 (Patent vom 25. Mai 1721).

65 Vgl. die Stammtafel bei D. Schwennicke 2007, Tf. 53 (mit kleineren Fehlern). | W. Kohl 1982, S. 708, 723, dies zu berichtigen nach P. Michels 1966, S. 76 und 83. Bernhardine und Sophia von Westerholt waren keine Zwillingsschwestern. | G. Dethlefs 2008, S. 52, 71, 74. | Archiv Hovestadt (benutzbar über LWL-Archivamt für Westfalen), Urk. 2293–2295; Akten J Nr. 17–26 (Erwerbungsakten 1726).

66 B. Stollberg-Rilinger 2000, S. 64, 81, 134, 204. | Zum Besuch Lothringens G. Erler 1911, S. 47.

67 J. Arndt 1991, S. 98–99, 118–121, mit Nachweis der Urkunden.

68 B. Stollberg-Rilinger 2000, S. 112–116, 128–131 – mit falscher Identifikation des dort mit seinem Bruder verwechselten Erbprinzen, dessen Vater Theodor Eustach (1659–1729) noch lebte, S. 303 (Register). | M. Leifeld 2003, S. 83.

69 Grundlegend M. Braubach 1962. | M. Leifeld 2003, S. 83–92. | Zu den Finanzen schon G. Erler 1911, S. 47–48.

70 Über Schlaun vgl. Th. Rensing 1954. | Über Schlauns Anfänge s. K. Noehles in K. Bussmann / F. Matzner / U. Schulze 1995, S. 24–40. | F. Matzner / U. Schulze 1995, Bd. 1, S. 16–39, Bd. 2, S. 848–853, 883. | Zu den Feuerwerksentwürfen Schlauns: K. E. Mummenhoff 1976, S. 207–216.

71 Der Vertrag von 1723 in ANAkt Nr. 6452.

72 W. Hansmann 1973. | Ders. in: F. Matzner / U. Schulze 1995, Bd. 1, S. 128–140. | Zum Plettenberger Hof ebd. S. 116–119. | G. Dethlefs, Delarocque, 1995.

73 K. Krause 1995, S. 230. | K. E. Mummenhoff 1995, S. 279–281, auch für das Folgende.

74 ANAkt Nr. 6452.

75 K. E. Mummenhoff 1995, S. 281 nach ANAkt. Nr. 6447 (Ofen 1725); ANAkt. Nr. 6494 Bl. 9: *die Ornamenta an dem Modell zu dem Offen* für 30 Taler von Johann Bernhard Fix, 19.9.1731, Bl. 11: Zimmerarbeiten durch Johannes Zimmermann u. A. *Reparation der Bekleidung auff den Speisezimmer 7 Tl. 6 Schill., vor den Glaseschranck wo die Gläßer sollen hingestellet werden auffm Speisezimmer 2–14*, Quittung vom 3.12.1732, Bl. 18: Ofenmodell durch M. Friedrich Schwendiman für 25 Taler, 10.12.1731, Bl. 38: Kamin *in den Taffelzimmer* von Johann Christoph Manskirch 6.4.1732. | ANAkt. Nr. 6435 Bl. 2: Rechnung und Quittung von E. Thelen, 18.2./8.4.1732 für einen Eisenofen von 16 Zentnern *auffm Speisezimmer* über 43 Taler. Thelen lieferte im August 1732 auch zehn Kaminplatten (ebd. Bl. 3), die heute in den Appartements stehen. | ANAkt. 6449 Bl. 1 und 5: Zahlungen an Fix für die Schenke und den »Prael« (Buffetschrank), 13.5. und 16.8.1723. | ANAkt. 10807: Quittung des Schreiners Thomas Palster für Febr. bis April 1728: auf Accord mit Schlaun Schnitzereien über dem Kamin auf der Tafelstube abgenommen und auf den Boden getragen. | ANAkt. Nr. 202 Bl. 181: Rechnung des Glasers Franz Dornhege, 1850 November bis 8. Mai 1851 *Das Speisezimmer. – Alles abgekratzt, die Verzierungen ausgraviert, und sämmtliches reingemacht. Alles Holz Oelgetränkt und 3mal gefirnißt. …* Beim Abbau der Vertäfelung in der Silberkammer nach 1970 fand sich die Wand mit Zeitungen des Jahres 1851 beklebt, freundlicher Hinweis von Herrn Gerhard Rengshausen.

76 Es handelt sich aber nicht um das von H. Galen 1995, S. 23–25, beschriebene Bild. | Zur Bildniskunst Douvens am Düsseldorfer Hof und zum Bildnis Schaesbergs s. E. Mai 1988, S. 62–67

(freundlicher Hinweis von Constantin Graf von Plettenberg). | 1732/33 lieferte Gerhard Kappers zwei Kniestücke für je 25 Taler, ANAkt. 6496/1 Bl. 171 (1732), Bl. 172 (22.5.1733: *welges die H. Capuciner in ihr Renvter bekommen*).

77 M. Miersch 2007, S. 16–17, ebd. S. 16 auch zu dem im folgenden genannten Bild Douvens von 1723 im Kurfürstenzimmer. Der Kurhut bestand zunächst nur aus einer roten Haube mit Hermelinborte und wurde offenbar erst später mit einem perlenbesetzten Bügel und Reichsapfel verziert, vgl. Kat. Kurfürst, Adel, Bürger 2009, S. 87, 97, 127, 133, 155, 159, 173. | Miersch Abb. 7 (Fürstenhut mit Perlenbügel), Abb. 10, 12, 14, 15, 23, 43, 73, 76 als Kurhut, 9, 13, 16–22, 24, 41, 45–48, 51 (1719 !), 55 (1719 !), 56–57 (1719–23 !), 60 (1719 !), 61,63, 69, 72, 74–75, 78–81, 85–88, 94–97 Fürstenhut, der jeweils unverändert erschien. | Vgl. die Beschreibung von J. Aistermann 1911, S. 114–116. | Zu den Bildnissen des Joseph Clemens von Vivien und Werkstatt vgl. G. Knopp 2010, S. 16–19, der das Nordkirchener Bild nicht kennt.

78 G. Dethlefs, Girard 1995, S. 52–53 und S. 56 Anm. 6. | Moreau hat zwar – offensichtlich als Stellvertreter Schlauns – zweimal Zahlungen an Gartenarbeiter abgezeichnet (ANAkt. Nr. 6448 Bl. 125–126: Pflanzarbeiten im Stockkamp, 9.4.1725 = Storps Kamp, vgl. Abb. 90), aber auch für Maurer (Bl. 3: 10.4.1725), *pour avoir fait le plafons de larsenal marché fait avec monsieur schloen* (Bl. 4: 22.3.1725), für die Maurer *quils onts travaillé au cabinet du manège et à quelque changement dans le chateau* (Bl. 5: 10.4.1725). Am 29. Mai 1725 reiste Moreau nach Bonn (ebd. Bl. 197–198). Dazu auch der Eintrag in die Rechnung 1725 (AnAkt. 2263 Bl. 160): *Ahn Moreau welcher anfangs einige Aufsicht über hiesige Arbeitsleuthe gehabt, laut gg. Schreiben Ihro Excellence meine gg. Herrn Grafen ahn Reisegeldt bahr außgezahlet 15 Tl.*

79 Zur kurkölnischen Hofarchitektur vgl. S. Möller 2007 und E. Hartmann 2007. | Zur kurbayerischen Hofarchitektur s. W. Braunfels 1986, S. 24–28, 43–50. | Zur kurpfälzischen Architektur in Mannheim s. F. Walter 1928, S. 18–33. | K. Ellwardt 2007, S. 25–38. | C. Mueller / K. Rössler 2011, S. 9–12, 33–48. | Hauberat schuf dort vor allem Innendekorationen – er, der bis 1724 für Plettenberg den Bonner Stadthof weiterbaute (die Zeichnungen bei E. Hartmann 2007, S. 61–64 dürften von ihm sein), könnte die besprochenen Kaminaufsätze Abb. 117 und

161 sowie die Buffetwand Abb. 271 entworfen haben.

80 G. Dethlefs, Biarelle 1995, S. 64–69 und Abb. S. 75–76, auch für das folgende. Zwei der Zeichnungen sind verschollen und nur bei K. E. Mummenhoff 1975, S. 68 abgebildet, die dritte seit 1992 im Stadtmuseum Münster. | Zur Tätigkeit von Biarelle in Ansbach s. J. Maier 2005, S. 297–299, 312–313, 329–334 (die dort abgebildeten Zeichnungen sind wohl auch unter Mitarbeit auch von Biarelle enstanden), 339, 343–345, 450–454, 489–491.

81 U.-D. Korn 1973, S. 236–238. | W. Kohl 1975, S. 365–368. | Vgl. die Beschreibung von J. Aistermann 1911, S. 116–121, auch interessant für das Folgende.

82 Ein posthumes Pastell nach diesem Bildnis unsere Abb. 323 (LWL-Landesmuseum, KdZ 4938 LM, publiziert von G. Dethlefs 2008, Monpeur).

83 ANAkt. Nr. 6494, Bl. 11: Schreinerarbeiten durch Johannes Zimmermann: *vor die Durchsicht auß dem Schlaeffzimmer in die neue Capelle sambt den Auffsatz undt den Schillerey Rahmen im Altar facit 6 Rtl. 14 Sch.*

84 Zur Bedeutung des Bildes vgl. H. Frielinghaus 1940, S. 66–70, und F. von Klocke 1941, S. 31–35.

85 ANAkt Nr. 11666 Quitt. 50 *1725 den 6. Marty gelieffert zwey Conterfeiten so ich geCoppyeret, eines Ihro Excellence Mutter sahliger, das andere die sahlige Gd. Fraw Fraw von Beverforde jedes 6 Rtl.* – Ida von Beverförde geb. Plettenberg (um 1645–1710) war eine Schwester des Fürstbischofs und Johann Adolfs von Plettenberg gewesen. | Für das Folgende s. das Bildnisarchiv des LWL-Denkmalamtes unter Lenhausen sowie G. Erler 1911, S. 34 (nach ANAkt. 6445 Bl. 4: Quittung des J. M. Pictorius *Ao. 1716 den 24 January … ein Schilderey gemahlen, in der gnädig frawen ihr Cabinet, die charité genandt über 15 Taler*).

86 Vgl. W. Kohl 1982, S. 72–76. | Zu den Domherrenkreuzen M. Geisberg Bd. 5, 1937, S. 401–402.

87 ANAkt. Nr. 6410 Bl. 1 Qu. 9 *eine Nitze mit Kindel … im Cabinet von seiner Excellence H. Graffen*, 6.8.1732, J. A. Kappers. | ANAkt. 6410 Bl. 1 (Quittung Carlo Pietro Morsengi nach Anweisung von Schlaun 19.12.1730, auch für das Speisezimmer und fünf Zimmer).

88 G. Erler 1911, S 33–34. | W. Hansmann 1970, S. 241 ff.

89 K. E. Mummenhoff 1995, S. 275–276, auch für das Folgende.

90 Fl. Matzner / U. Schulze 1995, Gesamtwerk Bd. 1, S. 98 Nr. 11.38 mit Abb. | K. E. Mummenhoff 1995, S. 273 (Abb.).

91 Fl. Matzner / U. Schulze 1995, Gesamtwerk Bd. 1, S. 102 Nr. 11.46–47 mit Abb. | Die Entwürfe zur Gartenbrücke bei F. Matzner / U. Schulze 1995, Gesamtwerk Bd. 1, S. 97–98 Nr. 11.36–37.

92 Die baugeschichtlichen Angaben nach G. Erler 1911, S. 38–39 und K. E. Mummenhoff 1995, S. 275–276. | Die Entwürfe Schlauns für das neue Vorwerk Bz SB 116–120 bei F. Matzner / U. Schulze 1995, Gesamtwerk Bd. 1, S. 100–103, Nr. 11.41–45.

93 K. E. Mummenhoff 1995, S. 276 mit Quellennachweisen.

94 K. E. Mummenhoff 1995, S. 274 mit Quellennachweisen.

95 Erstpublikation der Reise G. Dethlefs 1995, S. 14, nach ANAkt. 11884–11886 (Reiserechnung und Belege). | W. Hansmann 1983, S. 249, 298, Anm. 327.

96 Bisher galt Schlaun, dann Moreau als Autor dieser Pläne, s. K. E. Mummenhoff 1995, S. 243–250, der die Anwesenheit von Girard in Nordkirchen noch nicht realisiert hatte. | G. Imhof 1979, S. 104–108, Tf. 22–24 (Schleißheim). | M. Diesel 1981, S. 16–17 (Residenz München), 30–31, 56–57 (Nymphenburg), 62–63 (Fürstenried), 66–75 (Schleißheim und Lustheim). | T. O. Enge / C. F. Schröer 1994, S. 118–125 (Belvedere). | W. Hansmann 1994, S. 53–55 (zur Form der Broderie-Parterres). | W. Hansmann 1998 (Brühl); allerdings muss der von Hansmann auf 1728 datierte Plan wohl auf 1725 vordatiert werden! | Zu den theoretischen Grundlagen der Gartengestaltung, insbesondere den Traktaten von d'Aviler 1691 und Dezallier d'Argenville 1709, die dem Bauherren eine ästhetische Argumentation auf Augenhöhe mit den Architekten und Spezialisten ermöglichten, C. A. Wimmer 1989, S. 112–135.

97 K. E. Mummenhoff 1995, S. 261–263. | Ebd., S. 31–32 und Abb. S. 49–50. | Die Entwürfe Bz SB 89 (Gartentreppe), 101 (Heckentor), 99 (Laubengang), 102 (Gloriette) bei F. Matzner / U. Schulze 1995, Gesamtwerk Bd. 1, S. 77/81, Nr. 11.19, S. 87–87, Nr. 11.24, S. 96, Nr. 11.34; zwei Entwürfe für eine Gloriette im Stadtmuseum Münster, ebd. S. 81, Nr. 11.20–21. | Der im Folgenden genannte Entwurf der Westbrücke (Bz SB 112, Kopie Bz SB 279) ebd. S. 97–98, Nr. 11.36–37.

98 Das Verzeichnis aller Nordkirchener Skizzen bei: W. Zimmermann und H. Neu 1939, S. 116. | M. Schmitt 2002, S. 197–207, 214–215 u. ö. (Register S. 386).| Die Anwesenheit des Zeichners bezeugen ANAkt. Nr. 6494 Bl. 40:

Schreinerarbeiten des Thomas Palster im Jan. / Febr. 1731: »fur den Frantzosen Roidkin einen Verschlag gemacht« 3ß 6 d; Bl. 49 Rechnung des Thomas Palster November 1730: »den 18. für den Frantzosen Roidken 2 Blindtrahmens gemacht, welche auf Bonn geschickt, 12 ß« – damit dürften die Rahmen für die Gemälde des Dorfes, von Meinhövel und Alrodt gemeint sein, s. unsere Abb. 20–21 und 232.

99 G. Dethlefs 1995, S. 53–56.

100 K. E. Mummenhoff 1995, S. 253. | F. Matzner / U. Schulze 1995, Bd. 1, S. 83.

101 Die Dokumentation aller zugehörigen Zeichnungen und der Baugeschichte nach den Archivalien bei K. E. Mummenhoff 1995, S. 247–250. | F. Matzner / U. Schulze 1995, Bd. 1, S. 88–89. | ANAkt. Nr. 6448 Bl. 73–74 (Lieferung von drei Vasen zu 30 Taler und der Fensterzierathen durch Johann Bernhard Fix für 100 Taler, Quittung 23.1.1727).

102 K. E. Mummenhoff 1995, S. 250–253. | F. Matzner / U. Schulze 1995, Bd. 1, S. 83. | ANAkt. 6448 Bl. 64: Quittung für »2 Skulpturen so auf die nordkirchischen Orangerie leut accord mit dem Herrn Capitain kommen« über 60 Rtl., Münster 30.12.1725.

103 ANAkt. Nr 6417 (1730), Bl. 1: 25.9.1730 Quittung Johann Bernhard Fix über »zwei caminen zu die Cabinetter der alten Orangerie auf dem schloss Nordkirchen«, mit Bildhauerarbeit und Vergoldung, über 40 Taler.

104 K. E. Mummenhoff 1995, S. 255–259, mit weiteren Quellennachweisen.

105 Ebd., S. 259–263, mit weiteren Quellennachweisen.

106 Alle baugeschichtlichen Daten nach G. Erler 1911, S. 42–43. | Zu den Skulpturen K. E. Mummenhoff 1995, S. 272.

107 LWL-Landesmuseum für Kunst und Kulturgeschichte, Münster, Inv.Nr. Bz P 17.

108 Die Zahlungen sind in den Schlossbaurechnungen dokumentiert: ANAkt. Nr. 6415 Bl. 77–90 (ab August 1715, Maurerarbeiten durch Meister Gerd Affhüppe). | ebd. Nr. 6416 (Belege 1715/16) Bl. 46: Rechnung für die Kirchenfenster: Vier grosse neue Fenster, jedes zu 90 Fuss, auf dem Chor 2 runde Fenster, zusammen 72 Fuss, in der Sakristei 2 Fenster, in der anderen Kapelle 2 Fenster. In jedes der grossen Fenster ein gebranntes Wappen gesetzt, quittiert 10.11.1716 durch Meister Berndt Mennighusen. | ebd. Nr. 6422, Bl. 70: Bezahlung des Meisters Johann Endemann für zwei Nebenaltäre 1718 mit 200 Taler. | ebd. Nr. 6421: Einbau der neuen Orgel durch

Silvester Heilmann August 1719; Rechnung über den Kirchturmbau 1719. | ebd. Nr. 6433, Bl. 1ff.: Rechnung des Johann Rußweg über den Turmbau 1720, Deckung des Kirchturms durch Johann Schlüter aus Recklinghausen, Bl. 38 Lieferung des Altarbildes »Englischer Gruß« durch den Maler Johann Mauritz Vercruicen 1720. ebd. Nr. 6434, Bl. 1–2: Vergoldung der Seitenaltäre durch Alexander Larwell aus Münster, Lieferung des Wappens über dem Portal durch J. W. Gröninger 1722. | ebd. Nr. 6449, Bl. 3–4: Lieferung von Wappenscheiben für die Kirche, gestiftet vom Dompropst Wolff von Guttenberg und der Äbtissin von Langenhorst und Freckenhorst sowie von Graf Schaesberg in Düsseldorf, durch den Glaser Johann Henrich Weverinck aus Münster.

109 Quittungen von Spin und Kappers in ANAkt. Nr. 6494 Bl. 11, 21.

110 K. E. Mummenhoff 1995, S. 292. | Danach F. Matzner / U. Schulze 1995, Bd. 1, S. 106.

111 Die Pläne zum Nordkirchener Hof bei M. Geisberg Bd. IV, 1935, S. 102–110. | Th. Rensing 1960, S. 187–191. | Zur Geschichte M. Weidner 2000, Bd. 2, S. 962–982 mit umfangreichem, wertvollen Quellennachweis.

112 Zur Anwesenheit von D. Girard s. G. Dethlefs 1995, S. 53–56. | Baugeschichtliche Deutung der Pläne K. E. Mummenhoff 1995, S. 292–293. | F. Matzner / U. Schulze 1995, Bd. 1 S. 109–116. | Zur Anlieferung von Baumaterial 1721/22 s. H. Lahrkamp 1980, S. 141.

113 F. Matzner / U. Schulze 1995, Bd. 1, S. 121–127. | B. Bußkamp 1992, S. 111–131. | Die Schlossbaurechnungen 1724–1728 enthalten zahlreiche Steinlieferungen für den Kirchbau.

114 G. Dethlefs 2006, S. 10–11.

115 ANAkt. Nr. 6434 Bl. 52: 20.3.1722 Lieferung des Altars S. Spiritus, Bl. 59: Vesperbild des Bildhauers »Rudolf« wird der Erbin seiner Witwe bezahlt. | ebd. Nr. 6447, Bl. 61: Bezahlung eines zweiten Altars nach Angabe des Hr. Pictorius 25.3.1724.

116 Zu Wittem s. J. H. M. Evers / P. G. J. Post 1986, S. 29–40. | B. Bußkamp 1992, S. 137–159, zu Eys ebd. S. 160–171. | P. St. de Smet 1995, S. 4 zum Abbruch des Schlaun'schen Giebels, S. 6 Bildnis des Grafen Ferdinand, S. 14 Hochaltargemälde von J. A Kappers.

117 Zu den Bauaufträgen Plettenbergs vgl. F. Matzner / U. Schulze 1995, S. 106–127 (Dorf Nordkirchen, Nordkirchener Hof in Münster, Plettenberger Hof in Bonn),

Kapuzinerkirche in Münster), 150–159 (Lembeck), 162–181 (Wittem und Eys).

118 Besitzgeschichte und ältere Literatur bei M. Weidner 2000, Bd. 2, S. 971, Anm. 73.

119 C. L. von Pöllnitz 1735, Bd. 3, S. 274–275.

120 Identifikation und erstmalige Auswertung von Bauakten bei G. Dethlefs 1995, S. 57–67.

121 Vgl. M. Brüggemann 2002.

122 G. Erler 1912, S. 22–29 und S. 59–65. | Der Katalog von ca. 1810 im Archiv des Denkmalamtes Münster. | G. Dethlefs 1995, S. 12–14. | M. Kamps 2000. | Auktionskatalog Sotheby's Amsterdam Sale 632: The Property of Freiherr von Ketteler from Schloss Schwarzenraben, Amsterdam 21.11.1995. | Auktionskatalog Christie's South Kensington Sale 2438: Old Master Pictures Including The Property of a German Nobleman, London 27.10.1999, Nr. 283–362. | Wertvolle Hinweise werden Herrn Constantin Graf von Plettenberg verdankt. | Das Bild der Antwerpener Jesuitenkirche bei K. E. Mummenhoff 1975, Tf. 62b, Text S. 130; erwähnt im Katalog von Plettenberg und Schlaun Nr. 247 (AN. Kasten 21/22 Nr. 3 Bl. 55v), das Bild Duc du Turene à cheval par Rimbrand luis d'or 60 ebd. Nr. 259, vgl. dazu M. Wieseman 2010. | Bilderrahmen Bonner Rahmenschnitzer auch bei G. Knopp 2010, S. 13, 26–27.

123 Auktionskatalog Christie's South Kensington Sale 2438 (London 27.10.1999), Nr. 320. | Zu den alchemistischen Interessen vgl. M. Braubach 1962, S. 44.

124 A. Jacobs 2001/02. | G. Dethlefs 2007. | Möglicherweise kam die Skulptur im Mai 1724 aus Brüssel, s. ANAkt. 11785: 15.4.1724 Dem Trevisani, was für Überführung des Bildes von Brüssel ausgelegt, 9 1/3 Taler, am 8. Mai 1724 erhielt der Bildhauer Fix 5 Taler.

125 Kat. Stadtmuseum Münster 2001: Elfenbein, Alabaster und Porzellan, S. 6–35 (Text von H. Krohm), die frühneuzeitlichen Alabaster- und Elfenbein-Reliefs ebd. S. 37–73 (H.-U. Kessler). | Zu den Büsten s. das Inventar von 1832 in ANAkt. Nr. 3926, Bl. 13, Nr. 723.

126 ANAkt. Kasten 21/22 Nr. 1, Bl. 25–27 (=alt 27r–29r). Die Nummern der ersten Position beziehen sich auf den Gemäldekatalog Plettenbergs in ANAkt. Kasten 21/22 Nr. 3, Bl. 47–56, die dortigen Angaben sind hier in eckigen Klammern zugesetzt. Zum Bild der Antwerpener Jesuitenkirche s. Anm. 122.

127 Das Inventar von 1832 ANAkt. Nr. 3926 Bl. 12v (mit Schätzpreisen): In die Oranienburg … Nr. 703. Vier egale große Familienstücke aus der Churfürstl. Bayerischen

Familie 6 Tl. – Nr. 704. Zwey Gemälde den Kayser Carl den VII und seine Gemahlin vorstellend 2 Tl. – Nr. 705. Vier Stücke über den Thüren, drei Churfürsten und eine Churfürstin von Bayern vorstellend 3 Tl. – Nr. 706. Zwanzig Stücke gleicher Größe, 3 Fuß hoch und 2 1/2 Fuß breit, sämtlich Hof-Damen am Bayrischen Hofe darstellend 3 1/2 Tl. – Nr. 707. Zwei weibliche und zwei männliche Portraits in Rahmen, Personen aus der Gräfl. Plettenbergschen Familie darstellend 2 1/2 Tl [wohl die Bilder von A. Paulsen, vgl. Abb. 137–140]. – *Nr. 709. Zwei Portraits zwei Hof-Damen vorstellend 12 ggr.* [= 1/2 Tl.]. Im Inventar von 1816 heißt es lapidar (ANAkt. 13727 Bl. 17v: *Auf der Oranienburg … Im großen Saale par Terre befinden sich 34 Stück Familie-Gemälde.* Das müsste ohne die ganzfigurigen Kaiserbildnisse (wohl Karl VI. und Frau) sein. Dieselbe Anzahl von *34 Portraits mit verguldeten Rahmen* bot schon das Inventar von 1766 (AN Kasten 21 Nr. 9, S. 552). | Zur wahrscheinlichen Autorschaft von Vivien wird sich Frau cand. phil. Joana Herbert in ihrer an der Universität München entstehenden Dissertation über Vivien als Bildnismaler äußern (Mitteilung vom 26. August 2011 und Besuch am 15. November 2011 in Nordkirchen).

128 L. Nikolenko 1990, S. 31–50. | Hojer 2007 (7. Aufl.; 1. Aufl. 1979), S. 25–34. Für Hinweise bin ich Herrn Dr. Peter Krückmann, Staatliche Verwaltung der bayerischen Schlösser und Gärten, München, zu Dank verpflichtet. | Die im Folgenden genannte Galerie der kurbayerischen Familie befand sich 1758 im Nordkirchener Hof in Münster, vgl. AN Kasten 89A: Inventar der Möbel im Nordkirchener Hof in Münster 1.3.1732, Bl. 5: *Ihrer Excell. der Frau Gräfinnen Audience Zimmer die Chur bayerische Familie bestehend in zwölff Portraitten mit viereckig verguldeten Rahmen.* Vermutlich handelte es sich um Kopien von F. J. Winter, der auch die ganzfigurigen Bildnisse des Kurfürstenpaares lieferte, vgl. ANAkt. Nr. 11666 Qu. 12 von Winter über 150 fl. »auf die mir angefrümbte Contrafait« vom 26.11.1724, laut Qu. 78 vom 13.4.1725 Schlußquittung für das Kurfürstenpaar.

129 G. Dethlefs 2011, vgl. oben bei Anm. 13–14.

130 Vgl. oben Anm. 84.

131 G. Dethlefs 1995, S. 14 Anm. 8, nach ANAkt. Nr. 8667 Bl. 48, 99 (Quittung 1725 für je 10 Dukaten, demnach lieferte Paulsen auch Bildnisse des Pfalzgrafen von Sulzbach und seiner Frau zu je 16 Dukaten). | 1832 waren die Bilder noch

in der Oranienburg, vgl. oben Anm. 128, Inventar 1832 Nr. 707. | Weitere Porträts Plettenbergs von Joseph Vivien (ANAkt. 8667 Bl. 111: Kopien von J. F. Douven 1725) und Jan Frans Douven (Graf und Gräfin als Kniestück, vielleicht für das Speisezimmer ?, ebd.) sind bezeugt, vgl. G. Dethlefs 1995 S. 22 Anm. 8.

132 H. Evers 1990, Sp. 4–11. | Eine weitere Wiederholung, ergänzt um den Orden vom Goldenen Vlies, beschrieben von H. Galen 1995, S. 23–25. | Die Quittung von *Jo-es Matthi: Ferdi: Schildt* von 1729 in ANAkt. Nr. 8357 Quitt. 164: *1. Daß Hochgräffl. Familien Stück ad 20* (berichtigt in 17) *Pistol. – 2. Zwey Copien, von ihro Excellentz portrait Nach deß Tournier Original ad 6* (berichtigt in 1) *Pistoln. 3. Eine Copie von einer Bayr. Dame ad 3* (berichtigt in 2) *Pistol. 4. Ein Portrait von Ihro Excellentz, so von H. Douven seel. gemahlet worden, den gantzten Kopf undt Barucke retouchiret ad 1 Pistol.* Neben diesem gibt es auch Quittungen des Malers Johannes Matthias Georg Schildt. | Zum Bildnis des Martin van Meytens in Brühl s. E. Renard, Schloß Augustusburg in Brühl, 2. vermehrte Auflage, Berlin (DKV) 1931, S. 35: »In neuerer Zeit wurde ein von Meytens stammendes Portrait des allmächtigen kurfürstlichen Ministers, Grafen Ferdinand von Plettenberg-Nordkirchen, erworben. …« (freundlicher Hinweis von Frau Christiane Winkler, wiss. Mitarbeiterin der Welterbestätte Brühl und Falkenlust, 2.8.2011). | Quittungen von G. Kappers von 1732 und 21.5.1733 in ANAkt. 6496/1 Bl. 171–172, von 1733 für den »Renvter« (Speisesaal) der Kapuziner in Münster.

133 ANAkt.6421 Bl. 131: Lieferung von 4 Alabastersteinen aus Nordhausen. | ebd. Nr. 6446, Bl. 2–3: Transport der Marmorsockel aus Koblenz 1722. | ebd. Nr. 6480, Bl. 9: Lieferung des Sockels aus rotem und der Plinte aus weißem Marmor für die Statue des Franz Joseph von Plettenberg für 12 Taler, 4.9.1723. | ebd. Nr. 6447 Bl. 7: 1.7.1724 Abschlagszahlung an Bildhauer Gröninger für die Bildhauerarbeiten an den Porträts über 56 Taler. | Die drei Skulpturen befanden sich 1766 und 1832 in einem der Seitenkabinette des Saales der Oranienburg, s. das Inventar von 1832 in ANAkt. Nr. 3926 Bl. 13 (mit Schätzpreisen): *In die Oranienburg … In dem Kabinett lincker Hand des Saales Nr. 724. Zwei Büsten von weißem marmor und rothem Postament, den Grafen Ferdinand und die Gräfin Bernhardine von Plettenberg darstellend 14 Tl. – Nr. 725. Eine Statue, den Grafen Franz Joseph*

von Plettenberg in Lebensgröße nebst einem Hunde vorstellend, in weißem Marmor mit schwarzen Adern 10 Tl. – Nr. 726. Zwei Statuen in Bley, einen Knaben und ein Mädchen vorstellend, übergoldet 18 Tl. | Im Inventar von 1766 heißt es lapidar (AN Kasten 21 Nr. 9, S. 552): *… auff der Oranienburg … Im Saale unten … Im Cabinett zur rechten Hand 4 marmorne Bruststuck. Im Cabinett zur lincken Hand 2 Bruststuck und 1 gantze Positour von Marmor.* | Der Katalog vom 16.4.1738 in AN Kasten 21/22 Nr. 3 Bl. 71.

134 Die Bilder befanden sich bis 1943 im Stadthof der Familie von Ketteler in Münster und stammen sehr wahrscheinlich aus dem Vorbesitz der Maria Anna von Galen (1752–1829), die eine Enkelin der Eheleute Merveldt-Westerholt war. Es liegt nahe, dass beide Bilder von ihr aus Nordkirchen mitgenommen worden sind. | Graf Merveldt wurde am 4.4.1727 in den Michaelsorden aufgenommen (Urkunde im Archiv Lembeck). Statt van Douven in Frage kommt auch Gerhard Kappers († 1750), seit etwa 1705 in Münster als Maler ansässig, s. M. Geisberg 1941, S. 167–168. Kappers war ein Schüler van Douvens, s. A. Houbraken Bd. 3 (1721), S. 353 (dort als »Gerhard Carses in Münster« bezeichnet).

135 Vgl. H. Schlutius 2004 und 2006. | Der Brief des Calléti (oder Calley) vom 27.9.1729 in ANAkt. Nr. 5470.

136 ANAkt. Nr. 5470. | Der Prunktisch wird von H. Kreisel 1970, S. 67 auf »um 1710« datiert und seine Werkstatt nach Westfalen lokalisiert; er müsste in die Ausstattungsphase unter dem Freiherrn Ferdinand ab 1712 gehören.

137 G. Dethlefs 1995, S. 13, 16, 21 Anm. 7. | Zu Silberkäufen s. AN. Kastenarchiv 125uu (Bl. 55–56: von Wilhelm Michael Raumer in Augsburg für 21.487 Gulden, Bl. 57–60: Ankauf von Besteck mit Porzellangriffen u.a.). Listen des Silbers 1732–1734 in AN. Kasten 89yy. | Zum Verkauf des Silbers AN. Kasten 21/22 Nr. 6.

138 G. Dethlefs 2000, S. 67 (jetzt LWL-LMKuK), S. 85 (Leihgabe aus Privatbesitz im Stadtmuseum Münster). | Kat. Geschenkt! 2007, S. 89 (mit Inschriften der Rückseite). Weitere schöne Siegelstempel des Grafen Ferdinand s. U.-D. Korn 1976, S. 17–18, mit Abb. (1976 erworben vom LWL-Landesmuseum Münster).

139 I. Bunte 2009, mit Nachweis der Literatur auch zu anderen westfälischen Adelsbibliotheken.

140 R. Steffen 1963. | B. Haller 2010, die Bibliothekskataloge ebd. S. 116–117, Sign.

Nk189–Nk193. Ein Katalog der älteren Handschriften von B. Haller ist in Bearbeitung. Als Buchbinder war 1725/1725 Meister Conrad Weege in Münster tätig, s. ANAkt. Nr. 2263 Bl. 159v, Nr. 2264 Bl. 5; Quittung ANAkt. 6448 Nr. 194. | Für die Musikaliensammlung s. R. Fritz 2004; B. Rosenberger ab 2005.

141 B. Haller 2010, S. 106–107.

142 Johann David Köhler, Historischer Münz-Belustigungen Fünfter Theil, Nürnberg 1733, Nr. 10–13 (11. März bis 1. April 1733), S. 73–80 (Taler 1696, mit der älteren Genealogie), S. 81–88 (Sterbetaler 1706, S. 82 die zitierte Würdigung Ferdinands v. Plettenberg und Genealogie der jüngeren Familie und der Nebenlinien sowie Grabschrift des Fürstbischofs), S. 89–96 (Goldstück des Wolter von Plettenberg), S. 97–104 (Goldmünze der Stadt Riga und des Wolter von Plettenberg 1533).

143 A. de Botton 2008.

144 Alle abgebildet bei F. Matzner / U. Schulze 1995, Bd. 1 S. 104–105 und K. E. Mummenhoff 1995, S. 264–265. | Zur Anwesenheit von Roidkin im November 1730 und Februar 1731 s. o. Anm. 98.

145 Für die Beschreibung eines fürstlichen Schlossbaus vorbildhaft P. O. Krückmann 2011.

146 M. Weidner 2000, Bd. 1 S. 665. | Catalogus 1734 (Exemplar im LWL-LMKuK, Münster, Bl. 16r (Anna Sophia von Merveldt geb. Westerholt, Patent 1708, s. M. Weidner 2000, Bd. 2 S. 657), Bl. 23r (Maria Josepha von Merveldt geb. Westerholt, Patent 1714 ebd. S. 658), Bl. 39r (Rosa von Schaesberg geb. Westerholt). Bernhardine von Plettenberg geb. Westerholt ist nicht genannt und vielleicht erst nach 1734 Sternkreuzordensdame geworden. Unterlagen dazu im Archiv Nordkirchen fehlen.

147 Vgl. M. Simon 2005 mit der neusten Literatur. | In Paris war das Werk als Kritik an der autoritären Politik Ludwigs XIV. und seiner ruinös teuren und aggressiven Expansionspolitik verstanden worden und führte zur Entlassung und Verbannung des Autors Fénelon vom Hof.

148 Zu den Devisen: H. Weiler 1975, S. 44–45 Nr. 86–88. | U.-D. Korn 1976, S. 174–175.

149 Vgl. oben Anm. 66.

150 Inventare zu den Wohnräumen 1766 in AN Kasten 21 Nr. 12, S. 16–20; auch schon in den Bauakten: ANAkt. 6448, Bl. 51–52: Schreinerarbeiten im Febr. und März 1725, u. a. am Lambris im Zimmer der Frau v. Niehausen (Schwes-

ter des Grafen Ferdinand). | Auch Schlaun hatte 1732 ein eigenes Zimmer, vgl. ANAkt. Nr. 6410 Bl. 25.

151 A. de Botton 2008, S. 15–16, 135–137, 146–150.

152 M. Braubach 1949, S. 217–235. | Ders. 1962. | M. Leifeld 2003.

153 M. Braubach 1949, S. 217–235. | M. Weidner 2000, Bd. 1 S. 482 Anm. 297 (Entlassungsbrief). | M. Leifeld 2003. S. 94–100. | Beschwerden über die schlechte Behandlung seiner Bauern enthalten die Protokolle der münsterischen Ritterschaft.

154 M. Braubach 1949, S. 237–245. | Die Einzelheiten der Besetzung Nordkirchens bei G. Erler 1911, S. 49–60. | Allgemein auch M. Braubach 1962.

155 Kat. Maria Theresia 1980, S. 38–39, freundlicher Hinweis von Constantin Graf von Plettenberg, Frankfurt/Main. | Zum politischen Hintergrund R. Zedinger 1994. | Die Eheverträge von 1736 und 1737 in ANUrk. Nr. 3308 (30.8.1736 Pommersfelden) und Nr. 3309 (10.11.1737 Steyer).

156 Nicht in der Minoritenkirche, so G. Erler S. 61. Freundlicher Hinweis von Constantin Graf von Plettenberg.

157 H. Hesse-Frielinghaus 1964, S. 275. | F. Matzner / U. Schulze 1995, Bd. 1, S. 76–77, 197–202 (Residenzplanung Münster), Bd. 2 S. 433–443 (Projekt Clemenshospital am Neuplatz). | K. E. Mummenhoff 1995, S. 296 (Ende der Arbeiten in Nordkirchen).

158 G. Erler 1911, S. 47–48, 61–63.

159 F. Matzner / U. Schulze 1995, Bd. 1, S. 386–389.

160 G. Dethlefs 2008, S. 51, 78, 80, 82.

161 M. Weidner 2000, Bd. 1, S. 483 Anm. 308, für das folgende ebd. Anm. 303.

162 C. L. Hoffmann 1772. Freundlicher Hinweis von Constantin Graf von Plettenberg.

163 D. Strohmann 1997, S. 90–91 und Tafel 129.

164 G. Erler 1911, S. 66–68.

165 ANAkt. Nr. 12649, Bl. 60–64. | H. Westhoff-Krummacher 1987, S. 92–94, 97.

166 M. Ritter 2007, S. 210–215, auch für das Folgende. | D. Hennebo / A. Hoffmann / G. u. R. Wörner 1981, S. 66–81 mit Abb. der erhaltenen Pläne.

167 Staatsarchiv Osnabrück, K Akz. 2010/059 N. 1M, Bl. 14: Bestandsplan des Nordgartens, um 1906 (Maßstab 1:1000), Bl. 32,8 × 70,7 cm (rote Nr. 110); Kreiskatasteramt Coesfeld: Karte um 1890.

168 M. Ritter 2007, S. 184–227, 239–250.

169 Auch hier die Angaben bei G. Erler 1911, S. 69–72. | Das Zitat J. F. Christ nach R. Fritz 1956, S. 135–136. | F. Freiligrath /

L. Schücking 1841, S. 149–150. | L. Schreiner 1968, S. 51–52. | Die Angabe von 1875 nach Akten im Archiv des Denkmalamtes Münster. | Katalog Münster 1879.

170 R. Jung 1980, S. 53–56. | M. Stoffregen-Büller 1995, S. 276–278. | Die Archivalien in ANAkt Nr. 3780 (Aktienverein 1868–1881) u. a.

171 Die Angaben nach G. Erler 1911, S. 71. | L. Piekenbrock 1927, S. 12. | F. J. Barta 1931, S. 6off.

172 C. Graf von Sayn-Wittgenstein-Berleburg 1906, S. 2056, daraus auch Abb. 344–347.

173 R. Martin 1913. | K. E. Mummenhoff 1990 (fast unveränderter Wiederabdruck des Textes von 1975). | Zu den Bergbau-Einnahmen und -Unternehmen W. Burghardt S. 249–250, 257–261.

174 Niedersächsisches Staatsarchiv Osnabrück, Dep. 62c (Arenberg-Meppen GmbH) Akz. 29/91 (im Folgenden abgekürzt zitiert NStAOs, Dep. 62c), Nr. 832: Umbauten 1904–1906. Der Hinweis auf diesen Aktenbestand wird Herrn Constantin Graf von Plettenberg, Frankfurt/M., verdankt. | Nach dem Vorbild von Clemenswerth wurden die Nebengebäude nach den Besitzungen des Herzogs benannt, im Uhrzeigersinn vom Schloss aus die Kapellenpavillon *Schleiden*, Stall der östlichen Vorburg *Mickeln*, östlicher Wachtpavillon *Enghien*, östliches Vorwerk *Quivrain*, westliches Vorwerk *Polders*, westliches Wachthaus *Mellier*, westliche Garage *Meppen*, der Dienerflügel *Recklinghausen* und *Heverlé*, ebd. Nr. 400 (dort auch die Instruktionen zur Parkpflege 1904).

175 Cl. Frange 1998, S. 34 (Übersetzung G. D.).

176 E. Schmidle 2006.

177 J. Aistermann 1911, S. 81–101. | Parkpflegewerk 1981, S. 81–108. | Cl. Frange 1998 und 2000. | B. Räckers 2000. | B. Böckerhoff 2002. | Zur Tätigkeit von Duchêne und Sergent s. NStAOs, Dep. 62c, Nr. 400, 1054, 1119: Umgestaltung des Schlossparkes 1906–1910, mit den Abrechnungen. | Zur Vorlage des Broderie-Parterres s. Parkpflegewerk 1981, S. 102–103 mit Abb.

178 NStAOs, Dep. 62c Nr. 451: Abrechnungen der Bildhauer 1912–1919, Nr. 1074: Klage des Bildhauers Hermann Hidding 1911–1919.

179 C. Frange 1998, S. 34–35, auch für das folgende (Übersetzung G. D.). | Das Zitat nach J. Aistermann 1911, S. 91, der S. 81–101 ausführlich den neobarocken französischen Garten beschreibt und rechtfertigt. | NStAOs, Dep. 62c Nr. 269,

1057 (Gartenarchitekt Hoemann 1911–1912).

180 Vgl. Parkpflegewerk 1981, S. 98–100.

181 G. Erler und J. Aistermann 1911.

182 NStAOs, Dep. 62c Nr. 269, 462 (Baupläne 1912), Nr. 890 (Bauantrag Ostflügel 7.10.1911, Bauabnahme 4.4.1912; Bauantrag Westflügel 1.7.1912, Bauabnahme 20.3./5.6.1913; die Architekten Bensel & Breuhaus prüften die Rechnungen.), Nr. 1054 (Betondecke April 1910 durch Firma Arno Möller in Duisburg).

183 NStAOs, Dep. 62c Nr. 462.

184 Bauakten: NStAOs, Dep. 62c Nr. 269 (Bauantrag 11.12.1913), Baupläne: ebd. K Akz. 2010/059 N. 1M, Bl. 1: Lageplan der neuen Zwischenpavillons 1:500, 51,6 × 45,0 cm, Bl. 3 »Neubau des Westflügels« 1:100, Grundriss Kellergeschoss und 2 Schnitte. 73,2 × 42,1 cm; Bl. 4, Aufrisse Hofseite und Westseite 1:100. 65,1 × 42,0 cm; alle datiert November 1913 Löfken / Bauamt des Westfälischen Bauernvereins. Genehmigt von Wethmar, Kreisbaumeister zu Lüdinghausen, 17.1.1914.

185 C. Schulze Pellengahr 1910. | NStAOs, Dep. 62c Nr. 451 (Geh. Kabinett an den Herzog 17.2.1916: Baurat Löfken soll Pläne für Clemenswerth auf Pauspapier schicken, u.a.). | Die 1905 erbaute Landwirtschaftskammer und das formal ähnliche Gebäude der Bodenkreditbank (Westfälische Landschaft) war nach Entwürfen des Berliner Architekten Baurat Max Hasak (1856–1934) vom Architekten Holtmann aus Münster realisiert worden, freundlicher Hinweis von Herrn Generallandschaftsdirektor i.R. Heinrich Plath, Münster, nach Festschriften der Westfälischen Landschaft 1902 und 1905; vgl. U. Richard-Wiegandt 1991, S. 19 Abb. 23–24.

186 U. Richard-Wiegandt 1991, S. 18–20. | K.E. Mummenhoff 1978, S. 201, 210.

187 Für die zitierten Werke siehe das Schrifttumsverzeichnis. | Die Korrespondenz mit Hartmann 1908–1910 in NStAOs, Dep. 62c Nr. 1054.

188 NStAOs, Dep. 62c Nr. 419, Nr. 924 (Aufzeichnungen über den Verbleib des Inventars um 1958/60). Demnach gelangten die Teniers-Tapisserien »mit dem großen Transport« 1944 nach Nizza.

189 NStAOs, Dep. 62c Nr. 416. | Akten zur Pferdezucht ebd. Nr. 780: Unterhaltung eines Ponygestüts 1929–1937; Nr. 778: Zucht von Trabrennpferden 1933–1948; Nr. 881: Unterhaltung des Gestüts Nordkirchen 1935–1971; Nr. 691: An- und Verkauf von Traberpferden 1937–1946; Nr. 583: Verzeichnis von Renngewinnen

und Zuchtprämien 1938–1962; Nr. 1056: Unterhaltung des herzoglichen Marstalls 1903–1935.

190 C. Marx / A. Sternschulte 2002, S. 27, 145–148. | J. Opora 2006, S. 262–274.

191 NStAOs, Dep. 62c Nr. 958.

192 Manche Angaben zum Schloss seit 1911 bei B. Treckler 1926. | H. Bartels 1933, S. 246. | F. Mühlen 1953, S. 163. | K.E. Mummenhoff 1978 S. 149–152. | Zum Kriegsgefangenenlager NStAOs, Dep. 62c Nr. 269, 324; zum Luftschutzraum ebd. Nr. 509.

193 K.E. Mummenhoff 1963, S. 181–182. | D. Kluge 1968, S. 401. | F. Winter 1973. | Ferner Zeitungsartikel, mündliche Auskünfte und die Akten des Amtes für Denkmalpflege. | K.E. Mummenhoff, 1978, S. 149–172 mit vielen, im Folgenden teils wörtlich übernommenen Details.

194 NStAOs, Dep. 62c Nr. 1211.

195 K.E. Mummenhoff 1975, S. 114. | Ders. 1978, S. 172–173.

Literatur

in chronologischer Folge:

Augustin Charles d'Aviler: Cours d'architecture, Paris 1691.

Augustin Charles Daviler / Leonhard Christoph Sturm (Übers.): Außführliche Anleitung zu der gantzen Civil-Baukunst: Worinnen Nebst denen fünff Ordnungen von J. Bar. de Vignola, Wie auch … Alles was in der Baukunst … vorkommen mag, berühret, an deutlichen Beyspielen erkläret, und mit schönen Rissen erläutert, Amsterdam 1699.

Paulus Decker: Fürstlicher Baumeister oder architectura civilis, Augsburg 1711–1716 (Reprint Hildesheim / New York 1978).

Arnold Houbraken: De groote schouburgh der Nederlantsche konstschilders en schilderessen, 3 Bde., Amsterdam 1718–1721.

Catalogus Deren Aller Orten Hoch-Adelichen Stern-Creutz-Ordens Dames, Wien o. J. (um 1734).

Carl Ludwig Freiherr von Pöllnitz, Mémoires, 3 Bde. (1734), deutsch: Nachrichten Des Baron Carl Ludwig von Pöllnitz: Enthaltend Was derselbe Auf seinen Reisen Besonderes angemercket, Nicht weniger die Eigenschafften dererjenigen Personen, woraus Die Vornehmste Höfe in Europa bestehen. Aus dem Frantzösischen neuverbessert- und… vermehrten zweyten Edition ins Teutsche übersetzt, 4 Bde., Frankfurt/Main 1735. (Digitalausgabe der Bayerischen Staatsbibliothek im Internet verfügbar.)

Notice des meilleurs Tableaux exposés dans le Château de Nordkirchen, Münster, Aschendorff o. J. (ca. 1810).

Ferdinand Freiligrath / Levin Schücking: Das malerische und romantische Westphalen, Barmen und Leipzig 1841.

Johannes Janssen (Hrsg.), Die münsterischen Chroniken von Röchell, Stevermann und Corfey (Geschichtsquellen des Bisthums Münster 3), Münster 1856.

Ludwig Perger: Über die münsterischen Erbämter, in: Westfälische Zeitschrift 19 (1858), S. 299–354.

Katalog zur Ausstellung westfälischer Alterthümer und Kunsterzeugnisse, Juni 1879, Münster 1879.

Julius Schwieters: Geschichtliche Nachrichten über den östlichen Theil des Kreises Lüdinghausen, Münster 1886.

Julius Schwieters: Die Bauernhöfe des östlichen Theils des Kreises Lüdinghausen, Münster 1888.

Adolf Tibus: Der Davensberger, jetzt Beverfoerder Hof auf der Königstraße zu Münster und seine Besitzer, in: Westfälische Zeitschrift 50 (1892), S. 69–168.

Albert Ludorff / Julius Schwieters: Die Bau- und Kunstdenkmäler des Kreises Lüdinghausen (= Die Bau- und Kunstdenkmäler von Westfalen Bd. 1), Münster 1893.

Georg Tumbült: Zur Geschichte der Herren von Morrian, in: Westfälische Zeitschrift 56 (1898), S. 109–112.

Heinrich Offenberg: Dietrich von Galen, der Vater Christoph Bernhards, in: Westfälische Zeitschrift 58 (1899), S. 60–89.

Chlodwig Graf zu Sayn-Wittgenstein-Berleburg: Auf Deutschlands Edelsitzen VI. Schloß Nordkirchen, in: Die Woche 8. Jg. (1906), Nr. 47, S. 2056–2061.

Georg Erler: Erziehung westfälischer Adeliger im 18. Jahrhundert, in: Westfalen 1 (1909), S. 103–124.

Ernst Kunsemüller: Zur Entstehung der westfälischen Familien-Fideikommisse, (Diss.) Münster 1909.

Heinrich Hartmann: Johann Konrad Schlaun (= Beiträge zur westfälischen Kunstgeschichte, Heft 5), Münster 1910.

Georg Erler: Geschichte der Herrschaft und des Schlosses Nordkirchen, in: Nordkirchen. Festschrift zur Prinz-Heinrich-Fahrt 1911, Münster 1911, S. 5–72.

Josef Aistermann: Beschreibung des Schlosses und des Parkes von Nordkirchen, in: Nordkirchen. Festschrift zur Prinz-Heinrich-Fahrt 1911, Münster 1911, S. 73–130.

Georg Erler: Beiträge zur Geschichte der Nordkirchener Gemäldegalerie, in: Westfalen 4 (1912), S. 22–29, 59–65.

Engelbert Freiherr v. Kerckerinck zur Borg / Richard Klapheck: Alt-Westfalen. Die Bauentwicklung Westfalens seit der Renaissance (= Westfälische Kommission für Heimatschutz, 1. Veröffentlichung), Stuttgart 1912.

Rudolf Martin: Jahrbuch des Vermögens und Einkommens der Millionäre im Königreich Preußen, Berlin 1913.

Rudolf Schulze: Neuerwerbungen des Altertumsvereins zu Warendorf. IX. Zur Geschichte der Malergilde in Münster, in: Warendorfer Blätter für Orts- und Heimatkunde 14. Jg. Nr. 1 (9.3.1919), S. 1–3, Nr. 2 (27.4.1919), S. 5–6.

Friedrich Scharlach: Fürstbischof Friedrich Christian v. Plettenberg und die münsterische Politik im Koalitionskriege 1688–1697, in: Westfälische Zeitschrift 80 (1922), S. 1–35 und Bd. 93 (1937), S. 79–127.

Bernhard Treckler: Posterholungsheim »Schloß Nordkirchen«, Münster 1926.

Leo Piekenbrock: (Nachricht über die Pfarrkirche Nordkirchen) = Heimatkalender Lüdinghausen 1927, S. 12.

Heinrich Glasmeier: Archivfahrten kreuz und quer durch Westfalen. 28. Die herzoglich arenbergischen Archive von Recklinghausen, Dülmen, Meppen und Nordkirchen, in: Westfälisches Adelsblatt, 6. Jg. (1929), S. 86ff.

F. J. Barta: Stronzian und Graf Nikolaus Esterhazy in Nordkirchen, in: Heimatkalender Lüdinghausen 1931, S. 60ff.

Wilhelm Rave: Die Architektenfamilie Pictorius – Lipper – Reinking, in: Westfalen 17 (1932), S. 1–7.

Hermann Barteln: Neue Zeit und alte Burgen, in: Westfalen 18 (1933), S. 245–252.

Max Geisberg: Die Stadt Münster (Bau- und Kunstdenkmäler von Westfalen 41), Teil III–IV, Münster 1934–1935.

Max Braubach: Politisch-militärische Verträge zwischen den Fürstbischöfen von Münster und den Generalstaaten der Vereinigten Niederlande im 18. Jahrhundert, in: Westfälische Zeitschrift 91 (1935), S. 150–194.

Wilhelm Rave: Johann Martin Pictorius, in: Westfalen 20 (1935), S. 344–348.

Theodor Rensing: Schloß Ahaus und sein Baumeister, in: Westfalen 19 (1934), S. 317–326.

Max Braubach: Eine Tragödie am Hofe des Kurfürsten Clemens August von Köln. Der Tod des Komturs von Roll und seine Folgen, in: Annalen des Historischen Vereins für den Niederrhein 131 (1937), S. 63–119.

Walther Zimmermann / Heinrich Neu: Das Werk des Malers Renier Roidkin. Ansichten westdeutscher Kirchen, Burgen, Schlösser und Städte aus der 1. Hälfte des 18. Jahrh., Düsseldorf 1939 (= Rheinischer Heimatbund, Jahrgang 1939).

Karl Hoecken: Innenräume barocker Adelsbauten in Münster und im Münsterland, in: Westfälische Forschungen 3 (1940), S. 99–134.

Herta Frielinghaus: Unbekannte Bildnisse Wolters von Plettenberg und Gotthard Ketelers, in: Westfalen 25 (1940), S. 66–70.

Wilhelm Rave: Neue Bildnisse des Ehepaares G. L. Pictorius, in: Westfalen 25 (1940), S. 177–178.

Max Geisberg: Studien zur Geschichte der Maler in Münster 1530 bis 1800, in: Westfalen 26 (1941), S. 147–182.

Herta Frielinghaus: Johann Martin Pictorius, in: Westfalen 26 (1941), S. 40.

Friedrich von Klocke: Zu den Bildnissen und zu dem Grabstein Wolter von Plettenbergs, in: Westfalen 26 (1941), S. 31–35.

Theodor Rensing: Die Bauherren des frühen Barock in Westfalen, in: Westfalen 29 (1951), S. 234–239

Franz Mühlen: Einzelberichte zur Denkmalpflege für die Jahre 1941–1952, in: Westfalen 31 (1953), S. 163.

Theodor Rensing: Johann Conrad Schlaun. Leben und Werk des westfälischen Barockbaumeisters, München 1954.

Rolf Fritz: Das Ruhrgebiet vor 100 Jahren, Dortmund 1956.

Pierre Bourget / Georges Cattaui: Jules Hardouin-Mansart, Paris 1956 (= Les grands architectes), 2. Aufl. 1960.

Kurt Fischer: Henrico de Suer. Kirchenbaumeister aus Coesfeld, in: Westfalen 34 (1956), S. 141–144.

Karl Eugen Mummenhoff: Das alte Schloß Nordkirchen, Vogelschau des Peter Pictorius d. J., in: Westfalen-Spiegel, November 1960, S. 27.

Theodor Rensing: Fürstbischof Friedrich Christian v. Plettenberg als Auftraggeber und Mäzen, in: Westfalen 38 (1960), S. 174–201.

Karl Eugen Mummenhoff: Die Profanbaukunst im Oberstift Münster von 1450–1650, Münster 1961 (= Westfalen 15. Sonderheft).

Theodor Rensing: Baumeister neben und um Schlaun in den Bistümern Münster, Paderborn und Hildesheim, in: Clemens August. Ausst.Kat. Brühl 1961, S. 282–287.

Max Braubach: Ferdinand von Plettenberg, in: Westfälische Lebensbilder 9, Münster 1962, S. 34–51.

Karl Eugen Mummenhoff: Einzelberichte zur Denkmalpflege für die Jahre 1953–1961, in: Westfalen 41 (1963), S. 181–182.

Herta Hesse-Frielinghaus, Ein Beitrag zum Lebensbild von J. C. Schlaun, in Westfalen 42 (1964), S. 275–280.

Paul Michels: Ahnentafeln Paderborner Domherren, Paderborn 1966.

Friedrich Keinemann: Das Domkapitel zu Münster im 18. Jahrhundert, Münster 1967.

Ruth Steffen: Die Handschriftensammlung der Familien Fürstenberg und Plettenberg aus Schloß Nordkirchen in der Universitätsbibliothek Münster, in: Westfälische Forschungen 21 (1968), S. 259–276.

Karl Eugen Mummenhoff: Wasserburgen in Westfalen, 3. Aufl. München 1968.

Dorothea Kluge: Einzelberichte zur Denkmalpflege für die Jahre 1962–1966, in: Westfalen 46 (1968), S. 401.

Ludwig Schreiner: Karl Friedrich Schinkel und die erste westfälische Denkmäler-Inventarisation, Recklinghausen 1968.

Wilfried Hansmann, Die Stuckdecken des Gelben Appartements in Schloß Augustusburg zu Brühl, Düsseldorf 1970 (Beiträge zur Rheinischen Kunstgeschichte und Denkmalpflege).

Heinrich Kreisel: Kunstgeschichte des deutschen Möbels Bd. 2, München 1970.

Helmut Lahrkamp: Die geistlichen Söhne Friedrich (IV.), in: Fürstenbergsche Geschichte Bd. 3: Die Geschichte des Geschlechtes von Fürstenberg im 17. Jahrhundert, bearb. von H. Lahrkamp u.a., Münster 1971, S. 95–168.

Hans Jürgen Warnecke: Münsterländische Beamte, Kaufhändler und Textilunternehmer als Nachkommen der Erbmarschälle von Morrien, in: Beiträge zur westfälischen Familienforschung 27–29 (1969–1971), Münster 1971, S. 52–84.

Heinfried Wischermann: Schloss Richelieu – Studien zu Baugeschichte und Ausstattung, Freiburg 1971.

Karl-Heinz Kirchhoff: Die Täufer in Münster 1534/35, Münster 1973.

F. Winter: Von der Wasserburg zum Wasserschloß, in: Schloß Nordkirchen. Das größte Wasserschloss Westfalens, Selm o. J. (1973).

Johann Conrad Schlaun 1695–1773. Ausstellung zu seinem Todestag am 21.10.1773 (= Schlaunstudie I, Text- und Bildteil), Münster 1973.

Wilfried Hansmann: Die Planung Johann Conrad Schlauns für Schloß Brühl, in: Johann Conrad Schlaun 1695 bis 1773, Ausstellung Münster, Schlaunstudie I, Textteil, S. 64–79.

Ulf-Dietrich Korn: Der Paderborner Hofbaumeister Franz Christoph Nagel – ein Zeitgenosse Johann Conrad Schlauns, in: ebd., Textteil, S. 214–277.

Horst Appuhn / Wingolf Lehnemann: Der Kreis Lüdinghausen in alten Ansichten, Selm 1974.

Friedrich Keinemann: Die europäischen Mächte und die Wahl des Herzogs Clemens August von Bayern zum Fürstbischof von Münster, Paderborn und Osnabrück (1716–1728), in: ders., Ancien Regime – Kulturkampf – Nachkriegszeit.

Neue Beiträge zur westfälischen Landesgeschichte, Hamm 1974, S. 5–76.

Wilhelm Kohl: Das (freiweltliche) Damenstift Freckenhorst, Berlin u. a. 1975 (= Germania Sacra NF. 10).

Hanno Weiler: Clemens August Herzog von Bayern Kurfürst von Köln. Die Medaillen, Schau- und Gedenktaler usw., Krefeld 1975.

Wilfried Hansmann / Gisbert Knopp: Die Schlösser des Kurfürsten Clemens August. Veduten-Caprici – Einundzwanzig Kupferstiche von Nikolaus Mettely und Peter Wyon nach Zeichnungen von Johann Martin Metz, München 1976.

Ulf-Dietrich Korn (Hrsg.): Johann Conrad Schlaun 1695–1773. Schlaunstudie III, Münster 1976.

Karl E. Mummenhoff: Die Feuerwerksentwürfe von Johann Conrad Schlaun, ebd. S. 207–236.

Kat. Kurfürst Max Emanuel. Bayern und Europa um 1700, Katalog zur Ausstellung im Altem und Neuen Schloß Schleißheim 2. Juli bis 3. Oktober 1976, 2 Bde., München 1976.

Helmut Müller: Ascheberg. Geschichte eines münsterländischen Ortes von den Anfängen bis zur kommunalen Neuordnung 1975, Ascheberg / Davensberg 1978.

Detlev Schwennicke: Die Grafen von Plettenberg-Mietingen, in: ders., Europäische Stammtafeln. Stammtafeln zur Geschichte der europäischen Staaten 5, Marburg 1978, Tf. 71.

Karl Eugen Mummenhoff: Das Schloß Nordkirchen von 1918 bis 1976, in: Westfalen 56 (1978), S. 146–173.

Karl Eugen Mummenhoff: Bemerkungen zu Bauten Alfred Hensens in Münster, in: Westfalen 56 (1978), S. 193–212.

Theo Hundt: Die beiden Schlösser von Lenhausen, in: Heimatstimmen aus dem Kreise Olpe 117 (1979 H. 4), S. 171–179.

Gabriele Imhof: Der Schleißheimer Schloßgarten des Kurfürsten Max Emanuel von Bayern. zur Entwicklung der barocken Gartenkunst am Münchner Hof, München 1979 (= Miscellanea Bavarica Monacensia 82).

Rudi Jung: Schloss Nordkirchen. Das »Westfälische Versailles«, Lüdinghausen 1980, 8. Aufl. 1996.

Wouter Kuyper: Dutch Classicist Architecture. A Survey of Dutch Architecture, Gardens and Anglo-Dutch Architectural Relations from 1625 to 1700, Delft 1980.

Helmut Lahrkamp: Corfey und Pictorius. Notizen zur Barockarchitektur Münsters 1700–1722, in: Westfalen 58 (1980), S. 139–152.

Maria Theresia und ihre Zeit. Zur 200. Wiederkehr ihres Todestages, Katalog zur

Ausstellung 13. Mai bis 26. Oktober 1980 in Wien, Schloß Schönbrunn, Wien 1980.

Dorothea Radtke: Die schönsten Schlösser Deutschlands, Gütersloh o. J. (1980), S. 70–73.

Matthias Diesel: Kurbayerische Schlösser. Nach einer Vedutenfolge um 1720, hrsg. von Peter Volk, Dortmund 1981.

Dieter Hennebo / A. Hoffmann / Gustav und Rose Wörner: Parkpflegewerk für den Park des Schlosses Nordkirchen. Gutachten im Auftrag des Landes Nordrhein-Westfalen, Münster 1981.

Dietrich Höroldt: Die Urkunden des Archivs von Burg Rösberg, Köln 1981 (LVR-Inventare nichtstaatlicher Archive 26).

Helmut Müller: Davensberg und die Davert, Münster 1981 (Westfälische Kunststätten 13).

Wilhelm Kohl: Das Domstift St. Paulus zu Münster Bd. 2, Berlin u. a. 1982 (= Germania Sacra NF. 17,2).

Karl Eugen Mummenhoff: Beiträge zum architektonischen Oeuvre des Lambert Friedrich Corfey, in: Westfalen 62 (1984), S. 93–128.

Wolfgang Braunfels: François Cuvilliés. Der Baumeister der galanten Architektur des Rokoko, München 1986.

J. H. M. Evers / P. G. J. Post: Historisch Repertorium met betrekking tot Wittem als Bedevaartsoord, Heerlen 1986, S. 29–53.

Dirk Strohmann: Johann Georg Rudolphi. Ein Beitrag zur Malerei des 17. Jahrhunderts in Westfalen, Bonn 1986 (Denkmalpflege und Forschung in Westfalen 10).

Hildegard Westhoff-Krummacher: Unbekannte Bildnisse von Johann Christoph Rincklake – ein Nachtrag, in: Westfalen 65 (1987), S. 85–98.

Udo Grote: Missale plenum des Gerhard von Morrien, in: Karl-Eugen Mummenhoff (Red.), Verein Münster Museum 1978–1988, Greven 1988, S. 12–13.

Wieland Koenig / Karl Bernd Heppe (Hrsg.): Anna Maria Luise Medici Kurfürstin von der Pfalz, Katalog zur Ausstellung im Stadtmuseum Düsseldorf 1988, Düsseldorf 1988.

Ekkehard Mai: Porträtkunst und höfisches Porträt, in: Wieland Koenig / Karl Bernd Heppe 1988, S. 57–71.

Kristin Püttmann: »…zur noht und zur lust«. Orangerien und Gewächshäuser in den Gärten westfälischer Schlösser, Ausst.Kat. Westfälisches Museumsamt in Rheda-Wiedenbrück, Münster 1988.

Leo Peters: Der Kurfürstliche Hof und der Hofadel. Die Familie des Grafen Schaesberg als Beispiel, in: W. Koenig / K. B. Heppe 1988, S. 49–55.

Regine von Schopf: Barockgärten in Westfalen, Worms 1988.

Clemens Alexander Wimmer: Geschichte der Gartentheorie, Darmstadt 1989.

Hans-Josef Böker: Eine Planung Lambert Friedrich Corfeys für Schloss Nordkirchen, in: Westfalen 68 (1990), S. 89–100.

Werner Burghardt: Die Herzöge von Arenberg und der Bergbau, in: Heyen / Behr 1990, S. 247–264.

Franz-Josef Heyen / Hans Joachim Behr (Hrsg.), Die Arenberger. Geschichte einer europäischen Dynastie. Band 2: Die Arenberger in Westfalen und im Emsland, Koblenz 1990.

Karl E. Mummenhoff: Schloß Nordkirchen 1903 bis 1914, in: Heyen / Behr 1990, S. 207–226.

Eva-Maria Höper: Ambrosius von Oelde. Ein Kapuzinerarchitekt des Frühbarock im Dienst der westfälischen Fürstbischöfe. Dülmen 1990.

Eva-Maria Höper: Die Residenz Friedrich Christians von Plettenberg – Baugeschichte und kunsthistorische Einordnung, in: Kristin Püttmann (Hrsg.), Schloss Ahaus 1690–1990, Ahaus/Borken 1990, S. 33–64.

Lada Nikolenko: Schönheitsgalerien der Wittelsbacher, München 1990.

Johannes Arndt: Das niederrheinisch-westfälische Reichsgrafenkollegium und seine Mitglieder (1653–1806), Mainz 1991.

Gerd Dethlefs: Geschichte der Festung und Zitadelle Vechta, in: Wilhelm Hanisch / Franz Hellbernd / Joachim Kuropka (Red.), Beiträge zur Geschichte der Stadt Vechta Bd. I (6. Lfg.), Vechta 1991, S. 265–382.

Ursula Richard-Wiegandt: Das Siedlungswachstum der Stadt Münster vom 19. Jahrhundert bis zum Zweiten Weltkrieg, Münster 1991.

Barbara Bußkamp: Johann Conrad Schlaun. Die Sakralbauten, Münster 1992 (= Schlaunstudie V).

Kristin Püttmann-Engel: Schloßkapellen im Raum Westfalen 1650–1770, Bonn 1992 (= Denkmalpflege und Forschung in Westfalen 14).

Udo Grote: Johann Mauritz Gröninger. Ein Beitrag zur Skulptur des Barock in Westfalen, Bonn 1992 (= Denkmalpflege und Forschung in Westfalen 20).

Michael Mette, Studien zu den barocken Klosteranlagen in Westfalen, Bonn 1993 (= Denkmalpflege und Forschung in Westfalen 25).

Klaus Püttmann: Johann Conrad Schlaun in der Forschung von 1973 bis 1988, in: Westfalen 68 (1990), Münster 1993, S. 232–239.

Hildegard Schlutius: Die Herren von Morrien, in: Lüdinghauser Geschichtshefte 9 (1993), S. 1–23.

Torsten Olaf Enge / Carl Friedrich Schröer: Gartenkunst in Europa 1450–1800. Vom Villengarten der italienischen Renaissance bis zum englischen Landschaftsgarten, Köln 1994.

Christiane auf dem Kampe: Die Notendrucke der Sammlung Nordkirchen in der Universitäts- und Landesbibliothek Münster. Eine Untersuchung des Bestandes und der Herkunft, Köln 1994 (Hausarbeit der FH für Bibliotheks- und Dokumentationswesen Köln).

Wilfried Hansmann: Dominique Girard und Antoine Joseph Dezallier d'Argenville. Über die Kunst, Parterres zu gestalten, in: Garten – Kunst – Geschichte. Festschrift für Dieter Hennebo zum 70. Geburtstag, Worms 1994, S. 53–55.

Renate Zedinger: Hochzeit im Brennpunkt der Mächte. Franz Stephan von Lothringen und Erzherzogin Maria Theresia, Köln / Wien 1994.

Klaus Bußmann / Florian Matzner / Ulrich Schulze (Hrsg.): Johann Conrad Schlaun 1695–1773. Architektur des Spätbarock in Europa. Stuttgart 1995.

Gerd Dethlefs: Johann Conrad Schlaun in seiner Zeit, in: Johann Conrad Schlaun in Münster, Ausstellungskatalog Stadtmuseum Münster 1995, hrsg. von Hans Galen, Münster 1995, S. 9–22; Drei Pläne zum Nordkirchener Hof in Münster vielleicht von Dominique Girard, ebd. S. 53–56; Fünf Dekorationsentwürfe von Stephan Laurent Delarocque, ebd. S. 57–63; Zwei Entwürfe für Stuckdecken von Johann Adolf Biarelle, ebd. S. 64–67.

Udo Grote: Das Grabmal des Fürstbischofs Friedrich Christian von Plettenberg (Kunstwerke des St. Paulus-Domes zu Münster 7), Münster 1995.

Katharina Krause: Schlaun und Frankreich, in: K. Bußmann / F. Matzner / U. Schulze 1995, S. 204–235.

Florian Matzner / Ulrich Schulze: Johann Conrad Schlaun 1695–1773. Das Gesamtwerk, hrsg. von Klaus Bußmann, 2 Bde., Stuttgart 1995, S. 54–127.

Karl-Eugen Mummenhoff: Schloß Nordkirchen. Die Bauten Schlauns für Ferdinand von Plettenberg, in: K. Bußmann / F. Matzner / U. Schulze 1995, S. 238–297.

Karl-Eugen Mummenhoff: Unbekannte Architekturzeichnungen von P. Pictorius d. J. und J. C. Schlaun, in: Johann Conrad Schlaun in Münster, Ausstellungskatalog Stadtmuseum Münster 1995, hrsg. von Hans Galen, Münster 1995, S. 29–52.

Michael Stoffregen-Büller: Westfalen – Land der Pferde. Ein Streifzug durch die Jahrhunderte, Münster 1995.

Gerd Dethlefs: Das Baubüro von Johann Conrad Schlaun. Johann Conrad Schlaun und seine Mitarbeiter, in: Westfalen 74 (1996), S. 1–73.

Peter Ilisch: Die Nachfahren der Reinmodis, in: Geschichtsblätter des Kreises Coesfeld 21 (1996), S. 159–162.

Angelika Lorenz: die Maler tom Ring. Ausstellungskatalog Westfälisches Landesmuseum für Kunst und Kulturgeschichte Münster, 2 Bde., Münster 1996.

Hildegard Schlutius: Damast, Samt und Seide im 16. Jahrhundert – die Kleidung der Junffer Johanna v. Büren, Gemahlin des Erbmarschalls Gerd v. Morrien, in: Geschichtsblätter des Kreises Coesfeld 21 (1996), S. 61–78.

Hildegard Schlutius: *In dießem Kemmerken etzliche Boicher fürhanden … Die Bibliothek der Familie von Morrien, im besonderen der Buchbesitz der Frau Johanna*, in: Geschichtsblätter des Kreises Coesfeld 22 (1997), S. 85–112.

Gerd Dethlefs: Joseph Vivien, Ferdinand Freiherr von Plettenberg (= Westfälisches Landesmuseum für Kunst und Kulturgeschichte Münster, Kunstwerk des Monats Juni 1998).

Wilfried Hansmann: Georg Potente und die Rekonstruktion des Parterres von Schloß Augustusburg in Brühl 1933–1935, in: Die Gartenkunst 10 (1998), H. 2, S. 214–228.

Claire Frange: Le style Duchêne. Henri et Achille Duchêne, architectes paysagistes 1841–1947, Cachan 1998.

Hildegard Schlutius: Johann von Morrien – Glaubensstreiter oder Kriegsunternehmer? Lebensbild eines Münsterländer Adeligen im 30jährigen Krieg, in: Der Friede ist der Dinge Bestes. Die Zeit des 30jährigen Krieges in Lüdinghausen (= Lüdinghauser Geschichtshefte 12), Lüdinghausen 1998, S. 165–183.

Hildegard Schlutius: Wo der Kaiser zu Fuß hingeht … Neuere Erkenntnisse über *Heimblichkeiten* im *Westfälischen Versailles*, in: Geschichtsblätter des Kreises Coesfeld 23 (1998), S. 183–188.

Markus Kamps: Sammlung Plettenberg. Glanz und Niedergang der bedeutendsten fürstlichen Sammlung des 18. Jahrhunderts in Westfalen, in: Weltkunst 64. Jg., Nr. 4 (April 1999), S. 684–686.

Hildegard Schlutius: Er konnte sich nicht für eine Seite entscheiden. Das kurze Leben des Johann von Morrien, in: Auf Roter Erde. Heimatblätter für Münster und das Münsterland 11/1999, Beilage zu den Westfälischen Nachrichten Münster 24.11.1999.

Alfried Wieczorek / Hansjörg Probst / Wieland Koenig (Hrsg.): Lebenslust und Frömmigkeit. Kurfürst Carl Theodor (1724–1799) zwischen Barock und Aufklärung, 2 Bde., Ausstellungskatalog Mannheim / Düsseldorf 1999/2000, Regensburg 1999.

Gerd Dethlefs (Hrsg.): Vivat Clemens August! Paderborner Glaskunst des 18. Jahrhunderts – Die Glashütte Emde bei Brakel. Ausstellungskatalog Volksbank Paderborn / Emslandmuseum Schloß Clemenswerth / Westfälisches Landesmuseum für Kunst und Kulturgeschichte Münster 2000, Münster 2000.

Claire Frange: Les jardins des Duchêne en Europe. Katalog zur Ausstellung im Écomusée château de la Verrerie Le Creusot, 16.9.2000 – 27.2.2001, Montceau 2000.

Beate Räckers: Henri und Achille Duchêne. Ihr gartenkünstlerisches Wirken zwischen 1880 und 1930; unter besonderer Berücksichtigung von Nordkirchen und Voisins, Münster 2000 (Dipl.-Arb. Universität Hannover).

Barbara Stollberg-Rilinger (Hrsg.), Das Hofreisejournal des Kurfürsten Clemens August von Köln 1719–1745, Siegburg 2000 (Ortstermine. Historische Funde und Befunde aus der deutschen Provinz 12).

Marcus Weidner: Landadel in Münster 1500–1760. Stadtverfassung, Standesbehauptung und Fürstenhof, Münster 2000 (Quellen und Forschungen zur Geschichte der Satdt Münster NF. 18).

Norbert Angermann / Ilgvars Misāns (Hrsg.): Wolter von Plettenberg und das mittelalterliche Livland, Lüneburg 2001 (Schriften der baltischen Historischen Kommission 7).

Helmut Ebert: Lexikon der Bildenden und Gestaltenden Künstlerinnen und Künstler in Westfalen-Lippe, Münster 2001, Ergänzungsband 2006.

Stadtmuseum Münster: Elfenbein, Alabaster und Porzellan aus der Sammlung des fürstbischöflichen Ministers Ferdinand von Plettenberg und der Freiherren von Ketteler, Münster 2001 (KulturStiftung der Länder – Patrimonium 193).

Alain Jacobs: Le Ganymède et l'aigle de Jérôme Duquesnoy le Jeune, in: Revue de l'art 132 (2001–2), S. 57–66.

Hans-Joachim Behr: *Van den upgegraven doden tor Nortkercken*, in: Westfälische Zeitschrift 152/152 (2001/2002), S. 81–90.

Beate Böckerhoff: Achille Duchêne (1866–1947). Wegbereiter des Historismus in Frankreich, in: Stadt + Grün 12/2002, S. 38–43.

Maren Brüggemann: Eine geschnitzte Eichenholzvertäfelung um 1720 aus dem Boeselager Hof in Bonn. Bestand des Grassimuseums / Museum für Kunsthandwerk Leipzig. Beweisführung zur Herkunft, technologische Untersuchungen und Erstellung eines Restaurierungs- und Ausstellungskonzeptes, Diplomarbeit Fachhochschule Potsdam 2002 (ungedruckt).

Gerd Dethlefs: »weylen dieses Werck zur Splendeur der Kirchen gereichet«. Die Planungen von Corfey und Pictorius für die Kettelersche Doppelkurie am Domplatz zu Münster, in: Udo Grote (Hrsg.), Westfalen und Italien. Festschrift für Karl Noehles zum 80. Geburtstag, Petersberg 2002, S. 153–171.

Peter Ilisch: Der Konfessionswechsel auf dem Haus Nordkirchen im Dreißigjährigen Krieg, in: Kirche und Frömmigkeit in Westfalen. Gedenkschrift für Alois Schröer, hrsg. von Reimund Haas, Münster 2002 (Westfalia Sacra 12), S. 118–129.

Peter Ilisch: Zur Geschichte des Hauses Meinhövel im Kirchspiel Nordkirchen, in: Geschichtsblätter des Kreises Coesfeld 27 (2002) S. 1–26.

Cordula Marx / Agnes Sternschulte (Hrsg.): »… so frei, so stark …« Westfalens wilde Pferde, Essen 2002 (Schriften des Westfälischen Freilichtmuseums Detmold 21).

Jörg Niemer: Gottfried Laurenz Pictorius, Diss. (masch.) Münster 2002 (im Internet publiziert).

Tapisserien. Wandteppiche aus den staatlichen Schlössern Baden-Württembergs, bearb. von Carla Fandrey u.a., Weinheim 2002 (Schätze aus unseren Schlössern Bd. 6).

Arenberg-Meppen GmbH (Hrsg.), Arenberg 2003, Aspekte aus 200 Jahren Arenberg-Meppen und 100 Jahren Arenberg-Nordkirchen, Meppen 2003.

Wilhelm Kohl: Das Bistum Münster: Die Diözese Bd. 3: Die Bischöfe und Fürstbischöfe (= Germania Sacra NF. 37,3), Berlin u.a. 2003.

Marcus Leifeld: Ferdinand Graf von Plettenberg und Wittem als kurkölnischer »premier ministre et favori de l'électeur«, in: Der zweite Mann im Staat, Berlin 2003, S. 77–100 (Zeitschrift für Historische Forschung Beiheft 32).

Norbert Börste / Jörg Ernesti (Hrsg.): Friedensfürst und Guter Hirte. Ferdinand von Fürstenberg Fürstbischof von Paderborn und Münster, Paderborn u.a. 2004 (Paderborner Theologische Studien 42).

Gerd Dethlefs: Das »Adelige Gotteshaus« Cappenberg im 18. Jahrhundert. Zum geistlichen und kulturellen Profil eines Prämonstratenserstifts, in: Marius Jacoby / Winfried Schlepphorst (Red.), Die Vorenweg-Orgel in der Stiftskirche zu Cappenberg, Selm 2004, S. 51–88.

Rebekka Fritz: Die Sammlung Nordkirchen: Kammermusik, Münster 2004.

Hildegard Schlutius: Zu Tisch beim Reichsgrafen Ferdinand von Plettenberg – Einblicke in einen adeligen Haushalt des

18. Jahrhunderts, in: Geschichtsblätter des Kreises Coesfeld 29. Jg. (2004), S. 77–88.

Josef Maier: Residenzschloss Ansbach. Gestalt und Ausstattung im Wandel der Zeit, Ansbach 2005 (Jahrbuch des Historischen Vereins für Mittelfranken 100).

Burkard Rosenberger: Inventarliste der Musikhandschriften aus der Musiksammlung Nordkirchen in der Universitäts- und Landesbibliothek Münster, Loseblattsammlung ab 2005.

Monika Simon: Fénelon platonicien? Étude historique, philosophique et littéraire, Münster, 2005.

Gerd Dethlefs: Clemens August, Schlaun und die Kapuziner, in: Sauerland. Zeitschrift des Sauerländer Heimatbundes, 39. Jg. Nr. 1 (März 2006), S. 9–11.

Jeannette Opora: Die Wildbahngestüte Westfalens. Geschichte, Entwicklung und Zukunft, Berlin 2006.

Hildegard Schlutius: Gold und Silber, Samt und Seide. Die vornehme Kleidung eines hohen Adeligen in der Barockzeit, in: Geschichtsblätter des Kreises Coesfeld 31. Jg. (2006), S. 73–84.

Elisabeth Schmidle: Fritz August Breuhaus 1883–1960. Kultivierte Sachlichkeit, Tübingen / Berlin 2006.

Geschenkt! Erwerbungen des Freundeskreises des Westfälischen Landesmuseums für Kunst und Kulturgeschichte Münster, Ausst.Kat. LWL-Landesmuseum für Kunst und Kulturgeschichte – Westfälisches Landesmuseum, Münster 16. 9. – 23. 11. 2007.

Gerd Dethlefs: Jérôme Duquesnoy d. J., Raub des Ganymed, um 1650–1654, Münster 2007 (Westfälisches Landesmuseum für Kunst und Kulturgeschichte Münster, Das Kunstwerk des Monats Januar 2007).

Gerd Dethlefs: Pastellmaler Monpeurt: Bildnisse Anna Maria von Galen und Clemens August von Ketteler als Brautleute, Max Friedrich Graf von Plettenberg und Clemens August Graf von Plettenberg, 1774, Münster 2007 (LWL-Landesmuseum für Kunst und Kulturgeschichte Münster, Das Kunstwerk des Monats November 2007).

Frank Dierkes: Streitbar und ehrenfest. Zur Konfliktführung im münsterländischen Adel des 16. und 17. Jahrhunderts, Münster 2007 (Westfalen in der Vormoderne 1).

Kathrin Ellwardt: Schloss Mannheim unter Carl Philipp, in: Barockschloss Mannheim. Geschichte und Ausstattung, hrsg. von den Staatlichen Schlössern und Gärten Baden-Württemberg, Petersberg 2007, S. 23–45.

Fred Kaspar / Peter Barthold: Der Falkenhof in Rheine. Baugeschichtliche Spurensuche in einem adeligen Hof am Rande der Stadt, in: Westfalen 81 (2003), Münster 2007, S. 11–44.

Eric Hartmann: Ausstattungsprojekte für den Buen-Retiro-Flügel 1715–1723, in: G. Satzinger 2007, S. 57–66.

Eric Hartmann: Die Baugeschichte von 1723–77, in: G. Satzinger 2007, S. 67–82.

Sarah Möller: Neuplanungen und Weiterbau unter Kurfürst Joseph Clemens und Robert de Cotte 1713–23, in: G. Satzinger 2007, S. 49–56.

Georg Satzinger (Hrsg.): Das kurfürstliche Schloß in Bonn. Residenz der Kölner Erzbischöfe – Rheinische Friedrich-Wilhelms-Universität, München / Berlin 2007.

Margaret Ritter: Maximilian Friedrich Weyhe 1775–1846. Ein Leben für die Gartenkunst, Düsseldorf 2007 (Veröffentlichungen aus dem Stadtarchiv Düsseldorf 13).

Detlev Schwennicke: Die Grafen von Plettenberg-Lenhausen, in: ders., Europäische Stammtafeln. Neue Folge XXIV, Frankfurt/Main 2007, Tf. 51–62.

Alain de Botton: Glück und Architektur. Von der Kunst, daheim zu Hause zu sein, Frankfurt/Main 2008 (Orig. »The Architecture of Happiness«, 2006).

Gerd Dethlefs: Schaukelpolitik und Residenzbau. Das Fürstbistum Münster im Zeitalter des Hochbarock, in: Westfalen 83 (2005), Münster 2008, S. 81–101.

Gerd Dethlefs: Die Ritterschaft des Fürstbistums Münster 1679–1802. Mitglieder und Landtagsteilnahmen, in: Westfälische Zeitschrift 158 (2008), S. 19–91.

Jörg Niemer: Die Baumeisterfamilie Pictorius, ebd., S. 165–180.

Bertrand Jestaz: Jules Hardouin-Mansart, 2 Bde., Paris 2008.

Hildegard Schlutius: Als Gerhard von Morrien nach Frankreich fuhr. Pflichtprogramm für die Sprösslinge des Adels, in: Auf Roter Erde. Heimatbeilage der Westfälischen Nachrichten Münster, Juli 2008.

Iris Bunte: Die Bücher der Werler Erbsälzer: Adel und Patriziat im Spiegel einer Bibliothekslandschaft, in: Harm Klueting (Hrsg.), Das Herzogtum Westfalen Bd. 1, Münster 2009, S. 641–667.

Sabine Alfing: Nordkirchen. Einblicke in die Geschichte einer münsterländischen Gemeinde, Nordkirchen 2009.

Mechthild Siekmann (Hrsg.): Tatort Domplatz. Der Münster-Plan von 1609 und seine Geschichte(n), Bielefeld 2009.

Bertram Haller: Die Sammlung Nordkirchen der Universitäts- und Landesbibliothek Münster. Handschriften, Autographen und Drucke der Familien Fürstenberg und Plettenberg aus Schloss Nordkirchen, Münster 2010.

Wilfried Hansmann / Marc Jumpers / Holger Kempkens / Christiane Winkler: Schloss Augustusburg, München 2010.

Gisbert Knopp : Joseph Vivien. Porträtist der Kölner Kurfürst-Erzbischöfe Joseph Clemens und Clemens August. Neuerwerbung eines Porträtgemäldes für Schloss Clemensruhe in Bonn-Poppelsdorf, Worms 2010.

Christian Schulze Pellengahr: Der Direktor des Bauamtes des Westfälischen Bauernvereins Albert Josef Löfken (1855–1923). Nachtrag und Berichtigung zur Baugeschichte des adeligen Hauses Darup zu Darup, in: Geschichtsblätter des Kreises Coesfeld 35 (2010), S. 209–213.

Marjorie Wieseman: Rembrandt's Portrait(s) of Frederik Rihel, in: National Gallery Technical Bulletin 31 (2010), S. 96–111.

Stefan Buske: Schloss Nordkirchen, Berlin / München 2011 (DKV-Kunstführer Nr. 597).

Gerd Dethlefs: Der Maler Dietrich Molthane († 1631) und die Familienbilder der Morrien zu Nordkirchen. Zur Porträtmalerei im Münsterland zwischen den tom Ring und dem Westfälischen Frieden, in: Westfalen 89 (2011), im Druck.

Elizabeth Harding: Landtag und Adligkeit. Ständische Repräsentationspraxis der Ritterschaften von Osnabrück, Münster und Ravensberg 1650 bis 1800, Münster 2011 (Westfalen in der Vormoderne 10).

Bastian Gillner: Freie Herren – Freie Religion. Der Adel des Oberstifts Münster zwischen konfessionellem Konflikt und staatlicher Verdichtung 1500 bis 1700, Münster 2011 (Westfalen in der Vormoderne 8).

Toni Josteit: Hoemann, Reinhold, in: Sächsische Biografie, hrsg. vom Institut für Sächsische Geschichte und Volkskunde e.V., bearb. von Martina Schattkowsky, Online-Ausgabe: http://www.isgv.de/saebi/ (18. 9. 2011).

Carla Mueller / Katrin Rössler: Barockschloss Mannheim, Berlin / München 2011.

Christian Schuffels (Bearb.): Kirche und Adel in Norddeutschland. Das Aufschwörungsbuch des Hildesheimer Domkapitels, hrsg. von Peter Marmein und Thomas Scharf-Wrede, Regensburg 2011 (Quellen und Studien zur Geschichte und Kunst im Bistum Hildesheim 3).

Gerd Dethlefs: Wappen im Licht. Die barocke Verglasung des Paderborner Doms, in: Norbert Börste (Hrsg.), Die Lichtgewänder des Paderborner Doms, Paderborn 2012 (im Druck).

Bernhard Rips: Die Prinz-Heinrich-Fahrt. Manuskript im Besitz des Heimat-Vereins Nordkirchen.

Register

Standort- und Bildnachweis

Borken, Bildarchiv Kreis Borken (Aufnahme Lisa Kannenbrock 1988): Abb. 28

Brühl, UNESCO-Welterbestätte Brühl und Augustusburg: Abb. 312

Coesfeld, Vermessungs- und Katasteramt des Kreises Coesfeld: Abb. 336, Grundkarte zum vorderen Innendeckel Abb. III

Greven, Stephan Kube: Abb. 26

Hannover, Gottfried-Wilhelm-Leibniz-Bibliothek – Niedersächsische Landesbibliothek: Abb. 19 (Msc. XXI Nr. 1235 fol. 19r)

London, National Gallery: Abb. 251 (NG 6300)

Marburg, Bildarchiv Foto Marburg (vgl. auch unter Nordkirchen, Aufnahmen Andreas Lechtape): Abb. 36

Meppen, Arenberg Meppen GmbH: Abb. 378, 380–384 (Reprofotos Marius Jacoby)

Münster, Historische Kommission für Westfalen: vorderer Innendeckel Plan I–III (Thomas Kaling)

Münster, Institut für vergleichende Städtegeschichte: Abb. 9 (Stadtarchiv Bad Homburg)

Münster, LWL-Archivamt für Westfalen, LWL-Archiv Best. 921 (Nachlass K. E. Mummenhoff Nr. 24–29, zwei aus dem LWL-Amt für Denkmalpflege in Westfalen, Münster, s. ebd.): S. 9 (Nr. 25), Abb. 129, 151, 175, 183, 212, 213 (Nr. 25), 223 (Nr. 25), 224 (Nr. 25), 231 (Nr. 25), 235 (Nr. 28), 242, 271 (Aufnahme Karl Eugen Mummenhoff), 279 (Nr. 29), 307 (Nr. 25), 351; Archiv Nordkirchen: Abb. 18 (Akten 9418, Bl. 3, Aufnahme Gerd Dethlefs), 55–57 (Akten 12489, Aufnahmen Gerd Dethlefs), 132 (Urk. 2977, Aufnahme Gerd Dethlefs), 143 (Urk. 2981, Aufnahme Sabine Ahlbrand-Dornseif 2002), 310 (Akten 12971)

Münster, LWL-Amt für Denkmalpflege in Westfalen: S. 7; Abb. 3, 7–8, 32, 61–62, 66, 77, 80, 82, 84, 95, 104–105, 110, 126, 129, 197, 199–200, 220, 226, 229, 233, 235, 238, 245, 246, 260, 262–264, 275–276, 279, 309, 321, 338, 340, 348, 350, 354, 368–371 (Für die derzeit im Bildarchiv verschollenen Innenaufnahmen konnte teilweise auf die Originalglasplatten, teilweise auf den Nachlass Mummenhoff im LWL-Archivamt für Westfalen zurückgegriffen werden.)

Münster, LWL-Landesmuseum für Kunst und Kulturgeschichte:
Sabine Ahlbrand-Dornseif: Abb. 1 (K 69-10q LM), 5 (Bz SB 84), 6 (Bz P 1), 39 (Bz P 5), 40 (Bz P 2), 41 (Bz P 24), 64 (Bibl.Sign. SEA 1, Pl. 44A bei S. 127), 74 (Bz P 7), 76 (Bibl.Sign. SEA 1, Pl. 43B bei S. 125), 79 (Bz P 20), 131 (2085 LM), 204 (Bz SB 86), 239 (Bz SB 96), 282 (R-1116 LM), 283 (R-1119 LM), 322 (KdZ 4937 LM), 323 (KdZ 4938 LM), 324 (KdZ 4928 LM), 329 (C-9393 LM), 333 (Bz N 47), 334 (Bz N 49);
Peter Ilisch: Abb. 25, 285A (Si-185 LM);
Hanna Neander: Abb. 33 (Bz P 29), 34 (Bz P 16), 35 (Bz P 25), 38 (R-1061 LM), 42 (Bz P 23), 44 (Bz P 30), 45 (KdZ 7778 LM), 46 (KdZ 7786 LM), 47 (Bz P 3), 48 (Bz P 19), 49 (KdZ 7783 LM), 58 (1462 LM), 65 (KdZ 7780 LM), 71 (Bz P 6), 78 (Bz P 22), 90 (Bz P 15), 102 (KdZ 7779 LM), 103 (KdZ 7780 LM), 122 (Bz P 105), 149 (Bz P 102), 150 (Bz SB 107), 153 (Bz SB 106), 156 (Bz P 101), 157 (Bz SB 105), 159 (Bz SB 107a), 162 (Bz N22), 168 (Bz SB 109), 177 (Bz SB 108), 184 (Bz SB 104), 191 (Bz SB 87), 192 (Bz SB 114), 193 (Bz SB 115), 194 (Bz SB 113), 195 (Bz SB 116), 196 (Bz SB 120), 202 (Bz SB 85), 203 (Bz SB 85a), 206 (Bz N 44), 207 (Bz SB 88), 208 (Bz SB 90), 209 (Bz SB 91), 210 (Bz SB 94), 211 (Bz SB 95), 215 (Bz SB 92), 218 (Bz SB 93), 225 (Bz SB 83), 227 (Bz SB 97), 247 (Bz SB 78), 249 (K 76-42 LM), 259 (2369 LM), 286–287 (Bibl.Sign. N 9 Ch 1), 301 (Bibl.Sign. N 9 Koe 2), 314 (K 57-405 LM), 332 (Bz N 45 LM), 337 (K 38-5a LM);
Rudolf Wakonigg: Abb. 27 (L-1028 LM), 261 (D-631 LM), 280 (P-71a-k LM), 328 (Privatbesitz).

Münster, Stadtmuseum: Abb. 4, 22, 147, 164, 180, 217, 243–244, 281 (Aufnahmen Tomasz Samek)

Münster, Universitäts- und Landesbibliothek: Abb. 111 (Z QU 1636-8,4: Die Woche 8. Jg. Nr. 47, S. 2058, Aufnahme Georg Rothe, Reprofoto Marius Jacoby), 289 (Ms. Nk 154: Campus Virtus & Gloriae Plettenbergicae …, Paderborn 1687, Bl. 1v), 296–298 (Ms. Nk 156, Bl. 1–2r), 299 (Ms. Nk 157, Bl. 1), 300 (Ms. Nk 158: Vellus Aureum … collatum … D. Ferdinando S. R. I. Comiti de Plettenberg Wittem …, Bonn 1732, Bl. 1v), 344–347 (Z QU 1636-8,4: Die Woche 8. Jg. Nr. 47, S. 2057–2061, Aufnahmen Georg Rothe, Reprofotos Marius Jacoby, Münster).

Nordkirchen, Fachhochschule für Finanzen, Aufnahmen Marius Jacoby, Münster: Abb. 12–13, 16, 20–21, 146, 185–186, 252–253, 255, 265–266, 277–278, 320, 342, 361, 366–367, 379; Aufnahmen Andreas Lechtape, Münster (Bildarchiv Foto Marburg): Abb. 10–11, 14–15, 17, 24, 29–30, 50–51, 63, 67–70, 72–73, 81, 83, 85–89, 91–94, 96–101, 106–109, 112–121, 123–125, 127–128, 130, 133–142, 144–145, 148, 152, 154–155, 158, 160–161, 163, 165–167, 169–174, 176, 178–179, 181–182, 187–190, 214, 216, 219, 221–222, 228, 230, 237, 240–241, 254, 256–258, 267–268, 272–274, 306, 316, 327, 330–331, 341, 343, 355–360, 362–365, 372–376, 385–390; Aufnahmen Hanna Neander (LWL-LMKuK): Abb. 54, 262–263.

Nordkirchen, Gemeinde: Abb. 236–237 (Aufnahme Andreas Lechtape, Münster / Bildarchiv Foto Marburg)

Nordkirchen, Gemeindearchiv: Abb. 52–53 (Aufnahmen Hans Blossey 2009)

Nordkirchen, Pfarrkirche St. Mauritius: 234 (Aufnahme Andreas Lechtape, Münster / Bildarchiv Foto Marburg)

Osnabrück, Niedersächsisches Staatsarchiv: Abb. 335 (K Akz. 2010/059 N. 1M, Bl. 14), 349 (K Akz. 2010/059 N. 1M, Bl. 12)

Privatbesitz, Aufnahme Gerd Dethlefs: Abb. 31; Aufnahmen Marius Jacoby: Abb. 20–21, 232, 277–278, 292–293, 317–318, 326; Aufnahmen Andreas Lechtape, Münster: Abb. 258–259; Aufnahmen Hanna Neander (LWL-LMKuK): Abb. 290–291, 293–295, 302–303; Sonstige: Abb. 2, 248, 269–270, 284, 288, 308, 315, 319, 325, 339.

Pulheim-Brauweiler, LVR-Amt für Denkmalpflege im Rheinland (Handschrift Renier Roidkin): Abb. 23 (Bl. 557), 37 (Bl. 171), 59 (Bl. 001), 60 (Bl. 025), 198 (Bl. 159), 201 (Bl. 335), 205 (Bl. 173), 250, 304 (Bl. 018), 305 (Bl. 020)

Stockholm, Nationalmuseum, Bildbyrån Fototeket: Abb. 313 (Porträtsammlung Schloss Gripsholm Inv.Nr. 1076)

Südkirchen, Pfarrkirche S. Pankratius, Aufnahme Marius Jacoby: Abb. 43

Literatur: Abb. 311 (Marcus Weidner: Landadel in Münster 1500–1760. Stadtverfassung, Standesbehauptung und Fürstenhof, Münster: Aschendorff, 2000, Bd. 1 S. 478), 352–353 und 377 (Claire Frange: Le style Duchêne. Henri et Achille Duchêne, architectes paysagistes 1841–1947, Cachan 1998, S. 126–127 und S. 130, nach Archiv Achille Duchêne).